十三經清人注疏

春秋穀梁經傳補注

上

〔清〕鍾文烝 撰

駢宇騫
郝淑慧 點校

圖書在版編目(CIP)數據

春秋穀梁經傳補注/(清)鍾文烝撰;駢宇騫,郝淑慧點校.—北京:中華書局,1996.7(2024.3重印)
(十三經清人注疏)
ISBN 978-7-101-01289-7

Ⅰ.春… Ⅱ.①鍾…②駢…③郝… Ⅲ.①中國-古代史-春秋時代-史籍②穀梁傳-注釋 Ⅳ.K225.04

中國版本圖書館CIP數據核字(2009)第044955號

責任編輯:張　烈
責任印製:陳麗娜

十三經清人注疏
春秋穀梁經傳補注
(全二册)
〔清〕鍾文烝 撰
駢宇騫
郝淑慧 點校

*

中華書局出版發行
(北京市豐臺區太平橋西里38號 100073)
http://www.zhbc.com.cn
E-mail:zhbc@zhbc.com.cn
北京虎彩文化傳播有限公司印刷

*

850×1168毫米 1/32・25¼印張・4插頁・426千字
1996年7月第1版 2009年5月第2版
2024年3月第4次印刷
印數:9001-9500册 定價:98.00元

ISBN 978-7-101-01289-7

十三經清人注疏出版說明

自漢至清，經學在各門學術中占有統治的地位。經學的發展經歷了幾個不同的階段，而清代則是很重要的也是最後的一個階段。清代經學家在經書文字的解釋和名物制度等的考證上，超越了以前各代，取得了重要成果，這對我們利用經書所提供的材料研究古代的經濟、政治、文化、思想以至科技等，有重要的參考意義。

清代的經學著作，數量極多，體裁各異，研究的方面也不同。其中用疏體寫作的書，一般是吸收、總結了前人多方面研究的成果，又是現在文史哲研究者較普遍地需要參考的書，因此我們在十三經清人注疏這個名稱下，選擇這方面有代表性的著作，陸續整理出版。所選的並非全是疏體，這是因爲有的書未曾有人作疏，或雖然有人作疏，但不够完善，因此選用其它注本來代替或補充。禮書通故既非疏體又非注體，但它與禮記訓纂等配合，可起疏的作用，故也入選。大戴禮記不在十三經之内，但它與禮記（小戴禮記）是同類型的書，因此也收進去。對收入的書，均按統一的體例加以點校。

清代的經學著作還有不少有重要參考價值，這有待於今後條件許可時，按新的學科分類，選擇整理出版。

十三經清人注疏的擬目如下：

周易集解纂疏　李道平撰
尚書今古文注疏　孫星衍撰
今文尚書考證　皮錫瑞撰
尚書孔傳參證　王先謙撰
詩毛氏傳疏　陳　奐撰
毛詩傳箋通釋　馬瑞辰撰
詩三家義集疏　王先謙撰
周禮正義　孫詒讓撰
儀禮正義　胡培翬撰
禮記訓纂　朱　彬撰
禮記集解　孫希旦撰
禮書通故　黃以周撰
大戴禮記補注　孔廣森撰

（附王樹枏校正、孫詒讓斠補）

大戴禮記解詁　王聘珍撰

左傳舊注疏證　劉文淇等撰

春秋左傳詁　洪亮吉撰

公羊義疏　陳　立撰

穀梁古義疏　廖　平撰

穀梁補注　鍾文烝撰

論語正義　劉寶楠撰

孝經鄭注疏　皮錫瑞撰

孟子正義　焦　循撰

爾雅義疏　郝懿行撰

爾雅正義　邵晉涵撰

中華書局編輯部

一九八二年五月

點校前言

春秋是我國歷史上魯國的一部編年體的歷史著作。從現存的本子來看，上起魯隱公元年（公元前七二二年），下訖魯哀公十四年（公元前四八一年），歷十二代君主，共計二百四十餘年。其內容主要記載了春秋時期這二百四十多年中魯國以及其它諸侯國的國家大事。

一

傳統認爲春秋是孔子據魯史修訂而成。孟子滕文公下云：「世衰道微，邪説暴行有作，臣弑其君者有之，子弑其父者有之。孔子懼，作春秋，天子之事也。是故孔子曰：『知我者其惟春秋乎！罪我者其惟春秋乎！』」又云：「孔子成春秋而亂臣賊子懼。」史記孔子世家亦云：「（孔子）乃因史記作春秋，上至隱公，下訖哀公十四年，十二公。據魯，親周，故殷，運之三代，約其文辭而指博。故吳楚之君自稱王，而春秋貶之曰『子』；踐土之會實召周天子，而春秋諱之曰『天王狩於河陽』；推此類以繩當世。貶損之義，後有王者舉而開之。春秋之義行，則天下亂臣賊子懼焉。」其它文獻中也有類似的記載。現在看來，這些説法都是不可憑信的推測之辭。不少學者已經指出春秋並非孔丘筆墨，也有不少學者認爲春秋决非出自一人之手。這一點從春秋本書内也可以找到明證。楊伯峻先生在經書淺談春秋中曾歸納出三點：他認爲春秋的筆調前後不一致，體例也前後不統一。如：一、在隱公和桓公時，凡非魯國卿大夫，無論國與國盟會或統軍作戰，都不寫别國卿大夫的姓名。到莊公二十二年，春秋才寫「及齊高傒盟于防」，這是和别國卿結盟寫出他的姓名的開始。二、隱公、桓公、莊公、閔公四公時，别國卿大夫統軍出征，都只稱「某人」（即某國人）；到僖公十五年才寫出「諸侯之大夫」，還不寫出大夫的姓名；到文公三年才寫「晉陽處父帥師伐楚以救江」，寫出了别國統帥姓名；到宣公六年才寫「晉趙盾、衛孫免侵陳」，兩國帥領軍隊之卿大夫都寫出；直到成公二年，魯國及各國統帥才都歷歷寫出。三、在僖公以前，春秋多稱某國君爲某人，不稱某侯；僖公以後，僅秦楚兩國之君有時稱「秦人」、「楚人」；宣公五年以後，就是秦楚兩國之君也不稱「人」，而稱「秦伯」、「楚子」；這類例子還有很多。楊先生認爲，這是因爲時代的推移，形勢的變動，太史有死者有繼承者，因此各不相同而已。孔穎達左傳正義云：「推尋經文，自莊公以上，弑君者皆不書氏，閔公以下皆書氏，亦足以明時史之同異，非仲尼所皆貶也。」石韞玉獨學廬初稿春秋論亦云：「春秋者，魯史之舊文也。春秋總十二公之事，歷二百四十年之久，秉筆而書者必更數十人。此數十人者，家自爲師，人自爲學，則其書法，豈能盡同？」可見春秋一書並非一時一人之作，而是經過多年多人的努力才編纂而成的。除此之外，還有一點更能説明問題，即公羊傳、穀梁傳經文都在襄公二十一年十一月記載了「庚子，孔子生」，左傳雖無此文，但它在哀公十六年經文中記載了「夏四月己丑，孔子卒」，這兩事的記載，更可以明顯地看出春秋決非孔丘所作。那麽春秋和孔丘究竟有什麽關係呢？我們認爲：春秋本爲記載魯國國家大事的一部歷史著作，傳到民間以後，孔子可能以此做過傳道授業的教課書，後來由孔門弟子傳述下來。公羊、穀梁、左傳三傳經文中有關孔子生卒年月的記載，很可能是孔門弟子爲了表達對孔丘的懷念之情而所加。

二

由于春秋記事十分簡略，意義也隱晦，每敘一事，往往只有寥寥幾個字，很不容易理解，於是爲之詮釋講解的書便應運而生。據漢書藝文志記載，當時解説春秋的傳就有五家：左氏傳、公羊傳、穀梁傳、鄒氏傳、夾氏傳，漢書藝文志還説「鄒氏無師，夾氏未有書」，意思是説鄒氏傳没有人把它傳下來，夾氏傳連成文的書都没有，實際上傳下來的只有左氏傳、公羊傳、穀梁傳三種。由於師傳的不同，所以春秋三傳内容的側重點也各異。左氏傳作者主要是根據大量的材料來補充、甚至訂正春秋的脱漏和錯誤，間或有説明春秋「書法」的，但爲數極少，這也是過去今文學派認爲左氏不傳經的理由。公羊傳、穀梁傳則是以解釋春秋經文的「微言大義」和春秋「書法」爲主，叙述史事的極少。所謂「微言大義」和春秋「書法」，説穿了就是公羊傳、穀梁傳的作者利用解釋春秋經文來宣揚自己的政治主張，其中有些内容爲二傳作者各逞胸臆，有些解釋也未必合乎春秋本旨。如春秋經文隱公元年「元年春王正月」六字，本爲編年體史書記時的普通述語，而三傳的解釋就大不相同。從字數來看，左氏傳七十一字；公羊傳一百九十五字；穀梁傳最長，爲二百二十二字。從内容來看，左氏傳解釋經文僅用了「不書即位，攝也」六個字。公羊傳解釋經文的文字將近左氏傳的三倍，除説明「大一統」的觀念外，還有所謂「子以母貴，母以子貴」的原則等，文字拖沓，很難使人讀下去。穀梁傳解釋經文的文字比公羊傳還長，講所謂「春秋成人之美，不成人之惡」，「春秋貴義而不貴惠，信道而不信邪。孝子揚父之美，不揚父之惡」等，廢話極多，史事極少。可見公、穀二傳的所謂「微言大義」也未必就是大義，更未必合乎春秋的本旨。宋人葉夢得曾經指出：「公羊、穀梁傳義不傳事，是以詳於經而義未必當。」正切中公、穀二傳的通病。

三

傳統認爲公羊傳出於公羊高，穀梁傳出於穀梁赤（或云名俶，或云名喜），皆出於子夏的傳授。東漢何休春秋公羊傳序唐徐彦春秋公羊傳注疏引戴弘序云：「子夏傳與公羊高，高傳與其子平，平傳與其子地，地傳與其子敢，敢傳與其子壽。至漢景帝時，壽乃共弟子齊人胡毋子都著於竹帛。」唐楊士勛春秋穀梁傳注疏序云：「穀梁子名淑（按：當作「俶」），字元始，魯人。一名赤（按：顔師古漢書藝文志注又以爲名喜）。受經於子夏，爲經作傳，故曰穀梁傳。傳孫卿，孫卿傳魯人申公，申公傳博士江翁。其後魯人榮廣大善穀梁，又傳蔡千秋。漢宣帝好穀梁，擢千秋爲郎，由是穀梁之傳大行於世。」但從目前能看到的公羊傳和穀梁傳來看，二傳同出於子夏的説法未必可信，因爲二傳之中相互矛盾之處比比皆是。如大家所熟習的蠢猪式的宋襄公故事，公、穀二傳皆有記載，穀梁傳認爲宋襄公違背作戰原則，責駡他簡直不配做個人。而公羊傳却極度夸奬宋襄公，認爲「雖文王之戰不過如此」。一貶一褒，截然相反，如同出於子夏所傳，豈非咄咄怪事？此類例子，在公、穀二傳中還可以找到不少，所以有些學者認爲無論公羊高或者穀梁赤，都未必是子夏的學生，托名子夏，只是借以自重罷了。這一論斷，我們認爲是比較可信的。楊伯峻先生在經書淺談中認爲「無論公羊、穀梁既不出於子夏所傳，穀梁更不作於戰國。公羊傳若說作於漢景帝時，大致可信。至於穀梁傳肯定又晚於公羊傳。」關於公、穀二傳的作者，當然也不應當看作是公羊高和穀梁赤。四庫全書總目提要的作者也不相信楊士勛的「穀梁子受經於子夏，爲經作傳，故曰穀梁傳」的説法，他認爲「穀梁亦是著竹帛者題其親師，故曰穀梁傳」。四庫全書總目提要的作者還認爲「公羊傳『定公即位』一條引『子沈子曰』，何休解詁以爲後師，此傳（按：指穀梁傳。）『定公即位』一條亦稱『沈子曰』。公羊、穀梁既同師子夏，不應及後師。『初獻六羽』一條稱『穀梁曰』，傳自穀梁自作，不應自引己説。且此條又引『尸子曰』，尸佼爲商鞅之師，鞅既誅，佼逃於蜀，其人亦在穀梁後，不應預爲引據。」至於公羊傳的作者問題，四庫全書總目提要的作者更有明確的論斷，云：「今觀傳中有『子沈子曰』、『子司馬子曰』、『子女子曰』、『子北宮子曰』，又有『高子曰』、『魯子曰』，蓋皆傳授之經師，不盡出於公羊子。定公元年傳『正棺於兩楹之間』二句，穀梁傳引之，直稱『沈子』，不稱『公羊』，是並其不著姓氏者，亦不盡出公羊子。且並有『子公羊子曰』，尤不出於高之明證。」以上提要所論，我們認爲基本正確。蓋自孔子傳授春秋經之後，其弟子憑自己所接受到的一些知識並攙和自己的見解和主張各自口説流傳，弟子再傳弟子，輾轉口傳，至於若干年後才著於竹帛，沿傳至今。至於公、穀二傳中的不同甚至相互矛盾之處，我們認爲這也是古書流傳過程中的必然產物，歷代傳授春秋的經師，他們都會受到當時社會的各種因素的制約和影響，因此二傳在成書過程中必然會兼收各自在傳授中的一些見解和主張。所以我們今天看到的公羊傳與穀梁傳，其中就有一些對春秋經文解釋的不同之處，甚至有些還利用解釋經文而相互攻擊。如僖公二十二年宋襄公和楚成王戰於泓一事，二傳對同一人的同一行爲，評價完全相反。又如宣公十五年春秋經云：「冬，蝝生。」公羊傳解釋這段文字認爲「蝝生」是因爲「上變古易常，應是而有天災」，意謂由于魯國初次實行按田畝收賦税的制度，於是上天降蝝爲災。穀梁傳却云：「蝝非災也。其曰蝝，非税畝之災也。」他認爲「蝝生」並非因初税畝而引起。這是對公羊傳的批判和駁斥。同一事件，評説各異。我們認爲這是公、穀二傳作者對同一事件的不同看法，同時也通過解釋這段經文來宣傳各自的政治主張，這也在情理之中。

四

公羊、穀梁二傳雖然在解釋春秋經文上有不少不同之處，但兩者皆以闡述經文的「微言大義」爲宗旨，所以在漢代很受統治者的重視。漢武帝時立公羊博士，漢宣帝時立穀梁博士。漢哀帝時，劉歆極力主張立左氏傳爲官學，曾作移讓太常博士書，因羣儒反對，直到漢平帝時才立左氏爲官學。

漢初本盛行黃老之學，文帝時，爲進一步鞏固皇權，打破「大臣專制」的局面，起用了新興力量賈誼、晁錯、公孫衍、新垣平等人，他把儒家經典立爲官學，並設置了儒學博士，開創了尊崇儒術的先河。漢景帝時，也曾一度出現過「儒老相絀」的局面，「世之學老子者則絀儒學，儒學亦絀老子」（史記老莊申韓列傳）。直到漢武帝時，儒學才真正取得「獨尊」的決定性勝利。漢書武帝紀贊云：「孝武初立，卓然罷黜百家，表章六經。」這也就是我們通常所講的「獨尊儒術」。漢武帝畢生事業主要集中在兩個方面，一個是對內大一統，一個是對外大「攘夷」，這兩點都本於所謂的春秋大義，更準確點講，可以說是由於公羊傳對春秋經的「微言大義」理解的「最準」，並有些解釋還有創造性的發明，這一些正好迎合了漢武帝的政治目的的需要，所以也就成了漢武帝完成內外事業上的理論根據和指導思想。漢書儒林傳云：「於是上因尊公羊家，詔太子受公羊春秋，由是公羊大興。」相比之下，穀梁學在漢武帝時還不太盛興，像衛太子除學習公羊傳之外，也兼學一些穀梁傳，但學者並不很多。穀梁傳的真正盛行則是在漢宣帝即位之後。

東漢時，公羊、穀梁、左氏三傳並行，公羊爲盛。魏晉南北朝時，由於社會動亂不定，政權更迭頻繁，文人士大夫或者絕經世之志而興厭世之思，或者斥責儒道之無益於天下而縱酒消慢，或者痛罵仁義禮法之不足用而寄託於老莊之虛無，於是玄學盛行，清談成風，兩漢經學傳統至此零落凋敝。到了唐代，太宗因感儒學多門，章句繁雜，欲將衆説紛紜的經義統一起來，於是詔國子祭酒孔穎達撰定毛詩、尚書、周易、禮記、左傳正義，取名五經正義，春秋三傳中僅列了左傳在内。雖後來公羊、穀梁二傳也被列入九經（易、詩、書、周禮、儀禮、禮記、左傳、公羊傳、穀梁傳）之内，但屬小經之列，也不被人所重視，所以當時任國子祭酒的楊瑒便奏言：「今明經習左氏者十無二三，……又周禮、儀禮、公羊、穀梁殆將絶廢，……請量加優奬。」（舊唐書楊瑒傳）到了宋代，儒學一反漢唐的訓詁義疏的傳統，拋開傳注，直接從經文中尋求義理。宋儒們繼承和發揮了思孟學派的「性命義理」之學，以理欲心性爲其論學對象，稱之爲「性理學」，也就是一般所説的「理學」。雖然宋代講春秋的人也不少，但都是爲了迎合宋王朝統治階級的尊王、攘夷的政治需要。明代尊崇程朱理學，用八股時文取士，更使經學陷入衰落階段。閻若璩在潛邱札記卷二中曾云：「予嘗發憤太息，三百年來，學問文章，不能上追漢唐，下及宋元者，其故有三：一壞於洪武十七年甲子定制，以八股取士，其失也陋；再壞於李夢陽等提倡古學，而不以六經爲根本，其失也俗；三壞於王守仁等講致良之學，至於以讀書爲禁，其失也虚。」他指出了明代經學衰落的根本原因。到了清代，學者對經學的研究又掀起了一個高潮，在經學研究史上可稱爲「復興時代」，而且也是經學研究的一個很重要的階段。由於雍正、乾隆時期大興文字獄，殘酷迫害有進步意識的文人志士，於是人們都不敢談論政治，而致力於對古書的輯録、整理和考證等工作。如果我們把西漢看作是春秋學研究的奠基時期的話，那麽清代則是春秋學研究的總結時期。有清一代的經學家們在對春秋文字的訓釋和名物制度的考證方面大大超越了以前各代，取得了重要成果。而且清代春秋學著作也極爲豐富，出現了一批體裁各異、研究方向也不盡相同的好著作，對於我們今天利用春秋學各書來研究古代的經濟、政治、文化、思想乃至科技等都有重要的參考意義。

五

春秋穀梁經傳補注就是清末春秋學研究著作中較有影響的一部。據作者自序云，該書動筆於道光二十五年（公元一八四五年），咸豐三年（公元一八五三年）成初稿，到咸豐九年（公元一八五九年）才初步定稿，後又幾經修改，直到同治七年（公元一八六八年）才算全部脱稿。前後歷時二十餘年，可謂用力之勤焉。作者鍾文烝，清史稿本傳云：「字子勤（清史列傳云：字殿才），嘉善人。道光二十六年舉人，候選知縣。於學無所不通，而其全力尤在春秋。因沉潛反覆三十餘年，成穀梁經傳補注二十四卷。其書網羅衆家，折衷一是。其未經人道者，自比於梅鷟之辨僞、陳弟之談古韵，略引其緒，以待後賢。文烝兼究宋、元諸儒書，書中若釋禘祫、祖禰、謚法以及心志不通、仁不勝道者以道受命等，皆能提要挈綱，實是求是。」鍾氏在春秋穀梁經傳補注自序中云：「春秋一書，非記人事，乃記人心也。凡人事皆人心之所爲也，惟穀梁子獨得其意。」「穀梁傳者，春秋之本意也。」其序又云：「文烝九歲、十歲時，先君子親以三傳全文授讀，備承庭訓，兼奉慈箴。後來博搜諸家書，見而記，記而疑，其甚疑者則時時往來於心，不能自已。年將三十，始知穀梁源流之正，義例之精。數年之間，所見漸多，頗有所得。用是不揣檮昧，詳爲之注。存豫章之原文，擷助教之要義，繁稱廣引，起例發凡，敷暢簡言，宣揚幽理，條貫前後，羅陳異同。典禮有徵，詁訓從朔。辭或旁涉，事多創通。竊謂穀梁解春秋，似疏而密，甚約而該。經固難知，傳亦難讀，學者既潛心於兹，又必熟精他經，融貫二傳，備悉周、秦諸子及二千年説者之得失，然後補苴張皇，可無遺憾。以予淺學，蓋未之逮，唯曰實事求是，而盡心平心則庶幾矣。」漢魏以來，注穀梁者有尹更始、唐固、孔演、江熙等十餘家，自晉范寧集解行後，諸家皆廢。此後又有不少學者爲穀梁傳作注疏，如孫覺、葉夢得、侯康、許桂林、鍾文烝、柳興恩、廖平、柯劭忞等，但唯鍾氏春秋穀梁經傳補注能兼採漢學、宋學，同時對范寧集解也有所補充，可以説是目前能看到的有關穀梁傳注本中較好的一種。

鍾氏在春秋穀梁經傳補注論傳中云：「鄭君論三傳云：『左氏善於禮，公羊善於讖，穀梁善於經。』案：左氏言禮，未必盡當；圖讖起於哀、平，乃附合公羊家説爲之；鄭評二傳，竊所未安。唯『穀梁善經』一語則不可易。墨子云：『夫辯者，將以明是非之分，審治亂之紀，明同異之處，察名實之理，處利害，決嫌疑焉。摹略萬物之然，論求羣言之比，以名舉實，以辭抒意。』文烝爲此書，頗有志乎此數語，而要以『穀梁善經』一語爲準。」這也是鍾氏對穀梁傳的基本認識，也是他撰寫穀梁補注的指導思想。他在論經中又云：「傳稱夫子曰：『君子之於物，無所苟而已。石鷁且猶盡其辭，而況於人乎？故五石六鷁之辭不設則王道不亢矣。』又曰：『梁亡，鄭棄其師，我無加損焉，正名而已矣。』春秋始元終麟，止是正名而盡其辭，以明王道，此直揭全書本旨也。隱無正，唯元年有正，傳曰『謹始也』，所以正隱也。桓無王，唯元年有王，傳曰『謹始也』，所以治桓也，此特標開宗要義也。開宗之義即冒全書，故孟子以春秋爲亂後之一治，謂之天子之事，而引夫子知我罪我之言也。正名盡辭，以爲之綱，正隱治桓，以弁其首，而左氏之三體五例，公羊之三科九旨，皆不足言矣。」對經、傳的「微言大義」，鍾氏就是在上述指導思想的支配下進行闡述的。當然鍾氏的補注也並非全襲漢代今文經學家的思想和方法，在名物訓詁等方面也吸取了清代古文經學派的一些較好的做法。如：桓三年穀梁傳云：「冕而親迎，不已重乎？」范注只云：「冕，祭服。」而鍾氏補注則廣徵博引，論説了不同時代不同等級所用的冕的形制、顔色等。莊元年補注下説「性」條，更是博採衆家之説，洋洋二千五百餘言。鍾氏在補注中也有對范寧集解補充及糾正者，如隱六年傳云：「齊侯盟艾。」范注云：「艾，魯地。」補注則云：「艾，當云齊地。」鍾説近是。又如桓二年傳云：「以是知君之累也。」范注云：「累，謂從也。」補注則云：「注非也。『累』之正字本作『纍』，省作『累』。戰國策『纍』、『累』通用。玉篇『纍』字有『力僞切』一音，云『延及也』，又曰『累同上』。廣韻曰：『累，緣坐也。』緣與延同義。王逸楚辭注：『虆，緣也。』毛詩傳：『纍，蔓也。』緣、蔓皆延也。傳言『君之累』之者，謂督欲弑君，延坐及於孔父，以致先死也。」補注對傳、范注未能下按斷者，則兼採諸家之説，羅列於後，請「學者擇焉」。如哀公十二年春「用田賦」下、桓公三年「父，字謚也」下皆採取這種方法，這也是注釋古書的一種科學態度。除上述之外，補注中還有「選異」一項，專門校勘三傳經文之異同，鍾氏的態度也很客觀，很少妄下按斷。如遇到今古文兩派不同意見時，鍾氏也很少以自己所崇尚的今文學派爲是，如桓公六年春正月經文「寔來」二字，公、穀二傳皆訓爲「是來」，左氏訓爲「實來」，鍾氏在補注案語中云：「覲禮曰『伯父實來』，鄭君注：『今文「實」作「寔」。』左傳曰『寍佁實來』、『子皮實來』、『印段實往』，左氏書，古文也。杜讀從之，説亦可通。但今文家訓『是』，自有所受，不可輒改。毛詩『寔命不同』，傳云：『寔，是也。』韓詩作『實』，云『有也』，此二訓之異。」儘管鍾氏偏於今文經學，但他在這里把兩家對「寔」字的解釋如實地擺了出來，其態度還是比較公允的。當然鍾氏的補注也不免受階級和學派的局限，有些注釋也未能超越今古文學派的門户之見，有的甚至不相信科學。如哀公十三年十一月傳云「有星孛於東方」，孛即彗星的一種，也是圍繞太陽運行的一個天體，它的出現也和其它太陽系的行星一樣，是有一定規律的。而鍾氏補注却云：「今人惑於荒外新法，改九重之稱，增四七之宿，謂彗孛亦可以術推，實蕩且妄。張衡能作器候地震，而今不能，則術也不精矣。夫日食之道甚著，聖人猶不憑術，況其它乎？」他還認爲「星孛於東方」爲「天之示人」，這才是「實蕩且妄」的説法，我們今天應當以科學的態度加以批判。

六

鍾氏春秋穀梁經傳補注付梓後有光緒二年（公元一八七六年）鍾氏信美室刊本，其後又有南菁書院刊本（該本後收入續皇清經解內）、中華書局四部備要本（此本是據南菁書院續經解本校刊的）、商務印書館國學基本叢書本。這次點校工作，我們採用鍾氏信美室刻本爲底本，以南菁書院刊本爲參校本。對於穀梁傳原文的斷句，我們一依鍾氏理解爲準。對於補注中的引文，我們盡量尋找原書進行了核對，凡有錯誤之處我們都作了校正，並一一寫出校記，列於當面之末。對於鍾氏節引或有意改寫的引文，如非內容牴牾，一般逕依其舊，不加改正。對於書中的避諱字，均予回改，異體字統一改爲規範字。此外，補注卷首原有序、論經、論傳、略例、范氏原序幾項内容，這次整理時對它們的排列次序作了一些調整，即將范氏原序移至序後。由於我們在整理時已將避諱字一一回改，所以將原略例中的第六條「凡經傳中聖諱字、廟諱三字皆敬缺筆。經傳外諸應敬避者，或缺筆，或改寫，若以它字代則方匡其外。至私諱，水部、木部各一字，亦缺筆，在經不缺筆，慎辨也。」一條全部删去。原書卷末除附有律句四十韻、四言一首外，尚有書後、再書後兩篇，該兩篇爲鍾氏門人所撰，其内容與本書關係不大，所以也逕删去。

點校工作，難度較大，囿於學力識見，補注點校中必定還存在一些這樣那樣的缺點和錯誤，懇請讀者賜予批評指正。

駢字騫　郝淑慧

一九八九年七月十五日於北京新源里

春秋穀梁經傳補注目録

序

魯之春秋，魯所獨也。孔子之春秋，孔子所獨也。魯所獨者，王禮所在，其史法較諸國爲備，故石、尚欲書春秋，當時以爲重。孔子所獨者，是非二百四十二年之中，脩其辭以明其義，子游、子夏不能贊一辭、改一字，故梁、鄭正其名，石鷁盡其辭，正隱治桓，皆卓然出於周初典策之上。夫梁、鄭之事，舊文也，而名有所必正，則其加損舊文者可知矣。石鷁之事，微物也，而辭有所必盡，則大焉者可知矣。正隱治桓，揭兩字於卷首，則全書悉可知矣。然而斯義也，左氏、公羊不能道，獨穀梁子稱述而發明之。實爲十一卷，大指總要之處，推之千八百事，無所不通。故穀梁傳者，春秋之本義也。蓋嘗論之，聖人既作春秋，書於二尺四寸之策，其義指數千，弟子口受之，自後遞相授受，録以爲傳，則穀梁之與左氏、公羊宜若無大異者。而漢博士言「左氏不傳春秋」，實以其書專主記事，不若二家純論經義。二家之中，公羊當六國之亡，穀梁去孔子近，則見聞不同。公羊五傳至其玄孫，當漢孝景時，始著竹帛。穀梁作傳，親授荀卿，則撰述亦不同。公羊爲齊學，穀梁乃魯學，則師承又不同。今觀穀梁「隕霜不殺草」之傳，據韓非書，乃夫子答哀公問春秋之語，而公羊無之。穀梁引尸子、公子啟、蘧伯玉、沈子之外，有稱「傳曰」者十，傳者，七十子所記，其來甚古，儀禮喪服傳亦有此例，而公羊又無之。舊傳與喪服傳所引，舊傳非必説春秋、説喪服之專書，而皆出七十子。喪服傳出七十子之後，或云子夏作，非也。毛詩序亦非子夏自作，有引高子語，當與公羊同時。以公羊氏所未聞，明穀梁氏之近古，以儀禮傳之可信，明春秋傳之得真，知其爲春秋之本義無疑也。左氏、公羊之失甚多，就其最淺著者，如左氏於仲子之賵，以爲桓母未死而豫賵；誤紀子伯爲紀子帛，則以君爲臣；左氏亦以臣先於君，其義不安，故於襄十六年叔老會鄭伯、晉荀偃之傳釋之曰：「爲夷故也。」杜注、孔疏以爲「諸侯之大夫與鄭伯尊卑皆平」是也。又於僖二十九年傳曰：「卿不會公、侯，會伯、子、男可也。」皆是曲爲彌縫，以申成臣得先君之説。誤尹氏爲君氏，則內外男女皆失其實。開卷之初，其謬如是。公羊妄意曹伯爲有罪，則曰甚惡也，又不能言其惡，則曰不可以一罪言也。妄意盟宋再出豹爲殆諸侯，則曰衛石惡在，是惡人之徒也。妄意西宮爲宮寢之宮，又不敢決言三宮之制，則曰以有西宮亦知諸侯之有三宮也。凡若此類，第在事實、人名、禮制之閒，亦不及穀梁遠，何論其他矣。

漢世，三傳並行，大約宣、元以前則公羊盛，明、章以後則左氏興，而穀梁之學頗微。江左中興，妄謂穀梁膚淺，不足立學，相沿至唐初，謂之小書，而穀梁之學益微。苟非有范甯、徐邈闡明於前，楊士勛輩纘述於後，則穀梁傳之在今日，幾何不爲十六篇書、三家詩之無徵不信哉？吾於此歎唐人義疏之功大也。大曆以降，經學一變，前此說春秋者，皆說三傳，主於一而兼其二，未有自我作故去取唯欲者。啖助、趙匡、陸淳之書出，而兩宋孫復、劉敞、孫覺、程子、葉夢得、胡安國、陳傅良、張洽之徒繼之，元之黃澤、趙汸用功尤深，又踵而詳之，於是三家之書各不成家，而春秋之說滋亂，至於今未已也。然而風氣日開，智慧日出，講求益密，義理益詳，則亦自有灼然不惑之說。故啖助謂穀梁意深；陸淳謂斷義不如穀梁之精；孫覺謂以三家之說校其當否，穀梁最爲精深；葉夢得謂穀梁所得尤多；胡安國謂義莫精於穀梁；蔡元定謂三傳中道理，穀梁及七八分；某氏六經奧論謂解經莫若穀梁之密。而乾道中，浦江鄭綺遂著穀梁合經論三萬言，惜不可見矣。清興，李文貞公光地變通朱子之學以治羣經，其論春秋曰：「三傳好，穀梁尤好。」迨後惠士奇父子倡古學於東南，亦云「論莫正於穀梁」。其專宗穀梁者，溧水王芝藻而後亦頗有人，而書皆不行。四庫附存目有王芝藻春秋類義折衷十六卷，載其自序謂「左傳多不可信，公羊亦多繆戾，惟穀梁猶不失聖門之舊」。又謂「公羊襲取穀梁書續爲之」。鎮江柳氏有穀梁傳學，海州許桂林有穀梁時月日釋例，道光中，阮元皆爲之序。許書今有刻本，取其一條。竊以國家二百年來經籍道盛，宜有專門巨編發前人所未發者，且以范注之略而舛也，楊疏之淺而庬也，苟不備爲補正，將令穀梁氏之面目精采永爲左氏、公羊所掩，謂非斯文之闕事乎哉？

文烝年九歲、十歲時，道光丙戌、丁亥。先君子親以三傳全文授讀，備承庭訓，兼奉慈箴。考諱棠，縣諸生，先母氏奚。後來，博搜諸家書，見而記，記而疑，其甚疑者則時時往來於心，不能自已。年將三十，始知穀梁源流之正，義例之精。數年之閒，所見漸多，頗有所得，用是不揣檮昧，詳爲之注，存豫章之元文，擷助教之要義。繁稱廣引，起例發凡，敷暢簡言，宣揚幽理。條貫前後，羅陳異同。典禮有徵，詁訓從朔。辭或旁涉，事多創通。竊謂穀梁解春秋，似疏而密，甚約而該。經固難知，傳亦難讀，學者既潛心於茲，又必熟精他經，融貫二傳，備悉周、秦諸子及二千年說者之得失，然後補苴張皇，可無遺憾。以予淺學，蓋未之逮，唯曰實事求是，而盡心平心則庶幾矣。詹體仁語真德秀，居官莅民之道曰「盡心平心」，實亦讀書要法。夫不得於心則不得於言，趙岐之拙，王弼之巧，皆失之不明。朱子曰：「解書難得分曉，趙岐孟子拙而不明，王弼周易巧而不明。」李鼎祚、衞湜之浩博，又苦於不斷，予期於明且斷而已矣。乙巳迄癸丑歲稾立，己未歲始有定本，直題補注，無取異名。疏卷二十，今二十有四。左氏、公羊之經異者具列經下，并證明之。別爲論經、傳各若干條，冠書首焉。咸豐九年己未夏五月乙未嘉善鍾文烝朝美氏自序。

自後又脩飾暢隱之，而紀之以詩，癸亥之三月也。又六歲，增易又以千百計，然後疑滯疏漏漸漸免矣。夫學欲多也，思欲專也，取羣書以治一書者，其道無以易此也。予討論百家之解，稽合四部之言，所謂思之思之，鬼神教之，蓋有之矣。所謂天下之理，眩於求而真於遇，蓋有之矣。敢自謂多且專乎哉？抑亦有二十餘年心力之勤焉，於是乎又記。時同治七年戊辰七月七日。

范氏元序

昔周道衰陵，乾綱絶紐，禮壞樂崩，彝倫攸斁，弒逆篡盜者國有，淫縱破義者比肩，是以妖災因釁而作，民俗染化而遷。陰陽爲之愆度，七耀爲之盈縮，川岳爲之崩竭，鬼神爲之疵厲。故父子之恩缺則小弁之刺作，君臣之禮廢則桑扈之諷興，夫婦之道絶則谷風之篇奏，骨肉之親離則角弓之怨彰，君子之路塞則白駒之詩賦。天垂象，見吉凶，聖作訓，紀成敗，欲人君戒慎厥行，增脩德政。蓋誨爾諄諄，聽我藐藐，履霜堅冰，所由者漸。四夷交侵，華戎同貫。幽王以暴虐見禍，平王以微弱東遷。征伐不由天子之命，號令出自權臣之門，故兩觀表而臣禮亡，朱干設而君權喪，下陵上替，僭逼理極，天下蕩蕩，王道盡矣。孔子覩滄海之橫流，迺喟然而歎曰：「文王既没，文不在兹乎？」言文王之道喪，興之者在己。於是就大師而正雅頌，因魯史而脩春秋，列黍離於國風，齊王德於邦君，列於風而謂之王，亦其舊也，夫子因之耳。所以明其不能復雅，政化不足以被羣后也。劉向列女傳云，平王之後，周與諸侯無異，即孟子所謂詩亡然後春秋作。於時則接乎隱公，故因兹以託始。杜預以爲平王，東周之始王，隱公，讓國之賢君，其時相接，故春秋始隱，范所本也。史記平王三年，惠公卽位，至四十九年入春秋。陸淳集傳纂例孝公二十五年，犬戎殺幽王。惠公三年，平王東遷。此啖助、趙匡之說，與史記不同。沈括云不知啖、趙得於何書，王應麟引吳仁傑鹽石新論謂出何休公羊音訓。錢儀吉云何氏爲春秋專家之學，其言必有所受，非誤也。陸又引趙云春秋始隱公，一則因平王之遷，二則賢隱之讓。陳岳云建篇首隱，所以崇讓。該二儀之化育，贊人道之幽變，舉得失以彰黜陟，明成敗以著勸誡，拯頹綱以繼三五，鼓芳風以扇遊塵。舊解以正樂爲芳風，淫樂爲遊塵。又或善之顯著者，惡之頹辟者。一字之褒，寵踰華袞之贈；片言之貶，辱過市朝之撻。德之所助，雖賤必申；義之所抑，雖貴必屈。故附勢匿非者，無所逃其罪；若翬。潛德獨運者，無所隱其名。若公弟叔肸。信不易之宏軌，百王之通典也。先王之道既弘，麟感化而來應，穀梁家皆以爲麟應春秋而至，與左氏舊說、公羊孔衍本同，與諸公羊家、史記、杜預皆異。因事備而終篇，故絕筆於斯年。公羊曰：「備矣。」元命苞云：「始於元，終於麟，王道成也。」成天下之事業，定天下之邪正，莫善於春秋。春秋之傳有三，而爲經之旨一，臧否不同，褒貶殊致，蓋九流分而微言隱，異端作而大義乖。左氏以鬻拳兵諫爲愛君，此事非春秋經。文公納幣爲用禮；穀梁以衞輒拒父爲尊祖，不納子糾爲內惡；公羊以祭仲廢君爲行權，妾母稱夫人爲合正。以兵諫爲愛君，是人主可得而脅也；以納幣爲用禮，是居喪可得而婚也；以拒父爲尊祖，是爲子可得而叛也；以不納子糾爲內惡，是仇讎可得而容也；二事補注詳之。范誤，傳不誤。以廢君爲行權，是神器可得而闚也；以妾母爲夫人，是嫡庶可得而齊也。公羊又美齊襄爲賢者，比宋襄於文王。黃仲炎以爲誤天下後世不淺。若此之類，傷教害義，不可得强通者也。凡傳以通經爲主，經以必當爲理，夫至當無二，而三傳殊說，庸得不棄其所滯，擇善而從乎？注中偶有之，要當兼取二家，而斷以本傳。既不俱當則固容俱失，若至言幽絶，擇善靡從，庸得不並舍以求宗，據理以通經乎？此已開啖、趙先聲，然注中似此者尚少。雖我之所是，理未全當，安可以得當之難而自絶於希通哉？而漢興以來，瓌望碩儒，各信所習，是非紛錯，準裁靡定，故有父子異同之論，劉向主穀梁，劉歆主左氏。石渠分争之說。甘露元年，召名儒大議殿中，平公、穀同異。廢興由於好惡，武帝尊公羊，宣帝好穀梁。盛衰繼之辯訥，董仲舒治公羊，江公治穀梁。江公訥。斯蓋非通方之至理，誠君子之所歎息也。左氏豔而富，其失也巫；穀梁清而婉，其失也短；文簡耳，非短也。其義實視二傳爲密。公羊辯而裁，其失也俗。若能富而不巫，清而不短，裁而不俗，則深於其道者也。故君子之於春秋，没身而已矣。孫覺極取此語。升平之末，歲次大梁，先君北蕃迴軫，頓駕于吴，晉穆帝升平五年，甯父汪爲安北將軍、徐兗二州刺史。其十月，以罪免爲庶人，屏居吴郡。是年歲在辛酉。乃帥門生故吏，門生，同門後生；故吏，謂昔日君臣，江、徐之屬。我兄弟子姪，甯自謂。及謂從弟邵三子泰、雍、凱。研講六籍，次及三傳。左氏則有服、杜之注，案：范注無引服者。公羊則有何、嚴之訓，嚴氏章句，時尚未亡，何則用顔氏本，范注引之。釋穀梁傳者雖近十家，皆膚淺末學，不經師匠。江左中興，荀崧奏請立公、穀博士。詔許立公羊。云「穀梁膚淺，不足置博士」，〔一〕由此數家末學誤之也。辭

〔一〕「置」原作「立」，據晉書荀崧列傳改。

理典據，既無可觀，又引左氏、公羊以解此傳，文義違反，斯害也已。范亦多無可觀，又其以二傳殽亂本書者亦往往有，故知解經難，故知何、杜不可及。於是乃商略名例，范別爲略例百餘條。敷陳疑滯，博示諸儒同異之說。旻天不弔，大山其頹，汪卒當在簡文之世。匍匐墓次，死亡無日，日月逾邁，跂及視息，乃與二三學士及諸子弟各記所識，并言其意。業未及終，嚴霜夏墜，從弟彫落，謂邵。二子泯没，謂雍、凱。天實喪予，何痛如之？今撰諸子之言，各記其姓名，名曰春秋穀梁傳集解。晉書云：「沈思積年，爲之集解。其義精審，爲世所重。」此當在豫章免郡後。凡解古書，集衆家記姓名者，何晏、李鼎祚之屬專記前人者也，范氏兼記同時人及其子弟者也，裴駰、李善之屬又推及所引他書之注者也。文烝附范書爲補注，兼用三例，記姓名者三百餘焉。

論經

傳稱夫子曰「君子之於物，無所苟而已。石鶂且猶盡其辭，而況於人乎？故五石六鶂之辭不設則王道不亢矣」。又曰「梁亡，鄭棄其師，我無加損焉，正名而已矣」。春秋始元終麟，止是正名而盡其辭，以明王道，此直揭全書本旨也。隱無正，唯元年有正，傳曰「謹始也」，所以正隱也。桓無王，唯元年有王，傳曰「謹始也」，所以治桓也。此特標開宗要義也。開宗之義即冒全書，故孟子以春秋爲亂後之一治，謂之天子之事，而引夫子知我罪我之言也。正名盡辭，以爲之綱，正隱治桓，以弁其首，而左氏之三體五例，公羊之三科九旨，皆不足言矣。

李光地曰：「三代學校之教，詩、書、禮、樂四術而已，自夫子贊周易，脩春秋，於是二書稍見於世。此朱子說也。文烝案：易傳不必夫子自作，下注論之。故記禮者名爲六經，而莊周之徒頗知其意者亦往往並述焉。」今案：禮記經解述孔子之言曰：「其爲人也，屬辭比事，春秋教也。」屬者，屬合之。比者，比次之。春秋之義，是是非非，皆於其屬合、比次、異同、詳略之閒見之，是其本教也。趙汸云：「春秋有筆有削，與述而不作者事異。荀子論夫子事曰：「一家得，周道舉。」楊倞注曰：「一家得，謂作春秋。周道舉，謂删詩、書，定禮、樂。」文烝案：删詩，史記文。删詩、書，讖緯文。自高弟如游、夏尚不能贊一辭，苟非聖人爲法以教人，使考其異同之故以求之，則筆削之意何由可見乎？此屬辭比事所以爲春秋之教，不得與五經同也。」莊周之言曰：「春秋以道名分。」又曰：「春秋經世，先王之志，聖人議而不辯。」道名分者，正名以順言，順言以成事。名之必可言，言之必可行也。名由於分，故曰名分，推其本，則孟子云：「所性分定。」又推其本，則大戴禮本命云：「分於道，謂之命。形於一，謂之性。」議而不辯者，假事以明義，推見以至隱。議之甚詳，而其文則但爲記事之文也。李光地論語正名章説云：「夫子脩經，不過使其言之順理，然先儒以爲制事之權衡，揆道之模範，蓋周公之禮樂在焉。而又爲孔子之刑書，皆不離乎書法，抑揚輕重，婉直微顯之閒而得之。」趙汸云：「春秋存策書之大體，而假筆削以行權，有不書，有變文，有特筆，有日月之法，而歸於辭從主人，皆所謂議而不辯者也。」

孟子曰：「王者之迹熄而詩亡，詩亡然後春秋作，晉之乘，楚之檮杌，魯之春秋，一也。其事則齊桓、晉文，其文則史。孔子曰：『其義則丘竊取之矣。』」此言春秋以義爲重也，公羊述孔子之言曰：「其辭則丘有罪焉爾。」公羊本作「詞」字，依説文當作「詞」，此正字也，今通用「辭」字。此又言春秋以辭爲重也。其實義即是辭，辭即是義。説文解「詞」字曰：「意内而言外。」義者内之意，辭者外之言。公羊所述即孟子所述，而史記引孔子曰「春秋以道義」亦同旨也。是故君子之脩春秋，脩其辭以取其義也。此揚雄法言所謂「說理者莫辯乎春秋」，李軌注曰：「屬辭比事之義。」文烝案：春秋義而不辯者，邵子所謂録實事而善惡形於其中也，於文不辯，於理則辯矣。故左傳亦曰：「微而顯，婉而辨。」而非其事與文之謂也。泥於其事，溺於其文，左氏所以失也。即其辭而明其義，穀梁所以得也。公羊亦近之，而文多意少，或不知而强爲之說，故未盡善也。

左傳昭二年，晉韓宣子聘於魯，觀書於大史氏，見易象與魯春秋，曰：「周禮盡在魯矣。吾乃今知周公之德與周之所以王也。」案：易繫辭傳言「易之興也當殷之末世，周之盛德當文王與紂之事」。左傳又載衛祝佗語，魯公初封，分之祝、宗、卜、史，備物典策。杜預以典策爲春秋之制，而賈逵解周禮句云「史法最備，然則於易見周之所以王，而亦可見周禮於春秋，見周禮而即見周公之德也」。孔穎達正義解「周公之德」二語最分明，而於周禮句未盡其意。案：禮者，治世之大名，古人每通言之，故易象、魯春秋可觀周禮；夏時坤乾，可觀夏、殷之禮。孟仲子說周頌「維天之命」則曰「美周之禮」。而周官經稱周禮，自劉歆已然。禮記明堂位曰：「魯王禮也，天下傳之久矣，君臣未嘗相弒也，禮樂刑法政俗未嘗相變也。」王禮即周禮，其未嘗相弒相變，則謂雖相弒明堂位本作「殺」字，古書凡「弒」字皆作「殺」也。說詳隱四年。而不言弒，君殺大夫，雖相變而其文不直不盡，亦史法之一端也。君子脩春秋，以史法爲經法而例立，葉酉謂夫子所本之史即韓宣子所見者，杜預不知聖人因史作經，非爲魯國脩史，於是以韓子所見爲周之舊典禮經，於夫子所本者則以爲赴告策書，諸所記註，多違舊章，故刊而正之。即此一語，見杜氏受病之處。於是有變史例以爲例者，於是有自變其例以爲變例者，此其正名盡辭以當王法，豈不尤備乎哉？夫例者義而已矣，其字古祗作「列」，見禮記服問，訓爲「等比」，説禮服説律不能外是，而春秋家亦用之。服問引傳曰：「辠多而刑五，喪多而服五，上附下附列也。」鄭君曰：「列，等比也。」徐邈：「音例。」程子曰：「大率所書事同則辭同，後人因謂之例。然有事同而辭異者，蓋各有義，非可以例拘。」此言最切當，所謂非可例拘者，今所謂變例是也。白居易云：「明則有凡例，幽則有微旨。」洪興祖云：「春秋本無例，學者因行事之迹以爲例，猶天本無度，治曆者即周天之數以爲度也。」並與程子語相發明。嘗竊謂夫子自言七十而從心所欲，不踰矩，從，依舊讀爲「縱」。春秋之書，事事有其矩，事事從心而爲之，不易變易，相因相成，欲求春秋義例者，當知斯意。然則其説如之何？曰穀梁備矣。胡承諾謂「三傳各有義例，皆不敢以私意亂聖法」是也。又謂「學者不必較量異同」，非也。

春秋十一卷，千八百餘事，萬六千五百餘言，（經字萬六千五百五十有奇，公羊多百五十有奇。）公羊疏引春秋説云一萬八千字。義恉弘多，科條周委，至精至深，至孅至悉。王充論衡云：「孔子意密，春秋義纖。」猶周公制作禮樂之書，無鉅無細，無不備舉。劉勰文心雕龍論儀禮云：「禮以立體，據事制範，「制」，舊誤作「剬」。章條纖曲，執而後顯。」而凌廷堪作釋例，具言同中之異，異中之同，先聖後聖，其揆一也。子曰：「禮儀三百，可勉能也，威儀三千則難也。」春秋之難，讀正如此。此之謂作；孟子。此之謂游、夏不能贊一辭，文選注引史記。改一字；公羊疏引春秋説。此之謂其義竊取；此之謂見素王之文，漢書董仲舒傳。明素王之道，説苑。立素王之法；左傳正義引賈逵序。此之謂微；荀子。此之謂推見以至隱；史記。此之謂譏而不辯；此之謂約而不速；荀子。即杜預云「辭約義微」，趙匡云「辭簡義隱」是也。此之謂能繫心於微而致之著；春秋繁露。此之謂約其文辭而指博；史記。此之謂殺史見極，平易正直；後漢書班彪傳引傳曰。此之謂立義創意，眇思自出於胸中。論衡。統而論之，大氏明於辨是非而嚴於正名分，本之以智，約之以禮，智崇禮卑，故其制作侔天地。「智崇禮卑」四字包括萬理。

唐之中葉，啖、趙、陸始自名其學，而大致猶無變乎古，韓文公愈爲儒者宗，亦言聖人作春秋，深其文辭。至宋諸儒，因伯沖之書，益出新意，程伯子亦重陸書。皆未有言春秋不過直書其事者，唯朱子言之，學者惑焉。夫使春秋不過隨事直書，別無書法，則一良史優爲之矣。何以游、夏不能贊一辭？何以齊、魯師儒遞有授受？何以孟子謂之作？謂之亂後之一治？何以荀子謂其微？謂其約而不速？豈一切皆不足信邪？陸龜蒙復友生書云：「春秋，大典也。舉凡例而襃貶之，非周公之法所及者，酌在夫子之心，凡例本周公，用杜預說。故游、夏不能措一辭。若區區於敘事，則魯國之史官耳，孰謂之春秋哉？」陸氏此論，實不可易矣。程子謂春秋大義易見，其微辭隱，義爲難知。愚以爲劉歆言「夫子沒而微言絕，七十子卒而大義乖」二語必有所本。春秋微言也，大義在其中，而弟子口受之，今其遺文即穀梁傳也。微言者，譏而不辯之謂，作傳辯之而大義出矣。伊川語大概近是。朱文公於此經固自云未學，又云終不能自信於心，又云此經簡奧，立說雖易，貫通爲難。聖人之言，平易中有精深處，則亦未嘗以直書之說爲定，且自高弟黃榦已不謂然矣。今正無容苟同焉耳。黃氏云：「其閒亦有曉然若出於微意者。」

聖人不空作，其作經，以爲典法也。故如衞、齊惡君臣同名之屬，無關筆削者，亦論其義，以詔後世，家鉉翁謂之因事垂法是矣。學者當存此意求之，庶幾可以弗畔。

春秋以義脩辭，不以記事爲重，徐邈於重耳卒下論之曰：「事仍本史而辭有損益。」又曰：「若夫可以寄微旨而通王道者，存乎精義窮理，不在記事少多。」案：堯、舜百五十載之久，孔門七十餘賢之多，而典、謨、論語，事迹人名，闊疏寥落，古人爲書，意別有在也，況聖者之制作乎？此數語包絡全旨，開釋羣疑，爲諸儒所不及，學者先識此意，乃可與論春秋矣。若欲求解經之法，則當先讀何休注，何氏固多怪妄之說，而條例文義之細密融貫，實爲古今第一，孔廣森嘗稱其體大思精。今補注中或采其語，或師其意，獲益甚多，並有孔氏通義所未及致意者。凡讀諸經典，須通全部，先定大主意，必如徐仙民則可。又須用逐句逐字之功，必如何、邵公則可。殷侑作公羊注，欲得韓子爲序，而韓子答書以爲前聞口授指略，如遂蒙開釋，章分句斷，其心曉然，直使序所注，其又奚辭？既言指略，又言章句，此真讀書之法歟？朱子曰：「必析之有以極其精而不亂，然後合之有以盡其大而無餘。」

愚自己酉歲來，最憙黃澤之學。黃氏之言，尤切中樞要者，曰：「史記事從實而是非自見，雖隱諱而是非亦終在。夫子春秋多因舊史，則是非亦與史同，但有隱微及改舊史處，始是聖人用意，然亦有止用舊文而亦自有意義者。」

黃氏所獨得者，史法經法之說也。趙汸繼黃而加詳，其大致亦自足取，但因求詳之故，遂欲舉史法經法截然分之則非也。夫史法既變爲經法，則其所遵用史法者亦皆經法而非史法，史法固不可不知，而亦不可過執也。此在穀梁梁亡一傳本有端緒，何也？梁亡，鄭棄其師，義主正名，而文仍舊史，以此推之，則不論其文之加損不加損，而其義皆有所取，不計其與舊史本意同異何如也。說經者若必截分史法經法，而一一臆斷其孰爲策書本文，孰則聖人脩改，無論其未必是，即使盡得之，亦將疑於仍舊者之無所取義，此說者之大蔽也。杜預雖專治左氏，而於釋例終篇特言之曰：「仲尼雖因舊文，固是仲尼之書也。丘明所發，固是仲尼之意也。」此實開通洞達之言，可破百家曲說。愚之此書，或有推求其爲仍舊爲改舊者，皆不違本傳之文，仍竊取征南之意。子常可作，或予許焉。

戊午冬日，病中偶思論語「麻冕」章，深悟春秋之義。子曰：「麻冕，禮也；今也純，儉，吾從衆。拜下，禮也；今拜乎上，泰也。雖違衆，吾從下。」夫純也，拜上也，皆是俗尚苟簡，積漸使然，非儉亦非泰也。但純之本意雖非儉，以義斷之，則儉也。聖人之從純，自取義於儉，此春秋因舊之比也。拜上之本意雖非泰，以義斷之，則泰也。聖人不從其泰，乃據禮以正其義，此春秋改舊之比也。

若以問十世章擬諸春秋，其理則同，其事則異。殷因於夏禮，所損益可知也；周因於殷禮，所損益可知也；其或繼周者，雖百世可知也。非因無以爲損益，非損益無以爲因，後監於前，經承乎史，是則同也。禮行於中國而不可息，魯史記則周禮也，夫子脩之，亦約以周禮，鄭衆、賈逵、服虔、潁容說。是其所以異也。或謂殷變夏，周變殷，春秋變周，淮南子。以繼周損益之事說春秋，夸矣。或又謂春秋改周之文，從殷之質，公羊家及讖緯說。用夏之忠，啖助說。以三王循環之道說春秋，妄矣。

以上諸條多定於乙丑、丙寅之閒，與世之馳騁浮辭增飾鑿說者蓋不同矣。尚有須申論者，則從心所欲，不踰矩之說也。夫魯史記之爲信史也，其體嚴，其事重也。脩之若無可脩也，以義斷之又甚難言也。而觀於穀梁傳，則述作新舊之閒，去留加損之際，章之離合，句之繁約，字之先後，亦既一一精其義而深其文辭矣。李光地曰：「春秋不過幾個字換來換去，忽如此用，忽不如此用，忽用忽不用，千變萬化，不可思議，又至穩至當。」而在聖人，不過歲月閒之事也。公羊閔因序及諸緯云：「九月經立，謂獲麟後之九月，卽春作秋成之謬說也。脩春秋在哀十一年冬，自衛反魯後，不知何時始，其成則在十四年春。」豈非無矩而有矩，有心而無心者歟？夫矩者中也，中者權也。矩者，方之所出，有上下前後左右則有中矣。中無定，故曰權。沈善登曰：「矩者方之至，而實分於圓，故其所出之綫長短不等，皆歸於圓。聖人之心，渾圓如天，因物付物，物得之即爲矩矣。」堯曰：「允執其中。」子曰：「中庸之爲德也，其至矣乎！」又曰：「過猶不及。」孟子曰：「執中無權，猶執一也。」此之謂也。中，又謂之節。權者，因其節而節之，節性、節禮樂皆是。大氏聖人之學始於志，中於立，終於權，故四十而不惑，五十而知天命，六十而耳順，皆由立而權之節次功候也。至於七十而從心所欲，不踰矩，則權道之備，而作春秋之年也。知禮者可與立，知春秋者可與權。權者立之極至也，春秋者禮之極至也。記曰：「禮，時爲大。」孟子曰：「孔子，聖之時者也。」時者，謂中而權也。韓詩外傳作「聖之中」，所謂君子而時中。

以一事之正變言之：如正月言公即位，正也；隱不言即位，變也；定以六月即位，尤變也，而言日，又變之正也；莊、閔、僖不忍言即位，亦變之正也；桓、宣言即位，則變之變也；公如京師，正也，而言月，正之變也；朝王，所變也，其日，變之變也；皆言朝，又變之正也；公大夫盟言日，正也，不日，變也；齊桓盟不日，則正也，其日，又正之正也；公親逆女，正也，使人逆，變也；莊親逆於齊，則亦變也；親納幣，又變也；桓使人逆而又親焉，始變終正也；文親逆而速婦之，始正終變也。

以諸事之善惡、功罪、是非、真似言之，如正隱則醇其善矣，治桓則盡其惡矣，美齊桓之正則功多罪少矣，譏晉文之譎則罪多功少矣。至如紀侯棄國、衞專避兄、荀息死不正、伯姬坐待火之類，似非而真是也。不見善人，思見有恆，不得中行，思得狂狷，此之謂也。宋襄守正非信，楚靈討罪非義，曹世子從父非孝，臧武仲多智非道之類，似是而真非也。鄉原亂德，爲德之賊，居之似忠信，行之似廉潔，此之謂也。伯夷、柳下惠，夫子自謂「我則異於是」，孟子亦言「君子不由」，又目之爲聖，謂其能興起百世，蓋夫子思狂狷有恆之意乎？其必距楊、墨何也？曰：夷、惠可師者，爲其使頑夫廉，懦夫有立志，薄夫敦，鄙夫寬也。楊、墨必距者，爲其無君無父也。推孟子之意，可徧讀天下書而進退之，莊子末篇亦近是。

凡此皆中也，皆權也。語其大要，有寬嚴焉，有輕重焉。蘇軾云：「春秋之義，立法貴嚴，而責人貴寬。是故用嚴之極，至於仁不勝道，此如論令尹子文、陳文子，憂國忘身，許其忠不許其仁，潔身去亂，許其清不許其仁也。用寬之極，至於叛而許悔，此如告冉有、原思富不當繼，然且謂其不吝而不直拒之，又不深責之；祿不當辭，然且喜其能廉而不深責之，又代爲處之也。」本朱子說。於是觀其輕重，尊尊、親親、賢賢之義皆最重，其相值則迭重。文之大事，定之即位，滅項，葬宋共公，王師敗績，欒書伐鄭，傳有明文也，此即諱昭公不知禮，告葉公父子相隱，論古而美尚德，論今而貴民稱之意也。內中國外夷狄之義最重，一值其重，則他義俱在所輕。楚莊之入，陳靈之誘蔡，吳子之戰伯舉，會欑函，會鍾離，傳有明文也，此卽夷狄有君不如諸夏之亡之意也。夫子賢楚昭、見葉公、觀吳季子之葬，子豈謂其無賢君臣哉？論中國夷狄之辨，則善惡是非不論矣。若夫進狄人則思中國之有伯也，善宋盟則喜中國之小康也。莒潰楚弒皆謹日，則又以中國君臣父子之義，公之於夷狄也，葢海之可浮，九夷之可居，蠻貊之所可行，夷狄之所不可棄，春秋皆有其意也。

總之，讀春秋者當知其辭之深微隱約，而不可以史家之學求之。雖曰左史書動爲春秋，右史書言爲尚書，然而尚書說事者也，春秋說理者也。並本法言。說事故覽文如詭而尋理卽暢也，說理故觀辭立曉而訪義方隱也。並本文心雕龍。後人以史視春秋，一誤於杜預，則謂春秋不可無左傳；再誤於劉知幾，則謂左傳勝於春秋；異言喧豗，而斷爛朝報之說起矣。韓子答劉秀才論史書曰：「凡史氏褒貶大法，春秋已備之矣。後之作者，在據事跡實錄，則善惡自見。」司馬光作通鑑，於魏紀特言之曰：「臣今所述，止欲敘國家之興衰，著生民之休戚，使觀者自擇其善惡得失以爲勸戒，非若春秋立褒貶之法，撥亂世反諸正也。」由二子之言思之，可以知史，可以知經。

至於經之何以始終也？其終易知，其始難知。易知者，文成致祥，事備絕筆，本一說也。其難知者，若謂始於元之一字，則如鄭君說禮運，天地爲本，至於四靈爲畜，以爲春秋始於元，終於麟，包之而固，非禮運之本旨。且十二公皆有元，凡史書莫不有元矣。若如公羊學者言五始，則列國史書亦皆如此，且隱惟四始，不得爲五始。每公有五始，則十二公將爲六十始矣。若依公羊謂始乎隱者，祖之所逮聞則是强爲之辭，殆習聞春秋尊祖之説而致誤矣。反覆求之，始隱之意，但當如杜預、范甯、趙匡、陳岳所論。而春秋大義，實以正隱治桓並爲始，故穀梁子兩著「謹始」之文，而正隱謹始，尤爲全書大始。劉向以正春正君建本立始發明之，具隱十一年下。實穀梁家遺説也。正隱之義，根於不言卽位，不言卽位，傳謂之無事，此亦別見一義焉。甲戌孟秋，沈善登書來曰：「春秋記千八百事，乃欲以無事發端，至獲麟絶筆，而復於無事矣。惟隱接平東遷之初而可得爲無事之文，惟麟爲王道之成而可以無事，聖人皆因其自然而已。既見義於無事，卽寓意於無言，故始於無事者，猶曰天何言哉云爾。中閒千八百事，猶曰四時行焉，百物生焉云爾。終於無事者，猶曰夫何言哉云爾。」魯論語。是説也，活潑潑地，程伯子云：「會得時，活潑潑地，會不得，只是弄精神。」遂并記之。

論傳

孝經鉤命決稱孔子之言曰：「吾志在春秋，行在孝經，以春秋屬商，孝經屬參，然則得春秋之真傳者必在卜氏之門矣。」韓非子稱八儒曰：子張、子思、顏氏、孟氏、漆彫氏、仲良氏、孫氏、樂正氏。不數子夏者，子夏傳經與著書立教者異。仲良氏即檀弓毛詩傳之仲梁子也，孫氏即荀卿也。陸淳纂例、趙匡引應劭風俗通云：「穀梁，子夏弟子，名赤。」釋文序録引作「子夏門人」，門人即弟子也。楊士勛疏云：「穀梁子，名淑，字元始。魯人。釋文序録引七録同。「淑」當依孝經序正義引作「俶」。一名赤。受經於子夏，爲經作傳，傳孫卿。」陸德明釋文序録、太平御覽並引桓譚新論云：「左氏後百餘年，魯人穀梁赤爲春秋序録。」又引麋信注云：「穀梁與秦孝公同時。」案：如風俗通、楊疏之言，是穀梁子受業於子夏也；如新論、麋注之言，是穀梁子不及見子夏也。桓以爲獲麟後百餘年，桓論左傳以爲獲麟時作，非也，下辯之。而史記秦孝公渠梁之元年歫獲麟百有二十一年，是爲周顯王扁之八年，魯共公奮之十六年，魏惠王罃、韓懿侯若山之十年，趙成侯種之十四年，楚宣王良夫之九年，燕文公之元年，齊威王因齊之十八年，宋剔成君之九年，衛聲公馴之十二年。其説相合也。王應麟曰：「傳載尸子語，而尸佼與商鞅同時，故麋氏以穀梁子爲秦孝公時人。然不可考，漢書但云魯學而已。」文烝案：麋南山固無他據，桓君山謂獲麟後百餘年必有據，而應仲瑗之説亦非無因。蓋穀梁受業於子夏之門人，因遂誤以爲子夏門人。史記孟子列傳云孟軻受業於子思之門人，王劭誤以「人」爲衍字，應氏之誤正相類矣。大氏穀梁子之於子夏，孟子之於子思，事同而時亦相近也。子夏傳經，必非妄語，荀子譏子夏氏之賤儒，正其衣冠，齊其顔色，嗛然而終日不言，正見門人謹守師傳之氣象。

楊疏曰：「穀梁爲經作傳，傳孫卿，孫卿傳魯人申公，申公傳博士江翁。」卽瑕丘江公。案：孫卿卽荀卿，其没在秦始皇九年後，而燕子噲、子之時已有賢名，蓋當秦之惠王矣。」據韓非子難三篇：「燕子噲賢子之而非孫卿。」史記荀卿列傳「年五十始來游學於齊。齊襄王時而荀卿最爲老師。」又云：「春申君死而荀卿廢，因家蘭陵。」戰國楚策有孫子自趙謝春申君書。又載李園殺春申君事云，是歲秦始皇立九年矣。然則荀卿自齊之宣王，歷閔王、襄王至王建，於秦爲惠、武、昭、文、莊及始皇也。韓非與李斯俱事荀卿，其言必不誤，而史記獲麟後，周及諸國之年蓋有誤且衍者。後漢馮光、陳晃言曆獲麟至漢興百六十一年，〔一〕較史記少百十二年，似又失之。惠棟曰：

〔一〕「一」原訛作「二」，中華書局校點本後漢書律曆中校勘記云：「集解引李鋭説，謂邕於甲寅元開闢至漢元年數内減去庚申元開闢至獲麟年數，餘一百六十一爲獲麟至漢元年數，因謂光、晃差少一百一十四歲。今按：甲寅元開闢至獲麟積年二百七十五萬九千八百八十歲，獲麟至漢二百七十五歲，共二百七十六萬一百六十一歲，邕以庚申元開闢至獲麟積年二百七十六萬歲減之，則獲麟至漢爲百六十一歲，明『百六十二歲』之『二』字當作『一』，今據改。」

「荀卿著書，言師不越時，隱五年傳「伐不踰時」。荀子議兵同。言天子以下廟數僖十五年傳「天子七廟」云云。荀子禮論同。及賻、賵、禭、含之義，隱元年傳。在大略篇。誥誓、盟詛、交質子之文，隱八年傳。在大略篇。諸侯相見、使仁居守，隱二年傳「仁者守」。在大略篇。以大上爲天子，隱三年傳「大上故不名」。在君子篇。皆本穀梁之說，其言傳孫卿信矣。」文烝案：荀子又云「春秋賢繆公，以爲能變也」，與公羊文十二年傳同，穀梁無其義。漢劉向治穀梁，而封事中引祭伯來以爲奔，乃用公羊。說苑亦或用公羊義，是何也？蓋聖人既沒，齊、魯之閒，人自爲師，家自爲書，異說紛挐，故雖荀卿亦閒取他說。劉子政時，則公羊之學方盛，尤不能無染於其說矣。六藝論公羊春秋顏安樂弟子有劉向。

惠棟又曰：「隱元年傳云春秋成人之美，不成人之惡。僖二十二年傳云過而不改，又之，是謂之過。二十三年傳云以其不教民戰，則是棄其師也。今皆在論語中。鄭君論語序云仲弓、子夏等所撰定。論語讖亦言子夏等六十四人或作七十二人。共撰仲尼微言。論語與後世語録相似，蓋本弟子各記短簡，以便懷持，其撰次成書則在魯悼公後，以有孟敬子謚知之也。說苑孟敬子作「孟儀」，則曾子弟子公明儀是歟？禮記坊記有引論語曰，孟子題篇已法論語矣。其諸聖人之徒私淑諸人者乎？又傳中所載與儀禮、禮記諸經合者不可悉舉，故鄭君六藝論云穀梁善於經。」文烝案：穀梁又有與毛詩傳合者，王應麟所舉大侵、蒐狩二禮，其最著者也。毛公之學，出於荀卿，而傳於子夏，益知穀梁子之果爲荀卿師，而源出子夏也。又易彖象傳釋經有曰其位、漸。其吉，同人。有曰吝道也、安行也、王弼曰：「安，辭也」。並同人。偏辭也、益。依孟喜、虞翻本。志疑也。巽。有止一字者曰窮也、明也、並屯。咎也、夬。行也、困。豐。下也、井。順也、渙。憊也。既濟。穀梁文句，多與相似。易傳十篇，蓋弟子錄易家舊語并述所聞於夫子者，輯比爲之。論語班易占於巫醫，明易實占書也。五十以學易，本是「亦」字，屬下句讀，明史記世家所言皆未可信也。愚之此說，與歐陽修又不同，俟後賢辨之。

釋文序錄論三傳次第云：「左丘明受經於仲尼，孔安國論語注云：「魯大史劉歆以來因之，史記謂之魯君子。」公羊高受之於子夏，先儒皆云齊人，子夏弟子。風俗通同。廣韻云：「子夏門人。」穀梁赤乃後代傳聞。」此言真瞽說也。案：桓譚新論云：「左氏傳遭戰國寢廢，〔一〕後百餘年，魯人穀梁赤爲春秋，殘略，多有遺失。〔二〕又有齊人公羊高緣經文作傳，彌離其本事矣。」本釋文序錄及太平御覽。鄭君釋廢疾云：「穀梁近孔子，公羊正當六國之亡。」本王制正義。觀桓、鄭之言，穀梁先於公羊明矣。而陸玄朗乃爲斯言，不亦謬乎？序錄注解傳述人中亦引新論文，何不一爲檢照乎？要由漢世公羊先出，藝文志已以穀梁列公羊後。迨江左中興，妄謂穀梁膚淺，不足立博士。范甯、徐邈之後，微學幾絶，遺書僅存，遂皆申公而屈穀耳。且公羊高去子夏固遠，而左丘明

〔一〕「廢」原訛作「微」，據影宋本太平御覽及通志堂本經典釋文改。

〔二〕「多有」原作「多所」，據影宋本太平御覽及通志堂本經典釋文改。

亦非夫子同時人也。左氏載韓、魏滅智伯事有趙襄子謚，在春秋後已五十餘年，作書又當在其後，豈得以爲受經而作？桓君山謂左氏作傳後百餘年而穀梁子始爲春秋傳，亦以左傳之作卽在獲麟時。班彪則直以爲定、哀之閒，皆失之矣。穀梁與左氏時代不甚相遠，公羊則在其後，此無可疑者。公羊之學，當亦由子夏之弟子展轉相授，而去聖彌遠，意義不備，或多亂説。雖與穀梁同源，而其歸迥異。左氏爲魯太史，本不得其傳授，而能博采諸國史書，詳陳事迹，使一經本末具見，深爲有功於經。但其中與經違異、據經臆測者亦正不少其於經之取義則罕有合，趙匡所謂左氏解經淺於公、穀，誣謬實繁者也。桓君山誤以太史記事之冊爲聖門傳經之宗，不知穀梁、公羊實得其傳，而穀梁尤得所傳之正，於事雖略，未嘗多所遺失也。左氏丘明爲魯太史，作傳及國語，今姑用舊説。趙匡頗疑其不然，而葉夢得據史遷云「左丘失明厥有國語」，以爲左氏蓋左史之後，以官氏者，國語則出左丘氏。文烝案：左丘明自見論語，書題左傳似不相涉。晉、楚俱有左史，葉説似近之。國語則本不題撰人也。

杜預病世之説左氏春秋者，進不成爲錯綜經文以盡其變，退不守丘明之傳。如杜此言，苟能錯綜經文以盡其義例之變，則固不必守丘明之傳以爲義例也。愚治穀梁傳二十年，乃知傳之於經實有如杜所云錯綜盡變者，蓋魯學授受之可憑如是，惜乎元凱氏未嘗潛心。

親周故殷，即新周故宋也。舊讀誤。

漢書儒林傳云：「宣帝卽位，聞衞太子好穀梁春秋，以問丞相韋賢、長信少府夏侯勝及侍中樂陵侯史高，皆魯人也，言穀梁子本魯學，公羊氏迺齊學也，宜興穀梁。」斯言也，天下之公言也。春秋猶論語也，漢初，魯論語、齊論語並行，其後，孔氏壁中古文論語出，篇簡章句，與魯論大同，不若齊論多所附益，是魯學必勝齊學也。公羊作傳多齊言，且其解經多有護齊者，何足憑乎？

史記十二諸侯年表云：「孔子西觀周室，論史記舊聞，興於魯而次春秋，上記隱，下至哀之獲麟，約其辭文，去其煩重，以制義法，王道備，人事浹。七十子之徒口受其傳指，爲有所刺譏褒諱挹損之文辭不可以書見也。」儒林列傳云：「仲尼因史記作春秋，以當王法。其辭微而指博，後世學者多録焉。」司馬遷所言史記，皆謂周及諸國之史記，故又言「因史記作春秋，十二公。據魯，親周，故殷。又言讀史記至文公、召王，讀史記至楚復陳，此本當時公羊家謬説，以爲春秋之書乃夫子廣采諸書，約其文而爲之，非據魯史記。定十四年下辯之。此二條言口受，言多録，其説可信，經義則口受於夫子，經文則遞相傳録也。「録」或作「繆」字，蓋誤。考諸董仲舒春秋繁露俞序篇有如閔子、子貢、子夏、曾子、子石、孔子弟子公孫龍也。公肩子、孔子弟子公肩定也。又疑當作「公扈子」，見公羊及説苑。世子、七十子之弟子世碩也。子池之倫，子池，未聞。皆以此經爲授受之業，但其義則徒有口説而無書，其有書亦但如穀梁子所引「傳曰」之類，實非專書，蓋至穀梁，始有專書矣。公羊作傳，則當六國之亡，直至漢景帝時乃著竹帛，其初皆是口說相授，見何休注。又戴宏序云：「子夏傳與公羊高，高傳與其子平，平傳與其子地，地傳與其子敢，敢傳與其子壽。至漢景帝時，壽乃共弟子齊人胡毋子都著於竹帛。」文烝案：孔子七世孫曰子慎，當六國之亡。又四世至延年、安國，當漢景、武閒。自公羊高至壽，年數略同也。故其經字與左氏、穀梁異者，大率音同聲近之字。而傳文亦多齊言，或以語急而易他字，如以「得」爲「登」之屬。

史記儒林列傳云：「瑕丘江生爲穀梁春秋。自公孫弘得用，嘗集比其義，卒用董仲舒。」然則當時固非以瑕丘之學爲不如廣川也，以公孫氏力主之，上遂信之，天下莫敢言耳。董生自是醇儒，其說經自災異以外多合正理，惟一主公羊，故有失經本義者。揚雄法言以災異推董學，今所不取。

漢初，陸賈造新語十二篇，其第一篇道基之末引穀梁傳曰：「仁者以治親，義者以利尊，萬世不亂，仁義之所治也。」今傳中無此四語，蓋在漢志所稱穀梁外傳、穀梁章句中，而通謂之傳也。說苑、漢書、白虎通、後漢書注、大唐郊祀錄所引有類此者，並詳補注。又第八篇至德之末論魯莊公事而曰「故春秋穀梁」云云，今自「梁」字以下皆缺，不知何語。觀陸生兩引穀梁，則此傳信爲周代書，并外傳、章句之屬，有非晚出者矣。

穀梁文章有二體，有詳而暢者，有簡而古者，要其辭清以淡，義該以貫，氣峻以厲，春秋謹嚴，穀梁峻厲，韓、柳二子確論。意婉以平，徵前典皆據正經，述古語特多精理，與論語、禮記最爲相似。論語述古語，如克復敬恕之類甚多，唯傳亦然。古書之不可考者多矣，如丹書敬義之訓，道經危微之言，非有大戴禮、荀子則無以知其書名。古人學問無方，豈專四術哉？至其解經之妙，或專釋，或通說，或備言相發，或省文相包，或一經而明衆義，或闡義至於無文，此乃程瑶田之論喪服傳所謂「端緒雖多，一綫不亂」。而凌曙以爲唯鄭氏能綜核不誤者也。若夫左氏得之品藻，失之浮誇；公羊得之於辯，失之於俗，具如舊說。揚雄、韓子、范序語。其解經不及穀梁，又無論矣。鄭君論三傳曰：「左氏善於禮，公羊善於讖，穀梁善於經。」案：左氏言禮未必盡當，圖讖起於哀、平，乃附合公羊家說爲之，鄭評二傳，竊所未安，唯「穀梁善經」一語則不可易。墨子曰：「夫辯者，將以明是非之分，審治亂之紀，明同異之處，察名實之理，處利害，決嫌疑焉。摹略萬物之然，王念孫謂「摹略」猶無慮。廣雅曰：「無慮，都凡也。」論求羣言之比，以名舉實，以辭抒意。」文烝爲此書，頗有志乎此數語，而要以「穀梁善經」一語爲準。

穀梁多特言君臣、父子、兄弟、夫婦，與夫貴禮賤兵，內夏外夷之旨，明春秋爲持世教之書也。家鉉翁謂三代下有國家者，所恃以扶綱常，植人極，皆春秋之大經大法而公、穀氏所傳，其實公與穀異。穀梁又往往以心志爲說，以人己爲說，桓、文之霸曰信、曰仁、曰忌，僖、文之於雨曰閔、曰喜、曰不憂，明春秋爲正人心之書也。持世教，易知也；正人心，未易知也。然而人事必本於人心，則謂春秋記人事卽記人心可也。謂孟子亦欲正人心，直承上文成春秋可也。災異以人事統之，又所謂滓水警余者也。故春秋非心學，亦心學也，唯傳知之。愚至癸酉季夏而後悟之。

史之有論也，自左氏始也，述人言以評之，稱君子以斷之，卽一家之書，而一時之人心見焉。霸之譎正，國之夷夏，弗論也，論强弱而已。侯王之等，臣主之分，弗論也，論曲直而已。堯、舜爲的，文、武爲首，周公爲翼，未之有也，徒有怪力亂神之論而已。士莫賢於叔肸，而惟美其後嗣之卿；女莫賢於伯姬，而乃謂之女而不婦；人心如此，何以說聖人正人心之書哉？記曰「春秋之失亂」，孟子曰「君子反經」，將去亂而反諸經，非穀梁惡乎可。

杜牧嘗言：「天儻不生夫子於中國，紛紜冥昧，百家鬭起，是己所是，非己所非。天子隨其時而宗之，誰敢非之？縱有非之者，欲何所依據而爲其辭？」至哉斯言！春秋之有穀梁傳亦猶是矣。夫春秋之爲事，非董狐、南史、左史、倚相、左丘明、司馬遷、班固之事也，乃欲以據事直書求之，或以網羅浩博，考核精審求之，不亦淺乎？春秋之爲道，非伯夷、伊尹、柳下惠之道也，況執後世儒生之見，哆口而議其義理，不亦偏且謬乎？故是己所是，非己所非，說愈多而愈無定，惟依據穀梁傳則皆有以斷之。或曰穀梁何以必可依據也？曰商子有言曰，先聖人爲書而傳之後世，必師受之，乃知所謂之名。不師受之，而人以其心意議之，至死不能知其名與其意。愚之宗穀梁，亦宗其師受而已矣。

漢書藝文志有左氏微二篇，又有鐸氏微三篇。注曰：「楚太傅鐸椒。」又有張氏微十篇，又有虞氏微傳二篇。注曰：「趙相虞卿。」史記十二諸侯年表云：「鐸椒爲楚威王傅，爲王不能盡觀春秋，采取成敗，卒四十章，爲鐸氏微。」釋文序録、左傳序、正義並引劉向別録云：「左丘明授曾申，申授吴起，起授其子期，期授楚人鐸椒。鐸椒作抄撮八卷授虞卿。虞卿作抄撮九卷授荀卿，穀梁去左氏不遠，作傳授荀卿，而左氏七傳而至荀卿，可疑也。趙匡以爲僞妄。荀卿授張蒼。」案：諸文或言微言、微傳，或言抄撮，其篇章卷數又不同，大概皆是左氏之學，記事之流，故太史公繼左氏春秋言之，而劉子政言其源出丘明也。説苑：「魏武侯問『元年』於吴子，吴子對曰：『言國君必謹始也。』〔一〕『謹始柰何？』曰：『正之。』『正之柰何？』曰：『明智』。」王應麟以爲此吴起學春秋之證。戰國楚策：「虞卿謂春申君曰：『臣聞之春秋，於安思危，危則慮安。』」此「春秋」二字吴師道疑涉下「王之春秋高」句而誤衍，惠棟以爲引左傳襄十一年魏絳語，非也。又年表云：「趙孝成王時，其相虞卿上采春秋，下觀近世，〔二〕亦著八篇，爲虞氏春秋。」虞卿列傳云曰：「節義稱號、揣摩、政謀，凡八篇。以刺譏國家得失。」案：此蓋卽藝文志儒家之虞氏春秋十五篇，其書如今晏子春秋，與虞氏微、傳各爲一書也。

〔一〕「謹始」，説苑建本作「慎始」。「謹始」即「慎始」。
〔二〕「世」，史記十二諸侯年表作「勢」。

年表下文又言呂氏春秋，幷荀卿、孟子、公孫固、韓非各捃摭春秋以著書。至於張蒼曆譜五德，董仲舒推春秋義，皆附及耳。又疑太史公所云「爲王不能盡觀春秋，虞卿上采春秋」者，承上左丘明成左氏春秋言，兼指左傳，不專指夫子經文。戰國楚策孫子爲書謝春申君、韓非子姦劫弑臣篇並引楚王子圍、齊崔杼弑君事，與左傳大同，乃云「春秋記之」，策作「戒之」。是其證也。又當時通謂諸國史記爲春秋，如周春秋、燕春秋、宋春秋、齊春秋、晉春秋之類，摠爲百國春秋，墨子、汲冢瑣語。故晉語司馬侯言羊舌肸習於春秋，楚語申叔時言教之春秋。管子山權數篇：「春秋者，所以記成敗也。」法法篇：「春秋之記，臣有弑其君，子有弑其父者。」戰國東周策呂倉謂周文君：「春秋記臣弑君者以百數。」燕策奉陽君曰：「今臣逃而紛齊、趙，始可著於春秋。」望諸君報書：「臣聞賢明之君，功立而不廢，故著於春秋。」韓非子備內篇：「上古之傳言，春秋所記，犯法爲逆以成大姦者，未嘗不從尊貴之臣也。」此等皆是史記之通稱。唯魏策魏謂趙王言春秋罪虞公，內儲說上七術言春秋記霣霜，外儲說右上子夏說春秋，略同說苑，此等則指夫子春秋，當分別觀之。史公所云，亦其比矣。左氏微、張氏微二書無可考，當亦鐸、虞之類。臧庸以張氏爲張蒼。自丘明以史說經，已有傳事不傳義之譏，此葉夢得語。朱子亦云：「左氏史學，事詳而理差。」況其支流餘裔乎？

鄒氏、夾氏之書，藝文志列穀梁傳之後，其傳皆十一卷。據王吉傳「吉能爲鄒氏春秋」，「鄒」亦作「騶」。而吉上宣帝疏言：「春秋所以大一統者，六合同風，九州共貫也。」其說與公羊同，然則鄒之大體於公羊爲近，其時代或亦相近矣。志於夾氏傳注曰：「有錄無書。」其下又曰：「鄒氏無師，夾氏未有書。」是知鄒氏書無傳其學者，故漢書中自王吉之外，絶無所聞。夾氏則但有口說，如景帝以前之公羊傳，未著竹帛。公羊卒著之，夾竟不著也。

略例

一、凡范注全載，或移其處。疏則補注中采之，頗有增删并析，隨宜也。

二、凡補注之作，以徵引該貫，學鄭君三禮注；以探索精密，學朱子四書章句集注、或問。雖不能至，心鄉往之，求詳也。

三、凡春秋中不決之疑，今悉決之，其未經人道者，竊比於梅鷟辯僞書、陳第談古韻，皆可以俟後世，徵實也。

四、凡百家之解、四部之文今已逸者，從他書所引引之，不連舉他書之名，省煩也。

五、凡古今諸儒，皆直稱其姓名，本范注舊例。范於鄭君獨不名，今又以朱子配之，而推及於韓子、周子、程伯子、程子、張子、邵子，表異也。

六、凡經傳注疏及所稱引，皆以舊本、善本、精校本審定其字，懲誤也。

七、凡傳皆連於經，經傳一條，第二行以後皆下一字一條，畢乃提行；無傳之經，每條提行，便覽也。

八、凡撰異上皆加圈，補注有餘意更端者亦加圈，注中有注則於眉端附存之，避殽也。

春秋隱公經傳第一補注第一

傳曰：「春秋編年，四時具而後爲年，言春秋之名因乎四時也。」左傳杜預序曰：「春秋者，魯史記之名也。史之所記，必表年以首事，年有四時，故錯舉以爲所記之名。」楊士勛疏曰：「春先於夏，秋先於冬，故舉『春秋』二字以包之。春秋立名，仲尼以往然矣。」今案：孟子稱晉之乘、楚之檮杌、魯之春秋，而國語晉司馬侯云「羊舌肹習於春秋」，楚申叔時論傳大子之法云「教之春秋」，孔穎達以爲乘、檮杌者，晉、楚私立別號，春秋是其大名。汲冢瑣語有晉春秋，則孔說是也。又案墨子稱周之春秋、燕之春秋、宋之春秋、齊之春秋，又稱吾見百國春秋。汲冢瑣語又有夏殷春秋，知天子諸侯之史書皆名春秋也。隱公，惠公長庶子，周公八世孫，史記名息，世本名息姑，母聲子，以平王四十九年即位。仲尼所修謂之經，穀梁所說謂之傳。作傳時經與傳分，經、傳各十一卷，漢以後合傳於經，此隱公經、傳總爲第一，今以補注文繁，增其卷數，各別著之。

穀梁漢書藝文志班固自注曰：「穀梁子，魯人。」楊疏曰：「爲經作傳，傳荀卿。」但穀梁子之名，諸書不同，桓譚新論、應劭風俗通、蔡邕正交論並云名赤。王充論衡案書篇云「穀梁寘」，阮孝緒七録云：「名俶，字元始。」顏師古藝文志注云：「名喜。」未知誰得其實也。

范氏集解范氏名甯。案晉書，甯字武子，順陽縣人，爲豫章太守。集解者，范作注所題之名，因其父汪之説，博采諸家，幷下己意。又取其長子泰、中子雍、小子凱、從弟邵之説，故曰集解。

鍾文烝詳補皆題「補曰」，以別於集解。其經下論左氏、公羊異字者，題「撰異曰」也。

元年春王正月。隱公之始年，周王之正月也。杜預曰：「凡人君卽位，欲其體元以居正，故不言一年一月也。」【補曰】孔廣森曰：「古者諸侯，分土而守，分民而治，有不純臣之義，故各得紀元於其竟內。」孔氏「不純臣」之説，本五經異義公羊説及白虎通。其云「各得紀元」，又左傳義也。孔穎達引爾雅曰：「元，始也。正，長也。」文烝案：左傳曰「王周正月」，謂建子月也。月所以有建者，相承謂斗杓所指，據逸周書周月云：「是月斗柄建子，始昏，北指也。」但恒星右旋有歲差，虞夏與周已差一次，至今差二次，故祖沖之云：「月位稱建，諒以氣之所本，非謂斗指。」而戴震因據周髀北極璿機四游説之，顧觀光又考而明之，謂周髀者，繪圖之法也，其圖皆借象，非實數也。以黃赤二極聯爲一綫，於此綫上距北極五度，指一星以爲識，命曰北極。璿機一晝夜左旋一周，而過一度，恆以冬至夜半加子，春分夜半加卯，夏至夜半加午，秋分夜半加酉，十二月建之，名因之而起也。范注用杜預者最多，此以杜預曰「著於下」，其實上二句亦杜語。**雖無事，必舉正月，**【補曰】玉篇曰：「雖，詞兩設也。」疏曰：「此言無事，直據正月無卽位之事，非是通一時無事。」文烝案：雜記曰「過而舉君之諱」，鄭君注曰：「舉，猶言也。」又史記載書湯誓「稱亂」爲「舉亂」，士相見、聘禮、檀弓注並曰：「稱，舉也。」則「舉」亦訓

「稱」矣。說文「再」字、爾雅「偁」字，皆訓「舉」。謹始也。謹君卽位之始。【補曰】於文無卽位之事，而當時實有其事，不可全沒其實，故空書正月，以謹其始，卽十一年傳云「所以正隱」，是申足此義也。莊、閔、僖之元年，皆空書正月，皆以明其實卽位。定之元年，不空書正月，則知其實未卽位矣。不釋春者，月繫於時，史之常文也。夏正建寅，殷建丑，周建子，孔穎達謂「月改則春移」是也。不釋王者，亦史之常文，謂此建子之月乃周王之正月，無他義也。唯桓元年之書王，有謹始之義，與諸公不同，故彼傳明之也。公羊家及諸讖緯有五始之說，謂元也，春也，王也，正月也，公卽位也。此皆俗師增益，誇飾經義，不可援以說傳也。凡傳言謹者，皆謂詳其文以慎其事。凡傳專釋經之取義，如言謹，則明君子脩經取義於謹也。春秋之書，一言以蔽之，揚雄謂「說理莫辯者」是也。夫子言春秋以道義，言其義則丘竊取之，正是此意，故穀梁子釋經，專明義理，十一卷皆同。鄭君謂穀梁善於經，啖助謂穀梁意深，陸淳、孫覺、胡安國等謂穀梁最精密，葉夢得謂穀梁所得多。而李光地善承朱子之學，其論春秋家曰：「穀梁尤好，皆不易之言。」公何以不言卽位？據文公言卽位。【補曰】左氏賈逵、服虔注以爲隱、莊、閔、僖四公皆實卽位，孔子脩經，乃有不書。穎容亦以爲魯十二公國史盡書卽位也。凡傳多設疑問辭，自易文言傳已有此體。成公志也。成隱讓桓之志。【補曰】注豫探下爲說。志，意也。言成者，桓弑而讓事不成，特成之也。杜預謂諸公不行卽位之禮，劉敞極辯之。戴震曰「凡以不書卽位爲不行卽位之禮」者，非也。杜氏以爲雖不卽君位而亦改元朝廟，與民更始。夫正君臣之位，不可不有始。卽位者，正君位之始云爾。位者，命之天子，承之始封之君，非先君一人之位。雖先君不有其終，新君不可不有其始。不卽君位於改元之初，及其視朝，將不正朝位乎？苟繼故者視朝然後卽君位，亦豈得無深痛不忍之情？不廢改元朝廟，與民更始，而廢正百官，非義也。以桓之事考之，左氏言討寪氏有死者，是欲掩隱之見弒而不可，方詐爲自尩之計以治斯獄，使繼故不即君位。處大變者，無敢或異，一行其禮，則爲忍於先君，桓何所快於行即位之禮，而顯示國人以與聞乎弒哉？用是言之，春秋十二公皆行即位之禮，魯史記皆書即位也。君子脩春秋於隱不書者，終隱之身，自以爲攝，不忘先君之志，故書「春王正月」，以存其事。不書即位，以表微。於莊、閔、僖不書者，繼故即君位，經國之體，不可以已也。踐其位者，宜有深痛之情，異於繼正，故書「春王正月」，以存其事。不書即位，以見其情。隱爲繼正之變文，莊、閔、僖爲繼故之正例。桓、宣亦是繼故，而書即位。以莊、閔、僖之不書即位者，比事類情，是爲忍於先君，是又繼故之變文也。春秋始乎隱，其事之值於變者三焉。諸侯無再娶之文，惠公失禮再娶，嘗立桓爲大子，然非隱所得而追議於先君也。上卿爲攝主，禮也，居上卿之位，攝行君之政，生不稱公，死不稱薨。隱嗣爵改元，非攝主比也。繼世之君，盡臣諸父兄弟，隱既立而猶奉桓爲大子，異於君臣之體者也。魯之禍，惠公啟之也。明乎嗣立即位之義，君臣父子夫婦昆弟之間其盡矣乎？焉成之？【補曰】焉，安也。言君之不取爲公也。言隱意不取爲魯君也。公，君也。上言君，下言公，互辭。【補曰】明隱雖行即位之禮，而意不取爲魯之公，如未嘗即位也。君公雖是互辭，而「公」字是經書即位之文，故必出於下。君之不取爲公何也？【補曰】據以下皆書公，何得有不取爲公之義？將以讓桓也。【補曰】將俟桓長讓之，自謂攝也。讓桓正乎？曰不正。隱長桓幼。【補曰】不正者，言君子之取義以爲不正也。問春秋以讓桓爲正乎？答言不以爲正也。下言「善則其不正焉何也」？加一「焉」字，意尤明也。十一年傳曰「隱十年無正，隱不自正也」，元年有「正」，所以正隱也，是即春秋不正隱讓之微文也。正之訓是也，定也，直也，中也，善也。古讀皆平聲，如正月。隱讓所以爲不正者，下所云「成父之惡」，廢兄弟之倫，忘君父之命，以行小惠，其義多端，而兄弟之倫爲主，故注專以長幼言之。春秋成人之美，不成人之惡。【補曰】疏曰：「此云春秋成人之美，下云春秋貴義而不貴惠，顯言春秋者。上廣稱春秋之理以明之，下既以隱爲善，又惡其不正，恐人不信，故亦言春秋也。」隱不正而成之何也？將以惡桓也。不明讓者之善，則取者之惡不顯。【補曰】欲惡桓，故善隱，春秋懲惡而勸善也。其惡桓何也？隱將讓而桓弒之，則桓惡矣。【補曰】陸德明音義曰：「弒，又作『殺』。」說詳後四年。桓弒而隱讓，則隱善矣。【補曰】桓惡而隱善，故善隱以惡桓，申足上意。上言美下言善者，朱子所謂善者美之實也。善則其不正焉何也？據善無不正。春秋貴義而不貴惠，惠，謂私惠。信道而不信邪。信，申字，古今所共用。【補曰】鄭君士相見禮注曰：「古文『伸』作『信』。」儒行注曰：「信，讀如『屈伸』之『伸』，假借字也。」韋昭國語注曰：「信，古『申』字。」孝子揚父之美，不揚父之惡。先君之欲與桓，非正也，邪也。【補曰】與，予通。惠公以再娶仲子之故，嘗欲立桓爲世子。公羊稱諸侯不再娶，明再娶亦妾也。呂大圭曰：「仲子不得爲夫人，則桓不得爲適子，故曰非正也，邪也。」雖然，既勝其邪心以與隱矣。終歸之於隱，是以正道制邪心。【補曰】既，終也。毛詩傳曰：「既者，終其事。」鄉飲酒禮注：「既，卒也。」爾雅：「卒，既也。」義皆同。惠公終不敢以仲子爲夫人，故終不立桓爲世子，以隱是長庶，故以與隱。案左傳：隱母聲子，爲繼室，有謚。桓母仲子，雖再娶，無謚。是知桓母但有手文之祥，曰爲魯夫人，惠終不以爲夫人明矣。公羊不知惠欲與桓，後終與隱，乃謂桓以母貴當立。諸大夫以隱長，權立隱，隱爲桓立，故欲反之桓。開卷之初，便失事實。左傳言隱立而奉桓言攝，亦不明言惠之終立隱而隱不宜爲攝。蓋由魯子孫皆桓之胤，史書不盡其辭，而左氏因之歟？己探先君之邪志而遂以與桓，【補曰】己，己隱也。爾雅曰：

「探，取也。」又曰：「試也。」則是成父之惡也。【補曰】成，即揚也。兄弟，天倫也，兄先弟後，天之倫次。【補曰】兄弟兼適兄弟、庶兄弟言之。公羊稱諸侯壹聘九女，謂夫人八妾也。夫人之長子爲太子，太子死則立其母弟，是立適依兄弟之倫也。八妾所生子通以年長幼爲兄弟，無太子適子則立庶子最長者一人，是立庶亦依兄弟之倫也。惠公元妃孟子早卒，無太子適子，隱以長庶爲兄，宜立，桓爲弟，不宜立。周制天子諸侯立子之法，穀梁與左氏說同。以後四年傳、文十八年傳與此傳合觀之，略可見。又論之於彼二處。爲子受之父，爲諸侯受之君。隱爲世子，親受命於惠公，爲魯君，已受之於天王矣。【補曰】左傳桓稱大子，據始也。此言爲子，受之父，據終也。齊陽生正，荼不正，春秋不以陽生君荼，猶以荼受命同之正君，況隱乎？已廢天倫而忘君父，以行小惠，曰小道也。弟先於兄，是廢天倫。私以國讓，是忘君父。【補曰】小惠，非義也。小道，非道也，邪也。曰者，目經意。若隱者，可謂輕千乘之國，【補曰】千乘之國，大國也，古書皆以千乘目大國。千乘者，賦也。詩魯頌言魯制曰「公車千乘」，毛傳曰：「大國之賦千乘。」陳奐疏曰：「此賦兵之車數也。司馬法有二說：一說云九夫爲井，四井爲邑，四邑爲丘。丘，十六井，有戎馬一匹，牛三頭，是曰匹馬丘牛。四丘爲甸。甸，六十四井，出長轂一乘，馬四匹，牛十二頭，甲士三人，步卒七十二人，戈楯具備，謂之乘馬。〔一〕一說云六尺爲步，步百爲畝，畝百爲夫，夫三爲屋，屋三爲井，井十爲通。通爲匹馬，三十家，士一人，徒二人。通十爲成，成百井，三百家，革車一乘，士十人，徒二十人。十成爲終，終千井，三千家，革車十乘，士百人，徒二百人。十終爲同，同方百里，萬井，三萬家，革車百乘，士千人，徒二千人。」案：前一說甸出一乘，因是而推四甸爲縣，出四乘，四縣

〔一〕「戈楯具備，是謂乘馬」，漢書刑法志作「干戈備具，是謂乘馬之法」。

爲都，出十六乘。後一說成出一乘，終出十乘，同出百乘，與漢書刑法志同。井、邑、丘、甸、縣、都出賦法，通、成、終、同出軍法，說者混爲一制，非也。千乘亦有二說：一說以一乘七十五人計之，千乘有七萬五千人。一說以一乘三十人計之，千乘有三萬人。出軍之千乘與出賦之千乘本自不同，楚語「國馬足以行軍，公馬足以稱賦」，明不同也。文烝案：包咸論語注曰：「方里爲井，十井爲乘，百里之國，適千乘也」。何休公羊注亦曰：「十井共出兵車一乘，公侯封方百里，凡千乘，伯四百九十乘，子男二百五十乘。」其說又異。又詩言「公徒三萬」，鄭君箋以三萬爲三軍，鄭志答臨碩以爲二軍，鄭志是也。說見襄十一年。許愼五經異義曰：「公車千乘，謂大總計地出軍也；公徒三萬，謂鄉遂兵數也。」

蹈道則未也。未履居正之道。【補曰】二句又申小道義也。疏曰：「伯夷、叔齊及太伯等讓國，史傳所善。今隱讓國而云小道者，伯夷爲世子，其父尚存，兄弟交讓而歸周。父沒之後，國人立其中子，可謂求仁而得仁，故以爲善。今隱公上奉天王之命，下承其父之託，百姓已歸，四鄰所與，苟探先君之邪心而陷父於不義，開篡弑之原，啟賊臣之路，卒使公子翬乘釁而動，自害其身，故謂之小道。至於太伯則越禮之高，以興周室，不可以常人難之。」文烝案：疏說是也。傳以「成志」之文著，而不正之文微，故詳言以明之。昔楚子發克蔡辭賞，荀卿子譏之曰：「反先王之道，亂楚國之法，抑卑其後世以爲私廉。」與傳論隱讓相似。師徒之說，可以互證。後來惟柳宗元論董安于能得荀卿之意。而傳所論者，君臣父子兄弟夫婦之義備焉，實夫子之遺意也。葉夢得曰：「三傳釋經各異，穀梁之言近實，惟能察事之實，所以能盡經之義。」家鉉翁曰：「此春秋垂世之法，穀梁子得之孔門高第，述之爲傳，千古一大條貫也。」又曰：「穀梁之義，無以加矣。」葉氏、家氏所見甚是。讓美則成之，惠小則不正之，此董仲舒所謂春秋常於其嫌得者見其不得。而史記世家云：「春秋約其文辭而指博。」司馬相如又以春秋義理繁茂，比之林藪，卽開宗之章可見矣。抑愚因以見穀梁文章之工，隨輕重而曲直之，所謂甚峻而可以厲其氣者蓋如此。

三月，公及邾儀父盟于眛。邾，附庸之國。眛，魯地。【補曰】魯侯爵稱公者，白虎通曰：「臣子之義，心俱欲尊其君父，故皆令臣子得稱其君爲公也。」尚書曰：「公曰嗟，秦伯也。」詩云：「覃公惟私，覃子也。」禮大射經曰：「公則釋獲。」大射者，諸侯之禮，伯子男皆在也。孔穎達曰：「五等皆稱公，禮之常也。」汪克寬曰：「燕禮、大射儀、聘禮五等諸侯皆稱公，而公食大夫禮又以名篇，則謂君爲公，周之制也。」說又見僖五年注。曲禮曰：「涖牲曰盟。」傳曰：「盟，國之重也。」何休曰：「于者，於也。凡以事定地者加于例，以地定事者不加于例。」范注諸說地名皆本杜預。○【撰異曰】邾，公羊作「邾婁」，終春秋皆然。婁，力俱切。邾人語聲後曰婁，或曰齊人語。禮記檀弓同。國語、孟子諸書謂之鄒。眛，从目从午未之未。左氏作「蔑」。案：楚唐蔑亦作「唐眛」，與鄭鬷蔑皆字明。說文：「蔑，勞目無精也。」「眛，目不明也。」二字蓋古通。眛，以午未之未爲聲，莫蓋切。別有「眛」字，以本末之末爲聲，莫達切，目不正也。非此字。王引之以廣韻校正說文，玉篇，考之詳矣。諸稱二家與此異字，皆據今本，并陸德明音義、陸淳纂例。其或與今不合，乃各出之。及者何？內爲志焉爾。內，謂魯也。【補曰】公羊、爾雅皆曰：「及，與也。」及者，期定於我，而彼來會我，我及之也，故曰內爲志，是魯主而外客也。用兵言及者亦然。何休曰：「焉爾，猶於是也。」儀，字也。父，猶傅也，男子之美稱也。傅，師傅。附庸之君未王命，例稱名，善其結信於魯，故以字配之。【補曰】注釋「傅」，非也。傅，讀爲夫。毛詩傳曰：「夫，傅相也。」鄭君郊特牲注曰：「夫或爲傅。」明夫、傅古通用。士冠禮注「章甫」，鄭以爲表明丈夫。又云：「甫或爲父。」古書甫、父亦通用。傳言「父猶傅」，猶曰「甫猶夫」。以其非本訓而義相近，故言猶耳。郊特牲曰：「夫也者，夫也。」夫爲男子美稱，故春秋時人名字多加父，名或加夫也。邾儀父，左傳曰「邾子克」也。案：周有王子克，字子儀，楚鬭克亦字子儀，宋桓魋之臣曰子儀克。盟會者，所以繼好息民，邾與魯最近，爲好於魯。春秋尤重之，故不言「邾克」，而言「邾儀父」，左傳所謂「貴之也」。注「附庸」三句，本杜預。其不言邾子何也？據莊十六年邾子卒稱邾子。邾之上古微，未爵命於周也。邾自此以上是附庸國。【補曰】左傳曰「未王命」，與此同。詩魯頌曰：「乃命魯公，俾侯于東，錫之山川，土田附庸。」不日，其盟渝也。日者，所以謹信，盟變，故不日，七年公伐邾是也。【補曰】爾雅曰：「渝，變也。」疏曰：「公盟皆日，故知非例不日。左氏惟大夫卒及日食以日月爲例，自餘皆否。此傳凡是書經皆有日月之例者，以日月相承，其事可悉。史官記事，必當具文，豈有大聖脩撰而或詳或略？故知無日者，仲尼略之，見褒貶耳。」文烝案：春秋無事猶空書時月，蓋本魯史舊文，豈有例當具日月者而史反遺之？後儒又以當日月而不日月者槩目爲史闕文，不知夫子所據策書，如「夏五」之屬者甚少。傳惟於「夏五」言以遠傳疑不可悉，援此例也。舊史有日，君子以後之渝盟追去日者，凡春秋之文，屬辭比事，前後相顧，彼此互明，斯乃大聖制作之義，非以爲史法也。必以不日見之者，隱之渝盟，遠在七年，不去盟日，無以顯之，與定三年盟拔同義，皆所以重盟約之信，貴邾、魯之好。桓十七年盟趡、哀二年盟句繹，則一二年間即背盟好，其爲惡事，昭然易知，故還依公大夫盟書日之常文，而其義自見，傳亦可不復發文也。眛，地名也。【補曰】公羊曰：「地期也。」疑此亦當爲「期」，涉後文「宿，邑名」而誤。

夏五月，鄭伯克段于鄢。段有徒衆，攻之，爲害必深，故謹而月之。鄢，鄭地。【補曰】舊史凡殺世子母弟皆月，君子改從時例。志者，蓋來告。說見後三年。○【撰異曰】陸淳春秋纂例曰：「『克』，公羊作『剋』。」案今公羊不作

「尅」。趙匡引汲冢紀年鄭莊公殺公子圣，説文：「圣，讀若兔，鹿窟。」克者何？能也。【補曰】爾雅同。何能也？能殺也。【補曰】訓殺，公羊同。爾雅曰：「尅，勝也。」又曰：「勝，殺，克也。」是亦同也。傳合能、殺二字以解「克」字。依説文别有从力之「尅」，古祇一字。何以不言殺？【補曰】據殺世子母弟皆言殺。見段之有徒衆也。言鄭伯能殺，則邦人不能殺矣。知段衆力彊盛，唯國君能殺之。【補曰】傳解「克」字，非解「鄭伯」字，注非也。傳言段有徒衆，變言「克」以見之，卽左傳「得儁曰克」之例，所謂「如二君，故曰克」者也。凡傳解經言見者，皆謂經文所該，使人望而可知，是所以見之。或言著者，亦見也。段，鄭伯弟也。何以知其爲弟也？【補曰】知，亦見也。周、秦之書多以知爲見。左傳曰「晉侯聞之而後喜」可知。吕氏春秋曰：「文侯不悦，知於顔色。」經文雖隱，皆有所見，問何以見之。殺世子母弟目君，以其目君知其爲弟也。母弟，同母弟也。目君，謂稱鄭伯。【補曰】目，見也，謂斥見之。何休訓如此，後皆同也。君殺大夫公子則直稱國，而不斥見君，故目君則明其爲世子母弟。不嫌段是世子者，非所嫌也。高澍然以爲大夫、公子對國言，弟、世子對君言，屬辭之審。段，弟也，而弗謂弟；公子也，而弗謂公子；貶之也。【補曰】何休曰：「貶，猶損也。」文烝案：凡言貶者，皆謂有所卑損，後儒泛以褒貶作美刺字解，非也。疏曰：「叔肸爲賢稱弟，則不賢去弟，乃是其常。而云『弗謂弟，貶之也』者，天王殺其弟佞夫，以無罪而稱弟。今段不稱公子，又不稱弟，故云貶之。又且相殺之例與尋常異，故知去弟者貶之也。」文烝案：傳解「弗謂弟」，又稱「弗謂公子」者，連類并言之。段失子弟之道矣，【補曰】失道，故貶。賤段而甚鄭伯也。賤段，謂不稱公子公弟。甚鄭伯，謂目君也。【補曰】殺世子母弟以目君爲例者，皆是甚其惡，此亦從例。何甚乎鄭伯？甚鄭伯之處心積慮成於殺也。雍曰：「段恃寵驕恣，彊足當國。鄭伯不能防閑以禮，教訓以道，縱成其罪，終致大辟。處心積思，志欲殺弟。」【補曰】爾雅曰：「慮，謀也，思也。」墨子經曰：「慮，求也。」雍注取左傳譏失教爲説，理固如此，非傳意也，傳但據殺弟言之。處心積慮成於殺者，即上文能殺之謂，與殺佞夫言忍親、言甚之正同，譏失教之義自在其中矣。于鄢，遠也，猶曰取之其母之懷中而殺之云爾，甚之也。段奔走，乃至于鄢，去已遠矣。鄭伯猶追殺之，何以異於探其母懷中赤子而殺之乎？君殺大夫例不地，甚鄭伯之殺弟，故謹其地。【補曰】又以謹地見甚也。然則爲鄭伯者宜柰何？緩追逸賊，親親之道也。君親無將，將而必誅焉。此蓋臣子之道，所犯在己，故可以申兄弟之恩。【補曰】左傳周公作誓命曰：「毁則爲賊，掩賊爲藏。」注首二句本公羊他處文。案傳及公羊並以爲鄭伯殺段，左傳曰：「段入于鄢，公伐諸鄢。五月辛丑，大叔出奔共。」又曰：「不言出奔，難之也。」杜預謂「段實出奔而以克爲文，明鄭伯志在於殺，難言其奔」。杜意克亦是殺，而事實是奔。劉敞則以爲實見殺，左氏誤也。今考左傳五月之文在伐諸鄢之下，與經似不合。

秋七月，天王使宰咺來歸惠公、仲子之賵。宰，官。咺，名。仲，字。子，宋姓也。婦人以姓配字，明不忘本，因示不適同姓也。妾子爲君，賵當稱謚，成風是也。仲子乃孝公時卒，故不稱謚。平王新有幽王之亂，遷於成周，欲崇禮諸侯。仲子早卒，無由追賵，故因惠公之喪而來賵之。賵例時，書月，以謹其晚。【補曰】天王義在莊三年傳。注首二句，公羊、杜預語。公羊又曰：「曷爲以官氏？宰士也。」何休曰：「天子上士以名氏通，中士以官録，下士略稱人。」孔廣森曰：「周禮冢宰之屬，宰夫下大夫四人，上士八人，中士十有六人，旅下士三十有二人。左傳載晉聘周之辭曰：『歸時事于宰旅。』然則下士稱宰旅，中士、上士稱宰士也。」文烝案：孔説得之。服虔説左氏以爲宰夫，而孔穎達引宰夫職曰

「凡邦之弔事，掌其戒令，與其幣器財用」，以爲既掌弔事，或卽充使，其說甚核。但服、孔依左傳以爲咺貶稱名本當稱字，則必以下大夫四人當之，不可通於宰士之說，非也。凡王臣不繫官，繫官者唯宰。宰者，謂大宰，卿也。小宰，中大夫也。宰夫，下大夫也，上士也，中士也。說見僖九年。何氏謂上士以名氏通，不知宰夫之上士亦稱官也。謂中士以官録，不知中士非屬宰夫者亦稱氏也。唯謂下士略稱人，當依用之，蓋宰旅亦同矣。惠公，史記名弗湟，孝公稱子也。仲子繫惠公，猶成風繫僖公，非夫人之辭也。直言仲子、成風，則夫人之辭也。成風違禮有謚，故稱謚，仲子無謚，故稱字。注言賵皆當稱謚，非也。「仲字子姓」五句，本何休，「平王新有」六句，本鄭君釋廢疾，見雜記正義。鄭意謂經原其情，故不如文五年之榮叔不言來耳。傳例來者，接公之辭，言之者緩辭。爾雅曰：「之，間也。」杜預曰：「歸者，不反之辭。」何休曰：「言歸者，與使有之辭，天地所生，非一家之有，有無當相通。」文烝案：舊史歸賵之屬皆月，君子或略之。**母以子氏。**妾不得體君，故以子爲氏。**仲子者何？惠公之母，孝公之妾也。**【補曰】明以惠公氏也。左氏、公羊皆以仲子爲桓公母，謂兼歸二賵。今穀梁獨異者，疏曰：「文九年，秦人來歸僖公、成風之襚。彼不先書成風，明母以子氏，直歸成風襚而已。成風既是僖母，此文正與彼同，知是惠公母也。鄭釋廢疾亦云：『若仲子是桓之母，桓未爲君，則是惠公之妾。天王何以賵之？則惠公之母亦爲仲子也。』鄭云亦爲仲子者，以左氏、公羊言仲子桓母故也。然則魯女得並稱伯姬、叔姬，宋女何爲不得並稱仲子也？」文烝案：疏申鄭確矣。左氏、公羊但知桓母爲仲子，而桓母仲子不見經者也。桓母不知没於何時，卽没於桓時，而當時猶未敢立妾母爲夫人，史不得書薨、書卒、書葬，故經無文也。自成風以前，妾母無爲夫人者，故隱母聲子、桓母仲子、閔母叔姜卒葬皆不見經也。隱於妾祖母，則考宮以尊之，彼三母者又無追尊之事焉。疏引歸襚爲證，公羊於彼亦誤以爲兼二禭。禮賵人之母則可，賵人之妾則不可，君子以其可辭受之。【補曰】不知天王爲是賵人母邪？賵人妾邪？君子受之，謂是賵我惠公之仲子，從其可辭也。昔孟子受宋、薛之餽金，於宋將有遠行，而辭曰餽贐，於薛有戒心，而辭曰爲兵餽，皆以可受而受，此能以春秋決事者矣。凡言君子者，謂脩春秋之君子也。孔門或稱師爲君子，故論語曰：「君子不以紺緅飾，君子溫而厲也。」易、詩、書、儀禮屢言君子，蓋伊尹所謂君國子民，是其本義。而孔子對哀公言君子者，人之成名，又其轉義也。凡傳解經多言辭，經之取義皆以辭見，故此曰「可辭」、二年曰「專行之辭」、三年曰「内辭」、「外辭」，此類不可悉數。知其辭則知其義，乃讀經之要法，實脩經之本旨也。「辭」之正字作「詞」，依説文當作「詈」。詈者，意内而言外也。其志，【補曰】志，記也。凡傳言「其志」者，猶公羊言「何以書」。何休曰：「諸言何以書者，問主書。」不及事也。常事不書。【補曰】荀子曰：「吉行五十，奔喪百里，賵贈及事，禮之大也。」此不及事，故志。不及事者，鄭云「仲子早卒」，范云「仲子乃孝公時卒」是也。鄭、范特以傳云「不及事」意之耳。惠立凡四十六年，或卒在惠之世，亦未可知矣。時因惠公之喪賵仲子，必賵惠公可知。此年無葬惠公文，左傳謂十月庚申改葬，又以賵惠公爲緩。杜預以爲惠公葬在春秋前，明惠公之賵亦不及事。傳必以爲一賵非二賵者，賵諸侯自是恆事，例所不志，及事與否，非所論也。若然，賵諸侯雖不及事不志，賵諸侯之妾母雖及事亦志，傳以妾母之義易明，不及事之義未著，故就一邊言之也。注言「常事不書」是也，但以及事爲「常事」非也。「常事不書」，本公羊語，依傳則當言「恆事不志」。傳言「恆」，公羊言「常」，傳言「志」，公羊言「書」，以「恆」爲「常」者，避漢諱也。公羊於田狩祭祀兩言「常事不書」，此史例本爲恆事，而經因之也。傳於公出親迎言「恆事不志」，此經改從恆事之例。而傳特言之，以包其餘也。田狩祭祀之屬爲恆事，全不志者也，公出親迎之屬爲恆事，雖志而略其文，猶不志也。推校全經，一一可見。賵者何也？乘馬曰賵，衣衾曰襚，貝玉曰含，錢財曰賻。四馬曰乘。含，口實。【補曰】四馬者，謂大夫以上至天子也。士不備四，士喪禮下篇「公賵、玄纁、束馬兩」是也。公羊曰「車馬曰賵」，荀子作「輿馬」。孔廣森引雜記「諸侯相賵以乘黄大輅」，明亦得有車也。衣者，兼裳爲言。衾，被也。士喪禮：「小斂、絞、衾、祭服、散衣凡十九稱。大斂、絞、紟、衾二，君襚、祭服、散衣、庶襚凡三十稱。」喪大記以爲大夫五十稱，君百稱，襚之多少，無以言之。貝，水物，古者以爲貨。玉者，蓋璧也。飯以貝，含以玉，通言之皆曰含。雜記：「天子飯九貝，諸侯七，大夫五，士三。」此所謂飯用米貝。傳不言米者，米非所歸也。周禮天子不飯貝而有飯玉，鄭君曰「碎玉以雜米」。白虎通則云：「天子飯以玉，諸侯以珠，大夫以碧，士以貝也。」周禮有「含玉」，鄭君謂柱左右顚及在口中者。雜記：「諸侯相含，執璧將命。」左傳陳子行使其徒具含玉，又聲伯夢食瓊瑰爲含象，則大夫含兼珠玉矣。錢者，金幣之名，以銅爲之，所以貿買物，通財用，故曰錢財。先儒説泉布以爲藏曰泉，行曰布。泉、錢古今字。但據周禮「泉府」鄭衆注云「故書泉或作錢」，則疑錢爲正字，泉爲假借字。非取水泉義也。何休曰：「賵，猶覆也。襚，猶遺也。賻，猶助也。」案：四句通釋經例。荀子書略同，又云「玩好曰贈」，又云「賻賵所以佐生也，贈襚所以送死也」。

九月，及宋人盟于宿。及者何？内卑者也。宋人，外卑者也。卑者，謂非卿大夫也。【補曰】韋昭國語注曰：「卑，微也。」左氏劉歆、賈逵説。春秋之序，三命以上乃書於經，潁容以爲再命稱人，至劉歆則謂三命以名氏通，再命名之，一命略稱人。案：此皆無以言之，凡非大夫皆曰卑者。大夫即卿，命大夫即命卿，全傳所同。注並言卿大夫，非也。此傳解「及」兼爲内諸直書事者發例，解「宋人」兼爲列國盟會言人者發例也。列國皆有大夫，非大夫則稱人，稱人則知是卑者，此其常文。猶内之直書其事，諸小國本無大夫，雖大夫亦稱人，亦是卑之。楚之先無君無大夫，不論君臣，其常文皆稱人。戎、狄、吴、淮夷不論君臣，其常文皆無人。卑者之盟不日。凡非卿大夫盟，信之與不，例不日。【補曰】略之也。傳發通例。宿，邑名也。【補曰】此「宿」非國，故辯之。左傳後七年：「宋、鄭盟于宿」，當是宿國耳。

冬十有二月，祭伯來。【補曰】何休曰：「月者，爲下卒也。」例見下四年注。案：來朝時者，經例也，史例皆月。何休又曰：「十言有二者，起十下復有二，非十中之二。」杜預釋例説有年、有鸜鵒之等，以十有一年、十有一月爲比。然則「有」與「又」異。○【撰異曰】祭，邑字，汲冢穆天子傳、説文皆作「郲」。來者，來朝也。【補曰】以不稱使而言來，知是來朝。其弗謂朝何也？寰内諸侯，天子畿内大夫有采地，謂之寰内諸侯。【補曰】文選注引尹更始曰：「天子以千里爲寰。」寰，古「縣」字。爾雅曰：「侯，君也。」王官各君其采地，故亦稱諸侯。雖爲諸侯，不全爲國，故書曰「百里采，二百里男邦」，明采無邦名，散文或通言耳。左傳周公之胤有祭有凡，文之昭有毛、聃、原，皆采地之名。聃即九年之南。傳曰南氏姓也，則凡采皆氏也。孟子曰：「天子之卿受地視侯，大夫受地視伯，元士受地視子男。」王制曰：「天子之三公之田視公侯，卿視伯，大夫視子男，元士視附庸。」此言采地之制。禮運曰：「大夫有采，以處其子孫。」或云采取其邑之租税，不得有其土地人民。或云采，官也，因官食地，故曰采。或訓爲供王事，或訓種菜。前二説近是。國語晉文公屬百官大夫食邑，士食田，官宰食加。周禮有賞田，有加田，有士田。士田即孟子、王制之圭田，三者又皆在采地外。總之，天子之上士以上皆有采地，春秋稱氏者皆以采氏矣。九年傳曰「季，字也」，則伯、叔皆字也。定十四年傳例曰「天子之大夫不名」，明自下大夫以上皆不名，與書卒者異例。但公羊以渠伯糾爲下大夫，則凡直稱伯、叔、季者當是上中大夫。此祭伯蓋上大夫。祭氏前有祭公謀父，後又有祭公，皆爲三公，則此來朝者當爲卿，卽是上大夫也。經又有稱父、稱子者，穀梁、公羊無明文，以意測之，稱子者上大夫，稱父者通上、中歟？非有天子之命，不得出會諸侯，【補曰】言會以包朝聘。不正其外交，故弗與朝也？【補曰】與，許也。後皆同。使人聘則不與使，自來朝則弗與朝，皆同意也。春秋之義，主於撥亂反正，凡傳或言不正其云云，或言非正也，皆以明君子取義所在，與譏桓不正同。聘弓鍭矢不出竟場，束脩之肉不行竟中，有至尊者，不貳之也。聘遺所以結二國之好，將彼我之意。臣當稟命於君，無私朝聘之道。【補曰】疏曰：「麋信云：『聘，問也。古者以弓矢相聘問。』」文烝案：若鄢陵之戰，楚子使工尹襄問郤至以弓，衛出公自城鉏使以弓問子贛是也。爾雅曰：「金鏃翦羽謂之鍭。」孫炎曰：「金鏑斷羽使前重也。」考工記曰：「鍭矢參分，一在前，二在後。」毛詩傳曰：「鍭矢參亭。」方言曰：「關西曰箭，江淮謂之鍭。」又曰：「凡箭鏃廣長而薄鎌謂之錍。」郭璞謂鍭卽今之錍箭也。竟場者，疏曰：「竟是疆界之名，至此易主，故謂之疆場。」文烝案：詩曰「疆場翼翼」，毛傳：「場，畔也。」廣雅：「疆場，限畔界也。」孔穎達謂田之疆畔。至此易主，名之爲場，義與此同。古衹作「易」字，故周易陸績本「喪羊于場」，諸家皆作「易」也。周禮鄭衆注、說文皆曰：「脩，脯也。」鄭君注曰：「薄析曰脯，捶之而施薑桂曰鍛脩。」又曰：「脩鍛，脯也。」脩與脯，析言則異，統言則同也。每一脯爲一膱，鄉射記曰：「膱長尺二寸，一膱謂之一挺，亦曰一朐。」束者十挺也，凡物十日束。不行，猶不出，易字以便句耳。檀弓曰：「古之大夫，束脩之問不出竟。」王引之曰：「玉篇：『貳，並也。』左傳注：『貳，敵也。』」天子聘遺諸侯，天子之臣亦聘遺諸侯，則是與天子相比並，相敵耦，故謂之貳。人臣不敢並於至尊，故無外交，故曰有至尊者不貳之也。」郊特牲曰：「大夫執圭而使，所以申信也；不敢私覿，所以致敬也。而庭實私覿，何爲乎諸侯之庭？爲人臣者無外交，不敢貳君也。」正與此同義。范注、楊疏以不稟命自專爲貳，禮記正義又解爲二心，皆非其訓。文烝案：聘遺器物，比並至尊，卽專命之事也。六句申言不得外交之義，兼王臣及諸侯臣言。

公子益師卒。【補曰】孝公子衆父也。何休曰：「公子者，氏也，諸侯之子稱公子，公子之子稱公孫。」案：此不去氏，義在後五年傳。大夫日卒，正也；君之卿佐，是謂股肱，股肱或虧，何痛如之？故録其卒日以紀恩。【補曰】許桂林曰：「正者，言常理也，常例也。」文烝案：大夫日卒，諸侯日卒，傳皆曰正也。又曰「葬時正也」，「日弑正卒也」，「子卒日正也」。又他釋經每曰正也，並悉同解，而其事各異。注前四句，左傳晉屠蒯語。不日卒，惡也。罪故略之。【補曰】疏曰：「益師之惡，經傳無文，蓋春秋前有其事。糜信云：『益師不能防微杜漸，使桓弑隱。若益師能以正道輔隱，則君無推國之意，桓無篡弑之情，所言亦無案據也。』」文烝案：此傳發通例也，凡大夫書卒者，公家皆有恩禮施焉，而後史書於策。晉荀盈卒未葬，平公飲酒作樂而屠蒯譎諫，知當時卿佐之喪，君爲之變，有常禮矣。至君子脩經，以日不日分別見義，仍其舊而存日者爲正，變其例而去日者爲惡，而正與正、惡與惡又各有別，則又有賢之、疏之之文。或幷没其卒，皆據舊史而加損之。若柔、溺、單伯之不卒，則史所本無也。

二年春，凡年首月承於時，時承於年，文體相接，春秋因書王以配之，所以見王者上奉時承天，而下統正萬國之義。然春秋記事，有例時者，若事在時例則時而不月，月繼事末則月而不書王，書王必皆上承春而下屬於月，表年始事，文莫之先，所以致恭而不黷者，他皆放此，唯桓有月無王以見不奉王法爾。**公會戎于潛。**南蠻北狄，東夷西戎，皆底羌之别種。潛，魯地。會例時。【補曰】曲禮曰：「諸侯相見於郤地曰會。」左傳曰：「會以訓上下之則，制財用之節。」戎真以號舉者，啖助曰：「凡戎狄舉號，君臣同辭。」注「南蠻」二句本杜預。杜元文曰：「戎狄夷蠻，皆氐羌之别種也，皆謂居中國，若戎子駒支者。」杜此言甚當。凡春秋之戎狄夷蠻，皆在禹貢職方九州之内，非爾雅所云「九夷八狄七戎六蠻謂之四海」者也。八荒之内爲四海，四海之内爲九州五服。胡渭説禹貢曰：「古所謂中國者，甸侯綏三服之地，所謂四夷者，要荒二服之地，皆九州之内也。所謂四海者，九州之外，東夷西戎，南蠻北狄，王者所不治也。」胡説是也。舊史會皆具月。○【撰異曰】陸淳纂例曰：「『潛』，公羊作『岑』。」案：今公羊不作「岑」。書禹貢「沱潛」、毛詩「養魚之潛」，史記、韓詩皆作「涔」。

會者，外爲主焉爾，【補曰】會者，期定於彼而我往會彼，故曰外爲主，是魯客而外主也。凡會而復盟者，如公及邾儀父盟于眜及宋人盟于宿，此類皆内爲志也。若後文公會齊侯盟于艾之屬，則外爲主也。會而不盟者，此潛之屬，皆外爲主。若是内爲志，文不得稱及以會，其書之，則曰衛侯會公于沓，鄭伯會公于棐，邾子來會公。傳發内爲志外爲主之例，則用兵從例可知，故四年伐鄭、十一年入許皆不發傳。**知者慮，**察安審危。【補曰】疏曰：「謂卿爲司徒，主教民察民之安危也。」**義者行，**臨事能斷。【補曰】疏曰：「謂卿爲司馬，司馬主斷制也。」**仁者守，**衆之所歸，守必堅固。【補曰】疏曰：「謂卿爲司空，司空主守也。」文烝案：慮、行，皆言出竟也；守言守國也。大戴禮虞戴德、荀子書並云：「諸侯相見，卿爲介，以其教士畢行，使仁守。」又白虎通曰：「王者出，一公以其屬守，二公以其屬從。」毛詩傳曰：「使文武之臣征伐，與孝友之臣處内。」謂尹吉甫、張仲也。○仁者守之爲守國，猶論語「仁能守之，莊以涖之」，謂守官涖官也。易繫辭傳「何以守位曰仁」，語意亦同矣。穀梁子諸言仁者，皆朱子所謂愛之理也。仁較深於愛，如言仁妻愛子，仁民愛物皆是。若以心之德言，則如左傳仲尼曰：「古也有志：克己復禮，仁也。」晉臼季曰：「臣聞之，出門如賓，承事如祭，仁之則也。」管子書管仲曰：「語曰：非其所欲，勿施於人，仁也。」此類乃衆善之大名，不可槩論。有此三者然後可以出會。【補曰】言國有此三者之臣，或從君出，或留居國，然後君可會諸侯。春秋盟會雖多，三者得人則尠。傳蓋引古書成文，通爲凡會言其正法，乃春秋文外之意。會戎，危公也。無此三者，不可以會，而況會戎乎？【補曰】注非也。此與上五句文意不相屬，乃專解經志會戎意也。以華會戎，事有可危，史有其文，君子取其義也。注誤連上爲説，疏申之曰：「人君之行，二卿從，一卿守，然後可會中國之君。桓公無三臣之策而出會齊侯，身死於外，故後桓十八年重起例，明其不可，是以此注云『無此三臣，不可以會，而況會戎乎』，兼爲桓公生此意。」楊氏説亦明暢，其實非傳意也。又曰：「此既危公而不月者，徐邈云：會戎雖危，有三臣之助，不至於難，故不月也。」文烝案：范注既誤以無三臣爲危，徐尤失之。戎而言會，卽爲危矣，不須復加月。

夏五月，莒人入向。入例時，惡甚則日，次惡則月，他皆放此。【補曰】左傳例曰「弗地曰入」。公羊曰：「入者何？得而不居也。」稱人者，小國無師無大夫，非君將，則以稱人爲常，皆從微者之文，皆是微之，與下鄭人略有異也。舊史入皆具月日。入者，内弗受也。入無小大，苟不以罪，則義皆不可受。【補曰】傳謂凡稱入者是内弗受之辭，注非也。言入則不以罪明矣。向，我邑也。自魯而言，故曰我也。【補曰】左傳以此爲向國。杜預據漢志云：「沛國向縣，古向國。」謂卽譙國龍亢縣東南之向城，於今爲鳳陽府之懷遠縣地。而莒爲今沂州府之莒州，相距且千里。蕞爾之邦，縣師遠入，事必不然。顧炎武引于欽齊乘説以爲沂州西南一百里之向城鎮，卽後篇城向、盟向、取向之向，於今爲莒州地是矣。呂大圭曰：「讀春秋之法，經之所有則從經。」文烝案：諸伐内邑，直言伐我某鄙，常文也。言伐某鄙，又言圍郚、圍成，變文也。直言入向，尤變文也。其説見下。舊史當先言伐某鄙，後言入向。

無侅帥師入極。二千五百人爲師。【補曰】無侅，公子展之孫。師者，衆之通名，言師猶言軍，如後世之言兵也。范泥周禮人數，非也，説見襄十一年。此事蒙上月。○【撰異曰】侅，左氏、公羊作「駭」，後同。奇侅非常，與「駭」聲義皆同也。帥，公羊作「率」，終春秋皆然。公羊於「帥師」字本皆作「率師」，而唐石經公羊此作「帥」，僖十五年作「率」，以後「率」、「帥」錯出，皆由轉寫亂之。入者，内弗受也。極，國也。諱滅同姓，故變滅言入。傳例曰：「滅國有三術，中國日，卑國月，夷狄時，極蓋卑國也。」内，謂所入之國，非獨魯也。【補曰】疏曰：「内弗受復言之者，恐内外不同，故兩發以同之。」文烝案：内滅皆諱言取，此言入者，蓋欲與入向連文，説見下。公羊入、取並爲諱。孔廣森以爲易曰取，難曰入。孔意以「帥師」爲文，則不得但言取，頗得其辭，未盡其義也。入向爲邑，入極則爲國，故傳特備文。賈逵説左氏以極爲戎邑，非也。舊史凡滅皆具日。苟焉以入人爲志者，人亦入之矣。【補曰】此合上入向言之，我欲入極，則人亦入我向矣。事在而志著，全經推見至隱之教也。志動而機應，此經屬辭比事之旨也。凡外來伐者皆言伐我某鄙，今特變言入向，以顯茲義。然則入極變取言入，實爲此歟？春秋亂世，日尋干戈，受師出師，内事先見，若同常文，無以寄義，故因連文書入。蓋曰天道好還，貪兵必死，己所不欲，勿施於人，乃治國之要道，開篇設戒，餘從同矣。春秋以一心正萬心，傳諸解經曰探邪志，曰處心積慮，曰以入人爲志，此類皆卓絶於左氏、公羊之外。呂祖謙曰：「史，心史也。記，心記也。」不稱氏者，滅同姓，貶也。【補曰】公羊曰：「無駭者何？展無駭也。」考左傳，無駭死而後命爲展氏，則史本書無侅，不書展無侅。但君子脩經，大夫例稱氏。左傳無駭之官，司空也，當追氏之，使經例前後畫一。今不追氏，是知爲滅同姓貶之，抑或左氏命族之文不可依用矣。後漢書李固曰：「春秋褒儀父以開義路，貶無駭以閉利門。」案：貶無侅卽所以譏公也，不從隱不爵大夫去氏者，後卒從例，則此處稱氏，無所嫌也。滅同姓爲伐本，說具僖二十五年。

秋八月庚辰，公及戎盟于唐。傳例曰：「及者，內爲志焉爾。唐，魯地。」【補曰】唐，蓋卽下五年之「棠」，此與上會非一事也。上是外爲主，會而不盟，此是內爲志，會而復盟，與桓元年盟越同。又論之於彼。

九月，紀履緰來逆女。不親逆則例月，重錄之，親迎則例時。【補曰】爾雅曰：「逆，迎也。」注本何休。○【撰異曰】履緰，左氏作「裂繻」。陸淳曰：「誤也。」逆女，親者也。親者，謂自逆之也。【補曰】何休曰：「禮所以必親迎者，所以示男先女也。於廟者，告本也。夏后氏逆於庭，殷人逆於堂，周人逆於户。」徐彥曰：「卽書傳『夏后氏逆於廟庭』云云是也。」文烝案：亦卽詩齊風之俟著、俟庭、俟堂，蓋齊、魯、韓三家義也。著，卽「户」，三家作「户」。使大夫，非正也。【補曰】非正，故志之，微者則不志。諸侯來親迎亦志，內出親迎則削，史文不志，皆常例也。以國氏者，爲其來交接於我，故君子進之也。傳例曰：「當國以國氏，卑者以國氏，進大夫以國氏，國氏雖同而義各有當。公子公孫纂君代位，故去其氏族，國氏，以表其無禮，齊無知之徒是也。若庶姓微臣，雖爲大夫，不得爵命，無代位之嫌。既不書其氏族，當知某國之臣，故國氏以別之，宋萬之倫是也。履緰以名繫國，著其奉國重命，來爲君逆，得接公行禮，故以國氏重之。成九年宋不書逆女，以其逆者微，今書履緰亦足知其非卑者。公羊傳曰：「春秋貴賤不嫌同號，美惡不嫌同辭。」左氏舍族之例，或厭以尊君，或貶以著罪。此傳隱公去即位以明讓，莊公去即位以表繼弑，文同而義異者甚衆，故不可以一方求之。【補曰】交接於我者，謂交接公也。注論國氏之例，非傳意也。傳言爲其來交接於公，故進之言紀履緰，明從小國無大夫例也。小國無大夫者，雖是大夫，皆直稱人，與列國卑者同例。若有不可不目言者則不氏，而直以國氏，亦與列國卑者同例。履緰之進，所謂不可不目言者也。傳唯於曹、莒言其無大夫，以曹、莒之列盟會，次於許，長於邾、滕以下。言曹、莒則諸小國該之，故何休言紀無大夫，最爲得旨。而范乃以宋例紀，謂履緰非卑者，誤矣。在紀則履緰非卑者，故書之；在春秋則履緰亦卑也，故書之而以國氏。

冬十月，伯姬歸于紀。伯姬，魯女。【補曰】公羊、杜預語也。何休曰：「不稱公子者，婦人外成，不得獨繫父母。」文烝案：女子許嫁則稱字，見僖九年傳。凡女子不以名行，若曰與女簡璧，則紀述之辭也；曰君之妾棄，則謙抑之辭也；曰請使重見，則親昵之辭也。何休又曰：「書者，父母恩録之也。禮，男之將取，三日不舉樂，思嗣親也。女之將嫁，三夜不息燭，思相離也。內女歸例月，恩録之。」禮，婦人謂嫁曰歸，反曰來歸，嫁而曰歸，明外屬也。反曰來歸，明從外至。反，謂爲夫家所遣。【補曰】左傳出曰來歸，公羊大歸曰來歸。從人者也。【補曰】從者，從其教令，謂從夫也，從夫故稱歸。婦人在家制於父，既嫁制於夫，夫死從長子，婦人不專行，必有從也。【補曰】此承上備言之也。制於父，制於夫，亦從也。喪服傳、郊特牲、大戴禮本命、劉向列女鄒孟軻母、魯之母師、齊杞梁妻傳，皆略同。伯姬歸于紀，此其如專行之辭何也？曰非專行也，吾伯姬歸于紀，故志之也。【補曰】疏曰：「麋信云：『不稱使者，似若專行也。』謂決魯夫人至并稱逆者。此直云『伯姬歸』，故問之下云『吾伯姬歸，故志之也』，明佗逆者不足録，故與内夫人至異也。」其不言使何也？怪不言使履綸來逆女。逆之道微，無足道焉爾。言君不親迎而大夫來逆，故曰微也。既失其大，不復稍明其細，故不言使履綸也。【補曰】逆女本無使道，使則逆之道微矣，故不足道。此道，言也，稱也。趙汸曰：「納幣使人，禮也；逆女使人，非禮也。非禮者，禮無其文，禮無其文而稱使，是制禮也。」

紀子伯、莒子盟于密。密，莒地。【補曰】不日例在後八年傳。○【撰異曰】伯，左氏作「帛」，杜預以爲裂繻字。案趙匡引汲冢紀年同，此左氏謬而竹書因之也。趙氏曰：「左傳云『魯故也』，竹書自是晉史，亦依此文而書，何哉？明不足據。」或曰紀子伯、莒子而與之盟，紀子以莒子爲伯，而與之盟。伯，長也。【補曰】注「伯，長」，爾雅文。古有東西二伯，春秋時曰王官伯，曰侯伯。又一州之長爲牧，亦曰伯，即方伯也。或曰年同爵同，故紀子以伯先也。年爵雖同，紀子自以爲伯而先。【補曰】此兩「或曰」與下八年異，師並疑之，傳亦並載之，非以前説爲較長也。傳於師所授，無疑信皆存。

十有二月乙卯，夫人子氏薨。夫人薨例日。夫人曰薨，從夫稱。【補曰】論語曰：「邦君之妻，君稱之曰夫人，邦人稱之曰君夫人。」何休曰：「夫人以姓配號，義與仲子同。」傳曰：「言夫人必以其氏姓。」何休又曰：「日者，恩録之，公夫人皆同例也。」夫人薨不地。夫人無出竟之事，薨有常處。【補曰】常處者，小寢也。説見莊三十二年。夫人者，隱之妻也。【補曰】隱稱公，故妻稱夫人。隱雖將讓桓，猶在君位，妻之喪或降禮，亦從正書之。疏曰：「左氏以爲桓母仲子。桓未爲君，其母稱夫人，是亂嫡庶也。公羊以爲隱母，則隱見爲君，何以不書葬？若以讓不書葬，何爲書夫人子氏薨也？」卒而不書葬，夫人之義，從君者也。隱弑賊不討，故不書葬。【補曰】君子去隱之葬，因并去其夫人之葬，明亦非以爲史法。哀十二年疏曰：「隱夫人從夫之讓，故不書葬。」程子曰：「公在故不書葬，於此見夫婦之義。」葉夢得曰：「先薨不葬，待君而後葬，周道也。」胡安國曰：「明順。」胡銓曰：「合葬。」張洽曰：「葬禮未備。」諸説皆與注異，於傳「從君」之義亦可通也。不言薨言卒者，傳便文。左氏、公羊解經皆以書不書立義，此傳多言志，少言書，古人用字之例，各有不同也。

鄭人伐衛。傳例曰：「斬樹木、壞宫室曰伐。伐例時。」【補曰】注引傳例在後五年傳。人，微者也，義在僖二十六年傳。微者，謂非卿將，言將卑也。稱人則將卑可知，不稱師則師少亦可知，是其常文也。若將尊而亦稱人，文以前則有之。疏曰：「文承月下者，日月自爲魯夫人薨。」文烝案：舊史伐皆具月，君子略之，從時例。

三年春，王二月，【補曰】何休以爲二月、三月皆有王者，二月殷正月，三月夏正月，王者存二王之後，使統其正朔，所以通三統。漢書律曆志述劉歆之言亦云：「春三月，每月書王，元之三統也。」今宜從上二年范注爲是，漢儒説不可依用，在夏、殷皆是王正月耳。既言二月、三月，則王爲周王明矣。孔穎達已有是論。己巳，日有食之。杜預曰：「日行遲，一歲一周天。月行疾，一月一周天，一歲凡十二交會。然日月動物，雖行度有大量，不能不小有盈縮，故有雖交會而不食者，或有頻交而食者。唯正陽之月，君子忌之，故有伐鼓用幣之事。」京房易傳曰：「日者陽之精，人君之象，驕溢專明，爲陰所侵，則有日食之災。不救，必有篡臣之萌；其救也，君懷謙虚，下賢受諫任德，日食之災爲消也。」【補曰】大戴禮誥志：「孔子曰：『古之治天下者必聖人。聖人有國，則日月不食，星辰不隕。』」〔一〕漢書天文志：「古人有言曰：『天下太平，五星循度，亡有逆行，日不食朔，月不食望。』」唐書曆志一行之言曰：「小雅『十月之交，朔月辛卯』，虞劆以曆推之，在幽王六年。開元曆定交分四萬三千四百二十九，入食限，加時在晝。交會而食，〔二〕數之常也。然而君子猶以爲變，詩人悼之。然則古之太平，日不食，星不孛，蓋有之矣。若過至未分，月或變行而避之，或五星潛在日下，禦侮而救之，或涉交數淺，或在陽曆，陽盛陰微則不食，或德之休明，而有小眚焉，〔三〕則天爲之隱，雖交而不食。此四者，皆德教之所由生也。」又曰：「黃初以來，治曆者始課日食疏密，及張子信而益詳。劉焯、張胄玄之徒自負其術，謂日月皆可以密率求，是專於曆紀者也。以戊寅、麟德曆推春秋日食，大最皆入食限。於曆應食而春秋不書者尚多，則日食必在交限，其入限者不必盡食。開元十二年七月戊午朔，於曆當食半強，自交阯至朔方，候之不食。十三年十二月庚戌朔，於曆當食太半，時東封泰山，還次梁、宋間，亦不食。雖算術乖舛，不宜如此，然後知德之動天，不俟終日矣。若因開元二食，曲變交限而從之，則差者益多。」又曰：「自開元治曆，史官每歲校節氣中晷，因檢加時小餘，雖大數有常，然亦與時推移，每歲不等。杜預云：『日月動物，不能不小有盈縮，有雖交會而不食者，有頻交而食者。』是也。」又曰：「使日食皆不可以常數求，則無以稽曆數之疏密。若皆可以常數求，則無以知政教之休咎。」文烝案：大戴載三朝記、漢志引古語，後儒或疑之，然而魯史所

〔一〕「隕」原訛作「孛」，據大戴禮記誥志改。

〔二〕「食」，新唐書曆志三下作「蝕」。此段引文中「食」字，新唐書曆志三下皆作「蝕」。

〔三〕「而」原訛作「日」，據新唐書曆志三下改。

記，悉本舊章，聖人之經，所以示警。陳兵伐鼓，古之遺型，入門廢朝，禮之明訓。一行著論，推校精詳，大概得之，故張洽深取之。漢建安中，太史上言正旦當日食，劉劭以爲梓慎裨竈，古之良史，猶占水火，錯失天時。禮記稱諸侯旅見天子，及門不得終禮者四，日食在一。然則聖人垂制，不爲變豫廢朝禮者，或災消異伏，或推術謬誤也。荀彧善其言，日竟不食，此足與一行說相證矣。堯、舜、禹時，歷年多無日食，左傳引夏書乃有辰不集房之事。楊簡之言也。春秋二百四十二年，日食三十六，并哀十四年爲三十七。而前漢二百一十二年，日食五十三。東漢而下，轉益加數，或一歲而三食，大約世愈降則日食愈數，此大運盛衰之候，與其他災異不同。趙汸之言也。杜預謂唯正陽之月伐鼓用幣者，本左氏說，蓋未可據。諸日食皆爲記異，通謂之災。左傳晉士文伯論弭災之政，一曰擇人，二曰因民，三曰從時。京房所論，其意相近。范於諸災異所引，用易傳、五行傳、月令、穀梁說及劉向、許、鄭等語，頗甚用意。以其有理，皆當存之，皆可不必深論。具說於後九年傳。○【撰異曰】食，本亦作「蝕」，後同。左氏同。諸稱三家別本之異，皆據陸德明音義。**言日不言朔，食晦日也。**【補曰】凡食晦日者，范以爲皆卽本月之晦，故於宣十年、十七年日食下更書日者，並以爲閏月。徐邈以爲皆是前月之晦。疏引徐曰：「己巳爲二月晦，則三月不得有庚戌明也。宣十年四月丙辰、十七年六月癸卯，皆是前月之晦也。則此己巳正月晦也冠以二月者，蓋交會之正，必主於朔。今雖未朔而食，著之此月，所以正其本，亦猶成十七年十月壬申而繫之十一月也，取前月之日而冠以後月，故不得稱晦。以其不得稱晦，知非二月晦也。」李廉曰：「徐說是也。」文烝案：日食必在朔，故一行曰「日月合度謂之朔，無所取之，取之蝕也。」但當時日官日御失曆，以爲前月之晦，故君子書後月以正之。謂如此己巳食者，乃二月也，非正月也。桓十七年十月食二日，亦曆之失，故不言其日而言朔。謂此十月食者，乃朔也，非二日也。莊十八年三月、僖十五年五月，皆食朔日之夜，故不言日不言朔，以明之也。春秋之文，簡而有法，於此見焉。當時所以有失曆者，蓋曆家有平朔，有定朔，自後漢劉洪乾象曆以前皆用平朔，有大月之晦日已合辰者，有承小月之後而合辰於二日者，故或失之也。君子正之，卽定朔之理也。凡日食三十六，朔二十六，晦七，夜二，二日一。公羊併二日於朔，以晦爲二日，以夜爲晦，誤矣。杜預長曆推此己巳乃二月朔。又一行大衍曆推宣八年七月甲子朔日食，長曆推宣十年四月丙辰朔，是年閏五月。大衍曆亦推四月丙辰大日食。又長曆推宣十七年六月癸卯朔，此四條皆合徐說。

其曰有食之何也？【補曰】曰，音聿。**吐者外壤，食者內壤，**凡所吐出者，其壤在外；其所吞咽者，壤入於內。【補曰】疏曰：「『壤』字，爲穀梁音者皆爲『傷』，徐邈亦作『傷』。麋信云：『齊、魯之閒謂鑿地出土、鼠作穴出土皆曰壤。』或當字從『壤』，蓋如麋信之言也。」文烝案：壤，亦通作「塲」。埤倉云：「塲，鼠垤也。」郭璞方言注音「傷」。**闕然不見其壤，有食之者也。**今日闕損而不知壤之所在，此必有物食之。**有，內辭也，或外辭也。**邵曰：「食者內壤，故曰內辭；吐者外壤，故曰外辭。傳無外辭之文者，蓋時無外壤也。而曰『或外辭』者，因事以明義例爾，猶傳云『三穀不升謂之饉，四穀不升謂之康』，亦無其事。」【補曰】邵注非也。注以「內辭」指食，「外辭」指吐，吐非經所宜書也。饉康之不書，包於饑中，亦非無其事也。此二句蓋言「有」爲疑辭，與「或」字同例，但「有」之疑爲內辭，其辭最微，如「日有食之」是也。「或」之疑爲外辭，其辭較著，如周易「或躍在淵」之類。文言傳云或之者，疑之也是也，若通言之，其義不異，故周、秦、漢人之書「有」與「或」多同用。管子曰：「或者何？若然者也。」墨子曰：「或也者，不盡也。若然，不盡然」，內外辭得兼通也。莊十八年傳曰「一有一亡曰有」，爲諸「有」字發例，此則別爲一例。故卽經所無之「或」字，分內外辭以明之。「內」，卽上下文「內」字，「外」，非外壞之「外」。**有食之者，內於日也。**內於日，以壞不見於外。【補曰】此申上「內辭」也。韓非子曰：「日月暈圍於外，其賊在內。」言之亦綴辭，尊而詳之。案：詩小雅曰：「十月之交，朔月辛卯，日有食之。」明古人文例如此。史記秦本紀厲共公三十四年，日食。昭襄王六年，日食，晝晦。莊襄王三年四月，日食。凡日食三見。六國表秦厲共公三十四年，日食，晝晦，星見。躁公八年六月，日月食。簡公五年，日食。惠公三年，日食。獻公三年，日食，晝晦。十年，日食。十六年，日食。昭王六年，日食，晝晦。莊襄王二年，日食。凡日食九見。此十二文皆直書食，不云有食之，蓋據秦記舊文，失魯史立文之法矣。**其不言食之者何也？**【補曰】疏曰：「不言食之者，謂不書月食日。」文烝案：焦贛易林比之萃曰：「圜團白日，爲月所食。」家人之小畜「圜團」作「杲杲」。**知其不可知，知也。**【補曰】末「知」字，依今音讀去聲，卽爾雅、説文「智」、「𥏼」字。墨子經曰：「知，材也。」經說曰：「知也者，所以知也。」而必知此今去聲字也。又經篇及莊子並曰：「知，接也。」經說曰「知也者，以其知過物而能貌之」，此今平聲字也。論語曰：「知之爲知之，不知爲不知是知也。」末「知」字亦音「智」爲是。干寶周易注引傳曰：「不求知所不可知者智也。」王念孫以爲古書「智慧」之「智」或作「知」、「知識」之「知」亦或作「智」。據墨子他處及管子、呂氏春秋、韓非子、戰國策、淮南子諸書有以「智」爲「知」者也，二字音義互得通借，疑其本無定字，殆不然矣。何休以爲不言月食日者，其形不可得而覩，故疑言日有食之與傳義相發。而說文則曰：「有，不宜有也。」春秋傳曰：「日月有食之。」从月又聲，其引經既衍「月」字，其說又非也。有爲不宜有，蓋依放一有一亡之義而失之。至以月食日爲「有」之本義，則與「知其不可知」之義適相刺謬，必非蒼頡作書之恉矣。許氏書往往有傅會字義穿鑿字形者，不可不察。○春秋書日食，不書月食，史法之舊也。案：詩小雅曰：「彼月而食，則維其常。此日而食，于何不臧？」漢書天文志引詩傳曰：「月食非常也，比之日食猶常也，日食則不臧矣。」此足明陰陽尊卑之義。齊履謙以爲常者謂常數，時月食已有術可推，故春秋不書，夫安見古人必不能推日食乎？此言似是而非。説又見襄二十一年。

三月庚戌，天王崩。平王也。【補曰】史記名宜臼，幽王太子。或作宜咎。日者，蓋以明正。傳於下諸侯發例，天子當亦同矣。王崩九皆日，不書葬，例在莊三年傳。高曰崩，梁山崩。厚曰崩，沙鹿崩。【補曰】墨子經曰：「厚，有所大也。」尊曰崩，天子之崩以尊也。【補曰】何休曰：「崩，大毁壞之辭。薨，小毁壞之辭。卒，猶終也。」其崩之何也？【補曰】問魯春秋何以崩天子？以其在民上，故崩之。【補曰】史承赴書崩，君子從而取義焉。何休曰：「爲天下恩痛王者。」其不名何也？【補曰】據諸侯卒名。大上故不名也。夫名者，所以相別爾。居人之大，在民之上，故無所名。【補曰】大上者，最上之稱，即上文「在民上」也。天下一人，故不必名，又不敢斥名。

夏四月辛卯，尹氏卒。文三年王子虎卒不日，此日者，録其恩深也。○【撰異曰】尹，左氏作「君」，以爲隱母聲子。楊時曾問程伯子，伯子曰：「聲子而書曰君氏，是何義？當以尹氏爲正。」尹氏者何也？天子之大夫也。不書官名，疑其譏世卿。【補曰】案：譏世卿者，公羊之義，傳無是意也。不書名者，時魯人在周，知其卒，史因志之，非彼來赴，故略其名，而君子仍之也。或者君前臣名，時嗣王當喪未君，故不名也。不稱「尹子」者，寰內諸侯不得稱爵以卒，劉卷卒亦不言「劉子卷」也。傳言大夫，當是上大夫。上大夫者，卿也，尹氏爲卿，故有世卿之説。○公羊於尹氏、齊崔氏並曰譏世卿，世卿非禮。於黑肱來奔曰「大夫之義不得世」。五經異義載公羊、穀梁説卿大夫世則權幷一姓，妨塞賢路，專政犯君，故經譏周尹氏、齊崔氏也。穀梁傳本無此意。思義云爾者，穀梁家依放公羊爲之也。左傳隱八年衆仲曰：「官有世功，則有官族。邑亦如之。」異義載左氏説卿大夫得世禄，不得世位。父爲大夫，死，子得食其故采。如有賢才，則復升父故位也。文烝案：左氏與公羊有同有異，而左氏爲備，言卿大夫不世位，是其同也。大戴禮千乘孔子對哀公曰「爵不世」，孟子述齊桓葵丘之命曰「士無世官」，皆其證也。言子世父禄，賢則世位。又論世功官族，是其異也。商書盤庚之誥曰：「世選爾勞，予不絶爾善。」周易訟六三曰「食舊德」，許慎以爲爻位三爲三公，二爲卿大夫。食舊德者，謂食父故禄。詩文王篇曰：「凡周之士，不顯亦世。」毛傳曰：「不世顯德乎？士者，世禄也。」鄭箋曰：「謂其臣有光明之德者亦得世世在位，重其功也。」又緇衣序曰：「美武公也。父子並爲周司徒。」毛傳曰：「有德君子宜世居卿士之位焉。」又干旄曰：「在浚之郊。」毛傳曰：「古者臣有大功，世其官邑。」又裳裳者華序曰：「古之仕者世禄，刺幽王棄賢者之類，絶功臣之世。」論語曰：「興滅國，繼絶世。」許慎以爲國謂諸侯，世謂卿大夫。孟子曰：「文王之治岐也，仕者世禄。」又曰：「所謂故國者，有世臣之謂也。」此類皆左氏之證也。公羊不言得世禄與否，而王制曰：「内諸侯禄，外諸侯嗣。」又曰：「諸侯世子世國，大夫不世爵。」又曰：「諸侯之大夫不世爵禄。」蓋謂天子之大夫但得世禄，諸侯之大夫弁禄不世。疑公羊意亦相同，是一偏之説也。大氏古者官人之法，本與封建相輔，故子得世父禄，賢則弁世位，其有大功德者則世世在位，所以差别取舍，貫聯邦家，天子諸侯，實無異制。溯夫盤庚之誥，則知周因於殷，迨春秋以來，尤唯貴戚世臣是賴，雖以罪誅，皆不絶世，積貴所在，人望有歸。陳亮嘗言孟子以爲故國必有世臣，至於不得已而後使卑踰尊，疏踰戚。使人君皆得魯季友、叔肸、齊高子之倫而用之，則亦何厭於世臣而欲求天下特起之賢於不可知之際哉？愚謂陳氏此論最爲明通，設以夫子爲政於天下，亦必仰稽前典，俯順時宜。庶姓雖參，世臣自在，作經垂訓，何轉致譏？穀梁子解宋殺大夫，言司馬爲祖之位，此正春秋不譏世卿之驗。而漢世穀梁家乃用公羊爲説，誣經幷誣傳矣。列國獨秦無世臣，沿及始皇，而世國與世家並廢，天下大勢於是一變。學者習於後世情事，則必以古制爲疑，傳既隱約，三朝記等又不備，故詳論焉。公羊之書言母以子貴、言大夫不世及、國君九世猶可復讐之等，皆秦人之法、戰國之論也。外大夫不卒，此何以卒之也？【補曰】不卒者，經例因史例也。於天子之崩爲魯主，故隱而卒之。隱，猶痛也。周禮大行人職曰：「若有大喪，則詔相諸侯之禮。」然則尹氏時在職，而詔魯人之弔者。【補曰】傳言爲魯主，公羊言諸侯之主，文異意同，此君子之取義也。史亦有此意而傳不論史也。辛卯與庚戌相去四十二日，王喪既赴而魯弔，四旬之內，來往千里，喪事尚急則然矣。王子虎、劉卷不日，此以其新爲魯主，恩深，故仍史文録日，所以盈隱文。

秋，武氏子來求賻。天王使不正者月，今無君，不稱使，故亦略而書時。武氏子者何也？天子之大夫也。【補曰】左氏後五年傳尹氏、武氏並稱，武氏亦上大夫歟？天子之大夫，其稱武氏子何也？【補曰】何休曰：「據宰渠氏官，仍叔不稱氏，尹氏不稱子。」未畢喪，孤未爵，平王之喪在殯。【補曰】五五斷仁謂之畢喪。三年問、荀子書皆曰三年之喪，二十五月而畢是也。孤，謂新君。未爵者，未爵命。公羊曰「父卒子未命」，謂武氏子之父已没，亦新嗣爲大夫，而新君未爵命之也。未爵命不得稱其字，故稱武氏子也。任叔之子繫其父字，此直言氏，明其父已没，不得繫之。既不録父，故不須加之爲緩辭。詩言「彼留之子」，易繫辭傳言「顔氏之子」，彼等皆是便文，非春秋文例。未爵使之，非正也。【補曰】使之已非正。其不言使何也？據桓十五年天王使家父來求車稱使。無君也。

桓王在喪，未即位，故曰無君。【補曰】猶公羊云「未君也」。未葬、未踰年，皆不稱王，蓋亦當稱子矣。天子諸侯並是以世子繼父，則其辭宜同。此包毛伯言之。歸死者曰賵，歸生者曰賻，【補曰】士喪禮下篇曰：「知死者贈，知生者賻。」疑傳「賵」字亦當爲「贈」。荀子曰：「玩好曰贈也。」凡傳發例，或有連及經外者，而覿下注，則范本已誤。曰歸之者正也，求之者非正也。喪事無求而有賵賻。【補曰】歸爲正禮，恆事不志，歸賵、歸含、歸襚志者，爲歸妾母，又不及事耳。求所以爲非正者，公羊曰「喪事無求」，「蓋通于下」。何休曰：「禮本爲有財者制，有則送之，無則致哀而已。不當求，求則皇皇傷孝子之心。」文烝案：求者，徵求也。定元年傳曰「請也」。言使之求賻又非正。周雖不求，魯不可以不歸，魯雖不歸，周不可以求之。【補曰】歸爲正，況諸侯於天子。求爲非正，況天子於諸侯。求之爲言，得不得未可知之辭也。【補曰】得不得，非己能主，明皆非正。如求婦之屬亦是也。交譏之。【補曰】何休曰：「譏，猶譴也。」文烝案：凡言譏者，與非、刺意皆相近。疏曰：「交，猶俱也。指事而書，則周、魯之非俱見。」

八月庚辰，宋公和卒。天子曰崩，諸侯曰薨，大夫曰卒，周之制也。春秋所稱，曲存魯史之義。內稱公而書薨，所以自尊其君，則不得不略外諸侯書卒，以自異也。至於既葬，雖邾、許子男之君皆稱謚而言公，各順臣子之辭，兩通其義。鄭君曰：「禮雜記上曰：『君薨，赴於他國之君，曰寡君不祿，敢告於執事。』」曲禮下曰：「壽考曰卒，短折曰不祿。」君薨赴而云不祿者，臣子之於君父，雖有壽考，猶若短折，痛傷之至也。若赴稱卒，是也壽終，無哀惜之心，非臣子之辭。鄰國來赴，書以卒者，無老無幼，皆以成人之稱，亦所以相尊敬。【補曰】注「天子曰崩」十四句，本杜預釋例，引鄭君者，駁五經異義文也，見雜記正義。大夫曰卒，對文別言之卒也，壽考曰卒，散文通言之卒也，二說當兼之。八年傳以不名爲未能同盟，明同盟皆名。諸侯既世國，名所以別之，公羊言「卒從正」是也。生不得名卒得名者，蓋春秋於內爲臨一國之言，從大上之例。於外則亦臨天下之言也。釋例言葬稱謚而言公，順臣子之辭者。生有五等，没則壹，申其臣民之稱，公羊言葬從主人是也。終春秋書卒者十八國，宋、衞、蔡、陳、鄭、齊、晉卒葬兼備，大國例也；曹、許從大國例者也；邾、薛、杞前不葬後葬，小國例也；宿，一見隱篇，故亦不葬也；滕、秦前不葬後葬，楚、莒、吴不葬，皆夷狄例也。**諸侯曰卒，正也。**正，謂承嫡。【補曰】宋繆公者，宣公之弟，宣公之立繆公，蓋時事宜然，所以爲正。凡自世子適子外，或立長庶，或以賢，或以卜，或以弟及，或以孫繼，諸宜爲君者，皆謂之正，天子諸侯，其制悉同，傳之言正者如此。注專言承嫡，非也。諸釋經言正也者，謂常理常例，而諸侯卒之爲正，又兼有嗣立正不正之義，故後傳屢言之，而注家據以爲說。古人文辭簡渾，大夫日卒正也，諸侯日卒正也，葬時正也，固無須分別耳。

冬十有二月，齊侯、鄭伯盟于石門。傳例曰：「外盟不日。」石門，齊地。【補曰】不日者，亦略之，注當於前盟密引例。張洽曰：「隱十一年之閒盟而不食言者，唯此石門之盟，二君終身未嘗相伐。」案杜預曰：「來告，故書。」馬驌曰：「國之大事曰會盟，曰朝聘，曰征伐，曰滅取，曰奔違，曰死喪，曰弑殺，曰災異，必有告赴，史乃承而書之。」文烝謂外相朝聘不入例，「奔違」下當加「歸復」。

癸未，葬宋繆公。○【撰異曰】繆，本亦作「穆」，左氏作「穆」。案「繆」者，假借字。**曰葬，故也，危不得葬也。**天子七月而葬，諸侯五月而葬，大夫三月而葬。傳例曰：「諸侯時葬，正也；月葬，故也。」日者，憂危最甚，不得備禮葬也。他皆放此。」徐邈曰：「文元年傳曰『葬曰會』，言有天子諸侯之使，共赴會葬事，故凡書葬，皆據我而言葬彼，所以不稱宋葬繆公，而言葬宋繆公也。弔會之事，賵襚之命，此常事，無所書，故但記卒記葬，録魯恩義之所及，則哀其喪而恤其終，亦可知矣。若存没隔絶，情禮不交，則卒葬無文。或有書卒不書葬，蓋外雖赴卒而内不會葬。無其事則闕其文，史策之常也。穀梁傳稱變之不葬有三：弑君不葬，滅國不葬，失德不葬。言夫子脩春秋，所改舊史以示義者也。弑君之賊，天下所當同誅，而諸侯不能治，臣子不能討，雖葬事是供，義何足算？亡國之君，喪事不成，則不應書葬。失德之主，無以守位，故没葬文。傳於宋襄公著失民之咎，宋共公發非葬之問，言伯姬賢而不答，共公不能弘家人之禮。然則爲君者，外之不足以全國，内之不足以正家，皆所謂失德而終，禮宜貶者也。於時諸國多失道，不可悉去其葬，故於二君示義，而大體明矣。【補曰】凡傳言「故」者，皆謂變故，俞樾引楊倞荀子注曰「故，事變也」是也。葬具月日，知其有變，故不爲正矣。而日葬尤爲危不得葬，甚於月。此所以爲危文者，繆公逐其子馮而立其兄子與夷，卒致弑逆，其理危也。危者，危與夷，與公羊略同。書葬者，魯使卑者往會葬。孔穎達曰：「位賤非卿，不合書名，故直書其所爲之事而已。盟則云及某盟，會則云會某人，葬則云葬某王某公。若叔孫得臣如京師葬襄王，叔弓如滕葬滕成公之類。遣卿行者，皆書使名也。」何休曰：「禮，天子七月而葬，同軌畢至；諸侯五月而葬，同盟至；大夫三月而葬，同位至；士踰月，外姻至。孔子曰：『葬於北方北首，三代之達禮也，之幽之故也。』」

四年春王二月，莒人伐杞，取牟婁。傳例曰：「取，易辭也。」伐國不言圍邑，言圍邑皆有所見。伐國及取邑例時，此月者，蓋爲下戊申衛君完卒日起也。凡例宜時而書月者，皆緣下事當日故也。日必繼於月，故不得不書月。

事實在先，故不得後録也。他皆放此。」【補曰】注引「易辭」例在莊九年傳，舊史伐國及取邑皆月，内取邑又日。君子略之，從時例。**傳曰**：稱「傳曰」者，穀梁子不親受於師，而聞之於傳者。【補曰】案：全傳稱「傳曰」者十，皆正解春秋之文，此蓋出七十子雜記之書，乃皆聞諸夫子者。穀梁子直用其成文，故特言「傳曰」以相別，當亦聞之於師也。春秋繁露稱閔子、子貢、子夏、曾子、子石、公肩子、世子、子池之倫，皆論春秋，或當時諸子皆有書也。古書通稱爲「傳」，非必説春秋之專書，猶儀禮喪服傳引傳，亦非必説喪服之專書也。喪服傳稱「傳曰」者六，其一乃在記中。竊意記出夫子前，傳出七十子後，所引舊傳則出七十子，與穀梁書相類。**言伐言取，所惡也。**既伐其國，又取其土，明伐不以罪，而貪其利。兩書取伐，以彰其惡。【補曰】舊傳發經通例也。謝湜曰：「伐而戰，戰雖有功，不若伐而不戰之爲善也，況戰而無功者乎？伐而入，入雖有義，不若伐而不入之爲善也，況入而無義者乎？伐而圍，圍雖以直，不若伐而不圍之爲善也，況圍不以直者乎？伐而取，取雖以順，不若伐而不取之爲善也，況取不以順者乎？凡書伐於前，而書戰、入、圍、取於後，皆甚其惡也。」**諸侯相伐取地於是始，故謹而志之也。**春秋之始。【補曰】公羊義同。注亦用公羊他處語。春秋之始者，託始也。内外諸取邑，史必備文，君子於外取邑皆略去，其存之者，欲以見義，外圍邑亦然。汪克寬曰：「隱公以後，争地争城，殺人盈野，諸侯城邑，得失無常，不足悉書，故左傳言取地。而經不書取者甚多，蓋以擅興殘民爲重，而土地之攘奪不暇論矣。」汪氏蓋本陳傅良、趙汸説。

戊申，衛祝吁弑其君完。弑君日與不日，從其君正與不正之例也。祝吁，衛公子。〇【撰異曰】戊申，汲古閣左氏作「庚戌」，誤也。祝，左氏、公羊作「州」，下同。爾雅「祝」、「州」本古音同也。漢石經公羊殘碑十一年傳「弑」作

「試」字。白虎通曰：「弑者，試也。欲言臣子殺其君父不敢卒，候閒伺事，可稍稍試之。」陸淳纂例曰：「殺君，公羊皆作『弑君』。」案：纂例皆本啖、趙，據此條則啖、趙、陸所據穀梁、左氏無「弑」字，諸弑君皆作「殺」。考之陸德明釋文元年傳音義曰：「弑，申志反，又作『殺』，如字，下同。」此經音義曰：「弑音試，舊作『殺』，注下同。」昭十三年音義曰：「凡弑字從式，傳本多作『殺』字。」左氏此經音義曰：「弑，本又作『殺』，同音試。凡弑君之例皆放此。」然則啖、趙、陸所據穀梁、左氏卽陸德明所見又作、舊作、多作之本也。竊意古衹有「殺」字，而上殺下及敵者相殺，讀殺，短言之。下殺上，讀殺，長言之。其字則皆从殳杀聲之字，穀梁、左氏經傳所用也。「弑」者，後出之字，从殺省式聲，或又假借「試」字，亦式聲，公羊經傳所用也。凡六藝羣書在公羊前者皆有「殺」無「弑」也，其參差混亂幷公羊中字亦不畫一者，皆寫本、槧本之失也。釋文通部説此二字雖詳，未能各從善本，唯陸淳獨得之。而此字有兩讀，無兩字，伯沖亦未知之。今知必然者，宋弑與夷、捷，晉弑卓，皆有及大夫文，傳與左傳皆言里克弑二君與一大夫，明堂位言魯君臣未嘗相弑，其字皆必當作「殺」者也。但以諸『弑』字相承已久，未便輒改，姑沿用之，而著其説於此。完，本又作「皃」，字體之異。大夫弑其君以國氏者，嫌也，凡非正嫡則謂之嫌。【補曰】謂非正嗣也。嫌，疑也，疑於君也。坊記曰：「貴不嫌於上。」鄭君本作「慊」字，云：「慊，或爲嫌。」王引之曰：「慊，亦嫌字也。」文烝案：凡傳言嫌者，猶公羊言當國。弑而代之也。【補曰】言以嫌代正也。昭十三年傳曰：「取國者，稱國以弑。」

夏，公及宋公遇于清。遇，例時。清，衛地。及者，内爲志焉爾；元年與宋人盟于宿，故今復尋之。八年傳曰：「不期而會曰遇」，今曰「内爲志」，非不期也，然則遇有二義。【補曰】疏曰：「重發傳者，嫌盟遇禮異，故重發以同之。」文焘案：范言有二義，非也。凡遇皆是不期而會，八年傳言之，此略耳。「内爲志」者，彼來遇我，我及之，是我爲主矣。若是外爲主，則當言公遇宋公于清，不當言「及」。春秋内書「遇」四，無不言「及」者，蓋時無外爲主之事，或以遇事小於會，外爲主則不足書耳。遇者，志相得也。【補曰】得，如得大子適郢之得。相得，謂相親說，猶史記言「相中」也。易序卦傳曰：「物相遇而後聚。」爾雅曰：「遇，遻也，見也。」又曰：「偶也。」

宋公、陳侯、蔡人、衛人伐鄭。【補曰】君將常文皆稱君，皆不加言帥師者。公羊云「書重」是也。據毛詩序：「時衛使公孫文仲將。」

秋，翬帥師會宋公、陳侯、蔡人、衛人伐鄭。【補曰】左傳曰：「秋，諸侯復伐鄭。」言復伐是也。復伐而翬會之，經文自明，故傳不釋。翬者何也？公子翬也。【補曰】桓三年文。字曰羽父。其不稱公子何也？據莊二年，公子慶父帥師伐於餘丘稱公子。【補曰】注非也，當云據益師、彄稱公子，與無侅、俠不氏不同。貶之也。杜預曰：「外大夫貶皆稱人，内大夫貶皆去族稱名，記事之體。他國可言某人，而已之卿佐不得言魯人。」【補曰】杜自用左傳說，不宜引爲注。何爲貶之也？與于弒公，故貶也。【補曰】與，即豫、預字。士昏禮記「子有吉，我與在」，古文作「豫」。鄉飲酒以下，古文其字皆同。論語有「天下而不與」，白虎通作「預」。貶義，公羊同，謂後年事豫貶於此也。案：易文言傳曰臣弒其君，子弒其父，非一朝一夕之故，其所由來者漸矣，由辯之不早辯也。韓非子引子夏曰：「春秋之記臣殺君、子殺父者，以十數矣。皆非一日之積也，有漸而以至矣。凡姦者，行久而成積，積成而力多，力多而能殺，故明主蚤絶之。」推早辯、蚤絶之義，可無疑於豫貶之法。襄五年以吴抑繒，正此之比，不可以史法論也。史法隨時記事，文有常體，自不得以後事追正前文矣。孔廣森曰：「罪貶之於始，仲遂貶之於終，皆言乎罪大惡極，足以貫其沒世者也。」傳末句「貶」字下或增「之」字，誤。

九月，衛人殺祝吁于濮。濮，陳地水名。【補曰】孔廣森以爲衛地，近今淇縣，衛靈公之晉宿濮水上是也。季本、王夫之、江永略同。稱人以殺，殺有罪也。有弒君之罪者，則舉國之人皆欲殺之。【補曰】傳解本經幷發通例也。人者，衆辭，下傳言之。公羊曰「討賊之辭」，亦衆辭之謂也。案傳稱桓弒隱，百姓不能去，無王之道也。而鳳韶引周禮大司馬「放弒其君則殘之」，以爲王得討之，衆不得殺之，與陳遷鶴説同，甚失其義。王討之者，正以衆欲殺之故也。罪非弒逆而稱人以殺，則亦孟子所謂國人殺之，王制所謂刑人於市，與衆棄之也。孟子言用舍殺三事，於殺獨多一句，又有「故曰」之文，知國殺之爲古語，而傳義不可易矣。祝吁之挈，不書氏族，提挈其名而道之也。【補曰】疏曰：「徐邈以挈爲舉，卽是提挈之稱。范則以爲單挈不具足之辭。」文烝案：墨子經説曰：「挈，有力也。引，無力也。」音義曰：「挈，本又作絜。」注同。失嫌也。衆所同疾，威力不足以自固，失當國之嫌。【補曰】注非也。以國氏者，嫌文也。挈者，失嫌之文也。所以得失者，爲其既殺。其月，謹之也。討賊例時也。衛人不能卽討祝吁，致令出入自恣，故謹其時月所在，以著臣子之緩慢也。【補曰】舊史討賊皆月，君子改從時例，齊人殺無知是也。于濮者，譏失賊也。譏其不卽討，乃令至濮。【補曰】殺於國者，亦無知是也。

冬十有二月，衛人立晉。立、納、入，皆篡也。大國篡例月，小國時。【補曰】左傳曰：「衛人逆公子晉于邢。」注本何休。衛人者，衆辭也。【補曰】猶言殷人、周人，義取衆。立者，不宜立者也。嗣子有常位，故不言立。

【補曰】易稱「利建侯」，左傳載衛之筮曰：「嗣吉何建？建非嗣也。」故自人言之曰立某，知皆不宜立，宜立者則自君言之，曰公卽位矣。依鄭衆周禮注，古者「立」、「位」同字，古文經公卽位皆爲「卽立」，傳二解，公羊並同。晉之名，【補曰】名，謂直名爲摯文，不言公子。惡也。惡，謂不正。其稱人以立之，何也？【補曰】據立王子朝稱尹氏。得衆也。【補曰】公羊曰：「衆之所欲立。」左傳亦曰「衆也」。得衆則是賢也，賢則其曰不宜立，何也？春秋之義，諸侯與正而不與賢也。雍曰：「正，謂嫡長也。夫多賢不可以多君，無賢不可以無君。立君非以尚賢，所以明有統也；建儲非以私親，所以定名分。名分定則賢無亂長之階，而自賢之禍塞矣；君無嬖幸之由，而私愛之道滅矣。」【補曰】疏曰：「言春秋者，得衆而言立，恐理不相合，故廣稱春秋以包之。」文烝案：正者，謂世子、適子、長庶子也。賢，謂庶子之賢者也。無太子、適子則立長庶子，長幼鈞則立賢，賢鈞則卜。左傳所稱周制，實春秋之義。諸侯固然，天子亦然，不得以文王舍伯邑考而立武王爲難，文王乃聖人之權，當創業之世，非常例矣。又魯自伯禽以來，一生一及，而檀弓載孔子言周制立孫，謂太子有孫而死者。春秋宋繆公以弟繼兄爲正，齊昭公、惠公或繼兄或繼弟，皆爲正，桓王以孫繼祖爲正，晉悼公以君之曾孫而亦爲正，此皆時事之宜，不拘立子之限。晉悼公之兄無慧不立，衛靈公之兄有惡疾不立，則又周制變通之法也。若公羊何休之說，有與傳及左氏不同者。公羊元年傳曰：「立適以長不以賢，立子以貴不以長。」何休曰：「子，謂左右媵及姪娣之子。禮，適夫人無子立右媵，右媵無子立左媵，左媵無子立嫡姪娣，嫡姪娣無子立右媵姪娣，右媵姪娣無子立左媵姪娣。質家親親先立娣，文家尊尊先立姪。嫡子有孫而死，質家親親先立弟，文家尊尊先立孫。其雙生也，質家據見立先生，文家據本意立後生，皆所以防愛爭。」何氏說頗詳備，不知以左右媵姪娣之子分貴賤者乃公羊之誤，不可用也。穀梁於正不正之説持之甚堅，此周人繼體之大法，春秋經世之深志。注「多賢」二句，慎子文。○姜炳璋曰：「書立君二，衛人立晉，不告於王，慨天下之無王也。尹氏立王子朝，晉不之問，慨天下之無霸也。」文烝案：此又春秋文外之意。

春秋隱公經傳第一補注第二

穀梁　范氏集解　鍾文烝詳補

五年春，公觀魚于棠。傳例曰：「公往時，正也。」正，謂無危事耳。棠，魯地。【補曰】公羊曰：「棠者何？濟上之邑也。」劉敞曰：「觀社稱如，觀魚不稱如，內外之辨也。諸侯於其竟外可言如，竟內不可言如。」劉說是也。左傳以如棠出上，史例非經例。注引往時例在莊二十三年傳。何休曰：「觀例時。」〇【撰異曰】觀，左氏作「矢」。傳曰：常事曰視，視朔之類是。非常曰觀。觀魚之類是。【補曰】此引舊傳文，知經文舊非「矢」字。孫覺曰：「矢，言陳也。陳魚無義理。」禮，尊不親小事，卑不尸大功。尸，主。【補曰】兼言以起下。訓「主」，爾雅文。魚，卑者之事也。周禮䲣人中士、下士。【補曰】中士二人，下士四人也。傳出經「魚」字而説之。魚，即𩺰、漁、漁字。説文曰：「𩺰，捕魚也。从𩺰水。漁，篆文𩺰，从魚。」石鼓文「鰋鯉處之，君子漁之」，又从魚下寸。此經、傳作「魚」字，周禮作「䲣」字、「魰」字，亦作「魚」字，皆一字耳。左傳曰「觀魚」者，孔穎達引説文以爲捕魚謂之魚。魚者，猶言獵者。音義云：「本亦作漁者，依石鼓『處漁』爲韻。」高誘呂氏春秋、淮南子注：「漁，讀如論語之『語相語』之『語』。」周禮音義：「䲣，又音御。」知此字音與水蟲本音異。公觀之，非正也。【補曰】非禮即非正。

夏四月，葬衛桓公。月葬故也。有祝吁之難，故十五月乃葬。【補曰】疏曰：「重發傳者，前起日例，今起月例，故重發之。」文烝案：觀其謹月，知其有故，此故自指祝吁之難桓公葬緩而言，而非以緩葬爲故也。有故者，或亦五月而葬。

秋，衛師入郕。○【撰異曰】郕，公羊作「盛」，汲冢穆天子傳同。入者，内弗受也。【補曰】疏曰：「重發傳者，前起者邑，今是國，故重發之。」郕，國也。【補曰】文與入向相似，故言國以別之。又以魯有成邑，字亦作「郕」也。將卑師衆曰師。書其重者也，將卑，謂非卿。【補曰】此發全經内外通例，與公羊同。注上句亦公羊語也。有稱師而非將卑師衆者，未有將卑師衆而不稱師者，故爲通例。至於將尊師衆，内通稱某帥師，外則文以後始稱某帥師，文以前亦稱師。將尊師少，内通稱將，外則文以後始稱將，文以前稱人。將卑師少，内直書其事，外則通稱人，皆内外前後有異，未可以公羊之例爲定。葉酉說近之矣。然則文以前外稱師者，其將或尊或卑，此之稱師，非必將卑，傳但擧通例大概言之，猶僖二十六年云「人微者也」，亦此意也。凡外用兵之稱四，其例大率如此。惟如齊桓之稱人、稱師，晉襄之稱人，楚靈之稱師，晉趙盾之直稱師、直稱將，晉、宋之別於衛而稱師，齊、宋之繼公而稱人，則皆是。特爲變文，傳當文一一言之，猶有不著於傳者，固當推而知矣。燕、曹、虞諸小國無師，又無大夫，苟非君將，則無論將之尊卑，師之衆寡，皆以稱人爲常。楚之先未與中國同文，無論君臣亦皆以稱人爲常。荆、徐、吳、於越、戎狄、淮夷無論君臣，其常文皆直以號擧，此其各有等差，又皆與盟會之文相準也。中庸曰：「文理密察，足以有別也，春秋之謂乎？」

九月，考仲子之宮。失禮宗廟，功重者月，功輕者時。莊二十三年秋「丹桓宮楹」是也。【補曰】何休曰：「加之者，宮廟尊卑共名，非配號稱之辭，故加之以絶也。」絶者，卽傳所謂綴辭。考者何也？考者成之也，【補曰】成之，謂宮成而祭以成之也。路寢之屬初成則設盛食以成之，亦謂之考。爾雅、逸周書謚法同訓。成之爲夫人也。立其廟，世祭之，成夫人之禮。【補曰】謂成之爲夫人之宮也。孝公之夫人自在孝宮，仲子以妾母之宮不繫惠公，直言仲子，則夫人之宮矣。生而加夫人之稱，曰用致夫人，没而有夫人之廟，曰考仲子之宮，皆譏辭也。注言「立」，非也。說見下。禮，庶子爲君，爲其母築宮，使公子主其祭也。公當奉宗廟，故不得自主也。公子者，長子之弟及妾之子。於子祭，於孫止。貴賤之序。【補曰】喪服小記曰：「慈母與妾母不世祭也。」鄭君引此傳。又小記及雜記妾祔於妾祖姑，無妾祖姑，則中一以上從其昭穆之妾。庾蔚之曰：「妾祖姑無廟，爲壇祭之。」仲子者，惠公之母。隱孫而脩之，非隱也。非，責也。三年父喪畢，不於三年考者，又有天王崩，至此服竟乃脩之。【補曰】疏曰：「此所以書者，惠公雖爲君，其母惟當惠公之世得祭，至隱不合祭之，故書以見譏也。立者，不宜立也。不言立者，爲庶母築宮，得禮之變，但不合於隱之世祭之，故止譏其考，不譏立也。」文烝案：仲子之宮，惠公時所築也。隱探父志，脩而考之，非隱始立之，疏非也。脩舊曰新，新亦變例，所當志，此重在考，自當言考也。傳以經無新文，故特言脩，明此是脩成而考，與凡考例小異。注凡訓「非」爲「責」者，非、誹同用。墨子經曰：「譽，明美也。誹，明惡也。」

初獻六羽。羽，翟羽，舞者所執。獻者，下奉上之辭，作之於廟，故言獻。【補曰】玉篇曰：「獻，奉也，進也，上也，奏也。」初，始也。遂以爲常。【補曰】公羊、爾雅、夏小正、傳皆同訓，猶後世之著爲令也。穀梁子曰：言穀梁子者，非受於師，自其意也。【補曰】自著穀梁子者，因下有尸子，故以相別，非必不受諸師也。穀梁子得自稱者，猶孟子書自稱孟子，莊子書自稱莊子。又其先則曾子承夫子之意作孝經，自稱曾子。「舞夏，天子八佾，諸公六佾，諸侯四佾。夏，大也。大，謂大雉。大雉，翟雉。佾之言列，八人爲列。又有八列，八八六十四人也。並執翟雉之羽而舞也。天子用八，象八風；諸公用六，降殺以兩也。不言六佾者，言佾則干在其中，明婦人無武事，獨奏文樂。【補曰】王引之曰：「夏，蓋五色羽之名也。周禮染人：『秋染夏。』鄭注曰：『染夏者，染五色。謂之夏者，其色以夏狄爲飾。禹貢曰「羽畎夏狄」是其總名，其類有六：曰翬，曰搖，曰鸐，曰甾，曰希，曰蹲。其毛羽五色，皆備成章。』舞羽，謂之舞夏，則所執羽備五色可知。樂記曰『五色成文而不亂』，蓋謂此也。」文烝案：注言每佾必八人，與馬融、王逸、蔡邕、高誘、服虔、韋昭等同。白虎通、何休、杜預六六四四之説非也。宋書傅隆論之，不言六佾四句，并上釋「初」及釋「獻」第一句皆本何休。獨奏文樂，疏謂徐邈亦同也。諸公諸侯者，公羊以爲天子三公稱公，王者之後稱公，其餘大國稱侯，小國稱伯、子、男。如公羊説，蓋諸侯包伯、子、男矣。傳及公羊并下尸子説，皆不論大夫士。儀禮少牢、特牲禮並無樂舞，而左傳載衆仲語天子八，諸侯六，大夫四，士二，非禮之正，故劉敞疑之也。凡禮，自天子至士，降殺以兩者，不殊諸公諸侯，其不及大夫士者，則諸公異等，故如六佾三軍之類，皆降於天子而崇於諸侯。初獻六羽，始僭樂矣。」下犯上謂之僭。【補曰】何休曰：「僭，齊也。下傚上之辭。」説文曰：「僭，儗也。」尸子曰：【補曰】傳稱尸子曰者二，漢書藝文志諸子雜家有尸子二十篇，班氏自注曰：「名佼，魯人。秦相商君師之。鞅死，佼逃入蜀。」又史記孟荀傳曰：「楚有尸子。」裴駰引劉向別録曰：「今案尸子書，晉人也。」宋翔鳳以爲「晉」與「魯」形近而誤。魯爲楚滅，故史記以爲楚人。阮元又疑傳所稱之尸子非即佼，或當在佼前。「舞夏，自天子至諸侯皆用八佾。初獻六羽，始厲樂矣。」言時諸侯僭侈皆用八佾，魯於是能自滅厲而始用六，穀梁子言其始僭，尸子言其始降。【補曰】疏曰：「凡言初者有二意，若尸子所言是復正之初也，若初稅畝是譏事之初。」文烝案：如注、疏之意，六佾但當言近正耳，言復正非也。廣雅曰：「厲，近也。」此「厲」字或當訓「近」，未能用四佾，亦不用八佾，是始近乎樂。范未得「厲」字之訓。爾雅：「厲，作也。」郭璞引傳爲說亦不可通。王引之不用注、疏義，以爲「厲」之言「裂」也。廣雅云：「裂，裁也。」尸子之意，天子諸公諸侯皆以八佾爲正，魯用六佾則爲厲，譏其不當裁減而裁減也。○公羊曰：「僭諸公猶可言也，僭天子不可言也。」孔廣森曰：「前此羣公之宫已徧舞八佾，今於仲子降一等，猶僭諸公。春秋内大惡諱，僅因其可言者譏始於此。然六羽猶譏，八羽可知，故曰易本隱以之顯，春秋推見以至隱，此之類也。」

邾人、鄭人伐宋。邾主兵，故序鄭上。【補曰】此本杜預。

螟。禮月令曰：「仲春行夏令則蟲螟爲害。」【補曰】劉歆説五行傳「螟爲蠃蟲之孽」，何休以爲煩擾之應。蟲災也。【補曰】杜預曰：「蟲食苗心者。」羅願引漢孔臧蓼蟲賦「爰有蠕蟲，厥狀似螟」，以爲螟是無足小青蟲。孔廣森曰：「爾雅：『食苗心螟，食葉蟘，食節賊，食根蟊。』經唯書螟者，散文通矣。」甚則月，不甚則時。甚則卽盡，不及歷月。【補曰】注非也。時者，七月也。災在八、九月則甚，七月則不甚。

冬十有二月辛巳，公子彄卒。杜預曰：「大夫書卒不書葬。葬者，自其臣子事，非公家所及。」【補曰】公子彄，孝公子子臧，謚曰僖伯。杜因左傳有「葬之加一等」語，故於此説其義。范引之宜在元年益師卒下。隱不爵命大夫。【補曰】其義見下九年傳。祭統曰「古者明君爵有德而祿有功，必賜爵祿于大廟，示不敢專也。故祭之日，一獻，君降立于阼階之南，南鄉，所命北面。史由君右，執策命之，再拜稽首，受書以歸，而舍奠於其廟」，是爵命大夫之禮也。左傳記衛成公使周歂、冶廑爲卿，皆先服卿服，公祀先君而命之。又鄭成公卒，子駟稱官命未改，孔穎達以爲先君既葬，嗣君正位，乃得建官命臣。晉平公改服脩官，烝于曲沃，是其事如孔說，則似舊有命者，嗣君皆須改命。但平公於既葬即位，後即烝祭，改命非正禮當然，正禮在三年喪畢後，三年傳所云是也。**其曰公子彄何也？**據八年無侅卒不稱公子。【補曰】無侅或說是貶，又非公子，注非也。當云據俠不氏。**先君之大夫也。**隱不成爲君，故不爵命大夫，公子不爲大夫，則不言公子也。【補曰】先君之大夫者，言彄爲大夫，而氏以公子，乃先君之子也。凡史書卒者，皆在大夫位，隱之大夫雖在位而不爵命，故史不書其氏，而經因之。但無侅氏爲展，俠亦非公子，皆可以不氏，見其不命，彄之氏則爲公子。公子者，或爲今君之子，或爲先君之子，故既爲繫於今君之稱，又爲繫於先君之通稱。公子彄以先君之子而爲大夫，是爲先君之大夫，既親且貴，今君雖不命之，史不得去其氏，經亦因之也。傳於此言之，則明益師亦同於彼，發全經日不日之例，於此說隱篇稱公子之義，互相明也。然則彄與益師倘是今君之子，固當去其公子之氏，而隱必無其事，故知無侅、俠必非公子。翬則爲貶也，若自隱篇而外，唯溺一貶，翬不復貶，餘悉以公子書。先君之子，今君之子，初無二例，莊二十二年傳稱「公子之重視大夫，命以執公子」，是則公子之貴不減大夫，故雖不爲大夫，例所不卒者，亦存其公子之號。公子慭非大夫，公子結、公子買、公子偃等亦未必皆爲大夫。又陳公子禦寇未命爲大夫，曹公子手莒、公子意恢皆在無大夫之國，此類皆稱公子。而范謂公子不爲大夫則不言公子，倍經反傳，後儒多用其語，謬矣。凡經、傳中列國言大夫者，皆卿也。王制曰：「諸侯之上大夫卿。」卿即上大夫，故謂卿爲大夫，天子亦以上大夫爲卿，故周禮序官有卿、有中、下大夫，則無上大夫矣。

宋人伐鄭，圍長葛。長葛，鄭邑。圍例時。【補曰】常例言圍者，皆圍國。何休曰：「以兵守城曰圍。」疏曰：「此爲久圍，故謹而月之耳。或解上文曰月者，爲公子彄卒，不爲圍也。」文烝案：舊史圍皆月，君子略書時。伐國不言圍邑，此其言圍何也？據莊二年公子慶父帥師伐於餘丘不言圍也。伐國不言圍邑，書其重也。【補曰】公羊曰「邑不言圍」，故何注據伐於餘丘文，范襲之，非也。末句本襄十二年傳得之，此常例。久之也。宋以此冬圍之，至六年冬乃取之。古者師出不踰時，重民之命，愛民之財，乃暴師經年，僅而後克，無仁隱之心，而有貪利之行，故圍伐兼舉以明之。【補曰】久之者，言春秋以爲久也。墨子經曰：「久，彌異時也。」注以重命愛財說不踰時義，其說未備。詩曰：「女心悲止，征夫歸止。」毛傳曰：「室家踰時則思。」白虎通曰：「古者師出不踰時者，爲怨思也。天道一時生，一時養，人者天之貴物也，踰時則內有怨女，外有曠夫。」伐不踰時，【補曰】言不越三月也。此說正禮，明宋不然。孔穎達左傳正義據此傳知行役聘問亦不踰時。戰不逐奔，【補曰】司馬法曰：「逐奔不過百步，從綏不過三舍。」誅不塡服。來服者不復塡厭之。【補曰】王引之曰：「誅，謂殺戮，非特塡壓之而已。塡，讀爲殄，謂殄戮之也。不殄服，猶言不殺降。作『塡』者，假借字耳。毛詩傳曰：『塡，盡也。』爾雅曰：『殄，盡也。』集韻：『殄，或作塡。』凡從眞從㐱之字，多以聲近而通。」文烝案：此言戰誅，亦有仁心，因論伐并及之。苞人民、毆牛馬曰侵，斬樹木、壞宮室曰伐。制其人民，毆其牛馬，賊去之後，則可還反。樹木斬，不復生，宮室壞，不自成，故其爲害重也。【補曰】王念孫曰：「注訓『苞』爲『制』，非也。苞，讀爲俘。俘，取也。賈逵國語注曰：『伐國取人曰俘。』作『苞』者，假借字耳。爾雅曰：『俘，取也。』漢書晉灼、劉德注曰：『包，取也。』說文：『捊，引取也。或作抱。』凡從包從孚之字，多以聲近而通。」文烝案：詩采薇正義引穀梁作「拘」字，僖四年疏亦害「拘人民」，今姑從王說。言斬樹木者，古者列樹以表道也。春秋說題辭曰「伐者，涉人國內行威，有所斬壞」，依傳義也。注論害之輕重，本鄭君釋廢疾，見疏。其實亦不然，傳言斬壞，謂既俘毆又斬壞，故爲重耳，古書釋名義之文多有此例。爾雅釋饑、饉、荒與傳襄二十四年之文相出入，其最著者矣。此傳通釋經例，卽凡古之侵伐者，如易言「利用侵伐」，書言「侵于之疆，殺伐用張」，亦大率皆同。所謂兵者民之殘，於是見之。趙匡、陸淳駁之，斯不然矣。

六年春，鄭人來輸平。○【撰異曰】輸，左氏作「渝」。**輸者，墮也。**【補曰】公羊同。詩曰「載輸爾載」亦是也。墮，謂敗壞也。又昭四年左傳「寡君將墮幣焉」，服虔曰：「墮，輸也。」則「輸」與「墮」可互訓。「輸」又與「渝」通，朱子引秦詛楚文曰「變輸盟刺」。**平之爲言，以道成也。**杜預曰：「和而不盟曰平。」【補曰】平、成疊韻爲訓。公羊、爾雅同。以道者，卽宣十五年傳云「反義」。**來輸平者，不果成也。**春秋前魯與鄭平，四年翬與宋伐鄭，故來絕魯，壞前平也。【補曰】孔廣森曰：「蓋自翬伐鄭後，二國未有成，今謀與鄭成而不果。若所謂平莒及郯莒人不肯者，故得以輸平言之。歸輸於鄭人者，起鄭人不肯也」。文烝案：墮平當有兵事，平例稱人，故來墮平亦稱人。

夏五月辛酉，公會齊侯盟于艾。艾，魯地。隱行皆不致者，明其當讓也。【補曰】艾，當云齊地。杜預曰：「凡公行還不書至者，皆不告廟也。隱不書至，謙不敢自同於正君書勞策勳。」杜意隱無告廟飲至之事，史不書至，此卽大夫不爵命而不氏之比也。范意似謂史書至而經去之，經本不正其讓。成志之文，止可一見，不當屢見，則知注意非也。又此注當移於後文「伐邾會中丘」下。經例：凡離會本以不致爲常。

秋七月。無事書首月，不遺時也，他皆放此。【補曰】傳在後九年。

冬，宋人取長葛。前年冬圍，至今乃得之。上有伐鄭圍長葛，言長葛，則鄭邑可知，故不繫之鄭。【補曰】何休曰："不繫鄭舉伐者，明因上伐圍取也。"范注本杜預。杜無「言」字、「則」字，末句作「故不言鄭也」。言取者，從易辭例。兵已經年，得爲易者，於圍文見難，於取文見易，互以相明。外取邑不志，此其志何也？久之也。【補曰】此與上傳「久之」合爲一義，明經意深疾之，故牟婁後又志。

七年春王三月，叔姬歸于紀。叔姬，伯姬之娣。至此歸者，待年於父母之國。六年乃歸。媵之爲言送也，從也，不與嫡俱行，非禮也。親逆例時，不親逆例月。許慎曰："姪娣年十五以上，能共事君子，可以往，二十而御。"易曰："歸妹愆期，遲歸有待。"詩云："韓侯取妻，諸娣從之，祁祁如雲。"娣必少於嫡，知未二十而往也。【補曰】案：杜預曰："叔姬，伯姬之娣也。至是歸者，待年於父母國，不與嫡俱行，故書。"范注本之。凡姪娣從嫡而歸，書嫡不書姪娣。叔姬爲娣，本不得書，以不與伯姬俱歸，故書。此後更無不與嫡俱歸之事者，或史文惟此一事，或是君子獨存此文，將有其末，不得不錄其本也。許慎十五、二十之說，與何休同。何又云："八歲，備數也。"言娣又言媵者，姪娣從嫡皆謂之媵，與左右媵無異名，江有汜之詩序以爲「美媵」是也。賈逵以爲書之者，刺紀貴叔姬，殆未可據。注「親逆例時」二句已見前，此處無所取義，宜刪去。其不言逆，何也？據莊二十七年「莒慶來逆叔姬」言逆。【補曰】其事全異，不得據也。當云據言歸，當言逆。逆之道微，無足道焉爾。逆者非卿。【補曰】此二句與上二年伯姬歸紀傳、莊二十五年伯姬歸杞傳皆同。二年以不言使發義。微，謂君不親逆。無足道者，謂使也。此及莊二十五年以不言逆發義。微謂逆者，非卿。無足道者，謂逆也。莊二十五年兼爲諸内女見例，即成九年「伯姬歸宋，逆者微」之意，皆是爲嫡而不言逆之事。此則爲娣，娣或本不須卿逆，明三處之義各不同也。方苞曰：「有履緰之逆而後知叔姬之爲媵，是謂二年言逆之文以別乎叔姬特存之。」説似可通，其實非也。

滕侯卒。滕侯無名。自無名，非貶之。【補曰】謂匿其名，不通於外耳。説在下。少曰世子，長曰君，狄道也，其不正者名也。戎狄之道，年少之時稱曰世子，長立之號曰君，其非正長嫡然後有名爾，責滕侯用狄道也。【補曰】少曰世子，長曰君，不以名通於外，故曰無名，非謂不作名也。孟子稱「滕文公爲世子」，又稱「滕定公薨，世子使然友問孟子」，趙岐據古紀世本「滕國有考公麋，其子元公弘」，疑其即定公、文公，明滕世子實有名矣。有名而不稱其名，當時滕用狄道，以爲尊世子。此滕侯，宣、成篇滕子是也。若不正而爲君者，其初固曰公子某，皆以名通。僖篇嬰齊之執，昭篇以後原寧結虞母是也。公羊釋秦伯卒，以爲秦用夷禮，匿嫡之名，當是傳聞之誤。而所云匿嫡之名，正可取證傳義。原寧結虞母四君，適皆不正，似無可疑，亦容後來滕自舍其狄道，春秋無文以別之耳。此及宣篇正而不日，成篇正而日，以後不正皆日者，滕之卒，以前不日，後日爲詳略，皆從夷狄例，不言正不正。此宣十八年傳之明文，特滕之正不正則望文可知也。不名皆不葬者，蓋君子以其狄道而削之，注以長嫡釋正，依傳世子之文，凡嫡子長庶之等，或爲世子，通得包之。

夏，城中丘。城例時。中丘，魯地。城爲保民爲之也。建國立城邑有定所，高下大小，存乎王制，刺公不脩勤德政，更造城以安民。【補曰】立城之始，意在保民，脩舊可耳。左傳子服景伯曰：「民保於城，城保於德。」范以「安」訓「保」。今案：國語注曰：「保，持也，謂持守之。」說文曰：「城，以盛民也。」民衆城小則益城，益城無極。夫保民以德，不以城也，如民衆而城小，輒益城，是無限極也。【補曰】益城者，舊有城而廓之，舊無城而營之，皆是也。上注言「高下大小」者，疏引考工記王宮門阿之制五雉，宮隅之制七雉，城隅之制九雉。門阿之制以爲都城之制，宮隅之制以爲諸侯之城制，是其高下也。先儒據考工記天子城方九里推之，以爲公七里，侯、伯五里，子、男三里。疏又引左傳「大都，不過參國之一；中，五之一；小，九之一」。是其大小也。雉者，公羊及戴禮、韓詩說五堵而雉，雉長四丈，高一丈。古周禮及左氏說三堵爲雉，雉長三丈，高一丈。凡城之志，皆譏也。此發凡例，施之於城内邑。【補曰】譏者，君子所取義，以其益城過於王制也。史書内城，皆是益城，脩舊補完，有國常事，非史所志，非經所譏也。諸譏城者，惟冬城較可，義在

莊二十九年傳。

齊侯使其弟年來聘。聘例時。凡聘皆使卿執玉帛以相存問。【補曰】「聘皆」云云，本杜預。今儀禮第八篇備焉，其記曰：「久無事則聘焉，若有故則卒聘，束帛加書將命。」周禮大行人、大戴禮朝事儀並云「諸侯歲相問，殷相聘」。鄭君曰：「殷，中也。」孔廣森曰：「中，如中一以上之中，謂甲聘丙又聘。」何休曰：「不言聘公者，禮聘受之於大廟，孝子謙不敢以己當之，歸美於先君，且重賓也。」傳例凡言其者，亦緩辭，猶言之弟之兄。何休曰：「公子不言之兄弟言之者，敵體辭，嫌於尊卑不明，故加之以絕之，所以正名也。」諸侯之尊，弟兄不得以屬通。禮非始封之君則臣諸父、昆弟，匹敵之稱，人臣不可以敵君，故不得以屬通，所以遠別貴賤，尊君卑臣之義。【補曰】屬，謂弟兄之秩次。通者，自通達於

他國也。喪服傳曰：「始封之君不臣諸父、昆弟，封君之子不臣諸父而臣昆弟，封君之孫盡臣諸父、昆弟。」范舉其概耳。其弟云者，以其來接於我，舉其貴者也。弟是臣之親貴者，殊别於凡庶。【補曰】接於我，謂接公也。疏曰：「叔肸稱弟，傳云『賢也』，此年稱弟，傳云『舉其貴者』，則稱弟有二義。」文烝案：傳於段佞夫謂之母弟，又昭二十年傳曰：「其曰兄，母兄也。」足明凡稱弟者皆母弟矣。左傳例曰：「凡大子之母弟，公在曰公子，不在曰弟。」又曰：「凡稱弟，皆母弟也。」數語義最明白。公羊曰：「母弟稱弟，母兄稱兄。」例亦同也。若非同母，皆曰公子。宋之辰地，是其明徵。稱弟實不止二義，見莊二十五年。

秋，公伐邾。

冬，天王使凡伯來聘。【補曰】書王聘義在後九年傳。戎伐凡伯于楚丘以歸。凡伯者何也？天子之大夫也。凡，氏，伯，字，上大夫也。【補曰】左傳有公卿之文，明亦上大夫。國而曰伐，此一人而曰伐，何也？大天子之命也。伐一人而同一國，尊天子之命。【補曰】凡言伐者，皆國也。今以伐凡伯爲文，是一人之辭，明大之。左傳稱「君行師從，卿行旅從」，非謂凡伯惟有一人。戎者，衛也。戎衛者，爲其伐天子之使，貶而戎之也。楚丘，衛之邑也。夫天子之使過諸侯，諸侯當候在疆埸，膳宰致飱，司里授館，猶懼不敬。今乃執天子之使，無禮莫大焉。昭十二年晉伐鮮虞，傳曰：「晉，狄之也。」今不曰衛伐凡伯，乃變衛爲戎者，伐中國之罪輕，故稱國以狄晉。執天子之使罪重，故變衛以戎之。【補曰】疏曰：「麋信云：『不言夷狄獨言戎者，因衛有戎邑故也。』范意或然。」文烝案：自伐山戎以前，戎名皆不别，此「戎」即衛之戎邑也。左氏哀十七年傳：「衛莊公登城以望，見戎州，曰：『我，姬姓也，何戎之有焉。』」賈逵曰：「戎州，戎人之邑。」又「公踰于北方，入于戎州己氏」，又「公自城上見己氏之妻髮美」，彼時莊公在帝丘，是帝丘北接戎州也。帝丘爲漢之東郡濮陽縣。鄭志答張逸問詩楚宮云：「楚丘在濟河閒。」疑在今東郡界。而水經注引京相璠云：「濮陽城西南十五里有沮丘城。」六國時「沮」、「楚」同音，即衞之楚丘，是帝丘西南接楚丘也。詩稱「升彼虛矣，以望楚矣」，虛者，漕虛，左傳作「曹」字，是楚丘又接曹邑也。漢之濮陽，今直隸大名府之開州也。曹邑爲漢之白馬縣，今河南衞輝府之滑縣也。開州之西南，滑縣之東，數十里內乃楚丘所在。隋嘗於濮陽置楚丘縣，後改名衞南縣，今其廢縣在滑縣東六十里，春秋楚丘約略在其處也。戎州者，蓋南接帝丘，而西南附屬楚丘，同爲一邑。凡伯自魯聘還，衞之戎州人攻而執之，或未聘時奪之幣而執之。若爲直文，當言衞伐凡伯于戎。衞伐不可言也，戎伐猶可言也，故變言戎伐，而貶衞爲戎之義存焉。故傳曰「戎者，衞也」。戎衞者，爲其伐天子之使，貶而戎之也。」既言戎伐，故下變言于楚丘，故傳又解之曰「楚丘，衞之邑也」。言邑者，對後文「成時爲衞都」言之，亦明即戎所屬也。杜預云：「楚丘，衞地。」又云：「在濟陰成武縣西南。」是誤爲曹國之楚丘，乃左傳襄十年宋享晉侯之地，自漢志已失之矣。以歸，猶愈乎執也。以一人當一國，諱執言以歸，皆尊尊之正義，春秋之微旨。【補曰】孔廣森引書序以箕子歸，明以歸之文，非甚賤辭。以者，不以者也，義在哀七年傳。愈，勝也。此執猶云獲也，在經則執與獲異。執者皆是以大執小，以强執弱，是非兼有之。獲之語意較執爲重，不論其大小强弱，皆以不與之辭書。但執不可通言獲，而獲可通言執，古人之爲文辭，固多通言以便文者，故此傳以執爲獲也。此既諱獲，猶不名者，王臣非諸侯比也。

八年春，宋公、衛侯遇于垂。垂，衛地。【補曰】左傳以爲犬丘。王夫之曰：「宋地，漢之敬丘也。睢陽有猚水，字从『犬』，而音同『垂』。」不期而會曰遇。【補曰】曲禮曰：「諸侯未及期相見曰遇，相見於郤地曰會。」孔穎達正義謂未至所期之日及非所期之地而忽相見則並用遇禮相接。既及期，又至所期之地，則行會禮。然則傳所謂不期有二：一是日期，一是地期。遇者，志相得也。【補曰】重發傳者，嫌內外異故也。

三月，鄭伯使宛來歸邴。凡有所歸例時。邴，鄭邑。【補曰】此請以邴易許也。凡田邑實我取言取，實彼歸言歸，皆史文之舊也。月者，爲下入日。疏曰：「一解以擅易天子田，故謹而月之。」○【撰異曰】邴，左氏作「祊」，下同。案：古「枋柄」、「仿俩」皆同字。名宛，所以貶鄭伯，惡與地也。去其族，惡擅易天子邑。【補曰】謂惡鄭伯也。凡歸田邑之屬稱人者，皆是卑者，非大夫。此不稱鄭人，明宛是大夫。大夫當氏，今直名不氏，明惡鄭伯而貶之，猶云病公子所以譏乎公也。公羊以宛爲微者，非也。

庚寅，我入邴。徐邈曰：「『入』承『鄭歸邴』下，嫌內外文不別，故著『我』以明之。」【補曰】徐說得之，此亦是直書其事，文承「來歸」，則非卑者文也。傳例書來者，皆接公之文，明得承上顯公矣。崔子方曰：「見鄭伯雖來歸之而未定於我，待我入然後定也。」入者，內弗受也。【補曰】疏曰：「重發傳者，嫌易田與兵入異，故重發以明之。」曰入，惡入者也。【補曰】謹日以惡之。今音讀去聲字也。「惡」下「入」字各本脫，今依唐石經十行本、俞皋集傳釋義本、李廉會通本補正。邴者，鄭伯所受命於天子而祭泰山之邑也。王室微弱，無復方岳之會，諸侯驕慢，亦廢朝覲之事，故鄭以湯沐之邑易魯朝宿之田也。諸侯有大功盛德於王室者，京師有朝宿之邑，泰山有沐浴之邑，所以供祭祀也。

魯，周公之後；鄭，宣王母弟，若此有賜邑，其餘則否。許慎曰：「若令諸侯京師之地皆有朝宿之邑，周有千八百諸侯，盡京師之地不足以容，不合事理。」【補曰】以邑易魯者，杜預謂各從本國所近之宜也。注言湯沐，公羊文言沐浴。何休注文引許慎者，五經異義駁公羊說也，見王制正義。傳「也」字各本脫，今依唐石經、十行本、吕本中集解本、俞臯集傳釋義本補正。

夏六月己亥，蔡侯考父卒。諸侯曰卒，正也。【補曰】疏曰：「重發之者，宋公起例之始，蔡侯嫌爵異，故重發以明之。舉此二者，足以包宿男，故宿男不復發傳。」

辛亥，宿男卒。【補曰】宿亦書日，則日正、不日不正之例兼施於小國明矣。宿，微國也。【補曰】明與元年盟地異。未能同盟，故男卒也。【補曰】男卒，謂不名。薛伯、杞子、四秦伯，同義也。未能同盟所以不名者，以其情疏而不親，彼既赴我，則但略記其卒，雖知其名，不欲詳之也。若然，秦康公、共公亦未同盟，得書名者，彼時秦與魯稍親，故與桓公、景公、哀公、惠公異也。自餘中國諸侯及吴、楚君亦多有未同盟而名者，皆以情親故也。傳以盟是國之重事，言同盟、未同盟，足見諸國交好之合離。當時恩義之厚薄，要是大概言之，不得膠執「同盟」二字，據他經以難傳，而實失傳意也。不書名爲未同盟，左傳亦同，但左氏於滕侯卒發例云「凡諸侯同盟，於是稱名，故薨則赴以名」，又於杞子卒發例云「凡諸侯同盟，死則赴以名，禮也」。赴以名則亦書之，不然則否，此二條皆不可通於穀梁。據雜記赴辭曰「寡君不祿則諸侯赴於諸侯未必名」，趙匡所疑是也。凡不名者，蓋皆因史之舊。宿、薛、杞不葬者，或魯不會，或史以微國而略之。

秋七月庚午，宋公、齊侯、衛侯盟于瓦屋。宋序齊上，王爵也。瓦屋，周地。【補曰】杜預曰：「齊侯尊宋，使主會。」杜是也。此亦齊僖、小伯之事。外盟不日，此其日何也？據僖十九年夏六月宋公、曹人、邾人盟于曹南不日。【補曰】凡外盟史皆書日，君子略之。諸侯之參盟於是始，故謹而日之也。世道交喪，盟詛滋彰，非可以經世軌訓，故存日以記惡，蓋春秋之始也。【補曰】曲禮曰：「離坐離立，毋往參焉。」兩謂之離，三謂之參，三以上皆爲參。王元烝曰：「前猶兩國交盟，今三國合黨，馴致列國同盟矣。前此會盟，各於其竟，今在王畿，馴致翟泉抗盟矣。」誥誓不及五帝，五帝謂黄帝、顓頊、帝嚳、帝堯、帝舜也。誥誓，尚書六誓七誥是其遺文。五帝之世，道化淳備，不須誥誓而信自著。【補曰】尚書大傳言六誓五誥，謂甘誓、湯誓、大誓、牧誓、費誓、秦誓、大誥、康誥、酒誥、召誥、雒誥也，范言七誥，蓋幷梓材、康王之誥數之，疏不數梓材，數湯誥，此枚氏古文新增之篇，若數湯誥，又當數仲虺之誥，當云八誥，知疏説非矣。范數五帝，大戴禮五帝德、世本帝繫、史記五帝本紀、白虎通説也。白虎通數三皇，於伏羲、神農外有燧人。或云祝融，鄭君中候注依運斗樞易以女媧，而軒轅、少昊、高陽、高辛、陶唐、有虞六代爲五帝，某氏尚書傳序、皇甫謐帝王世紀則以犧、農、黄帝爲三皇，少昊至舜爲五帝，是皆以五帝應有少昊。今案五帝德乃夫子答宰我語，豈容違異？魯語展禽曰：「黄帝能成命百物，以明民共財，顓頊能脩之。」中閒不言少昊，祭法亦同，則五帝無少昊甚明。又檢大戴禮帝繫及晉語，黄帝之子有兩青陽，先儒説已姓之青陽卽少皞清，名摯，亦作「質」，爲帝稱金天氏者也。姬姓之青陽卽玄囂，降居泜水，爲諸侯者也。或恐青陽唯一人，後稱少皞金天氏而實不爲帝歟？逸周書嘗麥曰「乃命少昊清司馬鳥師」，而山海經稱「少昊之國」，先儒亦頗疑之。盟詛不及三王，三王，謂夏、殷、周也。夏后有鈞臺之享，商湯有景亳之命，周武有盟津之會，衆所歸信，不盟詛也。【補曰】曲禮曰：「涖牲曰盟。」鄭君曰：「坎用牲，臨而讀其盟書。」左傳曰：「盟諸僖閎，詛諸五父之衢。」杜預曰：「詛，以禍福之言相要。」陽虎盟季桓子，又盟公，及三桓盟國人，皆盟而復詛。先儒以爲詛小於盟。盟者，盟將來，詛者，詛往過也。凡盟書所以告上下庶神，詛亦告神，事略相類。注「夏后」三句幷下「齊桓」二句，皆昭四年左傳文，彼文「夏后」作「夏啟」，「會」作「誓」。又云「成有岐陽之蒐，康有酆宮之朝，穆有塗山之會」也。周禮有司盟之官，邦國有疑會同，則用盟。又有詛法，其文屢見毛詩，傳據之。許慎異義及鄭君並據之，謂當從左氏說，於禮得盟。今案傳云「不及三王」，三王，禹、湯、文、武也。或欲通此傳於周禮，謂司盟起周公，周公制禮，正是王制，不得謂在三王之外。左氏所論，但據時事，謂爲周法，實屬可疑。竊意今之周禮，未必無周公舊制，而晚周改作，漢初采集，皆當有之，先儒之辯論多矣。而趙匡言盟誓不必在周季，世皆有之，聖人豈先立此官？張子言周禮盟詛之屬，必非周公之意。所見皆尤確也。若夫覲禮，設方明以依神，本不言盟，國語叔向云「成王盟諸侯于岐陽」，與左傳椒舉言「蒐」顯然不同。而內外傳展禽之言或云「成王勞周公大公而賜之盟」，或云「王命之曰質之以犧牲」，竊謂皆未可據也。夫自少皞之衰，九黎亂德，民神雜糅，咸瀆齊盟。顓頊受之，乃命重黎，絕地天通。其後苗民弗靈，詛盟罔信。堯復育重黎之後，使復典之。三王脩堯、舜之道，先成民而後致力於神，故禮無盟詛。末世有黎、苗之德，不徵於人而徵於鬼，故幽王爲大室之盟，而小雅言屢盟出詛矣。

交質子不及二伯。

二伯，謂齊桓、晉文。齊桓有召陵之師，晉文有踐土之盟，諸侯率服，不質任也。【補曰】質，贅也。說文解「贅」字曰：「以物質錢。」解「質」字曰：「以物相贅。」此猶今人之抵押也。據左傳，春秋之初有交質子，至二伯乃不用，與上句「不及」同意。周代唯有二伯，合夏伯昆吾、商伯大彭、豕韋爲五伯。凡言周有五伯者，蓋非古義。應劭風俗通及趙鵬飛、家鉉翁、趙汸辯之明矣。詁誓「交質子」，因論盟詛幷及之，以參盟甚於特盟，經特謹日，故於此發傳，荀子書有此三句，正述傳文。孔穎達於晉古文書大禹謨正義以此文爲妄，且謂穀梁傳漢初始作，其誣甚矣。

八月，葬蔡宣公。月葬，故也。【補曰】重發傳者，衛桓葬緩，此三月而葬速，嫌異故也。

九月辛卯，公及莒人盟于包來。包來，宋邑。【補曰】杜預曰：「浮來，紀邑。」○【撰異曰】包，左氏作「浮」，聲近字。可言公及人，不可言公及大夫。稱人，衆辭。可言公及人，若舉國之人皆盟也。不可言公及大夫，如以大夫敵公故也。【補曰】言公及大夫，謂既言公又言大夫氏名也。莒本無大夫，此論經盟會通例耳，非謂盟者非公，莒得有氏名也。內與外特盟，以其無大夫，故從以公會人之例，不從齊高傒之例。稱氏名而沒公也，稱氏名不可，稱人則可者，當如注「衆辭」義。又以人是微者，微者不嫌敵公，猶周公制禮，君沐粱，大夫沐稷。士沐粱，士去君遠，不嫌其僭也。君與羣臣燕，不以公卿爲賓，而以大夫爲賓，使宰夫爲獻主。公與族燕，則異姓爲賓，膳宰爲主人，皆以位卑，不嫌其偪也。杜預亦有見於此，而孫覺嘗論之。

螟。

冬十有二月，無侅卒。無侅之名，【補曰】謂直名不氏。未有聞焉。未聞者，不知爲是隱之不爵大夫，爲是有罪貶去氏族。穀梁子不受之於師，故曰「未有聞焉」。【補曰】非不受之於師，師已疑之。如下所云。或曰隱不爵大夫也。若俠卒是。或說曰故貶之也。若無侅帥師入極是。【補曰】疏曰：「後『或曰』是也。不日則惡可知矣。」文烝案：如前說，則本不當稱氏；如後說，則本當稱氏，貶去之耳。傳於入極已發貶義，不定從後說者，蓋以無侅非公子，即不貶亦當不氏，與益師及彄不同，故以隱不爵之義列於前，序經意依違之也。貶義已見，當從前說，其惡則自於不日見之。王引之曰：「『説』字蓋衍文，『故』字亦衍文，蓋涉上四年傳而衍。」

九年春，天王使南季來聘。南氏，姓也。南季，天子之上大夫，氏以爲姓也。所以別姓者，經有「王季子來聘」、「祭伯來」，「王」、「祭」皆非姓也，嫌與同，故別之也。【補曰】注非也。姬、姜等是姓，祭、尹、武、凡、南等是采邑，即是氏姓，凡氏皆姓也。氏姓與桓二年「字謚」意略同。惠棟以爲南季者文王子南季載之後也。白虎通引詩傳，文王十子，末曰南季載，「南」與「周公」之「周」及諸叔管、蔡、曹、成、霍、康皆地名也。左傳、列女傳謂之「聃季」，史記作「冉季」，「南」、「聃」、「冉」三字並同。史公謂冉季載後世無所見，未之考耳。文烝案：國語富辰曰：「聃由鄭姬。」蓋聃由娶鄭女而亡，又當在此後數十年閒也。注言「上大夫」，其實或上或中，無以言之。**季，字也。**季云字者，明命爲大夫，不以名通也。【補曰】元年傳曰：「儀，字也。父，猶傅也，男子之美稱也。」以釋某父之爲字也。此傳曰：「季，字也。」以釋伯仲叔季之亦爲字也。周人稱字之法見儀禮、禮記。儀禮士冠禮「賓字」、「冠者」曰伯某甫仲叔季，唯其所當。禮記檀弓曰：「幼名冠字，五十以伯仲，死謚，周道也。」鄭君解「某甫」謂如宋孔甫及孔子爲尼甫之類，賈公彦、孔穎達並據禮緯「質家積仲，文家積叔」，兄弟不止四人則唯末者稱季。但賈謂周於二十造字時權稱伯仲，其實未呼，至五十乃加而呼之。若孔子始冠，但字尼甫，至五十乃稱仲尼是也。孔謂二十時雖云伯仲，皆配某甫而言，至五十則捨其某字，直呼伯仲。二説不同。朱子疑孔説爲是。段玉裁從賈説，以爲伯仲叔季定於天，冠時必連舉之，而不以爲五十前之常稱，但稱某甫，至五十乃稱伯某甫。又曰某甫者，儀禮、禮記、公羊注所謂「且字」也。且者，承藉於下之辭。凡冠而字，祇有一字，必五十而後以伯仲，故

鄭又誤引家甫。

下一字所以承藉伯仲也。言伯某、仲某，是稱其字，單言某甫，是稱其且字。且字之說，儀禮、禮記注各四見，公羊注三見。士喪父某甫、士虞皇祖某甫、少牢皇祖伯某、曲禮天王某甫、雜記陽童某甫，四某甫，一某，皆爲且字。檀弓「尼甫」爲且字；桓四年宰渠伯糾，「糾」爲且字；宣十五年王札子，「札」爲冠且字；定四年劉卷，「卷」爲且字。文烝案：賈、孔二說各有理，段氏解「且」字亦極詳明，何休注解「伯糾」可從，解「札」、「卷」皆不可從。總之，古之制禮，二十而冠，四十而仕，五十而後爵，位隨年異，稱謂斯殊。迨周衰禮變，多有未五十、四十未冠而命爲大夫者，而謂其稱謂之辭，悉準舊時期限，事必不然也。且春秋諸文如邾儀父、如宋之孔父則稱某父，如祭伯、凡伯、南季、任叔、榮叔、祭叔、毛伯、召伯、王季子，如蔡叔、許叔、蔡季、紀季、蕭叔，如內之單伯、夷伯、公子季友、公弟叔肸、鄭之祭仲、陳之女叔、原仲則又直稱伯、仲、叔、季，如渠伯糾、叔服則又稱伯某、叔某，如宋之山則又直稱某，如家父則又直稱父。詩有程伯休父，國語有樊仲山父，左傳有內史叔興父，連稱伯某父、仲某父、叔某父，經則無所見。又經文宋子哀爲疑義，而王人子突則何休、鄭君皆以爲字，書傳中以字繫子者亦多，凡此六科，參差歧異，今說經傳但通其可通者，未敢妄生枝蔓矣。又據經及他書，似凡伯、召伯、毛伯及單伯，皆世稱伯，任叔、榮叔皆世稱叔，南季世稱季，家父世稱父，亦未知何說也。聘，問也。【補曰】「聘」與「問」，對文則大聘曰聘，小聘曰問，其實聘亦是存問之義。爾雅、荀子、毛詩傳皆同也。聘諸侯，非正也。周禮：「時聘以結諸侯之好，殷覜以除邦國之慝，閒問以諭諸侯之志，歸脤以交諸侯之福，賀慶以贊諸侯之喜，致禬以補諸侯之災。」許慎曰：「禮：臣病，君親問之，天子有下聘之義。」傳曰「聘諸侯非正」，甯所未詳。【補曰】注首周禮下有「天子」二字，大謬，今删之。許氏異義以公羊說天子無下聘義，引周禮斷之如此，見王制正義。傳與公羊說同，故范疑傳不合周禮，其實非不合也。案：周禮大行人、大戴禮朝事儀皆先言春朝、秋覲、夏宗、冬遇、時會、殷同，鄭君曰：「此六事者，以王見諸侯爲文。」次言時聘、殷覜，鄭曰：「此二事者，亦以王見諸侯之臣使來者爲文。」又次言閒問、歸脤、賀慶、致禬，鄭曰：「此四者，王使臣於諸侯之禮也。」以此觀之，時聘是諸侯聘天子，故墨子說詩云「古者諸侯春秋朝聘天子」，毛詩傳亦云「文王率諸侯朝聘乎紂」是也。閒問是天子問諸侯，猶諸侯使人於諸侯曰聘，使人於大夫則曰問，與小聘同名，故聘禮曰「賓皮弁聘」，又曰「賓朝服問卿」是也。是故上之於下，有問無聘，分異而禮殊，禮殊而名別。王室既卑，諸侯逐進，於是變問爲聘，蓋自夷王以降，東遷以來然矣。君子學文、武之道，垂憲章之書，因史成文，明經大義。諸書王聘，皆見非正，故穀梁子承師說言之，而公羊家因之，此正可與大行人、朝事儀文相證。而說者誤解「時聘」之句，輒生疑難，惟杜譔、萬斯大能考而辨之，其識卓矣。大氏經文皆據周典爲義，故傳諸所陳制度及凡言古、言禮、言正者，亦皆依周制言之。以今之周禮五篇合諸傳，唯若盟詛、征稅之法，祭祀、田獵之文，此類頗爲乖異，自餘則可取證者多也。古書莫詳核於周禮，莫博麗於左傳、國語，學者愼擇之而已。凡朝聘之道多端，此傳曰「聘諸侯，非正也」，後傳曰「天子無事，諸侯相朝，正也」，足明諸侯朝聘於王及其自相聘俱是正矣。蕭穎士曰：「於穀梁師其簡，當於此類觀之。」

三月癸酉，大雨，震電。【補曰】大雨水而震電也。雨，依今音讀上聲，與下「雨」異。左傳以爲霖雨自三日以往。書金縢言「天大雷電以風」，天乃雨，反風，春秋不言天，不敢斥尊也。地震則言之，尊親之義。震，雷也。電，霆也。【補曰】段玉裁曰：「詩十月之交言『震電』，采芑、雲漢、常武言『雷霆』，震雷一也，電霆一也。古義霆、電不別，許叔重造說文始分析言之，曰：『靁，陰陽薄動生物者也。』『霆，靁餘聲鈴鈴，所以挺出萬物。』『電，陰陽激燿也。』『震，劈歷振物者。」許意統言之謂之靁，自其振物言之謂之震，自其餘聲言之謂之霆，自其光燿言之謂之電。」王引之曰：「疏云電即雷之光，霆者霹靂之別名，分電、霆爲二，非也。古言霆有二義：一爲霹靂之別名，爾雅云「疾雷爲霆」是也；一爲電之別名，此傳云「電，霆也」是也。開元占經電占引京房語皆以霆爲電，則謂電爲霆，西漢猶有此語。」文烝案：淮南子曰：「疾雷不及塞耳，疾霆不暇掩目。」亦謂電爲霆。又曰：「天之偏氣，怒者爲風；地之含氣，和者爲雨。陰陽相薄，感而爲雷，激而爲霆，亂而爲霧。陽氣勝則散而爲雨露，陰氣勝則凝而爲霜雪。」大唐郊祀録、太平御覽並引「陰陽相薄」三句，以爲穀梁傳。而郊祀録「霆」作「電」字，汪曰楨語予，此傳逸文，予謂此非逸文，蓋王涇及編御覽者誤記，或誤據他類書，否則當爲穀梁外傳、穀梁章句等書中語，與新語、説苑、漢書、白虎通、後漢書注所引同，並見後。

「天之」二句依劉續本與范子計然合。

庚辰，大雨雪。【補曰】孔穎達曰：「不直書大雪，與大水異者，水見其在地之多，故不言大雨水，雪見其自上而下，故言大雨雪。其大雨雹亦同。」志疏數也。【補曰】疏曰：「謂災有遠近也。遠者爲疏，近者爲數。」文烝案：爾雅曰：「數，疾也。」廣雅曰：「疏，遲也。」高誘淮南子注並同。此以數而謹日，下申言之。劉向奏論日食曰：「異有小大希稠，占有舒疾緩急，而聖人所以斷疑也。」八日之閒，再有大變，陰陽錯行，故謹而日之也。劉向云：「雷未可以出，電未可以見，雷電既以出見，則雪不當復降，皆失節也。雷電，陽也。雨雪，陰也。雷出非其時者，是陽不能閉陰，陰氣縱逸而將爲害也。」【補曰】墨子經説曰：「閒，謂夾者也。」變，猶異也。災異之事，陰陽而已，傳特揭之，爲諸災異括例。錯，亂也。史於二事録日，當亦如傳所説，而傳則唯論經也。劉子政推陰陽之占明篡弒之兆，孔廣森申之曰：「易中孚傳雷之始發大壯，始君弱臣强，從解起。推是年三月癸酉，猶在漸泰之氣，雷已發聲，臣强之甚，蓋翬驕蹇，將弒君徵也。陽氣既不以時出，八日之閒，陰氣又旋脅之而成雪，盛陰屬甚，臣有作威之象也。」孔又引惠士奇曰：「吳孫亮太平二年二月甲寅，大雨震電。乙卯，雪大寒。兩日之閒，一雷一雪。晉安帝義熙六年正月丙寅，雷又雪。幷在一日之中。亮竟被廢，安、恭二帝，皆强臣劉裕弑之，與隱公同占也。」文烝竊謂惠、孔所言足裨劉義，但此等之學未審傳意如何。案：傳於蝝生曰「非稅畝之災也」，又於梁山崩稱輦者之言曰「天有山，天崩之，天有河，天壅之。」「君親素縞，帥羣臣而哭之。既而祠焉。」又於宋、衞、陳、鄭災稱子產之言曰「天者神，子惡知之，是人也。同日爲四國災也。」自餘諸災異，皆不言某災由某事所致，亦不言某異爲某事之兆。觀傳所言與其所不言，足明有國家者宜兢兢於人事，而不宜屑屑於天意，宜有堯、舜洚水警余之心，而不宜爲瞽史某日有災之說。蓋春秋之教，本是如此，故曰子不語怪神，子罕言命。又曰夫子之言天道，不可得聞，

下一句作「夫何言」，依魯論語。

而及其言天，則曰天何言哉？四時行焉，百物生焉，夫何言哉？簡易切近如此而已。鄭君說論語天道爲七政變動之占，而荀子引傳曰「萬物之怪書不說」。淮南子曰「孔子作爲春秋，不道鬼神」。史記天官書曰「孔子論六經，紀異而說不書」。重規疊矩，相爲發明，是則天文五行諸占有其說而不說之驗也。高閌引商書高宗雊雉之變，祖己曰：「惟先格王，正厥事。」不言其吉凶禍福，惟正厥事，明春秋之旨亦不異也。穀梁子爲經作傳，悉本夫子之意。公羊異流而同源，故其傳自蝝生以外，皆直曰記災記異，別無他說，與穀梁正同。若左傳則雜采當時之言，而意無專主，自是史家之學異乎孔門所傳。孔穎達詩小雅及左傳正義說士文伯論日食曰：「神道可以助教，不可專以爲教，神之則惑衆，去之則害宜，故其言若有若無，其事若信若不信，期於大通而已。」此讀左傳者所不可不知矣。自漢孝武時董仲舒說公羊，於災異百餘事，一一推言其應，而何休繼之。劉向治穀梁，傳以洪範，其說時有出入。劉歆又自以其意附合左氏。今見於漢書五行志者煩蕪歧誤，

大約如史通內、外篇所譏。范解多采劉向語，佐以他書，擇之頗嚴，説皆近理。愚復略有稱引，附見其閒，聊以蒐取舊聞，志其大者遠者，或亦不背傳意而終未敢信也。雨月志，正也。雨得其時則月。【補曰】疏曰：「僖三年六月雨是也。」文烝案：傳明雨得正則不日，上大雨爲霖審矣。霖自癸酉始，至庚辰而轉爲雪。五行傳曰：「貌之不恭，是謂不肅。厥咎狂，厥罰恆雨。説曰：上嫚下暴則陰氣勝，故其罰常雨也。」

俠卒。○【撰異曰】俠，左氏作「挾」。案：漢書「俠陛」，顏注：「同『挾』。」俠者，所俠也。俠，名也；所，其氏。【補曰】疏曰：「徐邈引尹更始云：『所者，俠之氏。』今范亦云所其氏，則所者是俠之氏族。麋信以爲『所』非氏，所謂斥也。」文烝案：麋氏之意，所者斥言爲某氏之辭，猶言「某俠」也，疑麋説是。莊三年解溺爲公子溺，是魯人相傳云爾。俠別有氏，魯人失之。弗大夫者，隱不爵大夫也。俠不命爲大夫，故不氏。【補曰】弗大夫，謂直名不氏也。隱不爵命，故雖居大夫位，書卒而不氏，足明無侅亦同矣。不爵命而不氏，與列國卑者以國氏略相類。諸小國無命大夫者，欲目其人則直名，亦其比也。桓與隱異，而柔亦不氏者，柔出會時未命，非終不命，若書其卒，則必氏也。公子慭、臧孫紇非大夫，得氏者，公子之重視大夫。紇之祖父又本世大夫，又皆例所不卒，以出奔特書，故稱氏，無所嫌也。隱之不爵大夫何也？曰不成爲君也。明將立桓。【補曰】不自成爲君也，猶云不取爲公。

夏，城郎。郎，魯邑。【補曰】方苞曰：「據左傳，元年費伯已帥師城之，至是始書，必前此城制猶未備也。」文烝案：此亦舊有城而益城之證。

秋，七月。無事焉，何以書？不遺時也。四時不具，不成年也。【補曰】不於六年發傳者，傳及左傳皆周人書，其體例無所拘限，桓元年又多二句。公羊曰：「春秋雖無事，首時過則書。」何休曰：「過，歷也。歷一時無事，則書其始月。」

冬，公會齊侯于防。防，魯地也。【補曰】近齊。○【撰異曰】防，公羊作「邴」。會者，外爲主焉爾。【補曰】疏曰：「重發傳者，嫌華戎異故也。」

十年春王二月，公會齊侯、鄭伯于中丘。隱行自此皆月者，天告雷雨之異，以見篡弑之禍，而不知戒懼，反更數會，故危之。【補曰】往月例在定八年傳。

夏，翬帥師會齊人、鄭人伐宋。翬，隱之罪人也，故終隱之世貶之。【補曰】此本公羊。何焯曰：「加貶於隱一代之中，使人因而推得其故，所謂微而顯。」

六月壬戌，公敗宋師于菅。敗例日與不日皆與戰同。菅，宋地。內不言戰，【補曰】別內於外，故不言戰，而以戰爲敗文，此蓋經改舊史以立例。舉其大者也。戰然後敗，故敗大於戰。【補曰】明內所以不言戰也。大，猶重也。敗重於戰，言敗則戰可知，故舉重而書，可損去舊文也。此事與莊十一年同，書日義於彼傳發之。

辛未，取郜。【補曰】孔廣森曰：「郜，本郜子國。宋滅郜，有其地。今爲魯取。」辛巳，取防。【補曰】於是魯有二防邑，近齊者爲東防，此爲西防。取邑不日，此其日何也？據僖三十三年伐邾、取訾婁不日。【補曰】凡內取邑，史皆日，君子略之。不正其乘敗人而深爲利，取二邑，故謙而日之也。禮不重傷，戰不逐北，公敗宋師于菅，復取其二邑，貪利不仁，故謹其日。【補曰】乘，猶因也。胡瑗以爲十一日之閒取其二邑，不日則其實不明。程端學引陳岳説甚謬。取二邑，唐石經磨改作「又取二邑」。

秋，宋人、衛人入鄭。

宋人、蔡人、衛人伐載。鄭伯伐取之。凡書取國，皆滅也。變滅言取，明其易。【補曰】伐取之、殺之、用之、刺之，凡句末言「之」者，皆緩辭例，與「日有食之」亦同也。何休曰：「不月者，移惡上三國，何非也？既不言滅，則從伐例，故略之。」○【撰異曰】載，本或作「戴」，左氏作「戴」。唐石經左氏磨改，及音義亦作「載」。案：釋名：「載，戴也。」戴，載也。」孔穎達曰：「地理志云：『梁國甾縣，故載國。』古『甾』、『載』聲相近，故鄭詩箋讀『俶載』爲『熾菑』。」文烝案：「載國」字，説文、字林皆作「𢧢」。不正其因人之力而易取之，故主其事也。三國伐載，自足以制之，鄭伯不能矜人之危而反與共伐，故獨書「鄭伯伐取之」，以首其惡，其實四國共取之。【補曰】注言四國共取，不可通也。因人之力而易取之者，解經言取之也。主其事者，謂「取之」之上加言「伐」也。因人之力所以爲易取者，易辭。取之云者，因人力而易取之之辭，因人易取，是爲蒙上之文，不爲特主其事，今加言伐，明欲爲主事之文也。加伐所以爲主事者，如三國言伐載，而鄭伯言取載，與徐人取舒同文，則三國爲主事，鄭伯亦爲主事。直言取之，但爲蒙上，不爲主事。今言伐取之，則是既爲蒙上，又爲主事也。必主之者，鄭伯因人之力，全無仁心，反得託兼弱攻昧之義，罪甚。三國不正其如此，故三國既主之，鄭伯又主之也。不蒙乎上，無以著其因人之實，不主其事，無以見因人之爲不正，是故戰不言伐，圍不言戰，入不言圍，滅不言入。而取特言伐焉，所謂其義則丘竊取之者也。如此之屬，必是改舊史之文也。家鉉翁曰：「孟子曰：『善戰者服上刑，連諸侯者次之。」此春秋初年用法之意也。若鄭莊、宋殤者，可以當此刑矣。」

冬十月壬午，齊人、鄭人入郕。○【撰異曰】郕，公羊作「盛」。入者，内弗受也。曰入，惡入者也。【補曰】重發傳者。前日入是易田，今是兵入。郕，國也。

十有一年春，滕侯、薛侯來朝。【補曰】朝者，白虎通謂用朝時見也。傳曰：「諸侯相見曰朝。」何休曰：「不言朝公者，禮朝受之於大廟，與聘同義。」疏曰：「十是盈數，更以奇從盈，故言有，欲見一者非十中之物也。」孔穎達引干寶同。天子無事，諸侯相朝，正也。事，謂巡守、崩葬、兵革之事。【補曰】周禮大行人：「凡諸侯之邦交，歲相問也，殷相聘也，世相朝也。」大戴禮朝事儀曰：「使諸侯世相朝，交歲相問，殷相聘。」考禮脩德，所以尊天子也。【補曰】禮器曰：「禮也者，猶體也。」祭義、仲尼燕居並以爲履。鄉飲酒義曰：「德也者，得於身也。」王制曰：「考禮正刑一德，以尊于天子。」朝事儀曰：「習禮考義，正刑一德，以崇天子。」左傳曰：「朝以正班爵之義，帥長幼之序。」又朝事儀曰：「諸侯相朝之禮，各執其圭瑞，服其服，乘其輅，建其旌旂，施其樊纓，從其貳車，委積之以其牢禮之數。君使大夫迎于境，卿勞于道，君親郊勞致館，及將幣，拜迎于大門外而廟受，北面拜貺，君親致饔既、還圭，[一]饗食、致贈、郊送，所以相與習禮樂也。諸侯相與習禮樂，則德行脩而不流也。」諸侯來朝，時，正也。朝宜以時，故書時則正也。【補曰】謂正例不月，注非。犆言同時也，犆言，謂别言也。若穀伯綏來朝，鄧侯吾離來朝，同時來，不俱至。【補曰】音義曰：「犆，獨也。本或作

義，讀爲儀，謂等儀。

[一]「饔」原作「雍」，據大戴禮記朝事改。

特』。」累數皆至也。累數，總言之也。若滕侯、薛侯來朝，同時俱至。【補曰】累，積也。數，計也，目也。皆至於魯，魯則先後受之。劉敞、葉夢得等以爲旅見，非也。○陳則通曰：「來朝皆小國也，畏大國，不獲已，是以來也。鄭人曰曹畏宋、邾畏魯也。宋人曰滕、薛、郳，吾役也。晉人曰滕、薛小邾之不至，皆齊故也。不寧惟是，繒畏邾也，杞畏莒也，紀畏齊也，郜畏宋也，郯畏吳也，穀鄧畏楚也，介葛牟畏東夷也。春秋録之，悲其無以自存，依人以爲安，亦幸其猶未亡也。春秋之末，諸姬垂盡，視昔日來朝者獨有區區之滕耳。

夏五月，公會鄭伯于時來。時來，鄭地。○【撰異曰】左氏無「五月」，張壽恭疑其脱。時來，公羊作「祁黎」，左經與此同，傳作「郲」。案：時來、祁黎古音皆同，後如曲池、毆蛇之類放此。

秋七月壬午，公及齊侯、鄭伯入許。【補曰】劉敞曰：「伐宋、敗宋、取郜、取防、朝滕、薛、入許，隱之所以弑也。德薄而多大功，慮淺而數得意也。備其四竟，禍反在内，可不哀與？孔子曰：『人無遠慮，必有近憂。』不在顓臾，而在蕭牆也。」○【撰異曰】「許」國字，説文作「鄦」，史記鄭世家有「鄦」字。

冬十有一月壬辰，公薨。【補曰】内君薨皆不名者，國所獨尊，從大上之例。十二公唯莊見名，隱、閔不葬，并不見謚，故史家之學，別有世本譜諜之書矣。左傳固史學，而此類則從略，故隱、桓、閔、文、宣、成、襄、哀之名亦皆不著。公薨不地，故也。不地，不書路寢之比。【補曰】魯史之法，備用王禮，王無弑時，史無書道。故明堂位曰魯王禮也，君臣未嘗相弑也，禮樂刑法政俗未嘗相變也。觀於晉史之書趙盾，齊史之書崔杼，則足以明體例之異焉。君子作春秋以當王法，因其舊制，更立新例。弑逆大禍，則不忍地。本不地者，乃又不日，觀其有異文，知其有變故矣。鄭玉曰：

「常事直書義自見，大事變文義始明。」方苞曰：「春秋之特文，皆所以發疑，事雖變而義非隱，無所用特文也，惟事變而義隱，然後特文以揭之，文異然後疑生，疑生然後義見。」范言路寢之比者，以桓公在外則地也。隱之，不忍地也。隱，猶痛也。【補曰】何休曰：「不忍言其僵尸之處。」○桓公與公子翬弒隱公，傳不如左氏、公羊。明言其事，但於前後略見之，傳似此者多矣。以內之大事言之，如文姜、齊襄之殺桓公，哀姜、慶父之賊般，閔、季子之討慶父，宣公、仲遂之殺惡、視，意如之出昭公，陽虎之竊國寶，左氏載其事甚詳，公羊亦明述其事，獨此傳於經各當文下既不一言，其發傳於他處者亦皆隱約其辭，而無紀錄事迹之語。若此者何也？傳之釋經，主於明義，義明則止也。經文書法，簡婉深微，其實經之當文及前後文未嘗無以見之，故傳亦於當文、前後文明其義所見而止，不復叙述事迹也。全傳十一卷，義最該密，而文或簡略。季子之鴆叔牙、叔彭生之死、歸父之遺，與夫宋宣、繆之讓國，殤、閔之被弒，孔父、仇牧之死難，華元之平楚，陳袁濤塗之誤，齊桓、晉荀息之死難，齊豎刁、易牙之争權，逢丑父之救君，陳乞之迎陽生，衛叔武之被殺，甯殖之命子，鄭弦高之犒秦師，楚莊王之赦鄭，靈王之經死，左氏、公羊皆有明文，傳絶無之。又公羊載曹子之劫齊桓，孔子之行乎季孫，曹羈之諫君，齊高子之城魯，傳亦絶無之。又公羊解經有衛石䃍、鄭高克、楚子玉、得臣、晉先軫、曹公子喜時等姓氏名字，傳皆不具。夫此數十事者，公羊高尚能得之於師，則穀梁子尤當知之，今皆隱約其辭，或没而不説，是其好從簡略矣。然則內事如獲莒挐、敗鹹、叔肸卒、叔倪卒、至自頰谷，外事如滅夏陽、盟召陵、盟葵丘、殺里克、滅黄、戰泓、敗殽、殺陽處父、弒夷皋、殺泄冶、戰鞌、盟爰婁、梁山崩、宋災、伯姬卒、殺慶封、宋衛陳鄭災、弒買、唁乾侯、戰伯舉、入楚、歸脈、會黄池，此二十七傳者何以述事獨詳？蓋作書時意有所到，偶然詳之，或以當時習知其事，習聞其義，因備述於傳。如滅夏陽一條，則戰國策魏謂趙王論晉人伐虢之事，春秋罪虞之義可相證也。桓譚謂穀梁之書殘略，多所遺失，是謂傳所不載者並是不知其事，豈其然乎？其不言葬何也？君弒，賊不討，不書葬，【補曰】此內外所同，亦經之新例。以罪下也。責臣子也。【補曰】公羊曰：「以爲無臣子也。」又曰：「子沈子曰：『葬生者之事也。』春秋君弒，賊不討，不書葬，以爲不繫乎臣子也。」隱十年無正，隱不自正也。無正，謂不書正月。【補曰】不自正，謂不自正爲君。公羊曰：「隱將讓乎桓，故不有其正月也。」此傳以爲不自正，明讓桓是不正之事，君子取義如此也。或疑十年中正月適無事，日食適是曆誤，故得移晦入朔，改正爲二。又朝聘會遇，觀魚輸平等，適皆在時例耳，否則亦必有正。十年中或有竟春無事者，又必有正，此皆疑非所疑也。今已無正，故經因就無正起義，義隨文變，無意無必。元年有正，所以正隱也。明隱宜立。【補曰】正隱，謂正隱之爲君也。既以無正取義於不自正，故元年之正又取正隱之義，傳與元年傳「謹始」之意相因相足，見經義之深遠也。劉向說苑曰：「春秋之義，有正春者無亂秋，有正君者無危國，是故君子貴建本而重立始，謂隱元年也。」案：隱二年入向、入極，三年日食，四年伐鄭，五年螟，六年輸平，七年伐邾，八年入邴，螟，九年震電，大雪，十年伐宋，敗宋，取郜，取防，十一年入許，此皆兵戎災異之事，而皆在無正之歲。元年有正則悉無之，故曰有正春者無亂秋也。隱不自正爲君，故身弒而統絕，正其爲君，則能終享其國，子孫保之，故曰有正君者無危國也。此爲建本立始，開卷之首義，蓋穀梁家相承之說，而公羊學者因之，遂謂春秋有五始矣。

春秋桓公經傳第二補注第三

桓公，亦惠公子，隱公弟也。惠公嘗立之爲太子。史記名允。一作「軌」，與世本同。母亦曰仲子，以桓王九年即位。

穀梁　范氏集解　鍾文烝詳補

元年春王正月。【補曰】舊本「正月」二字退在下經「公」字上，以「王」字斷句，此以傳合經者之誤，今移而改正之。或并欲移「公即位」於此，則非全傳附經之例。凡經一事有數句者，皆以傳文隨句散附，與公羊附經之例一事爲一傳者不同。嚴可均辯之甚明，故今亦仍舊例。桓無王，【補曰】謂文無王。其曰王，何也？謹始也。諸侯無專立之道，必受國於王，若桓初立，便以見治，故詳其即位之始，以明王者之義。其曰無王，何也？【補曰】據周實有王。桓弟弒兄，【補曰】音義曰：「弟殺，本亦作『弒』，下及下注同。」案：今皆作「弒」。臣弒君，天子不能定，諸侯不能救，百姓不能去，【補曰】定，正也，安也。若宣王殺伯御，更立孝公，是救止也，謂討賊以止亂。百姓，蓋官民之通稱。去，除也，諸大夫國人共除賊也。以爲無王之道，遂可以至焉爾。【補曰】以爲無王之道，遂至於此，故文無王也。必於餘年去王而後足見此年之特書王，故傳欲申「謹始」之義而先釋「無王」之文。元年有王，所以治桓也。【補曰】治，討也。此申足上「謹始」義也。謹始即以治桓。隱之書正，曰謹始也，又曰所以正隱也；桓之書王，曰謹始也，又曰所以治桓也，文意一例，以明二字爲兩篇大要也。孟子曰：「世衰道微，邪説暴行有作，臣弒其君者有之，子弒其父者有之。孔子懼，作春秋。春秋，天子之事也，是故孔子曰：『知我者其惟春秋乎！罪我者其惟春秋乎！』」又曰：「孔子成春秋而亂臣賊子懼。」無王之道遂可以至此，孔子所以懼也。稱王治之，以大彰天下有王之義，此所以爲天子之事，而亂臣賊子懼也。內之變甚於外，桓之罪重於宣，故於桓特文以著義，明其餘皆從同矣。傳與孟子合，是聖門所傳如此。春秋經世，議而不辯，此其大者。疏曰：「范氏例云春秋上下無王者凡一百有八，桓無王者，見不奉王法；餘公無王者，爲不書月，不得書王。桓初即位，若已見治，故書王以示義。二年書王，痛與夷之卒，正宋督之弒，宜加誅也。十年有王，正曹伯之卒，使世子來朝，王法所宜治也。十八年有王，取終始治桓也。」○春秋撥亂反正，以當王法，故隱之始有正，桓之始有王，冠兩篇而冒全書者也。公羊但知隱十年無正，而不能言其義，孟子於桓篇之義則深有合焉。世衰道微，但據春秋之初以無王之道始於桓也。春秋成而亂賊懼，懼王治之也。春秋，天子之事，則以王之冒全書者言也。知我者惟春秋，公羊所謂「堯、舜之知君子」是也。罪我者惟春秋，公羊所謂「其詞則丘有罪」，又謂「主人習其讀而問其傳，未知己之有罪」是也。

公即位。杜預曰：「嗣子位定於初喪，而改元必須踰年者，繼父之業，成父之志，不忍有變於中年也。諸侯每首歲，必有禮於廟，諸遭喪繼位者，因此而改元即位，百官以序，故國史亦書即位之事於策。」【補曰】何休曰：「即者，就也。先謁宗廟，明繼祖也。還之朝，正君臣之位也，事畢而反凶服焉。」文烝案：左傳曰：「晉悼公即位于朝。」○【撰異曰】周禮小宗伯「建國之神位」，注曰：「故書『位』作『立』。」鄭司農云：「『立』讀爲『位』，古者立、位同字。古文春秋經『公即位』爲『公即立」。」段玉裁曰:「古文經者,左氏古經也。」繼故不言即位,正也。故,謂弒也。【補曰】弒者故之實,非故之訓。繼故不言即位之爲正,何也?曰先君不以其道終,則子弟不忍即位也。哀痛之至,故不忍行即位之禮。【補曰】雖實即位而不言即位,明其有不忍心,子弟同義,故兼言之,亦以容桓。繼故而言即位,則是與聞乎弒也。繼故而言即位,是爲與聞乎弒,何也?曰先君不以其道終,已正即位之道而即位,是無恩於先君也。推其無恩,則知與弒也,此明統例耳。與弒尚然,況親弒者?【補曰】疏曰:「桓是親弒之主,而傳論與弒之事,故知傳意本明統例耳。」文烝案:注、疏非傳意。弒逆之事非一人所能獨爲,與弒即是親弒,故於桓曰與聞乎弒,翬曰與于弒公,宣曰與聞乎故,許止曰與夫弒者,衛獻曰知弒,皆同解也。前見故,後言即位,皆爲與弒之辭。夫先君不正終而繼之者安然即位,無不忍心,習其讀而深思之,知其必與乎弒矣。

三月,公會鄭伯于垂。垂,衛地也。傳例曰:「往月,危往也。桓大惡之人,故會皆月以危之。」【補曰】何休曰:「桓弒賢君,篡慈兄,無仁義之心,與人交接則有危也。」文烝案:桓公十餘會,無不有月,知舊史月日之文最爲詳備,而君子有所去取明矣。崔子方謂「春秋之例以日月爲本」,此言深有見。劉敞乃謂穀梁窘於日月,何哉?近儒或引王充論衡謂穀梁、公羊日月之例,使平常之事有怪異之說,徑直之文有曲折之義,非孔子之心。夫唯俗儒見以爲怪異曲折,斯其爲聖人之經也。漢諸儒無敢議日月例者,獨王充妄言之,彼無師法,豈足據依?會者,外爲主焉爾。鄭伯所以欲爲此會者,爲易田故。【補曰】疏曰:「重發傳者,嫌易田與直會異故也。」

鄭伯以璧假許田。【補曰】以者,重辭,當從僖二十一年之例。玉圜肉倍好曰璧,圜剡上方下曰圭。假,借也。依説文當作「叚」，史記魯世家集解引麋信曰：「鄭以邴不足當許田，故復加璧。」十二諸侯年表鄭莊公二十九年「與魯祊，易許田。」三十三年「以璧加魯，易許田」。假不言以，言以非假也。實假則不應言以璧。【補曰】假則直假耳，言以璧，是易也，非假也。非假而曰假，諱易地也。【補曰】假可言，易不可言，故婉其文而爲諱。禮，天子在上，諸侯不得以地相與也。諸侯受地於天子，不得自專。【補曰】申上意也。許翰曰：「以邴近魯，許田近鄭，而以相與，利則利矣，而義不得。凡情之所便而亂之所生，春秋所謹也。無田則無許可知矣。【補曰】所稼曰田，所居曰邑。許者，邑之名，以田繫邑名，無田，知亦無邑矣。諸言田，如濟西、汶陽、自漷水、龜陰、漷東、沂西，皆繫山水名，不繫邑者，有田無邑也。其繫邑者，則兼有邑，叔弓疆鄆田是也。公羊以爲田多邑少稱田，邑多田少稱邑。趙匡改之云有邑稱邑，無邑稱田。趙説近之矣。若然，言田不必皆兼邑，直言邑者卽皆以邑見田，故疆鄆田之前直言取鄆，是其驗也。鄭以邴易許，歸邴，我入邴，直言邴，則此亦當直言許。傳言無田則無許可知者，明許下不須加言「田」以起下文也。魯頌美僖公曰「居常與許」，鄭君謂卽此許，毛傳以爲魯西鄙，當是魯西近鄭之地，而公羊乃謂諱取周田，以其近許，而繫之許，杜預從之。夫邑自名許，何關許國，宜來劉炫之規。不言許，不與許也。但言以璧假許而不繼田，則許屬鄭也。今言「許田」，明以許之田與鄭，不與許邑也。諸侯有功，則賜田以禄之，若可以借人，此蓋不欲以實言。【補曰】不與者，經不與得假也。假許田可言，假許不可言，故亦婉其文。案左傳楚子重請於王，取於申、呂，以爲賞田。申公巫臣曰：「此申、呂所以邑也，是以爲賦，以御北方。若取之，是無申、呂。」是古者賞田之制以田不以邑之事。許田者，魯朝宿之邑也。邴者，鄭伯之所受命而祭泰山之邑也。用見魯之不朝於周，而鄭之不祭泰山也。

今本「祊」，誤作「璧」。

朝天子所宿之邑謂之朝宿。泰山非鄭竟內，從天王巡守受命而祭也。擅相換易，則知朝祭並廢。【補曰】傳釋「許」連言「田」者，便文也。何休曰：「宿者，先誠之辭。」文烝案：「泰」或作「大」也。諸侯朝王，王巡助祭，皆周代大典，春秋猶有以見之。王制曰：「諸侯之於天子也，比年一小聘，三年一大聘，五年一朝天子，五年一巡守。」此與五經異義公羊說及何休注同。鄭君據左傳以爲記所言大聘與朝乃晉文、襄霸時所制，諸侯自相朝聘之法也。左傳又有「歲聘閒朝」，「再朝而會」，「再會而盟」之文，又有「諸侯五年再相朝」之文。周禮大行人、大戴禮朝事儀侯、甸、男、采、衛、要服六者，各以其服數來朝。十二歲王巡守殷國。虞書堯典五載一巡守，羣后四朝。

夏四月丁未，公及鄭伯盟于越。○【撰異曰】越，公羊本亦作「粵」。及者，內爲志焉爾。【補曰】時鄭與魯會垂而去，魯復因易田事，志在結鄭，故又會於越而盟也。此與隱盟唐同，與盟蜀、盟宋、盟皋鼬、陳袁僑盟皆異。重發傳者，垂、越地近，時又相接，嫌與盟蜀諸文爲類也。盟唐、盟越，皆與上會判爲兩事，不復書會而書及，則是內爲志。蜀、宋、皋鼬、陳袁僑之屬書及者，皆與其上會爲一，非是罷會歸國，復會而盟。上書會而下書及，自足見爲尊卑內外之常文，非是內爲志矣。用兵書及，如公孫敖救徐亦承會文，亦是也。越，盟地之名也。越，衛地也。【補曰】盟地，盟所期之地，此越亦非國，故又辯之。傳釋宿、越二文，明後文會鄧、會郲、盟黃、會穀、築臺薛、秦之屬皆從此例，故不復發傳也。杜預以垂爲衛地，越爲近垂地名。王夫之謂垂屬宋，顧棟高、江永疑越當爲曹地。

秋，大水。禮月令曰：「季秋行夏令則其國大水。」大水例時。【補曰】五行傳曰：「簡宗廟，不禱祠，廢祭祀，逆天時則水不潤下。」董仲舒曰：「水者陰氣也。」春秋考異郵曰：「陰盛臣逆，民情悲發，則水出，水災歷月而成，故例時。」高下有水，災，曰大水。【補曰】明以災書也。張尚瑗曰：「高下言田之高下。」文烝案：左傳魯弔宋曰：「天作淫雨，害于粢盛。」

冬，十月。無事焉，何以書？不遺時也。春秋編年，四時具而後爲年。編，録。【補曰】二語公羊同。備四時而後謂之年，編年而後謂之春秋也。禮運曰：「播五行於四時。」即論語云「四時行焉」是也。洪範九疇，五行居始，春秋之書，五行、五事、八政、五紀、王極、三德、稽疑、庶徵、五福、六極悉備焉，故上律天時，義之所重。又案：周之正月、七月，二至月也，四月、十月，二分月也，故漢志引劉歆云：「時以記啟閉，月以記分至。」

王、皇同。

二年春王正月戊申，宋督弒其君與夷。宋督，宋之卑者，卑者以國氏。【補曰】注二語本莊十二年宋萬弒君傳文，傳於彼發以明例。左傳稱督爲大宰，宋六卿無大宰，則大宰非卿，非命卿即非命大夫，皆爲卑者，卑者宜稱人。弒君殺大夫，非衆辭皆不稱人，不可不目言之，故從卑者以國氏之例也。督本公孫後，賜氏爲華，若是大夫，當書「公孫督」，或追書「華督」矣。與夷，殤公。○【撰異曰】督，本又作「晳」，字體之異。桓無王，其曰王何也？正與夷之卒也。諸侯之卒，天子所隱痛，姦逆之人，王法所宜誅，故書王以正之。【補曰】左傳文十五年，宋華耦辭公曰：「君之先臣督得罪於宋殤公，名在諸侯之策。」此可見魯史之舊。

及其大夫孔父。【補曰】孔穎達曰：「其君者督之君，其大夫者與夷之大夫。」孔父先死，【補曰】說在下。其曰及何也？書尊及卑，春秋之義也。邵曰：「會盟言及，別內外也。尊卑言及，上下序也。」【補曰】凡及皆以尊及卑，君臣也，夫婦也，內外也，主客也，華夷也，一也。故特言春秋之義，所以廣包諸文。注未得傳意。孔父之先死何也？督欲弒君而恐不立，於是乎先殺孔父，【補曰】不立，謂事不成。公羊曰：「督將弒殤公，孔父生而存，則殤公不可得而弒也。故於是先攻孔父之家」是也。左傳亦謂先攻殺孔父，乃由督豔孔父之妻，殺而取之。啖助曰：「大夫妻乘車，不可在路而見其貌。」文烝以爲左氏好言婦女，多采無稽小說爲之，故華之傾孔也，莒之入向也，晉之討同、括也，齊之取讙、闡也，各自有其本末，而皆爲鄙言褻語所亂。此年既載奪妻事，又言因民之不堪命歸罪司馬，是其所據之書不一，學者詳之。孔父閑也。閑，謂扞禦。【補曰】孔父所以爲閑者，公羊所謂義形於色也。特言此者，明兩下相殺不志，即志之，不言殺其大夫，又或當言遂殺其大夫。今以閑，故得志，又得言其大夫，又得蒙弒君文言及，不言遂殺也。呂大圭曰：「書『及』者，以其與君存亡。」汪克寬曰：「若言遂殺，則不見其爲君而死，而大臣扞君之節不著。」其說皆是也。劉知幾以爲稱「及」則弒、殺不分，君、臣靡別，「及」宜改爲「殺」。文烝以爲古「弒」字祇作「殺」，異音同字，故其辭得以相統，說已具隱四年，劉氏妄矣。此句與上數句文意不相屬。何以知其先殺孔父也？【補曰】知，見也。言經以何文見之。曰：子既死，父不忍稱其名；臣既死，君不忍稱其名，【補曰】論君臣并及父子者，其事同也。五經異義公羊說臣子先死，君父猶名之。孔子云「鯉也死」，是已死而稱名。左氏說既沒稱字而不名，孔父先君死，故稱其字。穀梁同左氏說。鄭君以爲論語云「鯉也死」者，未葬以前也。文烝案：原仲、夷伯皆此例，說又見彼。以是知君之累之也。累，謂從也。【補曰】注非也。「累」之正字本作「絫」，省作「累」。戰國策「絫」、「累」通用。玉篇「絫」字，有力僞切一音，云「延及也。」又曰：「累，同上。」廣韻曰：「累，緣坐也」。「緣」與「延」同義。王逸楚辭注：「藟，緣也。」毛詩傳

「纍，蔓也。」緣、蔓皆延也。傳言「君之累之」者，謂督欲弑君，延坐及於孔父，以致先死也。左傳引書康誥「父子兄弟罪不相及」。管子曰：「凡過黨，其在家屬，及于長家。」劉績注曰：「及，坐及也。」上言以「尊及卑」，及者，與也。此言「累之」，明凡殺大夫言及者，又爲延及、坐及之及。公羊曰：「及者何？累也。」與傳同也。凡殺言及，皆爲累，而孔父之累則爲先死。公子瑕、箕鄭父、慶寅傳皆言累，並無先死之事。事雖不同，其爲延坐一也。傳曰：「罪累上也。」又曰「以累桓也」，「累及許君也」，「衛侯累也」，皆爲緣坐延及之義，正可與此相證。而范乃訓「累」爲「從」，何休說公羊以爲「累從君而死」，齊人語。疏又引麋信云：「累者，從也。」謂孔父先死，殤公從後被弑，皆失之矣。孔廣森說公羊讀若伏生書甫刑傳「大罪勿纍」，勝於舊說。又引反離騷之「湘纍」李奇注謂諸不以罪死曰纍，則牽合之說也。

孔氏，【補曰】此合下句字字爲義，言以字爲氏也。左傳曰孔父嘉。「嘉」，名也；「孔」，字也；「父」，美稱也。啖助以爲春秋時名「嘉」者多字「孔」，說文已言之矣。弗父何讓國？四世至正考父，宋君未賜氏族，五世至孔父，君命以其字爲氏，故左傳亦曰督攻孔氏也。史記敘孔子之先曰孔防叔，防叔爲奔魯之始祖，故據而言之，非防叔始氏孔也。孔父嘉爲孔氏，猶華父督爲華氏。

父字，謚也。孔父有死難之勳，故其君以字爲謚。【補曰】此又合上句「孔」字爲義。「父」者，美稱，連「孔」言，皆爲字，没則爲謚，故曰字謚也。左傳、世本宋大夫皆無謚，殷禮則然。孔父以字稱，得爲謚者，蓋字以表德，没稱之以易名。自周法言之，則謂之謚，以字氏爲君命，則以字謚亦君命矣。檀弓魯哀公誄孔子曰「嗚呼哀哉尼父」，與左傳同，鄭君曰：「因且字以爲之謚。」又少牢饋食禮「皇祖伯某」，鄭君曰：「伯某，且字也，大夫或因字爲謚。」引左傳魯無駭卒，請謚與族，公命之以字爲展氏，與檀弓注相合。鄭以彼傳衆仲言「諸侯以字爲謚，因以爲族」，當於「謚」字斷句，而孔穎達哀十六年正義反謂鄭錯讀，非也。傳言字謚，諸證歷歷，夫子本宋人，哀公用殷禮，竊意衆仲所述未必周制，亦據周既有謚之後而言謚也。孔賁森經學巵言說則異矣，以爲王褒賦言謚爲洞簫，謚本訓號，非始於周，特周始以行制謚耳。殷法生有名，死以字爲號，諸王以十幹稱者，皆其字。措之廟，立之主，配帝言之卽謚也。文王之父曰公季，亦其比也。周既以行制謚，宋之君皆得謚於王，而賜大夫謚皆以字，自秉殷禮，故有正考父、孔父、好父、華父、樂父、碩父、夷父之等，疑他國亦本如是，故左傳曰諸侯以字爲謚，謂諸侯賜其臣謚之禮也。魯謚夫子爲尼父，一則以夫子本殷人，一則尊聖人，不敢以末世非禮之謚謚之。衞大夫有石駘、仲駘字，不見謚法，蓋東周之初猶守禮典，當亦以字爲謚者。孔說未知是否，學者擇焉。范注甚不了，疏申之尤誤，又引舊解云：「三月既葬之後，嗣君謚之，使者以葬後始來，故得稱謚。」又云：「或當孔父以字爲謚，得據後言之。」二說皆泥於葬後之制，且未思嗣君篡立，不應爲先大夫作謚也。或曰：其不稱名，蓋爲祖諱也。孔子故宋也。孔子舊是宋人，孔父之玄孫。【補曰】疏曰：「案世本，孔父嘉生木金父，木金父生祁父，其子奔魯爲防叔。防叔生伯夏，伯夏生叔梁紇，叔梁紇生仲尼，是孔父是孔子六世祖。范云玄孫者，以玄者親之極至，來孫昆孫之等亦得通稱之。」文烝案：孝經鄭氏注曰「蓋者，謙辭」，謙謂謙慎，與疑辭意近。上言祖，下言故宋，謂孔子以故國視宋，不忘祖也。此或曰與後八年同，言經文亦包此義也。孔父卽不先君死，夫子亦必不稱祖名。若盟會聘問之屬，可準臨文不諱之例。今此最隱痛之事，不得斥名，後篇四殺大夫，皆不名，由此處已有諱義也。魯史本以孔父先君死稱字，君子仍之，又寓諱義。然則史惟一意，經兼二旨，故傳備言之也。○春秋因舊文爲一義，出聖筆又爲一義，相兼乃備。嘗讀詩而益信，凡詩有兩作者卽有兩義，可明證者三焉：其一，左傳富辰論常棣詩，既以爲周公作，又言召穆公作。「召穆公亦云」，鄭君解之以爲凡賦詩者，或造篇，或誦古也。其二，晉郤至曰：「世之治也，公侯扞城其民，故詩曰『赳赳武夫，公侯干城』。及其亂也，略其武夫，以爲己腹心股肱爪牙，故詩曰『赳赳武夫，公侯腹心。』」此兔罝一篇之文。而以一章爲治詩，三章爲亂詩，明是互文錯舉也。其三，毛詩以關雎爲文王之時，后妃之德。魯、韓詩則以爲康王房后，佩玉晏鳴，應門失守，畢公作諷。而觀論語夫子之言曰：「關雎樂而不淫，哀而不傷。」上句謂文王詩，下句謂康王詩，則亦兩義兼用也。劉向說苑稱傳曰：「詩無通故，春秋無通義。」此類皆是也。

滕子來朝。隱十一年稱侯，今稱子，蓋時王所黜。【補曰】此等多用杜預義。疏曰：「周公之制，爵有五等，所以擬其黜陟。今傳無貶爵之文，明降爵非春秋之義。」疏是也。滕子、薛伯、杞伯、杞子皆時王所黜。曹之爲伯，左傳所謂「曹爲伯甸」，而汲冢穆天子傳有曹侯，此穆王後黜爵之驗。

三月，公會齊侯、陳侯、鄭伯于稷，以成宋亂。稷，宋地也。以者，內爲志焉爾。【補曰】疏曰：「以者，內爲志，卽是以者不以之例。」文烝案：傳稱「以者，不以者也」，又稱「以，重辭也」，范據之謂以有二義，故疏云爾。其實內爲志又別爲義，與莊八年「以俟陳人、蔡人」同例，則以有三義也。公爲志乎成是亂也。欲會者，外也。欲受賂者，公也。【補曰】齊僖爲小伯，注上句是下句，當言欲成亂者公也。受賂自在下文，與此無涉，且三國亦皆有賂矣。家鉉翁曰：「魯桓逆黨，所以使三國成此亂者，魯也。穀梁深得聖人之意。」此成矣，取不成事之辭而加之焉，於內之惡而君子無遺焉爾。取不成事之辭，謂以成宋亂也。桓，姦逆之人，故極言其惡，無所遺漏也。江熙曰：「春秋親尊皆諱，蓋患惡之不可掩，豈當取不成事之辭以加君父之惡乎？」案：宣四年公及齊侯平莒及郯，傳曰「平者成也」，然則成亦平也，公與齊、陳、鄭欲平宋亂，而取其賂鼎，不能平亂，故書成宋亂。取郜大鼎納于大廟，微旨見矣。尋理推經，傳

關雎傳專言樂，師說如是，序混哀樂爲一，蓋後來附益。

「通故」、「通義」，繁露作「達詁」、「達辭」，王應麟引辭作例。

似失之。徐邈曰：「宋雖已亂，治之則治，治亂成不繫此一會，若諸侯討之，則有撥亂之功，不討則受成亂之責，辭豈虛加也哉？春秋雖爲親尊者諱，然亦不没其實，故納鼎于廟，躋僖逆祀，及王室之亂，昭公之孫皆指事而書。哀七年傳所謂有一國之道者，有天下之道者也。君失社稷，猶書而不隱，況今四國羣會，非一人之過，以義致譏，輕於自己兆亂，以此方彼，無所多怪。」【補曰】江熙非也。「平」訓「成」者，字義也。成則書成，平則書平者，經辭也。自杜預始爲平亂之說，以改鄭衆、服虔成就之訓，而江氏因之，且譏傳失，既乖經例，又昧傳旨矣。范謂極言其惡，徐謂指事而書，說皆得之。案：昭二十二年傳曰：「亂之爲言，事未有所成也。」宋督弑與夷立馮，事已成矣，不得言亂。今曰亂、曰成之，是取不成事之辭加之於桓也。但文雖有加而意在誅惡，乃是極言之無所遺漏，所謂盡而不汙，非苟爲加文耳。論宋事，則已成，論內惡，實欲成其不成，此之謂內爲志。朱子曰：「程子所謂春秋大義數十，炳如日星者，如成宋亂之類，直著誅絶，自是分明。」文烝謂此是經特增舊史文，徐引哀七年傳，字句微異。

夏四月，取郜大鼎于宋。【補曰】左傳稱宋以郜大鼎賂公。言取者，受賂之辭也。衛寶諱取，此不諱，亦所謂無遺。戊申，納于大廟。傳例曰：「納者，內不受也。日之，明惡甚也。大廟，周公廟。」【補曰】疏曰：「此傳亦有弗受之文，而引傳例者，凡傳言內弗受，指說諸侯相入之例，今此言不受，謂周公也，恐其不合，故引例以明之。」文烝案：例在僖二十五年傳。桓內弑其君，外成人之亂，受賂而退，以事其祖，非禮也。【補曰】以亂助亂，以賂事祖，非禮如是，書不可遺，總解「會」、「取」二文也。其道以周公爲弗受也。【補曰】其道，猶言其義，此解「納」字。郜鼎者，郜之所爲也。曰宋，取之宋也。此鼎本郜國所作，宋後得之。【補曰】疏曰：「何休曰：『周家以世孝，天瑞之鼎，以助享祭，諸侯有世孝者，天子亦作鼎以賜之。禮祭天子九鼎，諸侯七，卿大夫五，元士三也。故郜國有之。」」文烝案：何說自有據，恐未必爾。以是爲討之鼎也。討宋亂而更受其賂鼎。【補曰】錢儀吉曰：「討之鼎，猶檀弓其不謂之殺厲之師與？」文烝案：經著「取之宋」之辭者，以是爲討之鼎故也。成亂者其實，討亂者其名。音義引糜氏云「討」或作「糾」。孔子曰：「名從主人，物從中國，故曰郜大鼎也。」主人，謂作鼎之主人也，故繫之郜。物從中國，謂是大鼎。【補曰】名從主人，謂從郜言郜。物從中國，謂從魯言大鼎。左傳稱吳壽夢之鼎、莒之二方鼎、甲父之鼎，正與郜大鼎同。孔廣森曰：「文王克崇伐密，而魯有崇鼎，晉有密須之鼓，亦是也。」文烝案：此夫子用舊史文而釋其義。公羊曰：「器從名，地從主人。」傳聞未審也。又曰：「宋始以不義取之，故謂之郜鼎。」則別爲一說，尤失之。

秋七月，紀侯來朝。隱二年稱子，今稱侯，蓋時王所進。【補曰】白虎通曰：「紀子以嫁女於天子，故增爵稱侯。」何休曰：「稱侯者，天子將娶於紀，與之奉宗廟，傳之無窮，重莫大焉，故封之百里。」○【撰異曰】紀，左氏作「杞」。朝時，此其月何也？據隱十一年春滕侯、薛侯來朝稱時。【補曰】舊史朝皆具月，君子略之。桓內弒其君，外成人之亂，於是爲齊侯、陳侯、鄭伯計數日以賂。桓既罪深責大，乃復爲三國計數至日以責宋賂。【補曰】傳及注「計」字，各本皆誤作「討」，今依音義、唐石經改正。己卽是事而朝之，惡之，故謹而月之也。己，紀也。桓與諸侯，校數功勞，以取宋賂，不知非之爲非，貪愚之甚，紀不擇其不肖而就朝之。【補曰】疏曰：「桓雖不君，臣不得不臣，所以極言君父之惡，以示來世者。桓既罪深責大，若爲隱諱，便是長無道之君，使縱以爲暴，故春秋極其辭，以勸善懲惡也。」

蔡侯、鄭伯會于鄧。鄧，某地。【補曰】杜預釋例：「蔡地也。」公羊以爲鄧國，賈服從之，杜改之。范注「某」

字，或作「厶」，後皆同。左傳曰：「始懼楚也。」

九月，入杞。我入之也。不稱主名，内之卑者。【補曰】疏曰：「何嫌非我而發傳者，以隱八年云我入邴，此直云入杞，故發之。」文烝案：此内稱人之文也。陳傳良以爲内恆言大夫帥師，唯桓師非君將，皆不言大夫。陳氏又謂於晉靈公凡會盟皆不序諸侯，是天下之辭，於魯莊公凡會齊襄皆書人，是一國之辭，於魯桓公凡大夫將皆不言大夫，於宋昭公凡大夫皆不名，是一人之辭。案陳氏之説亦已巧矣，姑記之耳。

公及戎盟于唐。【補曰】不日者，蓋以桓既姦逆，又與戎盟，其事可惡，故略之歟？襄十九年傳曰：「不日，惡盟也。」

冬，公至自唐。告廟曰至。傳例曰：「致君者，殆其往而喜其反，此致君之意義也。離不言會，故以地致。」【補曰】注引例在襄二十九年傳。告廟飲酒、策勳書勞者，至之事也，左氏所據史例也。喜其反者，至之義也，經例也。注言「離不言會，故以地致」，非也。離會不致，致者，皆危之，危之故以地致，例在定十年傳。桓無會而其致何也？遠之也。桓會甚衆，而曰無會，蓋無致會也。弑逆之罪，非可以致宗廟，而今致者，危其遠會戎狄，喜其得反。【補曰】無致會者，爲其不足言會，故曰無會也。遠之者，言春秋以爲遠也。唐在竟内，非遠，以其會戎，則亦爲遠而可危，故遠之以危之。常例會夷狄不致，就本當致會者言，桓則本不當致會，故於常例所不致者特致焉。其文則從穀、瓦、頻谷、黄之例，其義則獨以危其遠爲義，與彼四事又略殊。

三年春正月，公會齊侯于嬴。嬴，齊地。

夏，齊侯、衞侯胥命于蒲。蒲，衞地。胥之爲言，猶相也。【補曰】言猶者，義相近。公羊、爾雅、何休注皆以「相」爲本訓。相命而信諭，謹言而退，以是爲近古也。申約言以相達，不歃血而誓盟。古謂五帝時。【補曰】相命卽謹言。爾雅曰：「誥，誓，謹也。」曲禮曰：「約信曰誓。」戰國策、韓非子知伯曰：「吾與二主約謹矣。」此謂約謹其言，以相告命，而兩國之信，已足曉達，故不盟而退。經著此不盟之文，以是爲近古故也。傳多以「信」爲「申」，古讀「信」皆作「申」音，此「信」字則爲「人而無信」之「信」，注以爲「申」字，非也。俞樾曰：「謹，讀爲結，公羊正作『結』。爾雅之『謹』謂『約謹』，約謹卽約、結一聲之轉。廣雅：『劼，勤也。』是其例。」文烝案：表記曰：「信以結之。」左傳曰：「言以結之。」讀「謹」爲「結」，於義優矣。古，謂三王時。隱八年傳有明文。注依周禮及左氏說遠指五帝，甚誤。左傳直曰「不盟也」，公羊曰「近正也」。古者不盟，結言而退。荀子曰：「春秋善胥命，而詩非屢盟，其心一也。」是必一人先，其以相言之，何也？不以齊侯命衞侯也。江熙曰：「夫相與親比，非一人之德，是以同聲相應，同氣相求。齊、衞胥命，雖有先倡，倡和理均。若以齊命衞，則功歸于齊，以衞命齊，則齊僅隨從，言其相命，則泯然無際矣。」【補曰】注非也。命令之事，必有一人爲先，而餘人後之，先者命之者也，後者從命者也。今此齊爲先，實是齊侯命衞侯，春秋正名以順言，不欲以齊命衞，故以相言之。

六月，公會杞侯于郕。郕，魯地。【補曰】此杜預下六年注，其字作「成」。〇【撰異曰】杞，公羊作「紀」。郕，公羊作「盛」。

秋七月壬辰朔，日有食之，既。○【攈異曰】辰，汲古閣公羊作「申」，誤也。**言日言朔，食正朔也。**朔日食也。【補曰】王引之曰：「廣韻曰：『正，正當也。』言日之食，當月之朔也。正之言貞也，廣雅曰：『貞，當也。』定四年傳曰：『正是日，囊瓦求之。』亦謂當是日。」**既者，盡也，**【補曰】公羊同。何休曰：「光明滅盡。」毛詩傳訓「既」爲「盡」爲「終」，墨子經曰：「盡，莫不然也。」説文曰：「盡，器中空也。」**有繼之辭也。**盡而復生謂之既。【補曰】傳例曰：「又有繼之辭也，既亦爲有繼者。盡則復生，有既則有又，義以相轉而相足，此訓詁之理。」

公子翬如齊逆女。翬稱公子者，桓不以爲罪人也。【補曰】桓所不罪，故從常例，而仍史文。後不書翬卒者，弑君賊安死卿位，不得書卒，例在宣八年傳，蓋君子削之也。爾雅曰：「如，往也。」小爾雅曰：「如，適也。」逆女前不見納幣事者，或在卽位前，或不納幣，或納而不使卿。正月會嬴，左傳以爲成昏于齊，則知其有異常禮，疑其不納幣，或不使卿矣。**逆女，親者也，使大夫非正也。**【補曰】疏曰：「重發傳者，履緰外之始，翬是内之初，故重發以明外内不異。」文烝案：如者，内稱使之文也。履緰逆女，以無使道不言使，此言如者，逆女大典，不可同於臧孫辰私行之文，又不得與祭公、劉夏無别，故不言逆女于齊也。

九月，齊侯送姜氏于讙。已去齊國，故不言女。未至于魯，故不稱夫人。讙，魯地。月者，重録之。【補曰】注釋稱姜氏義，本杜預，得之。公羊以爲父母之辭，非也。上下經文，内女伯姬、叔姬等稱字，父母之辭，且以别其人也。内夫人子氏、姜氏等稱氏，夫家之辭，又各繫於其君，不待别之也。仲子稱字者，既没無謚，辭窮也。紀、季、姜亦外女稱字者，與其上文王后互見義，一從王朝之辭，一從其父母辭也。王姬不字者，别於内女也，故曰「名之必可言也，言之必可行也」。禮，送女，父不下堂，【補曰】堂，廟堂。母不出祭門，諸母兄弟不出闕門。祭門，廟門也。闕，廟觀也，在祭門之外。【補曰】闕門，卽經書雉門，諸侯之中門也。周禮祭義並云建國之神位，右社稷，左宗廟，謂中門內路寢門外之左右。鄭君說禮誤也。兄弟蓋兼女兄弟言。父戒之曰：「謹慎從爾舅之言。」【補曰】謹卽慎，疊言之耳。又慎者，誠也，靜也，審也。母戒之曰：「謹慎從爾姑之言。」【補曰】國語子夏曰：「婦學於舅姑者，禮也。」諸母般申之曰：「謹慎從爾父母之言。」般，囊也，所以盛朝夕所須，以備舅姑之用。【補曰】士昏禮記曰：「庶母及門內施鞶。」鄭君以鞶爲鞶囊，男鞶革，女鞶絲。范從鄭義，與先儒異。先儒皆以鞶爲大帶也。音義曰：「般，一本作『鞶』」，中重也。」上所論禮，皆謂壻親迎，父母以女授壻時。送女踰竟，非禮也。【補曰】齊僖過寵其女，違不下堂之禮。左傳例曰：「凡公女嫁於敵國，姊妹則上卿送之，以禮於先君，公子則下卿送之，於大國雖公子亦上卿送之。於天子則諸卿皆行，公不自送，於小國則上大夫送之。」

公會齊侯于讙。無譏乎？齊侯送女踰竟，遠至于讙，嫌會非禮之人，當有譏。【補曰】注非也。言公既不親逆，而此會又似親逆，禮所未有，問經意無譏否乎？曰爲禮也。齊侯來也，公之逆而會之，可也。爲親逆之禮。【補曰】答上問曰爲禮也，猶檀弓云其庶幾乎亡於禮者之禮也，明經意無譏也。所以然者，齊侯既以送女來至讙，則公之逆姜氏而因會齊侯可，既失於前，猶得於後。

夫人姜氏至自齊。【補曰】公與夫人同至得禮，異於莊，故無公至文，或從亘無致會例歟？何休曰：「不就讙上致者，婦人危重，故據都城乃致也。」孔廣森曰：「于讙，已入國矣。見宗廟然後致，不言至自讙者，從國有行，乃以其地致。夫人本自齊來，與往讙地而還歸者異。」何休曰：「月者，爲夫人至例，危重之。」其不言翬之以來何也？據宣元年遂以夫人婦姜至自齊。公親受之于齊侯也。重在公。【補曰】是公受之，非翬以之。親受，則幾於親逆矣。子貢曰：「冕而親迎，不已重乎？」冕，祭服。【補曰】冕者，以版爲幹，三十升布覆之，玄表朱裏，後高而前低，故曰冕。冕，俛也。王制、毛詩傳、白虎通古冠冕圖並言夏曰收，殷曰冔，周曰冕，其制蓋皆相似。禮器曰：「天子之冕朱緑藻，十有二旒；諸侯九，上大夫七，下大夫五，士三。」士三旒者，天子之上士耳，其中、下士及列國之士則以爵弁當冕矣。爵弁覆版略如冕，故士冠禮記、郊特牲、説文、獨斷、公羊宣元年注並言夏收、殷冔、周弁。弁者，爵弁，卽冕也。爵弁雖與冕類，但冕有旒垂前而低。周禮五冕皆以旒數爲别，爵弁則無旒，而前後平，故不得冕名，而從鋭上合手之稱曰弁。又以其如雀頭色曰爵，又以其用韋不用布謂之韋弁。陳祥道據周禮言韋弁、皮弁，荀子言士韋弁，皆别無爵弁。書顧命某氏傳、釋名又並言「爵韋弁」，故知韋弁卽爵弁也。周禮冕服有六，大裘而冕、袞冕、鷩冕、毳冕、希冕、玄冕也。以鄭君注言之，九章曰袞，謂畫龍也。有龍、山、華蟲、火、宗彝，畫以爲繢。有藻、粉米、黼黻，刺以爲繡。荀子稱「天子山冕」卽此服也。七章曰鷩，謂華蟲也。五章曰毳，謂宗彝虎蜼也。三章曰希，刺而不畫也。一章曰玄，以其衣色言也。若言其章，則左傳晉士會黻冕是也。説文解「袞」字云「卷龍繡於下幅」，〔一〕似畫刺皆在裳，其上衣直玄而已。稱其衣曰玄，稱其裳曰袞、鷩、毳、希、黻。但衣之稱，上得兼下，故詩言袞衣、毳衣、黻衣，荀子言黼衣，而實則皆玄衣也。禮器曰：「天子龍袞，諸侯黼，大夫黻，士玄衣纁裳。」此略言之，而玄衣其所同也。士冠禮曰：「爵弁服，纁裳，純衣，緇帶，韎韐。」純衣卽玄衣也。玄

〔一〕「幅」原訛作「裳」，據説文解字衣部改。

衣、純衣者，絲衣也。衣之用絲者，獨冕服及爵弁服，尊祭服也。纁裳、緇帶、韎韐，皆士之制。據玉藻則大夫以上冕服皆素帶，其韠謂之韍。諸侯卿大夫皆赤裳赤韍，天子朱裳朱韍也。冕而親迎，謂玄冕也，士爵弁而親迎。說文「冕」或作「絻」，「覍」或作「弁」，又作「𡗜」。魯論語子見絻衣裳者、見絻者，古論語皆作「弁」。文相似，制相近，明皆貴服矣。音義曰：「迎，一本作「逆」。」孔子曰：「合二姓之好，以繼萬世之後，何謂已重乎？」【補曰】夫子答端木氏與大、小戴記對哀公略同，引之者明春秋貴親迎之意，以明桓公親受，較愈於宜、成以夫人之文也。古人愛厥妃，必先敬其主，妻者所安之主也，以愛言也；妻者内主也，親之主也，以敬言也。

冬，齊侯使其弟年來聘。【補曰】昏事畢而聘也。許翰曰：「自嬴之會至仲年來聘，備紀、姜氏如此，謹昏義也。春秋反復意有所致者，不可不察也，必有深誡其中。故志文姜悉者，閑其亂也；録伯姬詳者，矜其節也。」顧棟高曰：「會嬴至聘，一年中連書六事，皆爲昏文姜、盟防至用幣，三年中連書十三事，皆爲昏哀姜，志閨門之禍，謹履霜之漸。」

有年。有年，例時。【補曰】凡言年者，取禾一熟，年之言稔也。說文：「秊，穀孰也。从禾千聲。」言有，亦一有一亡之例。周禮以凶歲爲無年。五穀皆熟，爲有年也。【補曰】五穀，黍、稷、稻、麥、菽也。周禮、逸周書豫州、并州其穀宜五種，魯當青、兖，雖有不宜者，非全無也，不如其宜者多耳。或以麻易稻，未是，麻與桑爲類，合五穀爲七賦也。熟，成也。疏曰：「冬，五穀畢入，計用豐足，然後書之，不可繫以日月，故例時。」文烝案：有年時者，十二月納禾稼畢乃書也。書金縢言「秋，大熟，未穫」，謂周十二月以前，其下言「歲則大熟」，乃據十二月，猶詩言「歲其有」，皆與「有年」同意。此書「有年」，宣書「大有年」，公羊皆曰以喜書。此左氏昭元年傳所謂「國無道而年穀和熟，天贊之也」。胡安國本孫復說，謂桓、宣十八年，獨此二年書「有年」，他年之歉可知。方苞曰：「書『有年』，皆承歲祲也。隱五年螟，八年螟，桓元年大水，故三年有秋，喜而志之。宣自即位後，螽蝝水旱不絕書，故十六年大有秋，喜而志之。」莊六年螟，七年大水，二十四年、二十五年皆大水，而其後不書『有年』者，繼災之後，稍熟不可謂有年，久則民氣漸復，雖有年不復書矣。」○黍稷之說夥矣。程瑤田曰：「今北人呼黍子、糜子、黃米、黃粱，又呼穄米、穄子，其音如『稷』者，皆即黍也。今呼高粱、紅粱、麤粱、秫秫者，即稷也。稷米麤，所謂疏食者也。今呼穀子、小米者，則粱也。粱即禾，禾者粱之專名也。」文烝案：程氏九穀考，世所推重，其言黍是也，其言稷未盡是也，其言粱及禾非也。禾爲黍、稷、稻既秀之通名，說見莊二十八年。今之小米當爲稷，說文：「霰，稷雪也。」釋名：「霰，星也。」周禮注：「肉有如米者似星。」三文互證，皆言細小，則稷爲今小米可知。今之高粱當是稷中一種，廣雅曰：「藋粱，木稷也。」即高粱也，高粱高大如木，故稱木稷。既別之爲木稷，則非稷之正種。但玉藻稷食菜羹，實即論語疏食菜羹，所稱稷，當爲木稷。鄭君月令注引舊說，稷爲首種。今北人收穫，黃米最先，高粱次之，小米又次之。播種則高粱最先，小米次之，黃米又次之。是高粱、小米並合首種之名矣。若詩、三禮、左傳所謂粱者，說文但云米名，知其非穀名。楊泉物理論謂黍稷之總名曰粱，合稻、菽爲三穀。竊意黍、稷之中並有米名粱。史記索隱引三蒼曰：「粱，好粟。」韋昭國語注曰：「粱，食之精者。」蓋得其實，故左傳「粱」與「麤」對，猶毛詩「粺」與「疏」對矣。楊泉又以爲粱、稻、菽三穀各二十種爲六十，蔬果之實助穀各二十，凡爲百穀也。

木稷亦曰蜀黍。蜀，大也。

四年春正月，公狩于郎。春而言狩，蓋用冬狩之禮。蒐狩例時，而此月者，重公失禮也。莊四年冬，公及齊人狩于郜。傳曰：「齊人者，齊侯也。其曰人何也？卑公之敵，所以卑公也。」然則言齊人者，所以人公，則譏已明矣。狩得其時，故不月。【補曰】凡史書狩，皆月也，狩與蒐，皆書地。哀十四年傳云：「狩地，知非以地遠譏。」何休云：「禮諸侯田狩不過郊。」孔穎達以爲大野是魯狩常地，皆未可據。四時之田，皆爲宗廟之事也。【補曰】田者，四時取獸之總名。何休引易曰「結繩罔以田魚」是也。何氏又曰：「已有三牲，必田者，孝子之意，以爲己之所養，不如天地自然之牲，逸豫肥美。禽獸多則傷五穀，因習兵事，又不空設，故因以捕禽獸，所以共承宗廟，示不忘武備，又因以爲田除害。」春曰田，取獸於田。【補曰】白虎通曰：「總名爲田。」何爲田除害也？春，歲之本，舉本名而言之也。夏曰苗，因爲苗除害，故曰苗。【補曰】此本杜預左傳注也。白虎通曰：「擇其未懷任者也。」鄭君解周禮謂擇取不孕任者，若治苗去不秀實者云。何休解公羊「春苗」曰：「苗，毛也。」明當毛物取未懷任者。毛即「覒」字，擇也。公羊「夏不田」，而董仲舒繁露增入「夏獮」，異其師說。秋曰蒐，蒐，擇之，舍小取大。【補曰】此本何休也。白虎通曰：「蒐，索肥者也。」音義曰：「蒐，麋氏本又作『搜』。」周禮、左傳、爾雅春蒐、秋獮，國語云：「蒐於農隙，獮於既烝。」古書異說，不可强同。冬曰狩。狩，圍守也。冬物畢成，獲則取之，無所擇。【補曰】此亦本杜預也。白虎通曰：「守地而取之也。」疏曰：「周之十二月，夏之十月，萬物已收，故得以畢成言之。」文烝案：春、夏、秋、冬，皆用當代制，不從夏時，傳明經以非禮書也。凡四時之田，有田、苗、蒐、狩，猶四時之祭有祠、礿、嘗、烝也。失時失正，而史書於策，八者一也。終春秋不見書田、苗、祠、礿者，田苗禮簡，蒐狩禮盛，祠礿禮約，嘗烝禮豐，非禮之事，必於盛且豐者而取備焉。故或非時而狩，或非時而大蒐，或非時而亟烝，無有非時而田、苗、祠、礿者也。或值狩時而見脅於仇讐，或遇嘗時而不綴其所可綴，無有田、苗、祠、礿而蹈斯失者也。凡狩二蒐五嘗一烝二，惟蒐紅別見義，若西狩則非狩矣。孔穎達王制正義引鄭君釋廢疾謂穀梁四時田者，近孔子故也。公羊正當六國之亡，得見孔子所藏之讖緯，改爲三時田，從春秋之制。鄭與何休皆信讖緯，以爲是孔子之書，後漢之妄説也。讖緯卽用公羊，公羊世遠失實，孔廣森以爲諸侯制似取楊疏之義，亦無徵也。四時之田用三焉，唯其所先得，【補曰】目在下。王制天子諸侯歲三田。正義引釋廢疾謂以乾豆等三事爲田，非三時田也，與禮注異。俞樾曰：「言唯其所先得，則自以所得先後爲一、二、三之次，疑下注上殺、次殺、下殺之説未足據。」一爲乾豆，上殺中心，死速，乾之以爲豆實，可以祭祀。【補曰】何休曰：「一者，第一之殺也，自左膘射之，達於右髃。豆，祭器名，狀如鐙。天子二十有六，諸公十有六，諸侯十有二，卿上大夫八，下大夫六，士二。」二爲賓客，次殺射髀骼，死差遲。【補曰】何休曰：「二者，第二之殺也，自左膘射之，達於右脾。」三爲充君之庖。下殺中腸污泡，死最遲。先宗廟，次賓客，後庖廚，尊神敬客之義。【補曰】何休曰：「三者，第三之殺也，自左脾射之，達於右髃，中腸胃污泡。充，備也。」案：公羊、王制、毛詩傳皆有此三句。

夏，天王使宰渠伯糾來聘。宰，官也。渠，氏也。天子下大夫，老故稱字。下無秋、冬二時，甯所未詳。【補曰】公羊曰：「下大夫也。」孔穎達引周禮大宰卿一人，小宰中大夫二人，宰夫下大夫四人，謂未知伯糾是何宰？今據公羊，當爲宰夫。周禮鄭衆注以詩「家伯維宰」爲宰夫，此宰夫稱宰之證。服虔以咺爲宰夫，當移以説此。渠氏亦是采，惠棟引左傳昭二十六年「劉子以王出，次于渠」是也。伯糾猶叔服，皆字也。何休曰：「天子下大夫，繫官氏且字。稱伯者，上敬老也。」老臣不名，何以糾爲且字？得之。以伯爲老稱，范用其説，實未可據。傳例：「天子之大夫皆不名耳。」左傳曰：「父在故名。」父在之義與老臣之説相反。杜預説渠爲氏，伯糾爲名。孔穎達引鄭箴膏肓云「名且字」，則渠爲名，伯糾爲字。公羊注

「繫官氏且字」，傳寫「氏」下衍一「名」字。徐彥因謂渠是名，要之皆非也。下無秋七月、冬十月者，十四年傳曰：「立乎定、哀，以指隱、桓，隱、桓之日遠矣。夏五，傳疑也。」明此亦爲世遠之故，仍史之闕，以示傳疑。傳於彼言之，則此可不發也。

五年春正月，甲戌、己丑，陳侯鮑卒。【補曰】前正與夷，後正終生，此不正者，以二日爲變文，不復須正。鮑卒，何爲以二日卒之？春秋之義，信以傳信，疑以傳疑，明實録也。【補曰】稱春秋以包全經。陳侯以甲戌之日出，己丑之日得，不知死之日，故舉二日以包也。國君獨出，必辟病潛行。【補曰】公羊曰：「怴也。甲戌之日亡，己丑之日死而得。」何休曰：「怴者，狂也。齊人語。」此注辟病，謂辟易之病，即狂也。惠士奇說死而得。死，讀爲「屍」，謂得其屍也。案：傳明此仍舊史從赴之文。

夏，齊侯、鄭伯如紀。外相如不書，過我則書，例時。【補曰】注據下「冬」傳也。疏曰：「紀在齊東，鄭在齊西北，鄭欲如紀，則直過齊，何以二君並得過魯？蓋齊侯出竟西行而逢鄭伯，遂與至紀，途過於魯，故得記之。」文烝案：如者，朝也。左傳曰：「齊侯、鄭伯朝于紀，欲以襲之，紀人知之。」杜預曰：「外相朝皆言如。」案：外相朝言如者，略之以別於來朝之文，從内朝外之例。凡過我則有借道之禮，故或得書。

天王使任叔之子來聘。任叔，天子之大夫。【補曰】未知爲上爲中。○【撰異曰】任，左氏、公羊作「仍」。孔廣森詩聲類以爲冬、綅、蒸三類古通用，故「仍」亦作「任」。而戎菽謂之荏菽，戎與茸通，茸當音仍。集韻「戎」兼入蒸部，小雅「朋」、「戎」爲韻，邶風、大雅「仲」、「任」爲本句韻。張壽恭引史記索隱曰：「地理志東平有任縣，蓋古仍國。」任叔之子者，録父以使子也。録父使子，謂不氏名其人，稱父言子也。【補曰】廣雅曰：「詮，録，具也。」王念孫曰：「詮者，論之具也。字亦通作『譔』録者，記之具也。凡言『之』者，緩辭。」此録父以使子，明「之」亦緩辭。何休所謂辟一人也。武氏子雖未爵，父没爲大夫矣。不得録父，故無煩緩也。故微其君臣而著其父子，不正父在子代仕之辭也。君闇劣於上，臣苟進於下，蓋參譏之。【補曰】稱君以使，而所使之臣無姓氏名字，是微之。録父以使子，是著之。其辭如此者，明不正其父在子代仕也。疏曰：「闇劣、苟進止是二譏，而言參者，舊解傳言『微其君臣』，而著其父子是刺其父之不肖，而令苟進，更又刺其君臣，故曰參譏之。或以爲參者交互之義，不讀爲三，理亦得通。」文烝案：公羊曰「父老」，老者，致仕之謂。

葬陳桓公。【補曰】葬時，正也，例在成十三年傳。

城祝丘。譏公不脩德政，恃城以安民。

秋，蔡人、衛人、陳人從王伐鄭。王親自伐鄭。【補曰】稱人者，孫復以爲衆辭。文烝案：傳例公與諸國大夫會盟，大夫悉稱人，明或公會諸國卑者則同文也。王與諸侯並在焉，猶公會諸大夫也；王與諸大夫並在焉，猶公會諸卑者也。今此三國稱人，蓋蔡、衛皆君，而陳佗使大夫，通以稱人爲例。猶蜀之盟，楚人、秦人等爲大夫，而齊人爲卑者。澶淵之會，晉人爲大夫，而宋人爲卑者也。服虔以陳亂無君，而決三國皆大夫，未得稱人之旨。吕大圭謂「有天子在則諸侯稱人，有諸侯在則大夫稱人」，其言是也。謂三國皆諸侯，則未盡是也。不言天王者，趙汸曰：「凡言天，以其無上，故王不在辭端則不加天。」文烝案：此亦所謂致恭而不黷，公朝于王所亦同也。以王配謚，本無加稱。舉從者之辭也。使若王命諸侯伐鄭，書從王命者三國也。【補曰】疏曰：「麋信曰舉從者之辭，謂解經稱人也。徐邈云舉從者之辭，謂王不能以威致三國，三國自以義從耳。范以二者不通，故爲別解，謂若王不親伐。」文烝案：范是也。以王文親於伐鄭之上，未嘗沒其事之實，特其屬文爲「舉從者」之辭，謂以蔡、衛、陳主其事，不以王主其事。孫復以爲不使天子首兵是矣。若不欲爲舉從者之辭，當先言天王伐鄭，而後言蔡人、衛人、陳人從，如河陽先言王守，後言朝，是則以王主其事。左傳稱「王以諸侯」，言「以」者，豈史之舊歟？其舉從者之辭何也？爲天王諱伐鄭也。諱自伐鄭。鄭，同姓之國也，在乎冀州，於是不服，爲天子病矣。鄭，姬姓之國。冀州則近京師，親近猶不能服，則疏遠者可知。【補曰】疏曰：「徐邈云：『新鄭屬冀州。』案：爾雅兩河閒曰冀州，新鄭在河南，不得屬冀。麋信云：『韓哀侯滅鄭，遂都之。韓，故晉也，本都冀州，傳以當時言之，遂以目鄭。然則伐鄭時未有韓國，何得將後代之事以爲名？韓侯從冀州都鄭，亦不得謂鄭爲冀州也。蓋冀州者天下之中州，古者天子之常居。鄒衍書云『九州之內，名曰赤縣，赤縣之畿，從冀州而起』，故後王雖不都冀州，亦得以冀州言之。」鄭近王畿，故舉冀州以爲說。王引之曰：「士冠禮注曰：『病，猶辱也，故凡羞愧者皆曰病，曰爲天子病矣，曰公子病矣，此類以由己羞之者言也。曰病公子，曰所以病齊侯也，此類以爲人羞之者言也。徐邈於襄八年傳注誤以爲疾病之病，楊氏於哀九年傳疏又誤以爲病患之病，古訓疏，而經說遂晦矣。」文烝案：此言同姓之親，冀州之近，猶且不服，以爲是天子之羞辱，故婉其文而諱親伐也。春秋之義，至是而止，伐而後服，在所不論。若左傳所載戰于繻葛，師敗王傷，彌不可道矣。○趙鵬飛曰：「親征非平世之事也，武王創業則親征，宣王再造則親征，成、康平世，不聞親征，有大司馬之法在也。」

大雩。雩者，旱祭請雨之名。傳例曰：「雩，得雨曰雩，不得雨曰旱。月雩，正也。時雩，不正也。」禮月令曰：「仲冬行夏令則其國乃旱。」【補曰】秋不月者，七月也。傳例在僖十一年、成七年。爾雅曰：「舞，號，雩也。」何休曰：「使童男女各八人舞而呼雩，故謂之雩。」鄭君答臨碩難周禮引董仲舒曰：「雩，求雨之術，吁嗟之歌。」祭法注曰雩之言吁嗟也。」賈逵、服虔、杜預皆曰雩之言遠也，遠爲百穀祈膏雨。賈又曰：「言大，別山川之雩，蓋以諸侯雩山川，魯得雩上帝，故稱大。」何休曰：「不地者，常地也。」鄭君論語注曰：「沂水在魯城南，雩壇在其上。」五行傳曰：「言之不從，是謂不艾。厥咎僭，厥罰恆暘。說曰，僭差也。刑罰妄加，羣陰不附，則陽氣盛，故其罰常暘也。」何休曰：「旱者，政教不施之應。」

螽。禮月令曰：「仲冬行春令則蟲蝗爲敗。」【補曰】劉歆說五行傳：「螽爲介蟲之孽。」何休曰：「蝝者，煩擾之所生。」○【撰異曰】公羊作「蝝」，後皆同，亦作「蠭」。螽，蟲災也。蚣蝑之屬。【補曰】此本杜預也。孔穎達曰：「釋蟲云：『蜤螽、蜙蝑。』揚雄方言云：『春黍謂之蚣蝑。』陸機毛詩疏云：『幽州人謂之春箕，春箕卽春黍，蝗類也。長而青，股鳴者。或謂似蝗而小，班黑，其股狀如瑇瑁文。』爾雅又有蠜螽、土螽，樊光云：『皆蚣蝑之屬。』然則螽之種類多也。」文烝案：說文曰：「螽，蝗也。」爾雅阜螽、草螽、析螽、蠜螽、土螽，李巡以爲皆分別蝗子，異方之語。唐石經初刻「蟲」上無「螽」字。甚則月，不甚則時。【補曰】疏曰：「重發傳者。經書時雩非正，故不月，螽災與之同不月，嫌其甚而不月，故發以明之。」文烝案：螽時者，亦皆七月也，災在八月以後則甚，七月則不甚。唯文三年秋雨螽于宋，甚而亦時，彼以外災特志，又加言雨，足以別之矣。此七月得雨書雩，災不甚可見，前發螟例，此發螽例，疏未得其意。

冬，州公如曹。【補曰】董仲舒曰：「州公化我，奪爵而無號。」文烝案：曹，小國，而州朝之，公非本爵明矣。稱公者，明其從此失國爲寄公，猶郭公、虞公，皆生稱公也。喪服經於失國者稱寄公，知是古之常稱。此言「如」，下言「來」，皆不言「奔」，故稱公以起之。左傳謂之「淳于公」。外相如不書，此其書何也？【補曰】不書者，經例因史例也。過我也。過我，六年「寔來」是也，將有其末，故先録其本。【補曰】注以「過我」即下「寔來」，又用何休爲下張本之說，皆未分明。如曹者，州公本意也。書於冬者，是冬過我也。正月又言「來者」，以過相朝也。過我當書，以過相朝亦當書。疏曰：「齊侯、鄭伯如紀，無寔來亦言過我者，不必悉有下事，此因有下事，故以相發明。其齊侯、鄭伯直塗過於魯，不入國都，故不言寔來也。」

六年春正月，寔來。來朝例時。月者，謹其無禮。寔來者，是來也。【補曰】公羊曰：「猶曰是人來也。」何休曰：「不録何等人之辭。」爾雅曰：「寔，是也。」杜預曰：「寔，實也。」案：覲禮曰：「伯父實來。」鄭君注：「今文『實』作『寔』。」左傳曰鞏伯實來、子皮實來、印段實往。外傳亦曰叔父使士季實來。左氏書，古文也，杜讀從之，說亦可通。但今文家訓「是」，自有所受，不可輒改。毛詩「寔命不同」，傳云：「寔，是也。」韓詩作「實」，云「有也」，此二訓之異。何謂是來？謂州公也。其謂之是來何也？以其畫我，故簡言之也。諸侯不以過相朝也。畫是相過，去朝遠。【補曰】此注尤不可曉，傳意自明也。上冬傳及此傳皆與公羊同。公羊曰：「曷爲謂之寔來？慢之也。曷爲慢之？化我也。」簡、慢義同，畫、化聲近。何休曰：「行過無禮謂之化，齊人語也。」然則畫者，魯人語也。簡言之者，謂言寔來，不言朝也。畫者，即下句「以過相朝」是也。俞樾曰：「傳與公羊略同，惟公羊於『化我』下不置一辭，傳又申之曰『諸侯不以過相朝也』，於是其義明矣。蓋諸侯惟過天子之國必行朝禮，成十三年公羊傳所謂『不敢過天子』是也。若諸侯之於諸侯，本非臣屬，但須假道，不必相朝。而州公乃以如曹之故，道出魯竟，遂行朝禮。朝不以禮，與無禮同，故謂之書我化我，何休行過無禮之説必有師承。又謂諸侯相過，至竟必假塗，入都必朝，今州公過魯都，不朝魯則大非傳義矣。」文烝案：俞説是也。俞又謂左氏與公、穀絶異。今案：左傳曰：「冬，淳于公如曹，度其國危，遂不復。」「六年春，自曹來朝。書曰『寔來』，不復其國也。」蓋左氏讀經不審，以爲上冬自州如曹，今春又自曹來魯，於二家言「過」、言「畫」、言「化」之旨皆不得通。唯解「來」字亦爲來朝而不復國之説，足證明公爲寄公之義，並可依用，其留曹、留魯則無以言之。

夏四月，公會紀侯于郕。○【撰異曰】郕，左氏、公羊作「成」。

秋八月壬午，大閲。【補曰】孔穎達曰：「大蒐、大閲，國之常禮。公身雖在，例不書公。比蒲、昌閒皆舉蒐地，此不言地者，蓋在國簡閲，未必田獵。昭十八年鄭人簡兵大蒐在城内，此亦當在城内。」文烝案：孔言「未必田獵」，不爲決辭，準諸此傳，不田明矣。大閲者何？閲兵車也。閲爲簡練。【補曰】左傳曰：「簡車馬也。」公羊曰：「簡車也。」今本公羊「車」下衍「徒」字。孔廣森曰：「閲義如伐閲之閲，簡義如簡稽之簡。必取名簡閲者，明主爲簿按之，周禮所謂校登其夫家之衆寡及其六畜車輦旗鼓兵器者是也。先王之治，安不忘危，存不忘亡，井牧其田野而寄軍令焉。居則有户籍田結，行則有尺籍伍符，故大師曰拱稽，大役曰抱磿，大田曰讀書契。凡所以使軍實可數，卒兩可比，然後等列辨，少長順，而坐作進退之節可習。」脩教明諭，國道也。脩先王之教，以明達於民，治國之道。【補曰】言此固治國之道也，所以起下二句。平而脩戎事，非正也。邵曰：「禮因四時田獵，以習用戎事，存不忘亡，安不忘危之道。平，謂不因田獵無事而脩之。」【補曰】周禮大宗伯：「大田之禮，簡衆也。」鄭君曰：「古者因田習兵，閱其車徒之數。」文烝謂因田習兵，每歲四時行之。因田習兵，又大加簡閱，疑當如何休説，以爲三年一行。三年一行，亦國之常，史例不志。今魯屆三年之期不因田獵以行此禮，輒於城内行之，故史特志之，而經因以見非正。其日，蒐閲例時。【補曰】注因蒐以推閲也。以爲崇武，故謹而日之，【補曰】崇，重也。時史見事有異，故特志之，又日之。君子從而取義如此。蓋以觀婦人也。【補曰】觀，示也。婦人，夫人也。古文孝經傳曰：「蓋者，辜較之辭。」劉炫曰：「辜較，猶梗概也。」推傳此言，疑夫人自桓時已與聞國政，爲後來出會如師之漸。桓既從妻所好，他年國外簡閱，或與俱行，爲後來共會共如之漸。茲因子同之生，將及月辰，故夫人不出，特行事於城内，以悦之耳。於説似奇，於情或得。家鉉翁曰：「時當淫姜煽蠱之始，穀梁必有所本也。」

蔡人殺陳佗。陳佗者，陳君也。其曰陳佗何也？匹夫行，故匹夫稱之也。【補曰】庶人稱匹夫。匹，偶也，言其夫婦相偶耳。人君而匹夫稱之，爲其有匹夫之行。其匹夫行柰何？陳侯憙獵，【補曰】説文曰：「喜，樂也。」「憙，説也。」顔師古曰：「『喜』下施『心』，是好憙之意。音虚記切。」説文又曰：「嗜，憙欲之也。」太玄玄衝曰：「務則憙。」又曰：「窮無喜。」憙卽憙省，而與「喜」别。急就篇：「勉力務之必有憙。」皇象不誤，他本皆誤。此傳音義亦虚記反，板本皆不誤，惟唐石經誤。白虎通曰：「四時之田，總名爲獵。」蔡邕月令章句曰：「獵，捷取之名也。」淫獵于蔡，與蔡人爭禽，淫獵，謂自放恣，遺失徒衆。【補曰】是所謂匹夫行也。傳聞之誤，遂以爲姦淫。公羊似此者多。蔡人不知其是陳君也而殺之。【補曰】蔡自殺匹夫陳佗耳，不殺陳侯。何以知其是陳君也？【補曰】此「知」

字訓「見」，問於經文，何以見之？兩下相殺，不道。兩大夫相殺，不書春秋。【補曰】注言「兩大夫」，是謂卿與卿相殺。傳云「兩下」，不必兩者皆卿。兩下者，别乎君殺大夫及衆殺大夫之辭，猶言兩臣也。兩臣相殺，苟非矯王命殺世子，事涉重大，則皆以不道爲常。不道者，或是經例因史例，或專是經例，未能定也。此蔡稱人，本是衆辭，稱人而不言殺其大夫，則雖是衆辭之例，而實爲兩臣相殺之文。以兩臣相殺，常例不道，足明陳佗爲陳君也。其不地，於蔡也。【補曰】疏曰：「邾人戕繒子于繒。書地，今不地，故決之。」

九月丁卯，子同生。子同，桓公嫡子莊公。【補曰】青史氏記稱王大子生而泣，繼以卜名。而依内則，凡子生命名皆在三月之末，則此書名者，史追書也。不稱世子者，賈逵、杜預皆曰書始生也。案：禮士冠記曰：「天子之元子猶士也，天下無生而貴者也。」疑，故志之。莊公母文姜，淫于齊襄，疑非公之子。【補曰】案：左傳十八年，文姜如齊，齊侯通焉。彼時莊年已十三，次年而卽位，人共見之，無所可疑。其所以疑者，時謂姜氏未嫁已亂其兄。史記齊世家、劉向列女傳、鄭君詩箋皆有其說，此致疑之由也。君子案史記既書夫人至，又志子同生，使習其讀者知夫人嫁魯，四年而生子，中間無如齊出會之事，則文姜雖惡，而疑可釋矣。内則說大夫士生子，夫告宰名，宰書曰某年某月某日某生，而藏之。宰告閭史，閭史書爲二。以是推諸侯之禮，魯史書生，必不止此，君子於此獨存之，其爲以疑特志，不亦明乎？朱子及張大亨、高閌、趙鼎、程端學、郝敬，近儒顧棟高、方苞、牛運震、洪亮吉、張應昌皆發明穀梁之義，而惠士奇言未嫁私通最得之。楊疏亦知未嫁私通，乃謂此四年中齊襄仍尚往來，所以可疑。不謂志以破疑，反謂志以見疑，誤會傳意。其言鄙倍，且齊世子何嘗來？魯夫人何嘗往？真無稽之談也。○杜預曰：「十二公唯子同是適夫人之長子，備用大子之禮，故史書之於策。」杜意聲姜爲文公母，左傳無明文，聲姜又未知何年所娶。左傳雖以定姒爲定公夫人，而定姒爲哀公母，亦無明文，亦未知何年所娶。又以傳載公衡事推之，則成公非穆姜所生。又傳於此云「以大子生之禮舉之」，則如文篇不書子惡之生，或是未嘗備禮。杜說未審信否，依杜亦得兼通，史雖唯有此文，君子自取疑義，明不當疑也。張應昌以爲「聖筆第存其舊，而自別具妙義」是也。朱彝尊曰：「易芈以黃，易嬴以吕，易司馬以牛，其事或未足深信，惟無聖人之書法可以祛惑，史沒其文，斯疑者益甚耳。」時曰：同乎人也。時人僉曰，齊侯之子，同於他人。【補曰】范解「同乎人」本左傳「徵舒似女」、「亦似君」之意。案：山海經：「伯陵同吳權之妻阿女緣婦。」郭璞曰：「同猶通，言淫之也。」或當依彼作解，因其名同，謂是姜氏同通乎人所生。毛詩序曰：「人以爲齊侯之子焉。」是當時齊、魯之人有此語，申上句「疑」字意也。左傳桓公曰：「是其生也，與吾同物，命之曰同。」杜預曰：「謂同日。」

冬，紀侯來朝。

七年春二月己亥，焚咸丘。日之，謹其惡。【補曰】焚之者，蓋公也。不書公，蓋諱之，或亦與前人杞後伐郱同。其不言邾咸丘何也？據襄元年圍宋彭城言宋。【補曰】此當如何休據紀郱、鄑、郚，既無伐邾文，咸丘當繫邾。疾其以火攻也。不繫於國者，欲使焚邑之罪與焚國同。【補曰】注又失其解，若攻不以火，則直言伐邾，不目咸丘矣。今疾其以火攻，詳其所焚之邑，則略其所繫之國也。凡書紀郱、鄑、郚，宋彭城，鄭虎牢者，變文也。伐邑、取邑、滅邑悉不繫國，常文也。蘇轍謂邑有常處，不待國別而知。其說是也。故不言邾由於言咸丘，言咸丘則由於疾焚也。經辭有體而皆相貫，傳文甚簡而有所包，當以此意讀之。疾，猶惡也。何休曰：「征伐之道，不過用兵，服則可以退，不服則可以進。火之盛炎，水之盛衝，雖欲服罪，不可復禁，故疾其暴而不仁也。」杜預以咸丘爲魯地，焚爲火田。左傳中兵事言焚者多矣，杜非也。又失時月日之例。

夏，穀伯綏來朝。鄧侯吾離來朝。其名何也？據隱十一年滕、薛來朝不名。失國也。禮諸侯不生名，失地則名。【補曰】注用曲禮文。上句亦見襄七年二十五年。失國則其以朝言之何也？據文十二年郕伯來奔不名。【補曰】疏曰：「郕伯與穀、鄧並與常例違，故據之以相決，何則？郕伯不言名而云來奔，穀、鄧書名而稱朝，二者相反，故特據之。」嘗以諸侯與之接矣，雖失國，弗損吾異日也。待之以初也。下無秋、冬二時，甯所未詳。【補曰】注「待之以初」用公羊也。言前者嘗以諸侯之禮相接，今雖失國，託寄於我，我猶以諸侯待之而用朝禮，故言朝，此史文之舊，君子所取也。何休曰：「所謂故舊不遺則民不偷。」又據禮記諸侯不臣寓公，寓公不繼世。論其事曰「獨妻得配夫，託衣食於公家，子孫當受田而耕」。疏曰：「郕伯與魯同姓，故不名以表其親。言奔以明失國，穀、鄧與魯有好，故言名以彰失國，稱朝以見和親。但入春秋以來，無同好之事，蓋春秋前有之。」文烝案：下無秋七月、冬十月者，與四年同說。

春秋桓公經傳第二補注第四

穀梁　范氏集解　鍾文烝詳補

八年春正月己卯，烝。失禮祭祀例日，得禮者時。定八年冬從祀先公是也。僖八年秋七月禘于大廟，月者，謹用致夫人耳。禘無違禮。

烝，冬事也。春祭曰祠，薦尚韭卵。夏祭曰禴，薦尚麥魚。秋祭曰嘗，薦尚黍肫。冬祭曰烝，薦尚稻鴈。無牲而祭曰薦，薦而加牲曰祭，禮各異也。【補曰】詩小雅曰：「禴祠烝嘗，于公先王。」此周四時祭名。周禮、公羊、爾雅皆同。范注約何休注文。何休又曰：「祠，猶食也，猶繼嗣也。春物始生，孝子思親，繼嗣而食之，故曰祠，因以別死生。」「麥始熟可汋，故曰礿。」「嘗者，先辭也。秋穀成者非一，黍先熟，可得薦，故曰嘗。」「烝，衆也，氣盛貌。冬萬物畢成，所薦衆多，芬芳備具，故曰烝。」董仲舒曰：「祠者，以正月始食韭也；礿者，以四月食麥也；嘗者，以七月嘗黍稷也；烝者，以十月進初稻也。」又曰：「春上豆實，夏上尊實，秋上机實，冬上敦實。豆實，韭也。尊實，麷也。机實，黍也。敦實，稻也。始生故曰祠，善其司也。夏約故曰礿，貴所受初也。先成故曰嘗，嘗言甘也。畢孰故曰烝，烝言衆也。」董生大恉與何氏同，此古義也。嘗、烝二字，其本義皆非祭，乃用其引申之義，蓋其由來久也。祠、礿、禘、祫，當皆是後來之禮，故特製正字。葉夢得引詩那、烈祖、楚茨，皆但言烝、嘗。又逸禮篇有烝嘗禮，有禘于大廟禮，是則時祭，烝、嘗爲重。大祭，禘其大

「礿」即「禴」字。

名歟？○何休又論祭曰：「祭於室，求之於幽；祭於堂，求之於明；祭於祊，求之於遠；皆孝子博求之意也。大夫求諸明，士求諸幽，尊卑之差也。殷人先求諸明，周人先求諸幽，質文之義也。禮天子、諸侯、卿、大夫，牛、羊、豕，凡三牲曰大牢。天子、元士、諸侯之卿大夫，羊、豕，凡二牲曰少牢。諸侯之士特豕。天子之牲角握，諸侯角尺，卿大夫索牛。」案：國語觀射父曰：「天子舉以大牢，祀以會；諸侯舉以特牛，祀以大牢；卿舉以少牢，祀以特牛；大夫舉以特牲，祀以少牢；士食魚炙，祀以特牲；庶人食菜，祀以魚。」韋昭曰：「會，會三大牢。舉，四方之奠。」春興之，志不時也。【補曰】周正月、夏十一月，以爲不時而志者，時祭之名亦不以夏制爲準也。以春秋言之，桓烝在八月，文大嘗亦然，建未月也。然則烝宜用戌亥月，不從夏時之冬矣。論語顔淵問爲邦，子曰：「行夏之時。」皇侃以爲顔淵魯人，問治魯國之法，孔子舉魯舊法爲答，謂田獵、祭祀、播種皆用夏時以行事，是魯之舊也。案：論語下文殷路、周冕、韶舞，皆魯國禮樂之舊，皇説甚有理。逸周書周月曰：「至於敬授民時，巡狩烝享，猶自夏焉。」竊意周、魯之初悉如此，但後來漸有變更，遂一以周時爲準。隱、桓之代，沿用已久，故田祭一失周時則即謂之非禮。而史書於策，春秋事仍本史，因即據以爲義，若論語則本魯之初制言之，故不相同也。依王制，嘗、烝皆祫，祭五廟爲時祭之祫。左傳亦稱「齊嘗于大公之廟」，此不言「烝于大廟」，十四年不言「嘗于大廟」者，主爲烝嘗，書舉祭名則義見。

天王使家父來聘。家父，天子大夫。家氏，父字。【補曰】家氏亦采也。鄭君引家父釋冠禮「某甫」，孔廣森遂以「家」爲且字，非也。疏曰：「何休云：『中大夫，故不稱伯仲。』范意或然。」文烝案：稱伯仲、稱父，蓋並通乎上、中大夫，似當時世世爲是稱。毛詩序仍叔美宣王、家父刺幽王，孔穎達謂春秋所書，別是一人，猶晉之知氏世稱伯，趙氏世稱孟，宋孔父之父正考父，其子木金父，累世同字「父」也。又大雅宣王時有皇父，小雅之皇父，序爲幽王時，鄭譜及箋爲厲王時。孔氏亦疑是傳世稱之。

夏五月丁丑，烝。烝，冬事也。春、夏興之，黷祀也，志不敬也。【補曰】公羊曰：「亟則黷，黷則不敬。」何休曰：「黷，渫黷也。」說文曰：「敬，肅也。」釋名曰：「警也。」案：敬與恭，散文通，對文則如少儀「賓客主恭，祭祀主敬」。鄭君曰：「恭在貌也，而敬又在心。」張栻曰：「心在焉，謂之敬是也。」疏曰：「一失禮尚可，故以不時言之，再失禮重，故以不敬釋之。」程子曰：「既烝復烝者，必以前烝爲不備也，其黷禮甚矣。」

秋，伐邾。【補曰】亦內稱人之文。

冬十月，雨雪。禮月令曰：「孟冬行秋令則霜雪不時。」【補曰】五行傳曰：「聽之不聰，是謂不謀。厥咎急，厥罰恆寒。」劉歆以爲大雨雪及未當雨雪而雨雪及大雨雹隕霜殺菽，皆恆寒之罰也。何休曰：「周十月，夏八月，未當雨雪，此陰氣大盛，兵象也。」文烝案：月者，例也。范引孟冬者，但取下一句之事，非以夏正解經十月，范諸引月令皆然。

祭公來，遂逆王后于紀。祭公，寰內諸侯，爲天子三公者。親逆例時，不親逆例月，故春秋左氏說曰：「王者至尊無敵，無親逆之禮。祭公逆王后，未至京師而稱后，知天子不行而禮成也。」鄭君釋之曰：「大姒之家在郃之陽，在渭之涘，文王親迎于渭，即天子親迎之明文矣。天子雖尊，其于后猶夫婦，夫婦判合，禮同一體，所謂無敵，豈施此哉？」禮記哀公問曰：「『冕而親迎，不已重乎？』孔子愀然作色而對曰：『合二姓之好，以繼先聖之後，以爲天地宗廟社稷之主，君何謂已重焉？』」此言親迎繼先聖之後，爲天地宗廟社稷之主，非天子則誰乎？【補曰】公羊曰：「祭公者何？天子之三公也。」何休曰：「祭者，采也，天子三公氏采稱爵。」注引鄭君說天子當親迎，非也，下辨之。王后、王世子、王姬、王人、王師、王室，言王猶言周也。若言京師后、京師世子，則不成辭。曲禮曰：「天子之妃曰后。」后，君也。左傳稱后緡方娠，自夏然矣。何休曰：「不言如紀者，辟有外文。」其不言使焉何也？據四年天王使宰渠伯糾稱使。【補曰】不得獨據彼，當依何休云「據宰周公稱使」。不正其以宗廟之大事卽謀於我，時天子命祭公就魯，共卜擇紀女可中后者，便逆之，不復反命。【補曰】娶女所以崇宗廟，故曰宗廟之大事。卽，就也。就，成也。公羊曰：「使我爲媒可，則因用是往逆矣。」何休曰：「婚禮成於五，先納采、問名、納吉、納徵、請期，然後親迎。時王者遣祭公來，使魯爲媒可，則因用魯往迎之，不復成禮，疾王者不重妃匹，逆天下之母若逆婢妾，將謂海內何哉？」故弗與使也。【補曰】去使以譏王。遂，繼事之辭也。【補曰】疏曰：「依范氏略例，凡有十九遂事，傳亦有釋之者，亦有不釋者，此是例之首，又天子大夫嫌與諸侯臣異，故發繼事之辭。」文烝案：遂事實有二十，此所以爲繼事者，來成謀，卽往逆，趙與權曰「因而成事」是也。其曰「遂逆王后」，故略之也。以其遂逆無禮，故不書逆女，而曰王后，略謂不以禮稱之。【補曰】俞樾曰：「此『故』字衍文，蓋涉上『故』字而衍。」文烝詳繹此傳，知經注下范所引鄭說非傳意也。隱二年、桓三年傳並曰「逆女，親者也，使大夫，非正也」，彼言逆女無使道，自論諸侯之禮。此祭公之來，非有他事，乃爲逆后使之來。傳曰：「不正其以宗廟之大事卽謀於我，故弗與使也。」又曰：「其曰遂逆王后，略之也。」明若非成謀而卽往逆，則此事不爲失禮，春秋書之當曰「天王使祭公逆女于紀」。不言「王后」而言「女」，不言「來」、不言「遂」而言「使」，不如諸侯之禮，不得有使道也。范所引乃許愼五經異義及鄭君駮語，見詩大明、禮記曲禮哀公問。左傳此條諸正義及通典，其文互有詳略。諸正義引異義、禮戴說天子親迎，春

「適」與「敵」同。

秋公羊說天子至庶人娶皆當親迎。左氏說王者至尊，無體敵之義，故不親迎，使上卿逆，上公臨之。諸侯有故若疾病，則使上大夫逆，上卿臨之。許氏謹案：高祖時，皇太子納妃，叔孫通制禮，以爲天子無親迎，從左氏義。覲異義所載，不稱穀梁云何，固未可以公羊說爲穀梁說也。荀子曰：「天子無妻，告人無匹也。四海之內無客禮，告無適也。」無妻者，葢謂稱妃不稱妻，以妃之言媲，妻之言齊，其義略異故也。既曰無妻，必無親迎之禮。左氏說謂至尊無敵，故不親迎者，正是此意。荀卿學於穀梁，必不違其師說，則穀梁說必與左氏同也。戴禮、公羊春秋非古義，而白虎通從之，鄭亦從之，不如許從古爲得也。何休說公羊襄十五年傳曰「禮逆王后當使三公」，雖違其本傳之舊說，而義則是也。詩稱文王親迎大姒，考其事當在文王卽位後。文王爲殷之諸侯，未可據以爲天子禮，毛傳亦無天子親迎之說。非若造舟爲梁傳稱天子造舟，皋門應門冢土傳稱王之郭門曰皋門，王之正門曰應門。美大王作郭門正門以致皋、應，美其社，遂爲大社，以爲因祖制而定爲王禮。又非若六師及之傳稱天子六軍，直以天子事追述文王也。孔子對哀公稱繼先聖後者，自指周公。稱爲天地主者，自據魯得郊天而言，非謂天子有親迎禮也。孔穎達於禮記、左傳二疏不以鄭駁爲允，其說最是。啖助疑而不定，而趙匡斷從不親迎之說，不可易矣。范引異義左氏說祭公逆王后未至京師而稱后，知天子不行而禮成，此自左傳家釋稱王后之義與穀梁不同。又通典引異義左氏說公子翬如齊逆女，春秋不譏，知諸侯有故，得使卿逆。有故而得使卿，可與穀梁相補備。但桓之使翬，未聞有故，經亦未嘗不譏，其說不可用也。祭公逆后，卿亦當行。杜預曰：「卿不書，舉重略輕。」杜是也。家鉉翁據左傳莊十八年虢公、晉侯、鄭伯使原莊公逆王后于陳，不言王使，而曰虢、晉、鄭使之，以證公羊、昏禮不稱主人之義不可通於穀梁。或曰：天子無外，王命之則成矣。四海之濱，莫非王臣，王命紀女爲后，則已成王后，不如諸侯入國乃稱夫人，或說是。【補曰】孔廣森曰：「禮女未嫁而壻死，女當改適，唯王者妃匹，至尊無偶，雖在其國，義成爲后，設遇大故，不得更許嫁，可以此經決之。」文烝案：此稱或曰者，經意既如上所說，又兼見此義也，襄十五年亦同。公羊經師傳聞有此一說，遂以爲專義矣。范據公羊，故曰「或說是」耳。

九年春，紀季姜歸于京師。季姜，桓王后，書字者，申父母之尊。姜，紀姓。【補曰】此皆本杜預。杜釋書字義本公羊，與上稱「王后」相對爲義也。逆稱王后，故歸稱季姜，若逆稱女，已從父母辭，則其歸當稱王后姜氏矣。京師義在文九年傳。不月者，程子曰：「書王國之事，不可用無王之月，故書時而已。」爲之中者，歸之也。中，謂關與婚事。【補曰】當讀「爲之中者」絶句，我爲之中者，則歸之也。歸之者，謂春秋之文書「歸」以「歸之」，經仍史之舊。何休曰：「明魯爲媒，當有送迎之禮。」

夏四月。

秋七月。

冬，曹伯使其世子射姑來朝。【補曰】言「其」者，凡世子上有目君文則爲緩辭。○【撰異曰】音義曰：「射，糜氏本作『亦』。」朝不言使，【補曰】異於聘。言使非正也。【補曰】包季姬言之。使世子伉諸侯之禮而來朝，曹伯失正矣。【補曰】國語注曰：「伉，對也。」左傳注曰：「敵也。」疏曰：「禮諸侯世子，誓於天子，攝其君則下其君之禮一等，未誓則以皮帛繼子男，此謂會同急趨王命者也。今曹伯或有疾，雖闕朝魯，未是急事，而使世子攝位來朝，故云非正也。」案：疏論諸侯適子之禮本周禮典命、大戴禮朝事儀。曹伯有疾，何休、杜預皆云爾。諸侯相見曰朝，以待人父之道，待人之子，以内爲失正矣。【補曰】待與止同義，謂處待也。直書「朝」，明魯以處曹伯之禮處之，又譏内也。左傳曰「賓之以上卿」，蓋失之。内失正，曹伯失正，世子可以已矣，則是放命也。父有争子，則身不陷於不義，射姑廢曹伯之命可。【補曰】已，止也，謂止不來也。太平御覽引麋信注曰：「放，違也。」文烝案：書康誥曰「大放王命」，堯典及孟子言「方命」，馬融、趙岐皆曰：「方，放也。」鄭君、王肅讀堯典之「方」爲「放」，謂放棄教命也。注以「廢」釋「放」亦同，以爲世子可放命，非也。傳言魯與曹伯既皆失正，則世子可以止不來矣。又言世子若止不來，則嫌是違棄父命，疑若未可。此句所以起下尸子語，文意與莊七年「則是兩説也」，定十三年「則是大利也」正同。放，各本誤作「故」，今依唐石經、陸淳微旨、太平御覽引及吕本中集解本、俞皋集傳釋義本、程端學本義改正。胡安國傳言「方命」，所據亦未誤。尸子曰：「夫已多乎道。」邵曰：「已，止也。止曹伯使朝之命，則曹伯不陷非禮之愆，世子無苟從之咎，魯無失正之譏，三者正則合道多矣。」【補曰】言世子止不來則合道多，不以放命爲嫌。荀子引傳曰從道不從君，從義不從父。唐律有子孫違犯教令及供養有闕之罪，注曰「謂可從而違，堪供而闕」，並與尸子義合也。可止不止，明又譏世子矣。程子以君病而世子出爲危道，經無此義，然亦得包之。

十年春王正月，庚申，曹伯終生卒。桓無王，其曰王何也？正終生之卒也。徐乾曰：「與夷見弒，恐正卒不明，故復明之。」【補曰】疏曰：「案范答薄氏駁云『曹伯亢諸侯之禮，使世子行朝，故於卒示譏。』則傳云正者，謂正治其罪，是與徐解不同。而引其說者，以徐說得通一家，故引之。范意仍與徐異，或以范意權答薄氏，故云譏曹伯，若正說，仍與徐同。」

夏五月，葬曹桓公。

秋，公會衞侯于桃丘，弗遇。桃丘，衞地。桓，弑逆之人，出則有危，故會皆月之。衞侯不來無危，故時。弗遇者，志不相得也。弗，内辭也。倡會者衞，魯至桃丘而衞不來，故書「弗遇」，以殺恥。【補曰】内辭言「弗」，非内辭言「不」，經之通例。何休曰：「弗者，不之深也。」

冬十有二月丙午，齊侯、衞侯、鄭伯來，戰于郎。結日列陳則日。傳例曰：「不日，疑戰也。」【補曰】注引例在莊十年傳。凡不日者皆月，敗師日不日，皆與戰同。惟中國敗夷狄，不論其疑戰不疑戰，皆不日，略之，則又不月。夷狄相敗，皆是疑戰，皆不月。何休曰：「合兵血刃曰戰。」來戰者，前定之戰也。先已結期戰。【補曰】明從來盟之例。内不言戰，【補曰】疏曰：「内不言戰，又發傳者，公敗宋師，起例之始，此戰没公，故重發例以明之。」言戰則敗也。兩敵故言戰，春秋不以外敵内，書「戰」則敗。【補曰】史本言「我師敗績」，經改立例，惟乾時仍舊文，爲變例，注非也。春秋爲王師諱敵，爲内不諱敵，成元年傳有明文。不言戰爲舉大，隱十年傳又有明文矣。范於全傳多所未究。不言其人，以吾敗也。不言及者，爲内諱也。【補曰】既言戰，則以所不言者示義也。來者，接公之文，明此戰是公及之。

十有一年春正月，齊人、衛人、鄭人盟于惡曹。惡曹，地闕。【補曰】劉敞曰：「此非微者也。大夫之交盟於中國自此始，故貶之也。」葉夢得從其說。文烝案：以瓦屋之例推之，此說有理，但於傳與左傳俱無徵。

夏五月癸未，鄭伯寤生卒。

秋七月，葬鄭莊公。莊公殺段，失德不葬，而書葬者，段不弟，於王法當討，故不以殺親親貶之。【補曰】疏曰：「此據晉侯殺世子不葬而發。」文烝案：突、忽更出更入，不書日，危。莊公葬者，事近在下，又非尋常小故，危理易見，故不須日。楊氏之解葬景王已發此意。

九月，宋人執鄭祭仲。祭氏，仲名。執大夫，有罪者例時，無罪者月。此月者，爲下盟。【補曰】說文：「執，捕辠人也。」案：謂拘止之。注首二句本杜預。祭仲名而疑於字，申侯名而疑於爵，古人命名不拘。但據左傳，或言祭仲足，或言祭足，是名足。公羊亦以仲爲字，蓋與單伯、女叔同義耳。疏曰：「有罪時，若鄭詹。無罪月，若季孫行父。」文烝案：范以月爲下盟，而何休云執例時。此月者，爲突歸鄭奪正，鄭伯出奔，與范異也。宋人者，宋公也。【補曰】能執他國權臣，足明其爲宋君。其曰人何也？貶之也。惡其執人權臣廢嫡立庶。【補曰】不言行人，蓋非使人。劉炫及襄十一年疏得之。疏又引舊解以爲私罪，乃以單伯擬之，非也。

突歸于鄭。突，鄭厲公，昭公之弟，莊公之子。【補曰】此「歸」亦入也，宜蒙月。曰突，賤之也。【補曰】賤其不正，故直名，猶齊小白等之國氏見嫌也。本亦當言「鄭突」，今直名者，因下文鄭世子忽出奔，方變文，稱「鄭忽」以見義，若稱「鄭突」，則上下文同，故不得也。辭雖與挈文類，實無挈義，公羊以爲挈乎祭仲，非也。曰歸，易辭也。傳例曰：「歸爲善，自某歸次之。此傳『曰歸，易辭也』，然則『歸』有二義，不皆善矣。突篡兄之位，制命權臣，則歸無善。」【補曰】此與衛侯衎復歸于衛皆是易辭，非善辭。衛侯嫌得善，故謹日，以明知弑；此既直名以賤之，言歸無所嫌。胡安國曰：「內則權臣許之立，外則大國爲之援，而世子忽之才不能自固也，故穀梁子曰『易辭也』。」劉敞曰：「歸者，順辭也。有易辭焉，非所順而書『歸，易也。』入者，逆辭也。有難辭焉，非所逆而書『入，難也。』」范所引例在成十六年傳。祭仲易其事，權在祭仲也。易辭，言廢立在己。【補曰】申上也。注以「廢立」解「權」字，言廢忽立突，皆己主之。傳言權在祭仲，是聖門相承說經語。公羊經師，習聞其言，遂誤以爲祭仲行權，衍爲侈大之論，與納北燕伯傳之誤正同。死君難，臣道也。【補曰】君，謂忽也。宋執祭仲，脅令立突，是忽有難，仲宜死之。今立惡而黜正，惡祭仲也。【補曰】立惡，立不正也。惡祭仲，故爲易辭，以彰仲罪。劉敞駁公羊曰：「若祭仲知權者，宜效死勿聽，使宋人知雖殺祭仲，猶不得鄭國迺可矣。且祭仲謂宋誠能以力殺鄭忽而滅鄭國乎？則必不待執祭仲而劫之矣。如力不能而夸爲大言，何故聽之？且祭仲死焉足矣。又不能，是則若強許焉，還至其國而背之，執突而殺之可矣，何故黜正而立不正？」又曰：「若仲之爲者，春秋之亂臣也。」季本曰：「不言自宋歸者，上言宋執，則突自宋歸可知，文省而義自備。」此本趙汸說。

鄭忽出奔衛。忽，鄭昭公。【補曰】爾雅曰：「奔，走也。」淮南子曰：「走者，人之所以爲疾也。步者，人之所以爲遲也。」此亦宜蒙月。鄭忽者，世子忽也。【補曰】十五年文也。言非嫌。其名，失國也。其名，謂去世子而但稱忽。【補曰】疏曰：「此年去世子書名，表其失國，十五年稱世子，明其反正，故與常例不同。」常例已葬未踰年宜稱子。

柔會宋公、陳侯、蔡叔盟于折。蔡叔，蔡大夫名，未命，故不氏。折，某地。【補曰】折，當云地闕。內大夫與外君可相盟會，例在文二年傳。范解蔡叔，依杜預爲名，又申之，非也。凡内之不氏者，或不命，或未命，實皆爲卿。傳謂之大夫，而外自小國夷狄以外，其直以國氏者，雖與内之不氏相當，其實皆非卿。傳謂之卑者，皆與其稱人之文不異，特以不可不目言其人，故稱名而不稱人。此蔡叔若是卑者，則盟事本無須目言，宜稱蔡人。若如范意，以爲未命之卿，則恐史於外卿未暇細別，傳所不言，何得以柔相擬？且未命之卿，絶少之事，「叔」之爲名，又未見必然，蔡叔與許叔、蔡季、紀季同例，當依陸湻、孫復爲蔡侯之弟、蔡季之兄。經若言蔡侯之弟某，則於文不便，故特稱字。傳後言蔡季，蔡之貴者，舉「季」則可見「叔」，故此不言也。外用兵稱將、稱某帥師，皆起文，以後盟會則無此例，故蔡叔、齊高傒、莒慶、衛甯速悉書於經也。疏曰：「不日者，柔是未命大夫，雖得書名，仍從卑者例也。」柔者何？吾大夫之未命者也。【補曰】疏曰：「重發傳者，隱不成爲君，不爵大夫，故俠卒不氏。今桓成爲君，而有未命大夫，嫌有罪，故明之。」文烝案：大夫未命，故史無氏也。未命而曰大夫，明亦非卑者，故不如宿盟直書其事，蓋攝卿也。於隱曰不爵命，於桓曰未命，其事既異，傳亦各從實言之。疏以此傳爲重發，非也。柔後不卒者，何休以爲深薄桓公，不與有恩禮於大夫。文烝謂柔卒當在桓、莊之世，當是桓、莊無恩禮，史不記卒也。

公會宋公于夫鍾。夫鍾，郕地。○【撰異曰】鍾，公羊作「童」，音義、糜氏本亦作「童」，音鍾。

冬十有二月，公會宋公于闞。闞，魯地。

十有二年春正月。

夏六月壬寅，公會紀侯、莒子盟于曲池。曲池，魯地。○【撰異曰】紀，左氏作「杞」。曲池，公羊作「毆蛇」。趙匡引汲冢紀年魯桓公、紀侯、莒子盟于區蛇。

秋七月丁亥，公會宋公、燕人盟于穀丘。穀丘，宋地。【補曰】杜預曰：「燕人，南燕大夫。」孫覺曰：「時北燕猶爲山戎所隔也。」文烝案：燕稱人者，從小國無大夫例。左傳「句瀆之丘」即穀丘也。論語音義：「穀，公豆反。句瀆，音鉤竇。皆古讀。」

八月壬辰，陳侯躍卒。陳厲公也。【補曰】不葬者，蓋魯不會。傳稱變之不葬有三，求諸三者而不得，又非微國夷狄，則魯不會葬可知矣。

公會宋公于虛。虛，宋地。○【撰異曰】虛，公羊作「郯」。

冬十有一月，公會宋公于龜。龜，宋地。

丙戌，公會鄭伯，盟于武父。武父，鄭地。【補曰】許翰曰：「觀隱十年見兵革之亂也，桓十一年以來見盟會之亂也，霸統興起，則無復此亂，諸侯有所一矣。是以君子不得已於斯民，而以禮樂征伐與桓、文。」

丙戌，衛侯晉卒。再稱日，決日，義也。明二事皆當日也，晉不正，非日卒者也。不正前見矣，隱四年衛人立晉是也，與齊小白義同。【補曰】疏曰：「決日義者，謂二事決宜書日，故經兩舉日文也。月則不然，縱有兩事合月，但舉一月以包之。其有蒙日明者，則亦不兩舉，故范答薄氏云：『貜且之卒，連於日食之下，可知同日是也。』」文烝案：玉篇：「決，判也。」廣韻：「決，斷也。」決日義者，謂日義有嫌，判斷以明之，與僖十六年傳「決不日而月」同意。再稱日，是決異日之嫌；是月，是決同日之嫌；經本相對見義，皆爲特文，故傳釋同也。陳傅良曰：「於以見春秋之有日例也。」邵寶曰：「史法：一是卽書，一是追書，卽書者紀事之職，追書者承赴之體。」

十有二月，及鄭師伐宋。【補曰】此非内卑者也。不言及之者，亦諱也。月者，爲戰日。丁未，戰于宋。非與所與伐戰也，非，責。【補曰】疏曰：「麋信云：『此傳解經書下日之意也。非，責也，言責魯反與其所與伐者戰也，謂還與鄭戰。』其言責其還與鄭戰是也。言解經下日之意則非也。」文烝案：莊二十八年，衞人及齊人戰，不言于衞，知此與鄭戰明矣。程端學詆傳不通文義，何易其言之甚邪？不言與鄭戰，恥不和也。【補曰】恥之，故不復言及鄭師，而加言于宋。於伐與戰，敗也。内諱敗，舉其可道者也。於伐宋而與鄭戰，内敗也。戰輕於敗，戰可道而敗不可道。

十有三年春二月，公會紀侯、鄭伯。己巳，及齊侯、宋公、衞侯、燕人戰。齊師、宋師、衞師、燕師敗績。徐邈曰：「僖九年傳曰：『禮柩在堂上，孤無外事。』今衞宣未葬，而嗣子稱侯以出，其失禮明矣。宋、陳稱子而衞稱侯，隨其所以自稱者而書之，得失自見矣。」【補曰】不於會上日者，趙匡以爲先行會禮，别日合戰。衞稱侯，與殽戰晉子稱人不同。疏曰：「晉爲大國，不勞自戰，故貶稱人。衞從齊、宋之命，未是大過，故譏而不貶。」文烝案：敗績，義在宣十二年傳。其言及者，由内及之也。【補曰】會則外爲主，戰則由内及，各有其義，故傳明之。常例客不言及，魯雖客，亦言及，内卽是主，不以戰之主爲主，於文不得以外及内也。但若内一國與外敵，惟内敗有及文，否則言敗某師，不言及矣。若内連諸侯之師，則以内及外，此及鞌戰是。鞌戰，魯與三國皆客也，艾陵仍以主及客，則没魯文矣，故由内及外者亦通例也。晉與秦戰，必以晉及秦，内晉而外秦也；晉與楚戰，必以晉及楚，内晉而外楚也，皆是例也，不論主客者也。

其曰戰者，由外言之也。內不言戰，言戰則敗，今魯與紀、鄭同討，以有紀、鄭，故可得言戰。【補曰】亦包鞌戰。

戰稱人，敗稱師，重衆也。【補曰】小國無師，君將稱君，非君皆稱人，雖以戰書，不稱師也。敗則舉衆爲重。

其不地，於紀也。春秋戰無不地，卽於紀戰，無爲不地也。鄭君曰：「『紀』當爲『己』，謂在魯也，字之誤耳。得在龍門，城下之戰迫近，故不地。」【補曰】戰于紀而不地者，上言會紀侯，故下省其文。省文者，蓋變文也。范疑之，非也。范語本何休廢疾，而鄭君釋之如此，見疏。「得在龍門」，「得」疑當作「時」，轉寫誤也。王引之曰：「六年傳曰『其不地於蔡也』，文義正與此同。蔡、紀皆國名，不得破紀爲己，傳凡目魯皆曰我，或曰内，無言己者。鄭君從公羊戰魯龍門之説，以改穀梁説，非也。」文烝案：王説甚當。公羊以不地爲近乎圍，而何休謂兵攻城池，親戰龍門。徐彦疏引春秋説，董仲舒繁露亦言之。左傳謂鄭不堪宋命，故戰不書所，戰後也。其説又異。趙匡、孫覺、胡安國詳繹經文，知是齊以三國伐紀，而魯與鄭救之，明穀梁之説最長，范注傳而反駁傳，故李廉怪之矣。

三月，葬衛宣公。【補曰】劉敞曰：「葬自内録也，君子怨不棄義，怒不廢禮，惡不忘親。」

夏，大水。

秋七月。

冬十月。

十有四年春正月，公會鄭伯于曹。【補曰】杜預曰：「以曹地，曹與會。」又隱元年注曰：「凡盟以國地者，國主亦與盟。」孔穎達曰：「會盟之地，地必有主，舉地者，地主之國，或與或否，故其國亦序於列。舉國名以爲盟地者，國主與在其中，不復序之於列，以其可知故也。會于曹，亦是例。」文烝案：左傳曰：「曹人致餼。」哀十二年傳子服景伯曰：「諸侯之會，事既畢矣，侯伯致禮，地主歸餼，以相辭也。」

無冰。皆君不明去就，政治舒緩之所致。五行傳曰：「視之不明，是謂不哲，厥咎舒，厥罰常燠。」【補曰】疏曰：「徐邈云，無冰者，常陽之異，此夫人淫泆，陰爲陽行之所致也。」何休注公羊亦然。今范云云，則非獨爲夫人也，蓋爲桓公闇於去就，不達是非，外不能結好鄰國，內不能防制夫人，又成亂助篡，貪賂廢祀，以火攻人，反與伐戰，此等皆是不明去就，政教舒緩。五行傳云「不哲」者，謂不昭哲。文烝案：「哲」字或作「悊」，楊依鄭君作「哲」，訓昭哲也。范引五行傳本劉向，劉以爲周失之舒，秦失之急，故周衰無寒歲，秦滅無燠年。傳例：「一有一亡曰有明。」言「無」者，皆一亡一有可知。趙汸曰：「常無曰有，常有曰無。」孔廣森曰：「藏冰之禮，先王所重，無以取冰，則春無以薦，夏無以頒，故不曰水不爲冰而曰無冰，自人事目之之辭。」文烝案：此略同趙鵬飛說。無冰，時燠也。【補曰】疏曰：「舊解謂無冰書時。燠，煖也。『時』字上讀爲句，因即解成元年正月公即位、二月葬宣公、三月作丘甲，無冰在其中，不是爲無冰書月可知也。此正月公會鄭伯于曹，下云『無冰』，則正月者直爲公會鄭伯，不爲無冰，何者？無冰一時之事，固當不得以月書也。徐邈亦然。今以爲成元年傳云『加之寒之辭』，則無冰亦當蒙月也。傳云『無冰，時燠也』者，謂今所以無冰者，正由時燠也。於字下讀，理亦足通。」文烝案：無冰例時，襄二十八年有著例，成元年傳又云「終時則志」，舊解及徐得之。成元年得蒙二月，此不得蒙正月。晏子春秋曰「陰冰凝，陽冰厚五寸」者，寒温節，寒温節則政平，政平則上下和，上下和則年穀熟。陰冰者，不見日之冰；陽冰者，見日之冰。王念孫校正晏子文，其説如此。言燠，明不節矣。

夏五，鄭伯使其弟禦來盟。○【撰異曰】禦，本亦作「御」，左氏、公羊作「語」。案：越地禦兒。張守節史記正義云：「今作『語兒』。」諸侯之尊，弟兄不得以屬通。其弟云者，以其來我，舉其貴者也。【補曰】疏曰：「重發例者，前弟年來聘，今禦來盟，嫌不同，故重發之。」來盟，前定也。【補曰】前定，謂盟誓之言素定；來者，接公之文，明與公盟矣。不言及，義在僖三年。不日，前定之盟不日。言信在前，非結於今。【補曰】疏曰：「此云前定之盟不日，則丙午及荀庚盟之屬是後定可知。」孔子曰：「聽遠音者，聞其疾而不聞其舒；疾，謂激揚之聲。舒，謂徐緩。望遠者，察其貌而不察其形。〔一〕貌，姿體。形，容色。【補曰】國語曰：「目之察色也，不過墨丈尋常之間。」立乎定、哀以指隱、桓，隱、桓之日遠矣。夏五，傳疑也。」孔子在於定、哀之世，而録隱、桓之事，故承闕文之疑，不書月，明皆實録。【補曰】此承孔子言而述其意。世近則無疑，疑由遠而起，故於桓篇遠日，特仍闕文，以示傳疑之義，與五年傳言「疑以傳疑」爲一經通例者，又略異也。言哀連定，言桓連隱，皆便文也。言「夏五傳疑」，以例其餘，明上四年、七年無秋七月、冬十月，皆同此義。而莊與桓接，二十二年夏五月下無事，明亦同義可知也。子曰：「多聞闕疑，慎言其餘。」又曰：「吾猶及史之闕文也。」又曰：「蓋有不知而作之者，我無是也。」春秋「月」字之闕不補，秋七月、冬十月之闕不補，夏五月不改爲夏四月，並以世遠傳疑見義，此之謂也。或謂此等闕文之理易知，何必傳疑？夫唯理所

〔一〕「察其貌而不察其形」，柯劭忞春秋穀梁傳補注云：「疑當作『察其形而不察其貌』，傳寫誤倒。」

易知，故傳疑之義得，因以見也。公羊經師，失其傳授，故其傳曰：「夏五者何？無聞焉爾。」孔廣森以穀梁說之，非公羊意也。尋公羊所說，蓋亦習聞隱、桓遠於定、哀之言，而不知卽指「夏五傳疑」之屬，故隱元年、桓二年、哀十四年傳並曰「所見異辭」、「所聞異辭」、「所傳聞異辭」，定元年傳又曰「定、哀多微辭」，以爲昭、定、哀所見之世，文、宣、成、襄所聞之世，隱、桓、莊、閔、僖所傳聞之世。內大夫卒則近辭詳而遠辭略，內大惡則近辭微而遠辭顯，此皆展轉附益，致失本真者也。傳先釋「來盟」，後釋「夏五」，明「來盟」文與「夏五」相連。何休以爲莅盟、來盟例皆時，非也。莅盟、來盟例不日，皆當書月，其有不月而時者，乃是同中之異，後各當文論之。齊桓盟不日者皆月，或閒書時，其例正相似。

秋八月壬申，御廩災。御廩，藏公所親耕以奉粢盛之倉也。內災例日。【補曰】注釋「御廩」本杜預也。何休云：「御者，謂御用於宗廟。廩者，釋治穀名。火自出燒之曰災。」文烝案：國語曰：「廩于籍東南，鍾而藏之。」周禮有廩人、倉人。蔡邕月令章句曰：「穀藏曰倉，米藏曰廩。」五行傳曰：「棄法律，逐功臣，殺太子，以妾爲妻，則火不炎上。」劉向以爲御廩，夫人八妾所舂米之藏以奉宗廟者也，時夫人有淫行，挾逆心，天戒若曰「夫人不可以奉宗廟」。**乙亥，嘗。御廩之災不志，**以其微。【補曰】疏引徐邈云：「不足志。」謂內災如御廩者不足志，左傳「司鐸火」不志是也，亦史例也。**此其志何也？**【補曰】據經而問。**以爲唯未易災之餘而嘗可也。志，不敬也。**鄭嗣曰：「唯以未易災之餘而嘗然後可志也，用火焚之餘以祭宗廟，非人子所以盡其心力，不敬之大也。」【補曰】范用鄭嗣說讀可也。「志」爲句，「不敬也」爲句。疏曰：「徐邈云：『「而嘗可也」，言可以嘗。「可」上屬。』」與范注違。王念孫曰：「徐讀『可也』絶句，『志不敬也』自爲句，實得傳意。八年、文十三年、哀元年傳皆言『志不敬也』，是其明證矣。『唯』者，『雖』之借字，古二字通用。言魯人不易其災之餘而嘗者，其意若曰『雖未易災之餘而嘗』可也，則不敬莫大乎是，故書曰『壬申御廩災』、『乙亥嘗』，所以志不敬也。少儀雜記注並曰『雖』或爲『唯』。表記注曰：『唯，當爲雖。』大戴禮、墨子、荀子、戰國策、史記、漢書、列女傳多有借『唯』爲『雖』者。」天子親耕，以共粢盛，天子親耕，其禮三推。黍稷曰粢，在器曰盛。【補曰】共者，供、龔之省，說文曰：「供，設也。」一曰供給，龔給也。爾雅曰：「供、共，具也。」玉篇曰：「龔，奉也。」王后親蠶，以共祭服，王后親蠶，齊戒躬桑，夫人三繅，遂班三宮，朱綠玄黄，以爲黼黻文章。服既成，君服以祀之。【補曰】案：祭義、祭統天子籍田千畝，在南郊，諸侯籍田百畝，在東郊，王后夫人皆有公桑蠶室，在北郊。傳不言諸侯耕。夫人蠶者，舉尊以該之。范注「夫人」以下亦約祭義文，彼言「夫人親蠶」之事又錯互王后事言之，故云遂布於三宮夫人世婦之吉者，使繅其實。王后則班於所，卜三夫人之吉者，夫人則惟班於所，卜世婦之吉者而已。國非無良農工女也，【補曰】「工」亦良也。毛詩傳曰：「善其事曰工。」以爲人之所盡，事其祖禰，不若以己所自親者也。凱曰：「夫治人之道莫急於禮，禮有五經，莫重於祭。祭者，非物自外至者也，由中出者，身致其誠信，然後可以交於神明，祭之道也。」【補曰】盡，盡心力也。人之所盡，不若己自盡，故必自親之。祭統曰：「誠信之謂盡，盡之謂敬。」俞樾讀此「盡」字爲「進」，蓋未是。凱注用祭統文，頗不了也。傳言事祖禰必自親，解上「粢盛」、「祭服」之文，亦兼解下「舂米」之文，其意主說舂米，以共盛共服起之耳。何用見其未易災之餘而嘗也？【補曰】問經文何用見之。曰：甸粟而內之三宮，三宮米而藏之御廩，甸，甸師，掌田之官也。三宮，三夫人也。宗廟之禮，君親割，夫人親舂。【補曰】九章粟米術曰：「粟率五十，糲米三十，粺米二十七，糳米二十四，御米二十一。」凡禾實連稃曰粟，去穅曰米，又通言之，則糲米爲粟，粺以上爲米。段玉裁說書禹貢「四百里粟，五百里米」云：「粟者糲米，米者精米。」傳之「粟」、「米」當同彼矣。「內」即「納」字，周禮注曰：「婦人稱寢曰宮。」宮，隱蔽之言，范以三宮爲三夫人，非也。王后之下有三夫人，此三宮則言諸侯制也。諸侯惟一夫人，夫人有三宮，猶王后有六宮也。范又引文十三年傳「夫人親舂」以證此之「三宮米」，則又以爲諸侯之夫人，其說是也。三宮之人皆舂粟，而夫人爲主，劉向所謂「夫人八妾」也。公羊僖二十年傳引魯子曰：「以有西宮，亦知諸侯之有三宮也。」是其於三宮之制猶須推而知之，益信其學之晚出。音義曰：「廩氏『宮』作『官』。」夫嘗必有兼甸之事焉，夫人親舂，是兼甸之事。【補曰】自粟而米，須兼旬。音義曰：「『兼旬』如字，十日爲旬。一本作『甸』注亦然。」案：楊疏謂夫人兼甸師，所據本作「甸」，此涉上「甸」字而誤也。今依音義正本、唐石經改正。壬申御廩災，乙亥嘗，以爲未易災之餘而嘗也。鄭嗣曰：「壬申、乙亥相去四日，言用日至少而功多，明未足及易而嘗。」【補曰】趙與權曰：「災在致齊三日前也。」

冬十有二月丁巳，齊侯祿父卒。

宋人以齊人、蔡人、衛人、陳人伐鄭。○【撰異曰】公羊作「衛人、蔡人」。以者，不以者也。不以者，謂本非所得制，今得以之也。【補曰】宋非伯者，故非所得制。伯者得以之則不言「以」。杜預釋例以爲「非例所及」，是也。此發「以」字例，明惡宋也。左傳例曰：「凡師能左右之曰以。」詩箋、國語注曰：「東西之。」民者，君之本也，【補曰】孟子曰：「民爲貴，社稷次之，君爲輕。」用下敬上則君重於師，用上敬下則民貴於君，故曰「君之本」。使人以其死，非正也。刺四國使宋專用其師，輕民命也。【補曰】使人以其死者，謂驅民以聽命他國，置之死地也。自「民者」以下，又明兼惡四國也。

十有五年春二月，天王使家父來求車。【補曰】何休曰：「求例時，此月者，桓行惡，不能誅，反從求之，故獨月。」案：此與「求賻」下范注異。古者諸侯時獻于天子，以其國之所有，【補曰】時者，每歲春也。周禮小行人：「令諸侯春入貢。」職方氏：「制其貢，各以其所有。」逸周書職方同。左傳曰：「諸侯不貢車服。」周禮大宰、大行人則有器貢、服貢。故有辭讓而無徵求。【補曰】辭，以文辭告曉之。讓，譴責也。此國語所謂威讓之令、文告之辭，所以懲不貢獻者。求車，非禮也，求金甚矣。文九年，毛伯來求金。【補曰】言甚者，在喪而求，非禮尤甚也。疏曰：「不云求賻甚而云求金甚者，喪事有賻，但求之非禮，金非喪所供，故以爲甚。」文烝案：傳言「金」，以包賻也。左傳曰：「天子不私求財。」公羊曰：「王者無求。」劉向說苑說求車、求金曰：「天子好利則諸侯貪，諸侯貪則大夫鄙，大夫鄙則庶人盜。」鹽鐵論引傳曰：「諸侯好利則大夫鄙，大夫鄙則士貪，士貪則庶人盜。」何休說公羊曰：「王者求則諸侯貪、大夫鄙、士庶盜竊。」案：此三文相似，說苑「庶人」上脫「士」字，鹽鐵論誤。

三月乙未，天王崩。桓王。【補曰】史記名林，太子泄父子，平王孫。書日者，正也。周制：太子有孫而死則立孫。

夏四月己巳，葬齊僖公。【補曰】危之者，孔廣森以爲僖公寵其弟年之子公孫無知，衣服禮秩如適，卒成篡弑，幾致奪正。

五月，鄭伯突出奔蔡。【補曰】何休曰：「月者，大國奔例月，重乖離之禍，小國例時也。」文烝案：舊史大國奔皆日，小國皆月。譏奪正也。禮諸侯不生名，今名突，以譏之。【補曰】所謂惡也。

鄭世子忽復歸于鄭。【補曰】汪克寬曰：「前先書突歸，繼書忽奔，此先書突奔，繼書忽歸，突與忽之强弱見矣。」文烝案：此蒙上月。左傳曰：「六月乙亥，昭公入。」左氏別有所據，未可用也。諸侯出奔、歸國、入國例月，見執、歸國例時，説見僖三十年注。舊史大國出奔、歸、入者皆日。反正也。【補曰】疏曰：「釋其稱世子也。」孫復曰：「鄭曰忽，今曰世子忽，明忽世嫡當嗣也。」崔子方曰：「忽未踰年而失國，不成爲君，故其復歸曰鄭世子，且見當立也。」文烝案：復歸義在僖二十八年傳。言復者，明其實已爲君，宜有國也。言世子、言復，足知上稱鄭忽非嫌矣。左氏載續經哀「十六年春王正月己卯，衛世子蒯聵自戚入于衛，衛侯輒來奔」，子稱衛侯而父稱衛世子，據實爲辭，與此有合。言入不言復入，不言歸，以蒯聵未嘗一日立乎其位，又不宜有國也，其義亦當。

許叔入于許。【補曰】此在時例。許叔，許之貴者也。莫宜乎許叔。其曰入何也？其歸之道，非所以歸也。傳例曰：「大夫出奔反，以好曰歸，以惡曰入。」泰曰：「許國之貴，莫過許叔，叔之宜立，又無與二。而進無王命，退非父授，故不書曰歸，同之惡入。」【補曰】言貴者，解稱「叔」義也。案：左傳隱十一年，魯、齊、鄭入許，許莊公奔衛。鄭人使許叔居許東偏。叔者，杜預以爲莊公之弟，故爲貴。經欲顯其爲貴，又不得以弟爲文，故稱叔。叔本宜立，乃遲之十有五年，閒鄭之亂以入于許，故曰「歸之道，非所以歸」。啖助曰：「字之，善與復也。言入，志非其正也。」啖之二語，傳得包之。入例在莊六年傳，注引例在莊九年傳。

公會齊侯于蒿。【補曰】此又蒙上月。○【撰異曰】蒿，左氏作「艾」，公羊作「鄗」。陸淳、孫覺皆從穀梁。

邾人、牟人、葛人來朝。何休曰：「桓公行惡而三人俱朝事之，三人爲衆，衆足責，故夷狄之。」【補曰】公羊曰：「皆何以稱人？夷狄之也。」董仲舒説之曰：「爲其天王崩而相朝聘也。」與何氏説異。劉敞、劉絢、家鉉翁皆從董説。案：襄元年一朝二聘，別無異文者，從此可知。成五年蟲牢之盟亦同其例。杜預則以爲彼朝聘皆未聞喪，於董生此言，殆皆無以相難。今以繁露未必廣川本書，而邵公注多依胡毋生條例，姑兩存焉。若胡安國謂天王崩而相率朝弑君之賊，合兩説爲一，轉非説經之法，胡書往往如此。

秋九月，鄭伯突入于櫟。櫟，鄭邑也。突不正，書「入」，明不當受。【補曰】杜預曰：「櫟鄭別都。」疏曰：「案齊小白入于齊，傳曰以惡曰入，衛侯朔入于衛，傳曰入者内弗受也，蓋舊爲國君而入者則是内不受，若衛侯朔、鄭伯突是也。公子不正取國者則是以惡，若許叔、齊小白是也。但舊無此解，不敢輒定。或傳文互舉之，其實不異。」文烝案：互舉之説是也。嘗爲君，不言復入者，未入國都，不得言復。名者，惡也。月者，入國例。○上書忽歸，謂之鄭世子，此書「突人」，謂之鄭伯，自後唯莊四年「遇垂」一見鄭伯，又十年而有鄄之會。俞樾曰：「春秋若曰當有鄭國者忽也，終有鄭國者突也。」文烝案：左傳下十七年十月辛卯，高渠彌弑忽而子亹立；十八年七月戊戌，齊殺子亹而子儀立；莊十四年六月甲子，傅瑕弑子儀而突復立。毛詩序亦云「公子五争春秋，悉不志何也？」葉夢得曰：「鄭亂不以告則魯不得書於策，春秋安得而見哉？春秋因人以見法，不求備於史而著其人，故曰其事則齊桓、晉文，其文則史。」李光地曰：「魯桓黨於突，當時鄭通赴告突也，非忽、亹、儀也。」文烝謂突自櫟入于鄭，不書亦不告。

冬十有一月，公會宋公、衛侯、陳侯于袲，伐鄭。袲，宋地。○【撰異曰】公羊「宋」上有「齊侯」。「袲」作「侈」。案：説文引春秋傳：「公會齊侯于袲。」地而後伐，疑辭也，【補曰】録會地於「伐」上，是遷延不進之辭，故曰

「疑辭」。非其疑也。鄭突欲篡國，伐而正之，義也。不應疑，故責之。【補曰】注非也。左氏以爲謀伐鄭，將納厲公，傳意亦如是。言疑者，諸侯亦知忽之當立，而岐意於突，卒助突也。胡安國曰：「昭公雖正，其才不足以君一國之人，厲公雖篡，其智足以結四鄰之援。諸侯不顧是非而計其强弱，始疑於輔正，終變而與邪，穀梁所謂非其疑者，非其疑於爲義，而果於爲不義也。」

十有六年春正月，公會宋公、蔡侯、衛侯于曹。

夏四月，公會宋公、衛侯、陳侯、蔡侯伐鄭。「蔡」常在「衛」上，今序「陳」下，蓋後至。【補曰】此本杜預。

秋七月，公至自伐鄭。桓無會，其致何也？危之也。桓公再助篡伐正，危殆之甚，喜得全歸，故致之。【補曰】疏曰：「公與諸侯此年爲突伐鄭，前年雖爲忽討突，疑而不用心，亦是其助，故云再助。范答薄氏駮云：『明桓伐突非本心，故言再助是也。』范必知前年爲忽伐鄭，而此年爲突伐鄭者，以前年責其疑，若是伐嫡而疑，則不足可責，明是爲忽討突也。此年傳云『危之』，若是助嫡，則不須云『危』，故知是助突討忽也。」文烝案：上伐亦是助突，范言再助是也。答薄駮及疏說非也。危致者，阻兵弗戢，以篡助篡。齊禍將發，其危甚也。唐不月，此月者，唐從凡以地致之例，致之已是危之，此從凡致伐之例，不月爲平文，加月爲危也。異事異例，故各發傳。致月例在莊二十三年傳。

冬，城向。

十有一月，衛侯朔出奔齊。朔，惠公名。朔之名，惡也。天子召而不往也。【補曰】召而不往，是其惡也。公羊亦有其事，而左傳無之，蓋隱、桓、莊、閔之篇，左氏所據，史書多殘闕，有得之傳聞者，有采用雜史者。程子曰：「朔搆急、壽二兄，使至於死，其罪大矣。然父立之，諸侯莫得而治也，天子治其舊惡而廢之宜也。」趙汸曰：「時衛立公子黔牟，而後來王人救衛，朔入于衛，放黔牟于周，則黔牟之立蓋天子之命。」

十有七年春正月丙辰，公會齊侯、紀侯盟于黄。黄，齊地。【補曰】下有郎戰，渝盟，依暨盟，公子結盟之例則當去日，因下趡盟不去日，故亦存日以明同。

二月丙午，公及邾儀父盟于趡。趡，魯地。【補曰】不以秋伐渝盟去日者，魯渝邾盟，遠則不日，近則日。近則惡易見，不假去日，文得相變也。此與句繹同，襄二十年盟澶淵亦其比矣。儀父稱字者，重邾、魯之好，故褒之，與昧同義。於盟既責其親魯，於朝必不責其事桓，前朝自當依董生說。○【撰異曰】「公」字各本脱，今依唐石經、十行本補正。左氏作「公會」，左傳直言「及」。

夏五月丙午，及齊師戰于郎。【補曰】左傳曰：「及齊師戰于奚，疆事也。」杜預曰：「奚，魯地。」○【撰異曰】公羊無「夏」，左氏唐石經亦無「夏」，惟穀梁唐石經有「夏」。嚴可均曰：「孔穎達左傳序正義云：『桓十七年五月無夏，昭十年十二月無冬。』則孔所見本無『夏』字。」文烝案：陸湻、孫覺皆曰左氏、公羊無「夏」字，蘇轍本、葉夢得本、張洽本皆無「夏」字。今通志堂刻葉傳本剜板擠增「夏」字。呂本中、黄震皆曰穀梁有「夏」字。段玉裁見湻化本左氏亦無「夏」字。「郎」，左氏、公羊作「奚」。張壽恭曰：「説文：「郎，汝南召陵里。从邑自聲。讀若奚。」凡説文讀若之字，皆可通假，穀梁蓋假「郎」爲「奚」，後人少識「郎」字，以其與「郎」相似，故誤爲「郎」耳。」內諱敗，舉其可道者也。敗恥大，戰恥小。【補曰】重發傳者，彼與所與伐者戰，此直稱「及」以戰，嫌有異也。不言其人，以吾敗也。言人，則微者敗於微者，其恥又甚，故言「師」。不言及之者，爲內諱也。及當有人，公親帥之，恥大不可言。【補曰】此傳與戰升陘傳全同。「不言其人」四句又與來戰于郎傳三處皆同，來戰無及文，故以「不言及」爲諱，此及升陘並有及文，故以「不言及之」者爲諱。不言及之者，即是不言其人，下二句即申上二句，注非也。帥之者，亦非必公也。傳重發之者，彼不言及，此不言及之者，嫌有異也。○桓賊也，故無恕辭；桓君也，故有諱義。子曰：「舉一隅而示之，不以三隅反，則吾不復也。」子貢曰：「回也聞一以知十，賜也聞一以知二。」伯御之誅死也，不作謚，不序昭穆，而其稱公紀年以書事則十一年矣。設以君子脩之，亦若是而已矣。

六月丁丑，蔡侯封人卒。

秋八月，蔡季自陳歸于蔡。【補曰】蔡季，杜預以爲即獻武也。非出奔歸，非篡月者，爲下葬日。蔡季，蔡之貴者也。【補曰】亦解稱「季」義也。季者，何休、杜預並以爲桓侯之弟，桓侯之弟，故爲貴。桓已卒，不得以弟爲文，故稱「季」也。前十一年之蔡叔當爲季兄，叔蓋先桓侯卒，故是時季立得爲正。自陳，陳有奉焉爾。陳以力助。【補曰】公羊例曰「有力焉者也」。

癸巳，葬蔡桓侯。徐邈曰：「葬者，臣子之事，故書葬皆以公配謚，此稱侯，蓋蔡臣子失禮，故即其所稱以示過。」【補曰】劉歆、賈逵、許淑説左氏曰：「桓卒而季歸，無臣子之辭也。」杜預曰：「史書謬誤也。」二説最爲近之。何休亦以抑桓稱侯爲奪臣子辭，而其所據爲說者則不可用。徐注謂「卽其所稱以示過」，此不合事實。史記蔡世家蔡諸君自宣侯而下皆以侯配謚，無稱公者，前此宣公考父亦稱宣侯，後此文公申而下皆稱侯，左傳有哀侯、穆侯、文侯、景侯、靈侯、平侯、昭侯，皆不稱公。啖助又舉世本爲證，然則蔡臣子悉自稱侯，春秋何獨於桓侯仍其本稱？知徐爲不然矣。孔廣森曰：「五等諸侯皆得以公配謚，本周之舊制，若魯考公、煬公，齊丁公、乙公是也。然書有文侯之命題篇，則亦有謚配本爵者。」文烝案：晉未爲曲沃時皆稱某侯，此等先儒多已言之。竊意謚以公配，亦不禁人配以本爵者，周制之便俗也。雖以本爵配，而春秋必稱公者，魯策之守禮也。此葬蔡桓侯，若是史文，當如杜說；若是經意，當如劉、賈、許說，今未敢定焉。又考周初諸侯猶多沿殷舊制，不可繩以正典。周公曰周文公，而魯公不見其謚，齊大公亦無謚，丁公、乙公、癸公皆非謚也。杞之東樓公、西樓公、題公、謀娶公，亦非謚也。衛曰康叔、康伯，宋曰微子、微仲，蔡曰蔡仲、蔡伯，曹曰曹叔，晉曰唐叔，唯微子仍舊稱，餘皆以字繫地、繫國也。晉侯燮、宋公稽不見他稱，許文叔則以字配謚。德男至康男五世，乃多配以本爵。衛孝伯至貞伯五世，曹大伯至惠伯八世，多以字配謚也。此葬爲危文者，季自外歸，以貴嗣位，有危道焉。

及宋人、衛人伐邾。【補曰】及者，內卑者也，猶稱人也。許翰曰：「正月與齊爲黃之盟，五月戰焉，二月與邾爲趡之盟，八月伐之。詩曰『君子屢盟，亂是用長』，豈不然哉？」

冬十月朔，日有食之。言朔不言日，食既朔也。既，盡也。盡朔一日，至明日乃食，是月二日食也。【補曰】實亦是月朔食，日官日御失曆，以爲二日，故不言日而言朔，所以正之。

十有八年春王正月，此年書王，以王法終治桓之事。【補曰】此與元年之「治桓」以始終相對，傳於彼言之，此從可知也。宣元年之王，與他公一例，與桓不同，故其薨年無王，同於隱、莊。與夷之弒，終生之卒，則皆春月第一事，所以與隱、莊、宣之薨不同也。公會齊侯于濼。公夫人姜氏遂如齊。公本與夫人俱行至濼，公與齊侯行會禮，故先書會濼，既會而相隨至齊，故曰遂。遂，繼事之辭，他皆放此。【補曰】濼，齊、魯閒水名。注「故曰遂」以上皆本杜預。其實夫人亦行會禮也，如亦幷蒙月。○【撰異曰】「公」下各本衍「與」字，今依唐石經刪正。左氏有「與」字，段玉裁曰：「左經疑俗增之。」春秋書「及」、書「暨」未有書「與」者，僖十一年「公及夫人姜氏」，夫人偕行書例也。左傳記其始謀曰「將與姜氏如齊」，記其實事曰「公會齊侯于濼，遂及文姜如齊」，至聖人筆之曰「公夫人姜氏遂如齊」，不言「及」何？注云：「明遂在夫人也。」濼之會，不言及夫人何也？據夫人實在，當言「公及夫人姜氏會齊侯于濼」。以夫人之伉，弗稱數也。濼之會，夫人驕伉，不可言及，故舍而弗數。今書「遂如齊」，欲録其致變之由，故不可以不書，實驕伉而不制，故不言「及」。【補曰】傳解「會不言及夫人」，因以見如齊不言「及」之義，夫人會如皆非禮，此處皆未暇論之。夫人如者，父不在而歸寧也。公如者，朝也。左傳魯人告齊曰「來脩舊好，禮成而不反」，行朝禮可知。

夏四月丙子，公薨于齊。夫人與齊謀殺之，不書，諱也。魯公薨，正與不正皆日，所以別內外也。【補曰】夫人從君亦皆日，定元年傳曰「內之大事日」。其地，於外也。【補曰】疏曰：「據隱、閔不地，故決之。」文烝案：內君、內夫人、內大夫外，君苟死於外，則皆地，重其異常，故謹之也。外，謂竟外，若國都之外。薨稱公，舉上也。公，五等之上。

丁酉，公之喪至自齊。【補曰】何休曰：「加之者，喪者死之通辭也。本以別死生，不以明貴賤，非配公之稱，故加之以絕。」案：此卽傳所謂緩辭也。又曰：「凡公薨外致日者，危痛之。」朱子曰：「孔子直書，義在其中。云公會齊侯于濼，公夫人姜氏遂如齊，公薨于齊，公之喪至自齊，夫人孫于齊，此等顯然在目，雖無傳，亦可曉。」

秋七月。

冬十有二月己丑，葬我君桓公。【補曰】公夫人葬亦並日。葬我君，接上下也。言我君，舉國上下之辭。【補曰】疏曰：「公者，臣子之稱也。我君者，接及舉國上下之辭。」文烝案：注、疏以上下爲臣民，非也，臣民正皆稱公耳。廣雅曰：「接，合也。」上下，謂五等爵也，公爲五等之上，君則合上下稱之，於薨專舉其上稱，於葬兼舉其合上下之稱，四句意相貫。何休曰：「以公配謚者，終有臣子之辭。」加我君者，錄內也。君弒，賊不討，不書葬。此其言葬何也？據隱公不書葬。不責踰國而討于是也。禮君父之讐，不與共戴天，而曰「不責踰國而討于是」者，時齊强大，非己所討，君子卽而恕之，以申臣子之恩。【補曰】于是，於此時也。後不復讐而釋怨，乃刺之。疏以爲公雖不能報，理當絕交，明其當恆以討爲念，而此時則姑不責其討。蘇軾謂「春秋之義，立法貴嚴，而責人貴寬」。胡安國謂「春秋立法謹嚴，而宅心忠恕」，正此之類。申臣子之恩者，謂不奪其葬也。桓公葬而後舉謚，謚所以成德也，於卒事乎加之矣。謚者行之迹，所以表德。人之終卒，事畢於葬，故於葬定稱號也。昔武王崩，周公制謚法，大行受大名，小行受小名，所以勸善而懲惡。禮天子崩，稱天命以謚之；諸侯薨，天子謚之；卿大夫卒，受謚於其君。【補曰】注首句及「大行」二句，逸周書謚法文也。案：此傳二句當以表記二句證之。人兼有衆善者，取其大善一字爲謚，卽善惡相雜。苟不至純惡無善者，亦以其善取一字爲謚。然則惡謚如幽、厲者，蓋有所不得已，故曰謚所以成德。而表記曰：「節以壹惠也。」周書謚法「爲字無多」，卽論語所論兩人知同謚亦容異行。而昭、穆世近，則謚必不同。於此無以通之，推其本意，特因旣葬之後，人事卒而鬼事始，舊名將諱，則新名宜尊，故別易一字爲名，以相加崇。而其中又因有所取義耳，故曰「於卒事乎加之」。而表記曰：「謚以尊名也。」爾雅：「加、崇，重也。崇，高也，充也。」內則注：「加，猶高也。」國語注：「加，猶上也。」以此意讀傳，則「也」字、「矣」字皆有意理，而此禮亦通矣。白虎通據葬定公文，明祖載而有謚。**知者慮，義者行，仁者守，有此三者備然後可以會矣。**桓無此三者，而出會大國，所以見殺。【補曰】疏曰：「復發傳者，隱表會戎之危，此明桓見殺之事，故重發之。」○家鉉翁曰：「是歲由正月迄歲終，惟書魯桓所以死，不聞以他事，於此見聖人之經爲誅亂賊而作。」案：家氏論經多如此，謂隱四年所書皆衛事，莊九年所書皆齊事，僖二十八年所書皆晉事，昭八年所書皆陳事，以爲春秋非史也。史者，備記當時事，春秋主乎垂法，多所不書。又謂春秋始於誅魯之亂賊而終於齊陳恆弑君之年，其說皆未必然，姑記於此。

春秋莊公閔公經傳第三補注第五

莊公，桓公世子同也。母文姜。以莊王四年即位。閔公，莊公子，史記名開，世本名啟方。母叔姜，哀姜之娣也。以惠王十六年即位。凡閔之謚，古書多作「湣」。案：漢書藝文志曰：「春秋古經十二篇。」謂左氏春秋經也。又曰：「經十一卷。」謂公羊、穀梁春秋經也。又曰：「左氏傳三十卷，公羊傳十一卷，穀梁傳十一卷。」謂左傳卷數不與經篇數同，公羊、穀梁傳卷數皆與經卷數同也。何休說公羊云：「繫閔公篇於莊公下，故十二公爲十一卷也。」公羊音義於僖十六年云：「本或從此下別爲卷。」案七志、七録、何注止十一卷，公羊以閔附莊故也。後人以僖卷大，輒分之爾。穀梁音義於莊十九年云：「傳本或分此以下爲莊公與閔公同卷。」唐石經公羊及鄂州本「僖公第五」，其下注曰「卷四」，以至「哀公第十二」，注曰「卷十一」，凡此皆何、范本十一卷之證也。三家之經，各有所受，閔不別卷者，蓋因文稀簡少，附合前篇，後易縑素，亦遂仍之。而何休以爲子未三年，無改於父之道，引傳三年稱子云云，不可通於穀梁之義。

穀梁　范氏集解　鍾文烝詳補

元年春王正月。繼弒君，不言即位，正也。繼弒君不言即位之爲正何也？據君不絕。曰先君不以其道終，則子不忍即位也。【補曰】君無不行即位之禮者，行其禮而不書，見嗣子之不忍。葉夢得曰：「即位者禮也，忍不忍者情也。」孔廣森曰：「君弑，賊不討，不書葬，以義治也。君弑子，不言即位，以仁治也。二者並春秋新意。」

三月，夫人孫于齊。桓公夫人文姜也。【補曰】何休曰：「非實孫。月者，起練祭左右。」○【撰異曰】「孫」本亦作「遜」，後同。左氏、公羊皆同。段玉裁曰：「『孫』作『遜』者，俗也。」或將左氏音義「孫」、「遜」互易者，謬。孫之爲言，猶孫也。孫，孫遁而去。【補曰】言猶者，義相近。孫遁之「孫」，義近子孫之「孫」也。爾雅：「子之子爲孫。」郭璞曰：「孫，猶後也。」後謂退在後生也。此與蒙者蒙也；徹者徹也；虛，虛也；已，已也；相似。後來又製「遜」字。爾雅曰：「遜，遯也。」孫炎曰：「遁，逃去也。」易序卦傳曰：「遯者，退也。」明亦若退在後生矣。諱奔也。【補曰】內諱公夫人奔謂之孫，公羊亦同。諱者，經例因史例也。左傳載子贛對衛出公曰：「昔成公孫于陳，獻公孫于齊，今君再在孫。」明臣子之辭如是。奔，急辭。孫，緩辭。接練時録母之變，始人之也。夫人初與桓俱如齊，今又書者，於練時感夫人不與祭，故始以人道録之。【補曰】「接」與「際」同義，猶言會也。練者，十三月之祭，此日以練布爲冠服，故以名祭，即小祥也。注言「以人道録之」，非傳意。王念孫曰：「傳言録者，閔録之也。人之者，仁之也。」謂於練時閔録夫人之不與祭，於是始仁之也。公羊言「念母」，此言「仁之」，其義一也。仲尼燕居注曰：「仁，猶存也。」墨子經篇曰：「仁，體愛也。」説文曰：「仁，親也。」又方言曰：「凡相憐哀，九疑、湘潭之間謂之人兮。」中庸曰：「仁者，人也。」注曰：「人，讀如『相人偶』之『人』，以人意相存偶之言。」表記曰：「仁者，人也。」注曰：「人，謂施以人恩。」則「人」與「仁」同義。公羊成十六年傳曰：「此

其言舍之何？仁之也。曰在招丘悕矣。」何休注曰：「仁之者，若曰在招丘可悲矣。閔録之辭。」表記注引公羊傳「仁之」作「人之」，古書「仁」與「人」二字多通用，義通故字亦通也。文烝案：王説是也。二句明所以特書「孫齊」義也。公羊曰：「夫人固在齊矣，其言孫于齊何？念母也。」賈逵、服虔説左氏曰：「桓公之薨，至是年三月，期而小祥，公憂思少殺，念及於母，以其罪重，不可以反之，故書孫于齊耳。」其實先在於齊，本未歸也。孔廣森以爲莊公念母，將迎而復之，乃著之曰是時固孫于齊也。前此「孫」文無所施。文烝案：他「孫」及凡奔，皆去而不反之辭，此「孫」亦獨異。**不言氏姓，貶之也。**哀姜有殺子之罪，輕，故僖元年曰「夫人氏之喪至自齊」，去「姜」以貶之。文姜有殺夫之罪，重，故去姜氏以貶之，此輕重之差。【補曰】此氏姓與隱九年異，男子有姓有氏姓，女子姓而已。姓卽氏，氏卽姓。僖八年傳曰「言夫人必以其氏姓」，婦人以姓爲重，且變於君之直言公也。注云云者，與左氏、賈、服説略同。賈、服以爲殺子罪輕，故孫不去姜氏。賈又以説喪至，但去姜之義。孔廣森曰：「夫人姜氏孫于邾，是内絶之之辭，絶之則無惡也。於其喪歸，乃復以小君事之，故惡之於彼。夫人孫于齊，内逆之之辭也，自後遂終以小君事之，故惡之於此，後不待貶矣。」**人之於天也，以道受命，**【補曰】此下申貶義也。賈子曰：「命者，制令也。」制，謂限制。令者，號令。下所云以言而在天，亦若諄諄然者也。人爲父母所生，其中有天焉。下三年傳曰「三合然後生」是也。道者，天人之際，可言可行之名也。自天之人則曰自誠明，謂之性；自人達天則曰自明誠，謂之教。性始之，教終之，道在其中矣。堯、舜性之，自誠明也，誠者天之道也；湯武身之，自明誠也，誠之者人之道也。誠之者思誠也，身之者反之，謂反身而誠也。不明乎善則不誠其身，善者所性而有也。誠言乎自成也，道言乎自道也，皆大名也。若道與德對文，則道者若大路也，德者得善於身也。其綱，親親，仁也；尊賢，義也。其殺其等，禮所生也。其目，君臣也，父子也，夫婦也，昆弟也，朋友之交也，皆道也。所以行之者，知也，仁也，勇也，皆德也。言乎心之皆有，則曰仁也，義也，禮也，知也。言乎心所同然，則曰理也，義也。此夫子、子思、孟子之精言，而傳之所指也。中庸曰：「自誠明謂之性，自明誠謂之教。」其發端則曰：「天命之謂性，率性之謂道，脩道之謂教。」陸賈曰：「天地生人，以禮義之性，人能察己，所以受命則順，順之謂道。」董仲舒曰：「明於天性，知自貴於物，然後知仁義，知仁義然後重禮節，重禮節然後安處善，安處善然後樂循理。」諸文語意皆與傳同。而陸生似卽本傳義，但陸以受命之後能順爲道，傳言「受」則已兼有順義，與下「以言受命」一例。天者，自始生而然也，天命之謂性也。受命者，終身之所受也，率性之謂道也。案下傳「三合然後生」，詩大雅曰：「天生烝民，有物有則。」左傳劉康公曰：「民受天地之中以生。」論語曰：「人之生也直。」諸「生」字皆謂始生，而左傳、論語二「生」字又爲生存生活之「生」，與始生之「生」相因爲義，可知此傳二句之説矣。○「性」之爲字，從心從生，是由始生得名，故曰生之謂性。曰性者生之質，曰與生俱生，是其訓詁然也。經傳「性」字有二解，如孝經「天地之性人爲貴」，直訓「生」也。父子之道天性，則性情之「性」也。左傳「民樂其性」，亦「生」也。協於天地之性，性情之「性」也。夫傳言「人之於天，以道受命」，而臯陶曰「天敍有典，天秩有禮」，逸書大甲曰「顧諟天之明命」。尹吉甫曰：「天生烝民，有物有則，民之秉彝，好是懿德。」劉康公曰「民受天地之中以生，所謂命也。」夫子曰「人之生也直」。子思曰「天命之謂性，自誠明謂之性」。比而觀之，性善明矣。然而孟子言性善，乃爲發前聖所未發者，可欲之謂善，無惡之謂善。孟子以爲人性但有善，無有不善，且人人所同，此「性」字真切究竟之義，其原出於中庸之言誠。而自詩、書以來，皆引而不發，子貢所謂夫子之言性與天道不可得聞者也。論語言性之文，唯曰「性相近也，習相遠也」，「唯上知與下愚不移」，其辭最渾，而其理最密，得其言，不得其意，未有不以爲善惡混者，又未有不以爲三品者，非孟子固不能辯之矣。蓋自夫子没而微言絶，學者多失其旨，於是有子賤、漆彫開、世碩、公孫尼之説，有樂記之説，有告子四章之説，有公都子所稱「告子曰」及兩「或曰」之説，大率或言静，或言動，皆有似乎相近之言。而言有性善有性不善者，則又似乎上下不移之言，今取孟子之書詳考而深繹之，人與聖人皆同類而相似，即口目耳鼻四肢之形色，其血氣心知之中，而仁義禮智具焉。斯則謂之爲天性，性不可知，於情知之，情不必專善，而以其皆有惻隱、羞惡、恭敬、是非之心，乃所謂故以利爲本者，故知其皆有仁義禮智根於心。而所性皆善，雖曰皆善，而非堯、舜之至誠，不可言性之。雖非性之，而皆可反身以思誠，即皆可以爲堯、舜。惟不思不求而不能盡其才，陷溺焉，揩亡焉。則其本相近者，倍蓰相遠，而至於無算，斯夫子所謂下愚矣。下愚從習而來，至此則亦不移。相遠之實以下愚爲極，相近之名從上知而生，此則孟子未嘗引論語而實密合論語之意，廣大精微，明白洞達，言天人性道者必至此而其説乃盡。文烝讀孟子，積久乃悟之，章句既多，用特櫽括焉。聖人與我同類，同類者相似，二語最分曉，以聖人之與人相似，即知人之與上知相近也。相似即是相近，而於所謂好惡與人相近，所謂違禽獸不遠者，近遠之文雖同，其意異也。七篇言性最先處曰「孟子道性善，言必稱堯、舜」，堯、舜者，善之極，性之準，以是知論語兩「相」字必指上知也。一章再出「子曰」者，始吾於人，善人不見之例也。四德有智，即上知之「知」，明性中有知無愚，而下愚自由於習，故又曰「困而不學，民斯爲下也」。趙岐解「倍蓰無算」云：「非天獨與此人惡性，其有下愚不移者，譬如被疾不成之人，所謂童昏也。」此注是也。趙又解「湯、武反之」云：「反之於身。」明「反」非反性之謂。管子言「内静外敬，能反其性，性將大定」，莊子言「反性復初」，彼皆道家之學，異乎孟子所論也。宓子、漆彫子、世子、公孫尼子

「揩」从手，即「攬」字，王引之説。

淮南子亦云。

四子説，

之書，見漢志，而王充論衡稱之曰：「周人世碩以爲人性有善有惡，舉人之善性養而致之則善長，〔一〕因惡性養而致之則惡長。故世子作養書一篇。〔二〕宓子賤、漆彫開、公孫尼子之徒亦論情性，與世子相出入，皆言性有善有惡。」此卽公都子所述可以爲善可以爲不善之說也。樂記亦公孫尼所作，其言曰：「人生而靜，天之性也；感於物而動，性之欲也。」民有血氣心知之性而無哀樂喜怒之常。」其言靜卽告子無善無不善之說，其言動卽告子「杞柳」、「湍水」、「食色」及以「生」訓「性」之說，亦卽可爲善可爲不善之說也。至於仁、義、禮、智、信五性爲五行物象之說；好、惡、喜、怒、哀、樂六情生於六氣之說；又有喜、怒、哀、懼、愛、惡、欲七情之說；與夫性爲陽氣，情爲陰氣，陽氣有仁，陰氣有欲之說；又有性不發爲陰，情形外爲陽之說；性其情，情其性之說。此等分論性情，皆於孟子無妨。古人言，凡有血氣，莫不知愛其類；亦曰凡有血氣，皆有爭心。言孩提之童，知愛其親，亦曰兒善訟。言人義人利，又言人患，言道心之微，兼言人心之危，此等言情言心，亦於孟子無妨。詩書所稱，不虞天性，俾爾彌爾性，並不主於論性。其曰節性者，則以好、惡、喜、怒、哀、樂之無節於内者言之，而不害其爲本自有節也。孟子又言忍性，亦節性之意也。言豈一端，各有所當，學者亦務究性善大旨而已。荀卿後出，其學深於禮，好非子思、孟子，作性惡一篇，與孟子爲難。而以性與僞對，則亦明知性之爲誠。漢儒言天地生人以禮義之性，言明於天性知自貴於物，然後知仁義，重禮節，安處善，樂循理。言天之所生，皆有仁義禮智順善之心，保定人甚固，其餘言五性者甚衆。而後來輯古文書者言恆性，說文之訓則直曰性善者也，其實於孟子之言終未能篤信而發明之，故董

樂記說，告子五說，皆卽是可爲善可爲不善之說，揚雄所謂善惡混也，韓子所謂中品也。

「僞」非「爲」字。

〔一〕「人之」二字原脱，據中華書局諸子集成本補。

〔二〕「養書」，黄暉論衡校釋引陳世宜曰：「玉海五三引『養』下有『性』字。」

作「原性」者誤。翺人言復[illegible]，不言[illegible]性。「善談名理」四字，潘輿嗣墓誌語。鄭君解樂記「天理」亦云理猶性也，必如朱子云「在心喚做性，在事喚做理」，方得分明。張、程、朱言性，皆周子太極之學也。太極之

仲舒著書言性未可謂善。其後揚雄、荀悦及王充本性、唐韓子性原、皇甫湜之論、杜牧之辯，皆不宗孟子者也。李翺宗孟，而始爲滅情復性之說，性不可言復，且離情無以求性矣。宋周子善談名理，而程子因以有理與氣之說，張子亦有天地之性、氣質之性之說，朱子皆取以說孟子。夫天生萬物，莫不有性，故水性下，山性生，羽性輕，雪性消，玉性堅，犬性守，牛性順，馬性健，而人性則善。善謂之仁義禮智，仁義禮智之心有所同然者謂之理義。今曰性卽理也，不及在我在物之別，則語未足矣。人有性而情以見之，才以充之，形色以載之，或謂之天性，或謂之血氣心知之性，各便文以爲言。今必兼論性與氣而分論天地之性、氣質之性，則辭又費矣。且諸大儒之發明性善與論語三言終不合一，則後人安得無疑哉？周子以來，皆引易繫辭傳一陰一陽之謂道，繼之者善也，成之者性也，先道次善而後及性，與中庸、孟子所指各殊。其言道卽論語之天道，大戴禮本命言「分於道謂之命」者也，今不復繁文焉。於人也，以言受命。臣子則受君父之命，婦受夫之命。【補曰】言，謂教令也。生民之初有男女，而後有夫婦，有父子，有君臣。帝王之教，君者臣之天，父者子之天，夫者妻之天。是故子之愛親，命也，不可解於心；臣之事君，義也，無適而非君也，無所逃於天地之閒。陰之從陽，女之順夫，天地之義也。三綱之道，本諸性而垂諸教者也。以道受命，以言受命，其實一也。言或有不當受者，若傳論曹世子則亦以道爲斷也。不若於道者，天絕之也；不若於言者，人絕之也。若，順。【補曰】爾雅文也。惠士奇曰：「婦人殺夫，天與人皆絕之。」案：左傳曰：「不稱姜氏，絕不爲親，禮也。」亦謂魯當絕之。臣子大受命。言義得貶夫人。【補曰】臣，謂時史。子，謂莊公。史承公意，録母之變，存以人恩，宜大所以受命於天人者，不可不貶夫人。此君子所以示義，蓋舊有姜氏文而削之。君子亦史臣也，子則亦容時君，或言臣得連言子耳，自人之於天也。以下董仲舒繁

舉，實從聶大傳三句來。

露亦有其文，董未必用穀梁，蓋古書成文也。末一句當非咸文，或董所本無矣。葉夢得曰：「有春秋之教，有春秋之法。教者施之後世，曰夫人矣，不可謂之奔，故言孫，法者行之其人，夫人之罪不可容於魯，故不書氏。」

夏，單伯逆王姬。○【撰異曰】逆，左氏作「送」。左以經諸單伯皆爲天子之大夫。案：傳有魯大夫費庈父，亦稱費伯，與單伯相似。又史記魯邑有單父，明單伯實魯大夫矣。孔廣森曰：「逆則據往之日書，先行單伯而後築館可也。送則據來之日書，時尚未有以居王姬也，是不可通也。」案：此即張洽、俞皐說。單伯者何？吾大夫之命乎天子者也。命大夫，故不名也。單，姓也。伯，字。諸侯歲貢士于天子，天子親命之。使還其國爲大夫者不名，天子就其國命之者以名氏通也。【補曰】注言「歲貢士」者，射義言「古者天子之制，諸侯歲獻貢士於天子」，故范云爾。但據鄭君注以歲獻爲獻國事之書及計偕物，以貢士爲三歲而貢士，則范非也。何休曰：「禮諸侯三年一貢士於天子，天子命與諸侯輔助爲政，所以通賢共治，示不獨專，重民之至。大國舉三人，次國舉二人，小國舉一人。」何注與伏生書大傳同，射義注悉依爲說，范言「天子就其國命之者以名氏通」亦非也。大夫稱名氏者，皆其君所命，君不命，則名而不氏，此乃傳之明文，范說不亦謬乎？王制曰：「大國三卿，皆命於天子；次國三卿，二卿命於天子，一卿命於其君；小國二卿，皆命於其君。」鄭君疑記文誤脫，以爲小國亦三卿，一卿命於天子，二卿命於其君。單伯後不卒，何休無說，當與柔、溺皆同。其不言如何也？據僖三十年，「公子遂如京師」言如。其義不可受於京師也。其義不可受於京師何也？曰：君躬弒於齊，使之主婚姻，與齊爲禮，其義固不可受也。禮尊卑不敵，天子嫁女于諸侯，必使同姓諸侯主之。魯桓親見殺于齊，若天子命使爲主，則非禮大矣。春秋爲尊者諱，故不可受之于京師。【補曰】爾雅曰：「壻之父爲姻，婦之父爲婚。」注「天子嫁女」二句本公羊也。衰麻接弁冕，亦是義不可受，下傳乃備言之。「君躬」，各本誤作「躬君」，今依胡安國傳、俞皋集傳釋義本、李廉會通本、趙汸集傳乙正。王引之曰：「注以魯桓釋君，親釋躬。傳文誤倒，未考宋元人所見本也。」音義曰：「弑，又作『殺』。注同。」案：「殺」字是，今注未誤。

秋，築王姬之館于外。【補曰】毛詩傳、聘禮注皆曰：「館，舍也。」說文曰：「館，客舍也。」雜記曰：「公館者，公宮與公所爲也，私館者，自卿大夫以下之家也。」曾子問略同。加之者，緩辭。○【撰異曰】館，白虎通引作「觀」。築，禮也。【補曰】於禮宜築館也，築館與築邑、築臺、築囿亦同。但無虞之事爲異，苟不爲其築于外，則史不記而經無文，成十八年傳所謂「築不志」也。何休曰：「繕故曰新，有所增益曰作，始造曰築。」說文曰：「築，擣也。」于外，非禮也。外，城外也。【補曰】於禮不當築館城外。築之爲禮何也？【補曰】據諸侯宮非一，宜不須改築館。主王姬者必自公門出，公門，朝之外門。主王姬者，當設几筵于宗廟，以俟迎者，故在公門之內築王姬之館。【補曰】朝者，治朝，治朝之外門卽雉門也，雉門曰公門。言必自公門出者，所以起下二句。注末二句宜刪去。於廟則已尊，於寢則已卑，爲之築，節矣。【補曰】公羊曰：「於路寢則不可，小寢則嫌，羣公子之舍則以卑矣。其道必爲之改築者也。」何休曰：「公子，女公子也，當築夫人之下，羣公子之上。」文烝案：節者，制斷也。傳意似當築廟下寢上。築之外，變之正也。築之外，變之爲正何也？【補曰】俞樾曰：「當作『爲變之正』，『爲』字『變之』字誤倒。」仇讎之人，非所以接婚姻也。【補曰】謂非可於廟中接婚姻。衰麻，非所以接弁冕也。親迎服祭服者，重婚姻也，公時有桓之喪。【補曰】喪服經曰「斬衰裳、苴絰、杖、絞帶，冠繩纓，菅屨者」，父凡服上曰衰，下曰裳，男子衰與裳殊。此言衰，則該裳矣。麻，謂首要經也。斬疏齊大小功布緦五服皆曰衰，其絰皆麻。言衰麻，猶言衰絰，此以配衰而足其文，非指衰之布爲麻也。弁冕，皆親迎之服，大夫以上服冕。此兼言弁，亦以足句。又弁是大名，故疏曰：「弁冕者，連言之。」周禮弁師掌王之五冕，故傳亦通言之也。」趙匡曰：「言築之爲宜，不若辭之爲正也，故君子貴端本也。」孫復亦云。其不言齊侯之來逆何也？不使齊侯得與吾爲禮也。【補曰】齊侯與魯不可相爲禮，不復讐則怨不釋，即四年傳之義也。疏曰：「舊解齊侯親逆不至京師，文王親逆不至于洽，則天子諸侯親迎皆不至婦家矣。今恐不然，何者？此時王姬、魯主婚，故不至京師。詩稱『親迎于渭』者，爲『造舟爲梁』張本，焉知文王不至大姒家乎？」

冬十月乙亥，陳侯林卒。諸侯日卒，正也。【補曰】疏曰：「重發之者，此共錫命相連，恐日月爲錫命錄，故明之。」

王使榮叔來錫桓公命。榮，氏。叔，字。天子之上大夫也。禮有九錫：一曰輿馬，二曰衣服，三曰樂則，四曰朱户，五曰納陛，六曰虎賁，七曰弓矢，八曰鈇鉞，九曰秬鬯，皆所以褒德賞功也。德有厚薄，功有輕重，故命有多少。何休曰：「桓，弒逆之人，王法所宜誅絶，而反錫命，悖亂天道，故不言天王也。」文五年「王使榮叔歸含，且賵」則曰「含」者，臣子之職也，以至尊行卑事，故不言天王也。三月「王使毛伯來會葬」，又曰「刺比失禮」，故亦不言天王也。甯案：僖二十四年，天王出居于鄭，不可最大矣。禮天子既有賵含之制，傳但譏二事共一使耳。言「且」，所以示譏，一事無再貶之道也。以天王之尊，會人妾祖母之葬，誠失禮矣，孰若使任叔之子來聘，使家父來求車之不可乎？此三者，皆言天王，明非義之所存。舊史有詳略，夫子因而弗革，故知曲説雖巧，致遠則滯矣。【補曰】此依杜預以榮爲氏，文五年注以榮爲采地。文元年叔服注云：「未受采邑，故不稱氏。」氏卽采地，三公至元士皆同。榮叔亦得爲中大夫也，書序有榮伯。爾雅曰：「錫，賜也。」九錫之文本何休注。何休又曰：「百里不過九命，七十里不過七命，五十里不過五命。」范謂以功德爲多少，與何異也。韓詩外傳、春秋緯、禮緯皆言九錫，書大傳則言諸侯三年一貢士，一適謂之好德，再適謂之賢賢，三適謂之有功。有功者，天子一賜以車服弓矢，再賜以秬鬯，三賜以虎賁百人，號曰命諸侯，是三錫也。但春秋錫命及左傳諸所載似皆未可援三錫九錫爲説，惟齊桓、晉文錫命爲侯伯，略相近焉。王不稱天，范駮何休甚善，然非舊史有詳略也。春秋書錫命三：桓書「王」，文書「天王」，成書「天子」，其義一也。其義一而或稱王、或稱天子者，成八年傳云「見一稱也」。但傳惟以「見一稱」釋天子而不釋王者，天子終春秋祇一見，而王則本配謚之稱，其爲見一稱易明，無待釋也。夫同此錫命一事而其文三變焉，所以得爲「見一稱」耳。至於榮叔歸含、召伯會葬，皆在文公逆祀後，則是傳所謂「文無天者」，因魯起義，非關王身。而先儒亦莫能悟，深可喟矣。大氏王不稱天，決無貶王之義，春秋言王、言天王、言天子、言王后、言公、言夫人，皆稱名之最尊者，雖有貶時，不貶於其尊稱之名也。此事蒙上月。禮有受命，無來錫命，錫命非正也。賞人於朝，與士共之，當召而錫也。周禮大宗伯職曰「王命諸侯則儐之」，是來受命。【補曰】鄭君注曰：「儐，進之也。王將出命，假祖廟，立依前，南鄉，儐者進當命者，延之命使登，內史由王右以策命之，降再拜稽首，登受策以出，此其略也。諸侯爵祿，其臣則於祭焉。」生服之，死行之，禮也。【補曰】公羊曰：「錫者何？賜也。命者何？加我服也。」何休曰：「言命不言服者，重命不重其財物。」孔廣森引覲禮「諸公奉篋服，加命書於其上，大史述命，侯氏降拜，升成拜，大史加書于服上，侯氏受。」生不服，死追錫之，不正甚矣。【補曰】周禮大史賜謚，無追錫命之禮。何休曰：「禮生有善行，死當加善謚，不當復加錫。」疏曰：「書錫命者三，此追命失禮最大，故以甚言之。」文烝案：杜預釋例曰：「天子錫命，其詳未聞。諸侯或即位而見錫，或歷年乃加錫，或已薨而追錫。魯桓薨後見錫，則亦衛襄之比也；魯文即位見錫，則亦晉惠之比也。魯成八年、齊靈二十三年乃見錫，隨恩所加，得失存乎其事。」

王姬歸于齊。【補曰】齊侯來逆而姬歸也。何休曰：「內女歸例月，外女不月者，聖人探人情以制恩，實不如魯女。」爲之中者，歸之也。【補曰】明與紀、季、姜略同。與齊桓夫人異。重發傳者，彼爲媒，此爲主也。讀同彼傳。丁溶曰：「『中』當作『主』。」疏云：「彼王姬非魯主昏。」又二年傳「爲之主者，卒之也」，明此亦當爲主。

齊師遷紀郱、鄑、郚。【補曰】爾雅曰：「遷，徙也。」蒼頡篇曰：「徙，移也。」○【撰異曰】「紀」下或有「于」字。傳所明記而先儒失之，今以夏小正傳例推知之。紀，國也；郱、鄑、郚，國也。此「國」以三言爲名。或曰遷紀于郱、鄑、郚。十年，宋人遷宿。傳曰：「遷，亡辭也。其不地，宿不復見矣。」齊師遷紀，四年復書「紀侯大去其國」者，紀侯賢，不與齊師之亡紀，故變文以見義。郱、鄑、郚之君無紀侯之賢，故不復見，從常例也。若齊師遷紀于郱、鄑、郚，當言「于」以明之，又不應復書地，當如宋人遷宿、齊人遷陽。「或曰」之說，甯所未詳。【補曰】案：傳有誤字，當云「郱、鄑、郚邑也」，或後人妄改之。紀之爲國，前已屢見，傳先言「紀，國也」者，以起下郱、鄑、郚之爲紀邑也。四年紀侯始去國，此時安得遷紀國都？豈有國遷而君猶在國者乎？公羊以爲外取邑，以爲自是始滅。杜預曰：「齊欲滅紀，故徙其三邑之民而取其地。」又論語稱「管仲奪伯氏駢邑三百」，應劭說卽此郱也。不曰齊師伐紀取郱、鄑、郚者，實是遷徙其民，且遷是亡辭，欲以著亡紀之漸也。邑得言遷，又繫紀，皆變文也。傳言紀是國都之大名，郱、鄑、郚乃其三邑，明與他例不同也。又

「鹿從」二字依孔氏說。稱「或說」者，謂經文異本多一「于」字，猶夏小正傳說「初歲祭耒」云「或曰祭韭也」，說「鹿從」云「或曰人從」，皆記別家說之異，與此正同矣。此有「于」字者，謂遷紀都之民於其三邑，文異則義異也。諸稱「或曰」、「其一曰」者，文同而義異也，皆示傳疑兼存之，師說如是。

二年春王二月，葬陳莊公。

夏，公子慶父帥師伐於餘丘。慶父名，字仲父。【補曰】杜預曰：「莊公時年十五，則慶父，莊公庶兄。」案：慶父謚曰共，仲也。慶父所弒，乃莊之子，故不如翬、豫貶，且翬弒別無見文，慶父弒當文自見。國而曰伐，於餘丘，邾之邑也。其曰伐何也？【補曰】據凡言伐國侵國者，皆其四竟之內，不必迫近國都。雖伐於餘丘，當言伐邾。李廉曰：「經書魯大夫帥師伐國者九，獨於餘丘以邑而書伐，欲以起問者察事情也。」公子貴矣，師重矣，而敵人之邑，公子病矣。【補曰】既貴且重，乃敵一邑，病也。明特變國言邑，以顯新義。病公子，所以譏乎公也。【補曰】大夫之事皆公命。其一曰：君在而重之也。邾君在此邑，故不繼于邾，使若國。【補曰】疏曰：「一曰之說，亦解稱伐之意，言爲君在重之，使若國然，故邑亦稱伐。」文烝案：此亦解變國言邑之意。注本公羊，失之，疏亦未了。

秋七月，齊王姬卒。【補曰】何休曰：「內女卒例日，外女卒不日者，恩實輕於內女。」爲之主者卒之也。主其嫁則有兄弟之恩，死則服之，服之故書卒。禮記曰：「齊告王姬之喪，魯莊公爲之大功。」【補曰】此亦讀「爲之主者」絕句。我爲之主者，則書卒以卒之，經仍史之舊也。「主」字各本脫，今依唐石經、陸淳集傳纂例及十行本、俞皋集傳釋義本、李廉會通本補正。注引禮記檀弓文。

冬十有二月，夫人姜氏會齊侯于禚。禚，齊地。【補曰】月者，爲下卒日。文姜初如莒不月，則此亦當不月。○【撰異曰】禚，公羊作「郜」，玉篇禾部引作「穛」。婦人既嫁，不踰竟，踰竟，非正也。【補曰】何休以爲婦人無外事，外則近淫也。此通説諸婦人踰竟事。婦人不言會，言會非正也。【補曰】會或在竟内，或在竟外，君大夫之事，非婦人事也。此説本經，亦通説下二會及聲姜二會，并包杞伯姬。饗甚矣。饗在四年。【補曰】饗者，兩君之事，亦非婦人事，飲食宴樂，其情彌親，尤亂男女之別，故非正尤甚也。此指説四年事。

乙酉，宋公馮卒。【補曰】疏曰：「馮是穆公長子，與夷既弑，則馮當正，故書日。」

三年春王正月，溺會齊師伐衛。徐邈曰：「傳例曰：『往月，危往也。』齊受天子罪人，爲之興師，而魯與同，其理危也。」【補曰】徐意危往之例亦通於大夫，徐是也。傳言「會仇讎」，解溺直稱名之義，徐以危往，又別取一義。○【撰異曰】師，各本誤作「侯」，今依唐石經改正。溺者何也？公子溺也。【補曰】左氏、公羊皆所未聞。其不稱公子何也？據二年公子慶父帥師伐於餘丘稱公子。【補曰】當云據凡公子無不氏者。惡其會仇讎而伐同姓，故貶而名之也。【補曰】貶溺亦所以譏公也。溺後不卒者，何休以爲莊公薄於臣子之恩，故不卒大夫，與桓同義。文烝案：溺卒在莊世，容有其理，要亦其卒時實無恩禮，史所不書。公子彄之子哀伯達，其卒在莊世，不書亦其比也。桓、莊五十年中，自末年公子牙外，無卒大夫者，翬卒當是君子所削，其餘如柔、溺、單伯達之類，當皆是二君不加恩禮，而史不録卒也。牙之卒，左傳稱立叔孫氏，則明其有恩禮。

夏四月，葬宋莊公。月葬故也。【補曰】重發傳者，五月而葬，非緩非速而有故，傳未有明文也。

五月，葬桓王。傳曰改葬也。若實改葬，當言「改」以明之，猶「郊牛之口傷，改卜牛」是也。傳當以七年乃葬，故謂之改葬。【補曰】此引舊傳文，公羊又同，而注猶疑之，又引「改卜牛」亦不倫矣。前者桓王之葬不書，下所謂天子志崩不志葬也，猶平王之葬亦不書也。今此改葬，故特志之。疏妄引感精符以申范，非也。依左傳，葬有闕則改葬，鄭君喪服記注謂「墳墓以他故崩壞，將亡失尸柩」者。改葬之禮緦，舉下緬也。緦者五服最下。言舉下緬上，從緦皆反其故服，因葬桓王記改葬之禮，不謂改葬桓王當服緦也。猶晦震夷伯之廟，因明天子諸侯之制，不謂夷伯非魯之大夫也。甯之先君與蔡司徒論之詳矣。江熙曰：「葬稱公，舉五等之上，改葬禮緦，舉五服之下，以喪緬藐遠也。天子諸侯易服而葬，以爲交於神明者，不可以純凶，況其緬者乎？是故改葬之禮，其服唯輕。言緬，釋所以緦也。」【補曰】國語注曰：「緬，猶邈也。」喪服記曰：「改葬緦。」韓子說喪服及此傳曰，此皆謂子之於父母，妻爲夫如子，其他皆無服，無服則弔服而加麻。緬，猶遠也。下，謂服之最輕者也。以其遠故，其服輕也。韓從江說，以范爲非。案：鄭君喪服記注：「服緦者，臣也，子也，妻也。」韓說是也。喪服傳說緦之制：十五升抽其半，有事其縷，無事其布。江云「易服而葬」者，疏引檀弓「弁絰葛而葬，與神交之道也」，鄭君注云：「接神之道，不可以純凶，天子諸侯，變服而葬，冠素弁，以葛爲環絰，既虞卒哭，乃服受服也。」又喪服記注曰：「緦，三月而除之。」或曰郤尸以求諸侯。停尸七年，以求諸侯會葬，非人情也。【補曰】郤者，說文、玉篇云：「節，郤也。」廣韻云：「節也，退也。」此「郤尸」蓋取「退」義，謂郤退其下柩之期。尸卽是柩，對文則異，散則通也。左傳曰「緩也」，是同或說，傳姑載之，本不可從。張大亨據之，遂以七年閒嘗書王命歟未葬不稱使之說。天子志崩不志葬，必其時也。何必爲？舉天下而葬一人，其義不疑也。【補曰】不志葬，謂平、桓、惠、定、靈五王，非魯不會葬，蓋舊史皆有之矣。君子以爲魯史非周史，比改立不志葬之例，取義於必其時，明其不疑於不葬也。文選注引劉兆注曰：「舉，盡也。」「其義」，文九年作「其道」，義、道一也。不志葬爲必其時，公羊亦同，獨五王不志葬者，說具襄二十八年靈王崩下。志葬故也，危不得葬也。【補曰】志葬，謂襄、匡、簡、景四王，此改葬桓王亦是也。志葬者月，甚則日。曰近不失崩，不志崩，失天下也。京師去魯不遠，赴告之命可不踰旬而至，史不志崩，則亂可知。【補曰】曰者，目經意也。不志崩，謂莊、僖、頃三王也。周有赴告，於魯爲近，地則千里，屬則文昭，理必赴崩。史不失志，今經不志，明史本無。近而失之，知其不赴，近而不赴，是失天下，君子將使人考其事，知其義也。注言不踰旬，甚言其速耳，以平王、簡王之崩觀之，當言不踰二旬。左傳例曰凡崩薨不赴則不書。方苞本程子語爲說，曰抑於此見經因魯史，有可損而不能益焉。天王之崩，雖易世以後，可考而知，而魯史所無者，不敢益也。其文則史，而義即於是乎取焉，此其較著者也。文烝案：自「天子志崩」以下，總論周諸王崩葬事。獨陰不生，獨陽不生，獨天不生，三合然後生，徐邈曰：「古人稱萬物負陰而抱陽，沖氣以爲和，然則傳所謂『天』，蓋名其沖和之功，而神理所由也。會二氣之和，極發揮之美者，不可以柔剛滯其用，不得以陰陽分其名，故歸於冥極而謂之天。凡生類稟靈知於天，資形於二氣，故又曰『獨天不生』，必三合而形神，生理具矣。」【補曰】陰謂母，陽謂父，注似未了，其解「天」字則是也。人之生，受形於母，得氣於父，稟靈於天，皆合焉而後爲人。楚辭天問曰：陰陽三合，何本何化。」邵子曰：「氣者神之宅也，體者氣之宅也，體、氣、神卽陰、陽、天歟？」注「萬物」二句，老子文。故曰母之子也可，天之子也可。【補曰】凡爲母之子者，皆天之子也。不言父之子者，省句以便文，從可知。尊者取尊稱焉，卑者取卑稱焉，王者尊，故稱天子。衆人卑，故稱母子。【補曰】喪服傳曰：「禽獸知母而不知父，野人曰，父母何算焉？都邑之士則知尊禰矣，大夫及學士則知尊祖矣。諸侯及其大祖，天子及其始祖之所自出，尊者尊統上，卑者尊統下。」鄭君曰：「及始祖之所由出，謂祭天也。」案：此段與傳義相表裏。夫禰也，祖也，大祖也，始祖也，祭祀之鬼神，吾心之鬼神也。故祭祀之天，吾之天也。吾之天者，三合是也。此爲道之本，教之至。說文曰：「古之神，聖人母，感天而生子，故偁天子。」是乃漢儒聖人無父之妄說，不足據也。董仲舒繁露亦有「獨陰」以下數語，蓋是古書成文。彼無「獨天」句，中二句作「父之子也可尊，母之子也可卑」，似是而非，當由轉寫妄改。其曰王者，民之所歸往也。【補曰】史記正義引逸周書謚法「仁義所往曰王」，謂身有仁義爲衆所歸往也。「王」、「往」同聲爲訓。呂氏春秋曰：「帝也者，天下之適也；王也者，天下之往也。」「適」亦「往」也。自「獨陰」以下，又論稱天子、稱王之義，推此知天王者合二稱爲稱也。何休解天王義，以爲時吳、楚上僭稱王，王者不能正，而上自繫於天。春秋不正者，因以廣是非。劉敞、孔廣森引董仲舒曰：「古之造文者，三畫而連其中謂之王。三者天、地、人也，而參通之者王也。」皆非傳意。

秋，紀季以酅入于齊。季，紀侯弟。【補曰】杜預用公羊文也。○【撰異曰】酅，左氏本又作「攜」。酅，紀之邑也。入于齊者，以酅事齊也。雍曰：「紀國微弱，齊將呑并，紀季深覩存亾之機，大懼社稷之傾，故超然遐舉，以酅事齊，庶胤嗣不泯，宗廟永存，春秋賢之，故褒之以字。」【補曰】雍注皆非也。以酅事齊者，左傳云「紀於是乎始判」，公羊云「請後五廟以存姑姊妹」，杜預以爲「以邑入齊爲附庸」是也。此通解「以酅入于齊」五字義。舉經句不出「以酅」二字者，省文也。傳但言「以酅事齊」，其文簡略。而左氏賈逵說以爲紀季不能兄弟同心以存國，乃背兄歸讎，書以譏之。賈明於穀梁，此數語必穀梁家義也。書「以」者，從邾庶其、衛孫林父等文之例。庶其之等，傳多云「以者，不以者也」，明此亦同義，舉後可以包前也。「黑肱以濫來奔」，傳云「來奔內，不言叛」，明以邑出奔他國者皆當舉叛爲重，故孫林父以戚出奔晉，但書叛，不書出奔，是其例也。此之以酅入于齊，亦是叛而出奔。不舉叛爲重者，或當以凡出奔不重於叛，故以叛爲重，而此之入于齊爲附庸，事不止於出奔，又重於叛，故不言出奔而言入，不得以叛爲重也。左氏、劉歆、賈逵說，以爲紀季以酅奔齊，不言叛，不能專酅，此說非也。紀季稱字者，從許叔、蔡季之例。傳言許叔，許之貴者；蔡季，蔡之貴者，明此亦以貴舉可知也。不言紀侯之弟某者，啖、趙以爲兄無惡。傳解衛侯之兄輒云：「目衛侯，衛侯累也。」則啖、趙是也。傳與左傳皆無賢紀季之義，惟公羊以稱字爲賢之，杜預遂據以改左氏，舊注范、雍因以注穀梁，後儒相沿爲說，謬矣。公羊言賢其服罪，服罪之說從齊襄復讎而起，本不可通於穀梁、左氏，且公羊但以稱字爲賢，未嘗謂其非叛，故何休注猶以叛爲言，杜、范等并失公羊本意。惟孫復、杜諤言其惡，黃仲炎言其爲自全之計，家鉉翁謂貶而非褒，程端學以爲季有罪不可以訓，蓋有合穀梁、左氏之舊義。入者，內弗受也。齊受人之邑而滅人之國，故於義不可受也。【補曰】注非也。此又言書入之義，與凡入同例也。齊受叛人之邑，非義所當受，故爲不可受之辭。言齊不可受，則紀季之罪益著，雖不言叛，叛可知也。疏曰：「此齊不可受，嫌違例，故重發之。」案：疏語亦無發明也。

冬，公次于郎。【補曰】何休曰：「次，例時。」○【撰異曰】郎，左氏作「滑」，王夫之曰：「宜以『郎』爲正。」次，止也，【補曰】何休曰：「次者，兵舍止之名。」左傳例曰：「凡師一宿爲舍，再宿爲信，過信爲次。」有畏也，欲救紀而不能也。畏齊。【補曰】不能救，是畏也。公羊同。次成諱恥，此直文者，蓋刺其畏讋。不致者，蓋舊史無之，竟內兵不告廟也。

四年春王二月，夫人姜氏饗齊侯于祝丘。饗，食也。兩君相見之禮，以非禮尤甚，故謹而月之。凡會書月著時，事有危，雖於公發例，亦無所不關。祝丘，魯地。【補曰】注首二句本杜預。訓「食」者渾言之，饗大於食與燕。如左傳鄧侯享楚文王、齊侯享魯定公之類是也。何休曰：「牛酒曰犒，加飯羹曰饗。」月者再出重也，三出不月者，省文從可知例。○【撰異曰】饗，本又作「享」。左氏作「享」。案：左傳中凡饗禮、食禮之饗，皆用「祭享」，「享獻」字，於六書爲假借，猶曲禮、月令、禮器等篇假「饗食」字爲祭享也。歆享、享國，與祭獻義相因。毛詩、儀禮、今文尚書等用「饗」者亦當爲假借，二字相亂，故記之。饗，甚矣。【補曰】覆說上傳專謂夫人也。饗齊侯，所以病齊侯也。【補曰】饗齊侯，謂春秋之文言饗以饗之，言饗又所以病齊侯，病其爲鄰國夫人加以甚非正之事也。女失既甚，男惡安辭？淫妹之事，隱然可見，故病之也。文姜與齊襄淫亂，於饗、於諸會、於如齊師皆有焉。春秋書會，但與會卞之屬一例。書如齊師，亦與他書如不殊。惟此書饗，雖亦記事之直文，而狐之綏綏，魚之遺遺，殆不可掩。夫兩君相饗從無書者，而獨書夫人饗，其爲甚且病不已明乎？

三月，紀伯姬卒。隱二年履緰所逆者。內女卒例日，伯姬失國略之，故月也。【補曰】注首句，杜預語。不日者，三十年傳以爲爲紀亡略之。時紀未亡，卒而卽亡，猶未葬，當以亡論。外夫人不卒，此其言卒，何也？【補曰】外夫人，通言諸外夫人也。不卒者，經例因史例也。吾女也。適諸侯則尊同，以吾爲之變，卒之也。禮諸侯絶旁朞，姑姊妹女子子嫁於國君者，尊與己同，則爲之服大功九月，變不服之例，然則適大夫者不書卒。【補曰】變者，既服其喪，則與常日異禮，故言變，與宣八年傳「變」字同義。注言「變不服之例」，非傳之「變」字也，此發已嫁女書卒通例。注言適大夫不卒，疏謂莒慶、齊高固並逆叔姬，無卒文是也。

夏，齊侯、陳侯、鄭伯遇于垂。傳例曰：「不期而會曰遇。」遇者，志相得也。【補曰】鄭伯者，突也。孫覺、胡安國、高閌、陳傅良、胡寧、程公説、張洽、趙鵬飛、呂大圭皆云。

紀侯大去其國。【補曰】去，違也，離也。言「其」，亦緩辭。不月者，小國奔例。大去者，不遺一人之辭也，【補曰】葉夢得曰：「大，猶盡也。盡無麥禾曰大無麥禾，盡去其國曰大去其國。」文烝案：左氏襄十四年傳記晉伐秦事曰「乃命大還」，汪克寬引爲證，幷引婦人大歸。此滅而奔也，謂之大去，有奔事，無奔文。言民之從者四年而後畢也。【補曰】謂元年既失郱、鄑、郚，而三邑之民猶有從者，至此乃合國都之民幷其餘邑民，皆從君避難而去，故曰「四年而後畢」，明以紀侯得民，不欲言奔也。紀侯賢，而齊侯滅之，不言滅而曰大去其國者，不使小人加乎君子。不曰滅而曰大去其國，蓋抑無道之强以優有道之弱，若進止在己，非齊所得滅也。何休曰：「春秋楚世子商臣弑其君，其後滅江、六，不言大去。又大去者，於齊滅之不明，但知不使小人加乎君子。而不言滅，縱失襄公之惡，反爲大去也。」鄭君釋之曰：「商臣弑其父，大惡也，不得但爲小人。江、六之君又無紀侯得民之賢，不得變滅言大去也。元年冬，齊師遷紀」，三年，紀季以酅入于齊，今紀侯大去其國，是足起齊滅之矣。卽以變滅言大去，爲縱失襄公之惡，是乃經也，非傳也。且春秋因事見義，舍此以滅人爲罪者自多矣。」【補曰】疏曰：「言春秋有因事見義者，不得不舍此以滅人爲罪也，若晉人執虞公、梁亡之類是也。」文烝案：前文足起齊滅，既如鄭言，下文又明稱齊侯，則此文本當言齊侯滅紀，亦無嫌不明，故可不言滅也。又去者，奔之異文。若言滅，又言奔，如齊師滅譚，譚子奔莒，楚人滅弦，弦子奔黄，則紀侯爲不能死社稷而其賢隱矣，故春秋不罪紀侯者，以其賢也。言大去不疑爲罪文者，由於不言滅也。經之改舊精，傳之說經密。鄭君言齊師遷紀，不連郱、鄑、郚，亦不知彼傳誤字。

六月乙丑，齊侯葬紀伯姬。【補曰】上既不言齊侯滅紀，又不出齊師、齊人，故稱齊侯葬以著之，異於陳哀公。俞皐曰：「見齊侯之滅紀也。」胡安國曰：「如紀似禮，存季似義，葬伯姬似仁，君子惡似而非者。」外夫人不書葬，此其書葬何也？【補曰】疏曰：「此外夫人卽謂吾女，吾女爲外夫人者惟當書卒，不合稱葬。」文烝案：諸外夫人及內女爲外夫人者魯多會葬，史於內女志卒亦必志葬。至君子並削之，則其存而不削者別有義矣。吾女也，失國，故隱而葬之。隱，痛也。不日卒而日葬，閔紀之亡也。【補曰】注二語本後三十年葬叔姬傳文。但彼傳是總發伯姬、叔姬卒葬四文之義，就日不日言之，此傳則直論伯姬書葬之義，以包叔姬，與彼傳義各別也。隱伯姬、叔姬之失國，猶隱宋共姬之卒災，皆於其書葬見之。至於閔紀之亡，不日卒而日葬，義由紀起，不專在二姬之身，自不可與宋共姬類論。

秋七月。

冬，公及齊人狩于郜。郜，齊地。【補曰】非也。卽取諸宋者。○【撰異曰】郜，左氏作「禚」。齊人者，齊侯也。【補曰】公親出與狩，明是齊君。其曰人何也？卑公之敵，所以卑公也。內無貶公之道。【補曰】卑之猶言貶之，貶齊侯正以貶公。何爲卑公也？不復讎而怨不釋，【補曰】能復讎則善矣，既不能復則怨不可釋。苟見齊侯則殺之，故必無相見之理。刺釋怨也。【補曰】刺其釋怨相見，故爲卑公之文也。公羊釋齊人之文曰「諱與讎狩」，曰「於讎者將壹譏而已，故擇其重者而譏焉，莫重乎其與讎狩也。」公羊之言「譏」，卽傳所謂「卑」、「刺」，公羊言「諱」而傳不言者，言卑刺則諱可知，明經以卑刺爲義也。若不以卑刺爲義，直以諱爲義，則當不言公而直言及齊侯，今言公及齊人則明以諱見譏。諱者其文，而卑刺者其義，故但言諱則無以知其爲卑刺，但言卑刺則諱可知也。不致者，蓋亦舊史無之，凡狩不告廟也。

五年春王正月。

夏，夫人姜氏如齊師。【補曰】孔穎達曰：「於時齊無征伐之事，不知師在何處？蓋齊侯疆理紀地，有師在紀。不言會者，往其軍內就齊侯耳，不行會禮。」師而曰如，衆也。言師衆大如國，故可以言如，若言如齊侯則不可。【補曰】此爲凡書如師、如會者發例，注末二句可刪。婦人既嫁不踰竟，踰竟，非禮也。【補曰】疏曰：「復發傳者，嫌師與國異也。」孔廣森曰：「戎事不邇女器，目言『如齊師』，惡甚矣。」文烝案：如齊師之爲非禮，當與會同論，皆不若饗之甚。謝湜等說未是。

秋，郳黎來來朝。○【撰異曰】郳，公羊作「倪」。段玉裁曰：「公羊蓋作『兒』，五兮反。十五年可證。」黎，左氏作「犂」。郳，國也。黎來，微國之君，未爵命者也。黎來，名也。【補曰】未爵命於周也。左傳亦曰「未王命」，杜預曰「附庸國」。重發傳者，前稱字，此稱名，前是盟，此是朝，嫌有異也。注本左氏、公羊。

冬，公會齊人、宋人、陳人、蔡人伐衛。納惠公朔。【補曰】左傳文。是齊侯、宋公也。【補曰】公與共伐，致來王人之救，足見齊、宋君親來。不言陳侯、蔡侯者，省文。其曰人何也？人諸侯所以人公也。【補曰】人之猶言貶之卑之。其人公何也？逆天王之命也。王不欲立朔也。【補曰】案：上經言公及齊人刺釋怨而卑之，卑其相見，而諱使若不相見也。卑之之義卽寓於諱之之文，則此經「人公」當亦同上諱不没公，直言及齊侯，此諱亦不没公，直言會齊侯，其諱亦正相等。但上經「卑公」專以釋怨相見起義，卑之卽是諱之。此經「人公」則不專是齊、魯之故，乃以逆王命起義。會卽無齊，齊卽非讐，亦當人公，不專爲諱也。春秋包含萬理，而其義之重且急者乃經之本旨。陳傅良、趙汸説此伐衛及後圍郕，以爲公與仇人接，春秋終諱之。萬斯大謂使若終不相見者，其論固是，而此經本義猶未得也。圍郕不言公，亦爲諱，此經則不專爲諱。

六年春王三月，王人子突救衛。徐邈曰：「諸侯不奉王命，朔遂得篡。王威屈辱有危，故月也。」救衛於義善，故重子突功。不立，故著其危。【補曰】疏曰：「日月之例，見危者惟施於內，今施之於外者，范答薄氏云：『王者安危，天下所繫，故亦與內同也。』」文烝案：何休曰：「救例時，此經例也，史例皆月。」○【撰異曰】三月，各本誤作「二月」，今依唐石經、十行本、呂本中集解、張洽集註、程端學本義、李廉會通改正。左氏作「正月」。王人，卑者也。【補曰】何休以爲下士稱人。杜預釋例同。稱名，貴之也。何休以爲稱子則非名也。鄭君釋之曰：「王人賤者，録則名可，今以其銜命救衛，故貴之。貴之則『子突』爲字可知明矣。此『名』當爲『字』誤爾。」徐乾曰：「王人者，卑者之稱也，當直稱王人而已。今以其能奉天子之命救衛而拒諸侯，故加名以貴之。僖八年『公會王人、齊侯』是卑者之常稱。」【補曰】案：何休注意「突」仍是名，與廢疾異。史記自序曰：「春秋褒周室，諸有尊貴文者，皆褒也。」陸湻曰：「天子無上，無以褒之，故褒子突，則王美可見也。」孫覺曰：「春秋之義，天王無褒，非無善也。其善者衆，不可以一善褒也。天王無貶，非無惡也。天王之位，非爲惡者居之，雖有惡，不加貶焉。故善天王之救衛，而書子突之字，貶王師之敗績。而以自敗爲文，蓋曰天王無褒，又其善不可掩也。則褒其臣，天王無貶，又其惡不可諱也。則書王師之自敗，所以推尊而責備之也。」善救衛也。【補曰】疏曰：「討王者有伐無救，而云『善』者，朔叛逆王命，天子廢之，立其嗣子，而遣師往救，有存諸侯之功，故曰善，不可以大平之法格之。」文烝案：疏説固通，但據周禮大司馬「及師，大合軍，以行禁令，以救無辜，伐有罪」，則大平亦有救法，書救卽爲善，與上稱名貴之各一義。羅喻義曰：「春秋筆法，空處最奇。隱之薨，不地不葬，知有亂者。桓之薨，前書夫人如齊，後書夫人孫，知有淫者。衛朔之入，書王人救衛，知有天子所立之公子黔牟。」救者善，則伐者不正矣。【補曰】此句通謂凡救，凡救皆善，非善則沒其救文。如襄十一年，秦人伐晉以救鄭，彼時晉伐鄭爲近正，秦救鄭無善，春秋不言救，故言救者必善，卽知伐者之非正矣。」胡安國得其解。

夏六月，衛侯朔入于衛。其不言伐衛納朔何也？據九年伐齊納糾言納。【補曰】問上經。不逆天王之命也。不與諸侯得納王之所絕。【補曰】公羊曰「辟王也」，與此同。入者，内弗受也。【補曰】此發君人通例，故重舉之。朔嘗爲君，不言復入者，方欲絶之，若其本未有國。劉敞曰：「不與復。」何用弗受也？爲以王命絶之也。【補曰】何休曰：「絶者，國當絶。」徐彦曰：「絶有二種：一是絶滅其國，一是絶去其身。」朔之名，惡也。【補曰】與「出」同義。朔入逆，則出順矣。【補曰】疏曰：「順者，比之入國爲順，仍是惡也。一解此當文自相比入爲逆，則出當爲順矣。」朔出入名，以王命絶之也。【補曰】公羊解「出」名曰「絶」，曷爲絶之？得罪于天子也。解「入」名曰絶，曷爲絶之？犯命也。

秋，公至自伐衛。【補曰】上冬伐，此秋至，歷四時之久，甚於伐楚之屬。不月者，此在不致之例，致之已足見危，不須月。惡事不致，此其致何也？據襄九年，時有穆姜之喪，會諸侯伐鄭不致。【補曰】注用公羊何休說，與襄九年本傳顯戾。當云據侵宋及伐邾取須句之屬皆不致。不致則無用見公之惡事之成也。【補曰】不致，則知其爲惡事矣，而云「不致無用見」者，此之惡事，謂公與王人戰也。戰在伐後，不致則見伐不見戰。張自超所云「似王人來救，而諸侯之師已散，衛朔自入于衛」是也，故下有分惡、殺惡文。而先以此文見惡之成，乃是特變常例，轉存史文也。僖二十六年「至自伐齊」，傳云「危之」，此亦得兼有危義，而見惡之意爲多，故言見惡也。董仲舒曰：「春秋視人所惑爲立說，以大明之，若此類不言則不見，是之謂大明。」葉夢得譏此傳，非也。

螟。【補曰】自此後無書「螟」者。高閌曰：「螟食苗心，螽無所不食，螟之爲災，較螽爲輕。春秋之初，災之輕者亦書之，及其久也，輕者不勝書，書其重者耳。」

冬，齊人來歸衛寶。【補曰】何休曰：「寶者，玉物之凡名。」說文曰：「寶，珍也。」○【撰異曰】左氏作「衛俘」，誤。左傳亦曰「寶」。孔穎達曰：「案説文『保』從人，采省聲。古文『保』，不省。然則古字通用『寶』，或作『保』，與『俘』相似，故誤作『俘』耳。」文烝案：説文「孚」从爪子，古文作「采」，从系。系，古文「保」，保亦聲。以齊首之，分惡於齊也。使之如下齊而來我然，惡戰則殺矣。若衛自歸寶於齊，過齊然後與我，齊首其事，則我與王人戰罪差減。【補曰】注全失之。首，猶主也。下齊，齊爲我下也。言惡，言惡戰，即上之惡事，經無戰文，故言戰以明之也。時齊率諸侯與王人戰，共敗王師，惡不可道。衛侯以爲有功，出寶賂齊，齊又讓魯。齊所以讓魯者，公羊稱齊侯曰「此非寡人之力，魯侯之力也」。明魯尤多戰功，故讓魯也。衛賂齊而齊讓魯，是受賂者魯也。郜大鼎之賂，以「取」爲文；濟西田之賂，以「齊取」爲文。取者，受賂之辭，今不言取衛寶于齊，與取郜大鼎于宋一例。而以「齊人來歸」爲文，則是以齊爲主。但言齊讓賂，不言我受賂，而齊之惡戰彰，故曰「以齊首之，分惡於齊也」。「齊人來歸衛寶」與「齊侯來獻戎捷」同文，則是經之立文，又使若齊自爲我下而來我，并不爲讓賂來，而我之惡戰隱，故又曰「使之如下齊而來我然，惡戰則殺矣」。此傳之旨，若不以取鼎、獻捷兩文觀之則不得其解。

七年春，夫人姜氏會齊侯于防。防，魯地。婦人不會，會非正也。【補曰】疏曰：「防是魯地，故重發傳。」

夏四月辛卯，昔，恆星不見。【補曰】各本此經下衍「夜中星隕如雨」六字，今依唐石經、十行本删正。○【撰異曰】昔，本或作「㫺」。左氏、公羊作「夜」。公羊一本無。恆星者，經星也。經，常也。謂常列宿。【補曰】公羊曰：「列星也。」疏曰：「周四月，夏二月，常列宿者，南方七宿也。」孔穎達曰：「月令仲春之月，日在奎，昏弧中。」鄭云：「弧在輿鬼南，則於時南方之星盡當列見。」文烝案：四方二十八宿稱經星，故木、火、金、水、土五星稱緯星，合之爲九星也。又古書星辰連文者，皆以緯星爲星，經星爲辰。謂之辰者，以二十八舍日月所會也。周禮大宗伯注疏有此說。日入至於星出謂之昔。【補曰】此以「夕」訓「昔」也。廣雅曰：「昔，夜也。」王念孫疏證曰：「凡日入以後，日出以前，通謂之夜。」左傳、列子注並訓「昔」爲「夜」。莊子音義：「昔，夜也。」案：「昔」之言「夕」也，夕時亦謂之昔，故「夕」、「昔」古通用。詩樂酒「今夕」，楚辭注引作「今昔」是也。周禮腊人注：「腊之言夕也。」依說文「昔」、「腊」本一字。不見者，可以見也。【補曰】大戴禮夏小正傳說「參則伏」曰「星無時而不見，我有不見之時」。左傳曰：「夜明也。」

夜中，星隕如雨。如，而也。星既隕而復雨。鄭君曰：「衆星列宿，諸侯之象，不見者，是諸侯棄天子禮義法度也。」劉向曰：「隕者，象諸侯隕墜，失其所也。又中夜而隕者，象不終其性命，中道而落。」【補曰】爾雅曰：「隕，落也，墜也。」夏小正傳曰：「墜也。」注解「如雨」，非也。下論之引鄭君者，駁五經異義文，見開元占經也。漢書五行志、董仲舒、劉向以爲常星二十八宿者，人君之象也；衆星，萬民之類也。列宿不見，象諸侯微也；衆星隕墜，民失其所也。夜中者，爲中國也。不及地而復，象齊桓起而救存之也。鄉亡桓公，星遂至地，中國其良絕矣。劉向以爲夜中者，言不得終性命，中道敗也。或曰象其叛也，言當中道叛其上也。趙汸曰：「公羊稱『不脩春秋曰：雨星不及地尺而復』。」此魯史舊文。漢志永始二年二月癸未，夜過中星隕如雨，長一二丈，繹繹未至地滅，至雞鳴止。不及地尺而復，卽未至地滅也。古今星變，固有如此者。其所隕者，星之光魄，故雖多而不見在地之形。戴溪謂「積氣消散所致，蓋比他異尤重。」許翰所謂「王運終而霸統起矣」。

○【撰異曰】隕，公羊作「霣」。後同。其隕也如雨，是夜中與？星既隕而雨，必晦暝，安知夜中乎？【補曰】春秋之文，言「如」與言「而」異，「如雨」之「雨」與「不雨」之「雨」異。左傳言「與雨偕」，劉歆、杜預讀「如」爲「而」，讀「雨」如今上聲字，范依之，皆非也。劉敞固言夜雨不足記矣，傳舉經下句以釋上句，而先設問辭。杜謂引集義得之。中者不須臾，故下言其幾，而發句如此。穀梁子、太史公文章之工，柳宗元有得焉，往往在發句處、更端處。春秋著以傳著，疑以傳疑。明實録也。【補曰】包全經。中之幾也，而曰夜中，著焉爾。幾，微也。星既隕而雨，中微難知，而曰夜中，自以實著爾，非億度而知。【補曰】著焉爾，唐石經初刻作「實著焉爾」。注第二句當刪。何用見其中也？【補曰】謂史何所據。失變而録其時，則夜中矣。失星變之始而録其已隕之時，檢録漏刻，以知夜中。【補曰】時，如公羊「至乎日若時」之「時」。一日夜有十二時，史記曆書謂之十二節，曲禮曰「信時日」，孔穎達亦謂四時及十二時也。時者，期也。時加子曰夜中，亦曰夜半。依素問、天官書、吳越春秋及左傳昭五年杜預注，寅曰平旦，卯曰日出，辰曰食時，巳曰隅中，午曰日中，未曰日昳，申曰晡時，酉曰日入，戌曰黄昏，亥曰人定，子曰夜半，丑曰雞鳴。范意謂史檢漏刻而録之。案周制有挈壺氏，以水火分日夜，見周禮及毛詩傳。周禮注曰：「以水沃漏，夜則火視，刻數漏之箭，晝夜共百刻，冬夏之閒有長短焉。」又説漢法曰：「大史立成法有四十八箭。」孔穎達曰：「於時春分之月，夜當五十刻，二十五刻而夜半也。」其不曰恆星之隕何也？我知恆星之不見，而不知其隕也。【補曰】我者，我魯，又君子自我也。知，見也。隕者，見其爲星而已，莫明其爲何星。我見其隕而接於地者，則是雨説也。言我見從上來接於下，然後可言雨星。今唯見在下，故曰隕星。【補曰】此亦設問辭，注非也。隕與雨皆自上下下之稱，疑隕卽是雨矣。何以言隕？

文言如雨？文意與則是放命、則是大利皆同。**著於上，見於下，謂之雨；著於下，不見於上，謂之隕；豈雨說哉？**解經不得言雨星而言隕星也。【補曰】此解「如雨」也。在物言著，在人言見。傳互文錯言之。著上見下，謂上下一時並見；著下不見上，謂必至下乃見。疏引徐邈以著上爲雲著上，不可通也。隕非雨說，故言「如雨」。公羊曰：「如雨者何？如雨者非雨也。非雨則曷爲謂之如雨？不脩春秋曰：『雨星不及地尺而復。』君子脩之曰：『星霣如雨。』」觀乎公羊，則傳義益明矣。夫雨星不及地尺而復者，舊史之紀實也，君子據其文改之曰星隕如雨，春秋之正名也。雨雪雨雹，時刻不絕。雨螽上下皆合，舉首即見，衆目昭然。雨星則異，是故不直言雨，而謂之「隕如雨」也。言雨則必先言雨而後言其物，言隕則其文各隨所施，星隕與隕霜異。蕭楚謂霜以著物，然後可知，故先言隕，後言霜。星麗於天，見隕則知之，故指言星隕也。星隕又與隕石異，傳解隕石云「隕而後石」。左氏說爲隕星。杜預謂隕石者，見在地之驗，不見始隕之星。星隕如雨，見星之隕而隊於四遠，不見在地之驗也。若然，則隕者主於下之辭也。先言星，後言隕，又有主於上之辭焉，其言如雨宜也。言星不言石，又有不及地之辭焉，不須更言不及地而復也。舊史之意，經悉該之，惟尺者約計之辭，非由實定，故置而不論。○公羊之「不脩春秋」，王充解爲魯史記是也。其解「如雨」，謂雨從地上而下，星亦從天霣而復，故曰「如」，則未是也。案：雨從地上而下，亦可通於著上見下之說，但讀「雨」爲上聲，殊非傳意。而以從地起者之復於地，明從天隕者之復於天，紆曲實甚矣。至啖助以爲奔流者衆，如雨之多，引詩雨無正序語。案：隕與流異，如雨自足見多，若讀「雨」上聲而喻多，詩辭有之，非史筆也。詩、書、禮、易其文體辭例與春秋各異，詩有韻，諸經傳古書亦往往有韻。春秋無韻，他書文，春秋質也。

秋，大水。高下有水災，曰大水。【補曰】疏曰：「復發傳者，嫌大水無麥苗異於常，故重發之。」

無麥、苗。【補曰】五行傳曰：「治宫室，飾臺榭，内淫亂，犯親戚，侮父兄，則稼穡不成。」麥苗同時也。麥與黍稷之苗同時死。【補曰】魯於周禮，周書當青州、兖州之地，青州穀宜稻麥，兖州穀宜四種。四種者，黍、稷、稻、麥也。黍、稷、稻皆稱苗。何休曰：「苗者，禾也。生曰苗，秀曰禾。」何説是也。此言麥、苗，謂二穀，或二穀以上苗，猶可復種。是年不收者惟麥，一穀不升謂之嗛，不謂之饑，故冬無饑文。凡諸水旱、螟、螽之等，苟其害不至無三穀，則但書水旱、螟、螽而已。

冬，夫人姜氏會齊侯于穀。穀，齊地。婦人不會，會非正也。【補曰】疏曰：「再發傳者，穀是齊邑也。」文烝案：文姜三會，皆具發傳，明後洮陽穀卞之屬皆同義可知，故不復發也。文姜之孫齊，不言姜氏，既取義於臣子大受命，會禚以下，皆言姜氏，但以非正非禮取義者，前之辭嚴，後之辭婉也。詩曰：「人之無良，我以爲兄。」人之無良，我以爲君。」言人則無善耳，我國人猶以爲君之兄，猶以爲國小君也。此夫子之語顔淵所謂親屬之言也。春秋因事因時而抑揚輕重其文，游、夏不能贊一辭，即文姜孫會諸文可見，而穀梁之合經亦見矣。○焦袁熹曰：「夫人饗齊侯、如齊師及諸會齊侯，先儒謂皆以國事出也。夫魯既不能討齊，齊復何憚於魯？而六七年閒，二國之交日益親密，四鄰既從齊令，亦無一旅之師涉魯竟者，皆夫人之爲之也。夫人既殁，謚之曰文。婦人無武事，言文則美備，非有非常之才智，何以得此聲乎？」文烝案：金履祥已有此説，深合事情。世衰道微，邪説紛起，故魯桓、齊襄皆獲美謚，而桓妻別作謚焉。然猶爲之肆大眚者，以其淫而害夫，公議不可違耳。

春秋莊公閔公經傳第三補注第六

穀梁　范氏集解　鍾文烝詳補

八年春王正月，師次于郎，以俟陳人、蔡人。時陳、蔡欲伐魯，故出師以待之。【補曰】注用左氏賈逵注，賈用穀梁家説也。此次蓋公不在，故言師不言公，非諱也。陳、蔡稱人者，略之爲衆辭也。以者，内爲志之文，與桓二年同，書者，善之，別於他之有畏者也。次陘，非畏自明，故不假加文別之。月者，爲下治兵日。次，止也。【補曰】重發傳者，此有俟文，嫌異也。俟，待也。〔補曰〕爾雅曰：「竢，待也。」明非畏。

甲午，治兵。【補曰】不地者，于郎也，承上「次」可知。左傳曰「治兵于廟」，非也。日者，時史善而志之。又日之，經仍之也。○【撰異曰】治，公羊作「祠」。鄭君駁五經異義曰：「公羊字誤。」案：謂聲之誤也。出曰治兵，習戰也。【補曰】兵革將出，治其事。爾雅曰：「尚威武也。」孫炎曰：「幼賤在前，貴勇力。」入曰振旅，習戰也。振，整也。旅，衆也。【補曰】爾雅曰：「反尊卑也。」孫炎曰：「尊老在前，復常法。」治兵而陳、蔡不至矣。兵事以嚴終，以嚴整終事，故敵人不至。【補曰】陳、蔡不至則治兵有效。又云兵事以嚴終者，言君子之取義如此也。兵將出而治兵，猶三年因田而大閱，亦國之常禮，史以此治兵陳、蔡不至，最有功效，故特志之，而經因以寓嚴見義。孫子曰：「將者，智、信、仁、勇、嚴也。」劉晝謂之五德。**故曰善陳者不戰，**【補曰】善，猶好也。陳，謂軍陳行列。**此之謂也。**【補曰】此嚴以終事之謂。**善爲國者不師，**導之以德，齊之以禮。江熙曰：「鄰國望我，歡若親戚，何師之爲？」**善師者不陳，**師衆素嚴，不須耀軍列陳。江熙曰：「上兵伐謀，何乃至陳？」**善陳者不戰，**軍陳嚴整，敵望而畏之，莫敢戰。**善戰者不死，**投兵勝地，故無死者。江熙曰：「辟實攻虛則不死。」**善死者不亡。**民盡其命，無奔背散亡者也。江熙曰：「見危授命，義存君親，雖沒猶存。」【補曰】江熙說，愚有取焉。老子曰：「死而不亡者壽。」列子曰：「由生而生，故雖終而不亡。」李軌法言注曰：「仁者之壽，死而不亡，名無窮也。」此卽左傳叔孫穆子稱立德、立功、立言，雖久不廢，死而不朽也。夫生死者吉凶之極也。釋名曰：「吉，實也。凶，空也。」然則死而不亡者，以其空而猶實也。論聖賢之心，則有若無，實若虛；論鬼神之德，則無如有，虛如實，一而二，二而一也。尋老氏死而不亡之說，實合儒術，至言谷神不死，則取義玄遠，求之過深。由以道受命之說而過求之，謂之有物，謂之無明，由善死不亡之說而過求之，謂之不死，謂之無生，皆聖賢所弗論也。此五句承上廣言之，皆古書成文。漢書刑法志稱「故曰善師者不陳，善陳者不戰，善戰者不敗，善敗者不亡。舜脩百僚，咎繇作士，命以『蠻夷猾夏，寇賊姦軌』，而刑無所用，所謂善師不陳也。湯、武陳師誓衆，放禽桀、紂，所謂善陳不戰也。齊桓南服彊楚，北伐山戎，存亡繼絕，功爲伯首，所謂善戰不敗也。楚昭王國滅出亡，父老曰：『有君如是其賢也！』相與從之。或奔走赴秦，號哭請救，遂走吳師，昭王返國，所謂善敗不亡也。」疏引舊說曰：「善爲國者不師，謂古明王時，導德齊禮不起軍師，而四海賓服，則黃帝、堯、舜是也。善師者不陳，若齊桓伐楚，不設行陳而服罪也。善陳者不戰，卽此魯能嚴整終事而陳、蔡不至也。善戰者不死，若文王伐崇，因壘而崇自服也。善死者不亡，若伯舉之戰，吳雖入楚，父老致死還復楚國也。」文烝案：此皆各以意言，其解「亡」字，又並爲亡國也。鈔本、北堂書鈔引逸周書大武曰：「武有七制：一曰政，二曰攻，三曰侵，四曰伐，五曰陳，六曰戰，七曰鬭。善政不攻，善攻不侵，善侵不伐，善伐不陳，善陳不戰，善戰不鬭，善鬭不敗。」鹽鐵論曰：「善克者不戰，善戰者不師，善師者不陳。」文各有異。周書「政」即「征」字。

夏，師及齊師圍郕。郕降于齊師。【補曰】「降」義在三十年傳。○【撰異曰】兩「郕」字，公羊並作「成」，其傳曰：「成者，盛也。」**其曰降于齊師何？不使齊師加威於郕也。**郕，同姓之國，而與齊伐之，是用師之過也，故使若齊無武功而郕自降。【補曰】言不使齊師加威，明實齊師加威也。左傳稱：「郕降于齊師。仲慶父請伐齊師。公曰：『不可。我實不德，齊師何罪？』」蓋齊不與魯共謀，獨自以威力降郕，魯爲齊弱，郕又同姓，不欲直言齊師降郕，故婉其文，使若郕自欲降于齊，非齊以力降之也。不使齊師加威於郕，猶元年不使齊侯得與吾爲禮，四年不使小人加乎君子。注未盡其旨。公羊以爲諱滅同姓，變盛言成，又辟不言降吾師，非也。劉敞曰：「實共圍盛，改謂之成；實滅其國，改謂之降；實降於魯，又獨言齊。改白爲黑，曰己爲人，皆非聖人之文也。」文烝案：鄣爲紀邑。降即爲取。郕則國也。若已滅，不得但書降。

秋，師還。還者，事未畢也，【補曰】爾雅曰：「還，復，返也。」二字訓同辭異，以事未畢、事畢別之。事畢者，據其至於國，其辭曰復，呂大圭云「反其故所之辭」是也。事未畢者，據其至而未至，其辭曰還，呂大圭云「自彼反此而未至國之辭」是也。襄十九年傳曰：「還者，事未畢之辭也。」加二字則意尤明矣。凡訓詁相同字，如還復、獲得、及暨、弗不、而乃、奔孫、刺殺之類，春秋別白其辭，無所假借，蓋訓詁之法，同類相通。制作之文，正名不苟，故鄭君以論語正名爲正文字，亦自有理也。又論語曰：「君子周而不比，小人比而不周。」王引之據左傳文十八年注、哀十六年注、離騷注：「周，密也，親也，合也。」又據説文、大司馬注、吴語注：「比，密也，親也，合也。」以爲「周比」同訓。而「周」以義，「比」以利，故辨别之。王説即朱子説，最爲明確。餘如和同驕泰之旨，聞達政事之義，聖有恆言，孰非春秋之教矣。遯也。郕已降而以未畢爲文者，蓋辟滅同姓之國，示不卒其事。【補曰】注既失「未畢」之義，言「滅」又誤也。遯者，退也，逃避也。齊襄強暴，魯畏之，不敢伐其師，故退避而去。傳言此不言復、言還爲至而未至之辭者，以其退避，不欲盡其辭，與晉士匄略同也。左傳上圍郕實公自將，陳傅良以爲莊之會齊皆譏，故不言公。文烝案：齊侯或不在，而會齊伐親亦不可明言公，然則師卽是公，此言「師還」者，當依趙汸以爲公至自圍郕之變文也。文十三年，公及晉侯盟，還自晉。公亦言還，故言還不嫌非公也。傳不説諱公言師者，以師之還春秋無一書，今特書之，明公在矣。惟以還義未明，故發傳以明之。

冬十有一月癸未，齊無知弑其君諸兒。【補曰】下年傳曰公孫無知。大夫弑其君，以國氏者，嫌也，弑而代之也。【補曰】重發傳者，諸兒罪重，嫌義異，故重發以明，與祝吁同。

九年春，齊人殺無知。無知之挈，失嫌也。稱人以殺大夫，殺有罪也。【補曰】疏曰：「重發之者，月與不月，地與不地之異，故重發之。」劉敞疑無知非大夫，不得解以大夫例。王念孫曰：「『大夫』二字衍文，涉上下文而衍也。僖七年疏引此無『大夫』二字。」吕大圭曰：「踰年而不以成君書之，正其爲賊也。正其爲賊者，明以賊討之也。不正其爲賊者，明不以賊討之也。」

公及齊大夫盟于暨。暨，魯地。○【撰異曰】暨，左氏作「蔇」。陸淳纂例唯云公羊作「暨」。公不及大夫。春秋之義，内大夫可以會諸侯，公不可以盟外大夫，所以明尊卑定内外也。今齊國無君，要當有任其盟者，故不得不以權通。【補曰】此及下二句文體與昭十三年傳「取國者稱國以弒」三句同也。言今可以及者，以齊無君之故，明所以不没公，又不稱齊人也。大夫不名，無君也。禮君前臣名，齊無君，故大夫不名。【補曰】言齊大夫，既以無君不稱人，則當以氏名見，今不名者，亦以齊無君故也。無君不當稱名，又不可稱字，故直書「大夫」。而公羊以爲諱與大夫盟，使若衆然。劉敞曰：「諱則没公足矣。」文烝以爲人者衆辭，使若衆，當稱人矣。盟納子糾也。不日，其盟渝也。變盟立小白。【補曰】不日又不月者，蓋以齊無君異之。當齊無君，制在公矣。【補曰】制，制義，制命之「制」。當可納而不納，【補曰】賈逵、服虔以爲齊大夫來迎子糾，公不亟遣而盟以要之，齊人歸迎小白，此穀梁家相承説也。故惡内也。【補曰】惡内者，即謂不日也。魯方積爲齊弱，幸而讐人斃，國嗣奔，大夫來迎，制皆在我，及是時而急納焉，庶幾猶可雪恥，計不出此而盟以要齊，事機既失，恥辱彌甚，故不日以惡之也。上言「不日其盟渝」，此又言「惡内」者，觀其不日，則知齊之渝盟；觀其渝盟，則知此盟惡内。在齊固無信，而所惡在内也。不致者，會大夫也。

夏，公伐齊，納糾。不言子糾而直云糾者，盟繫在於魯，故挈之也。春秋於内公子爲大夫者，乃記其奔，子糾不爲大夫，故不書其奔。鄭忽既受命嗣位，是以書其出，然則重非嫡嗣，官非大夫，皆事例所略，故許叔、蔡季、小白、重耳通亦不書出。【補曰】「納」上言「伐」者，公羊以爲伐而言納者，猶不能納也。案下有「小白入」，則公不能納糾自明。晉納捷菑言「弗克納」，又無伐事，公羊非也。此實是伐，故言伐。傳曰帥師而後納者，有伐也，謂高傒、趙鞅之屬皆以帥師當伐文，君將則不得言帥師，故此言伐也。公羊以不稱公子糾爲君前臣名，范以不稱子糾爲挈辭，言挈辭是也。孔穎達文十四年正義謂不言齊糾者，蒙伐齊文，與挈辭説異，未可用也。不言納糾于齊者，孔氏以爲此有伐齊之文，故不須言于齊。此説是也。凡納皆爲篡，此下有「入」文，則不嫌是篡。何休曰：「不月者，非納篡辭。」孔廣森以爲納不皆爲篡，納例皆時。孔説亦近是。范言許叔、蔡季之等，許叔蓋本無出事，此等或書或不書，皆史例之舊也。以臧孫紇、公子憖觀之，則内奔有非卿而書者矣。外奔書弟書公子，亦不必皆卿也。又有宋萬爲卑者。○【撰異曰】左氏舊有二本，或作「納糾」，或作「納子糾」。唐定本始以有「子」字爲正。徐彦、陸德明所見左氏亦有「子」字。徐彦當是晉宋以後唐以前人，或疑爲北齊人也。沈文何據傳「鮑叔來言，子糾親也」，謂齊人稱子糾非也。此傳便文耳，猶述石碏曰「陳桓公方有寵於王」，史記仲尼弟子傳子羔曰「出公去矣」。當可納而不納，齊變而後伐，故乾時之戰不諱敗，惡内也。何休曰：「三年溺會齊師伐衛，故貶而名之；四年公及齊人狩于郜，故卑之曰人。今親納讎子，反惡其晚，恩義相違，莫此之甚。」鄭君釋之曰：「於讎不復則怨不釋，而魯釋怨，屢會仇讎，一貶其臣，一卑其君，亦足以責魯臣子。」其餘則同，不復譏也。至於伐齊納糾，譏當可納而不納爾，此自正義不相反也。甯謂讎者無時，而可與通，縱納之遲晚，又不能全保讎子，何足以惡内乎？然則乾時之戰不諱敗，齊人取子糾殺之，皆不迂其文，正書其事，内之大惡，不待貶絶，居然顯矣。二十四年公如齊親迎，亦其類也。惡内之言，傳或失之。【補曰】此范之誤，傳釋經不誤也。齊變者，謂是時齊人已歸迎小白，卽上傳渝盟是也。當可納而不納，以致齊變，變而後伐，取敗之道，故下文直書敗績，不復爲諱，又所以惡内也。上惡内謂盟不書日，微見惡意；此惡内謂戰不諱敗，明著惡文；皆惡其當可納而不納，其義一也。當可納而不納，與復讎義不相涉，所以然者，魯所讎，齊襄也，襄已殺死，何讎之有？子糾、小白，據左傳、管子、史記，本僖之子襄之弟，卽以爲襄子，而讎子亦不爲讎，罰不及嗣，怒不可遷。是時而猶言復讎，此公羊復百世之讎之妄論，非君子意也。鄭說未爲詳備，而委曲推究，大概得之。范氏讎無時而可通之言，猶襲用公羊語，宜多誤矣。若然，魯與齊已不可以讎言，而後文如齊親迎、夫人姜氏入，又爲不可者。夫人所以崇宗廟，妃匹之愛，謂之親膚，故讎人之女子子姊妹皆不可以爲魯夫人，故曰夫言豈一端而已，夫各有所當也。程子曰：「春秋窮理之要也。」張子曰：「非理明義精，殆未可學。」今於穀梁此年兩傳，取黃澤之意而暢之，庶不謬於義理。

齊小白入于齊。【補曰】不月者，疏以爲與公伐齊同時，既伐例不月，故小白亦不月。文烝案：傳云先入，入不後於伐也，故以伐爲主。何休曰：「移惡于魯。」大夫出奔反，以好曰歸，成十四年，衛孫林父自晉歸于衛是也。以惡曰入。【補曰】以惡卽內，弗受之例。齊公孫無知弒襄公，公子糾、公子小白不能存，出亡，子糾奔魯，小白奔莒。【補曰】本左傳。齊人殺無知而迎公子糾於魯，【補曰】糾與小白皆僖公庶子，而糾爲長。襄無嗣子，立庶弟宜立長者，故齊人迎糾。公子小白不讓公子糾，先入，【補曰】齊變而後魯納糾，時小白已入。左傳亦云「自莒先入也」。孔穎達申杜曰：「伐齊納糾，始行卽書。小白入齊，得告乃書，故至齊之時出小白之後也。」又殺之于魯，故曰「齊小白入于齊」，惡之也。【補曰】僖十七年傳曰：「以不正入虛國，故稱嫌焉爾。」

秋七月丁酉，葬齊襄公。諸公子爭立，國亂，故危之。【補曰】魯師雖在齊，猶有人會其葬，故史書之。不以襄之失德削史文者，賊已討，以討賊爲重。

八月庚申，及齊師戰于乾時，我師敗績。不言及者，主名内之卑者。乾時，齊地。【補曰】杜預曰：「時水在樂安界，岐流，旱則竭涸，故曰乾時。」范言内卑者，非也。案左氏、公羊戰者，公也。此無諱文，不言公者，承上伐齊可知。孫覺、趙鵬飛、程端學、趙汸得之。劉知幾謂尚書務於寡事，春秋貴於省文。趙匡謂春秋省辭以從簡。孫氏亦謂春秋之法，文從簡易。文烝以爲聘禮記言辭多則史，論語言文勝質則史，君子脩春秋變乎史矣。客言及者，由内及之。不直言師敗績者，文承齊師，故言我以相别，與我入邴同，皆屬文之宜也。不致者，此著惡内文，雖納正，亦惡事。

九月，齊人取子糾殺之。言子糾者，明其貴宜爲君。【補曰】此本公羊也。何休曰：「以君薨稱子某言之者，著其宜爲君。」文烝案：齊稱人者，略之從衆辭例。不地，亦略之。不日者，實未成君。**外不言取，**【補曰】不以外取於内也。宣元年、昭二十五年傳皆曰「内不言取」，其意一也。不言取者，經例因史例也。**言取，病内也。取，易辭也，**【補曰】凡取皆易辭，傳因以明通例。左氏、公羊例皆同。**猶曰取其子糾而殺之云爾。**猶言自齊之子糾，今取而殺之，言魯不能救護也。【補曰】是彼之子糾直從内取而殺之，若取物然，此所以爲病内。公羊謂「脅我使我殺之」，左傳以爲「鮑叔帥師來言」是也。此非韓穿來言之比，故不得書矣。劉敞曰：「内私人之國而奪焉，外敗人之師而脅焉，是取其子糾戮之而已矣。」葉夢得曰：「此子路、子貢所謂桓公殺公子糾者歟？」凡義所得殺者，殺在上，衛人殺祝吁、齊人殺無知是也。義所不得殺者，殺在下，齊取子糾殺之、楚誘蔡侯般殺之、蔡以沈子嘉歸殺之是也。**十室之邑，可以逃難，百室之邑，可以隱死，**【補曰】藏隱死罪。或云猶内外傳言逃死。**以千乘之魯而不能存子糾，**【補曰】言大國不如小邑。**以公爲病矣。**【補曰】七句又申病内意。

冬，浚洙。【補曰】杜預釋例曰：「洙水出魯國東北，西南入沇水，下合泗。」浚洙者，深洙也。【補曰】公羊訓濬。毛詩傳：「浚，深也。」爾雅作「濬」，說文作「睿」。，濬謂鑿深通之爲阻固。著力不足也。畏齊難。【補曰】注本公羊也。何休曰：「洙在魯北，齊所由來。」

十年春王正月，公敗齊師于長勺。長勺，魯地。不日，疑戰也。疑戰者，言不剋日而戰，以詐相襲。【補曰】疑戰，猶公羊言「詐戰」。疑、詐同意。何休曰：「詐，卒也。齊人語蓋誤。」疑戰而曰敗，勝內也。勝內，謂勝在內。【補曰】言敗則亦戰也，詐戰非戰，而謂之敗者，勝在內，舉其勝者言之，非是成敗之也。凡敗師不日者，皆非成敗之，雖發例於內，其餘亦無所不通。不致者，凡敗某師之屬皆不致，克敵而反，無危故也。

二月，公侵宋。侵時，此其月何也？【補曰】舊史侵皆月，君子略之。乃深其怨於齊，又退侵宋，以衆其敵，惡之，故謹而月之。【補曰】惡之而謹月，即往月危往之例。疏曰：「舊說以爲公與宿盟，宋方病宿，故公侵之。若此則何惡也？公與宿盟，經無其事，爲宿侵宋，傳無其文，是舊說妄。」文烝案：不致者，惡事也。

三月，宋人遷宿。【補曰】月者，例也。遷者，遷之者皆同例，惟許爲變例。疏曰：「許四遷不月者，以其小，略之如邑也。遷紀不月者，文承月下，蒙之可知也。」案疏論許遷是也，論遷紀非也。紀不入諸遷例，前辨之。遷，亡辭也。爲人所遷，則無復國家，故曰亡辭。閔二年齊人遷陽亦是也。【補曰】公羊引子沈子曰：「蓋因而臣之。」杜預以爲強遷之而取其地也。案：書堯典「竄三苗于三危」亦作「𥻍三苗」。皋陶謨謂「何遷乎有苗」，書序「成王東伐淮夷，遂踐奄」，

「將遷其君于蒲姑。周公告召公，作將蒲姑」。葉夢得引此舜與成王二遷，以爲遷者但徙其地。孔傳言滅奄而徙之者，誤也。宋人遷宿、齊人遷陽亦存其君長而徙之，但諸侯所不得爲，故見譏焉。又謂周禮大司馬九伐之法有滅無遷，蓋伐得之而後遷，非以師直遷，尤見先王之慎乎遷人，非如有苗與奄亦不爲也。其不地，宿不復見也。國亡不復見經。不言滅者，言滅則殺其君，滅其宗廟社稷，就而有之，不遷其民。【補曰】葉夢得曰：「以遷人爲罪，義不在地也。」遷者，猶未失其國家以往者也。謂自遷者，僖元年邢遷于夷儀、成十五年許遷于葉之類是也。彼二傳曰「遷者猶得其國家以往者也」，此傳云「遷者猶未失其國家以往」，互文也。【補曰】未失國家，故復見；復見，故地。「遷者」較「遷之者」爲愈也，傳總明遷有二例。疏曰：「不於元年遷紀發傳者，彼以紀侯賢，經變文以示義，非正例，故不發之。遷陽不發，從此省文也。遷有二種，傳文三起例：此是亡辭之始，邢是復國之初，許獨自不月，故三發之也。范略例云：「凡遷有十，亡遷三。遷紀、遷宿、遷陽是也。好遷七，邢遷夷儀、衛遷帝丘、蔡遷州來、許遷葉、夷、白羽、容城是也。文烝案：范例及疏并言遷紀，非也。諸遷外如衛遷于楚丘，以不與專封不書；杞遷于緣陵，又遷于淳于，以其皆言城，略而不書；邾遷于繹，晉遷于新田，楚遷于鄀，事皆無危，史本不書。

夏六月，齊師、宋師次于郎。【補曰】月者，爲下敗宋。次，止也。畏我也。【補曰】重發傳者，嫌外内異也。

公敗宋師于乘丘。乘丘，魯地。不日，疑戰也。【補曰】孔廣森曰：「左傳『公子偃曰：「宋師不整，可敗也。」自雩門竊出，蒙皋比而先犯之。公從之。』此詐戰不日之證。」疑戰而曰敗，勝内也。【補曰】疑戰勝内。重發傳者，二師次而敗一師，嫌有異也。

秋九月，荆敗蔡師于莘，以蔡侯獻武歸。莘，蔡地。【補曰】獻武，蔡哀侯也。不書日，與雞甫異者，疑戰也。○【撰異曰】武，本亦作「舞」。左氏、公羊作「舞」。案周禮射有興武，馬融云：「與『舞』同。」荆者，楚也。【補曰】荆以州言，楚以國言。詩商頌謂之荆楚。何爲謂之荆？狄之也。【補曰】狄之，故不欲言其國名，略以州舉，此傳與後十四年傳互相備。何爲狄之？聖人立，必後至，天子弱，必先叛，故曰荆，狄之也。【補曰】公羊僖四年傳亦言「楚有王者則後服，無王者則先叛」。漢書賈捐之謂其「動爲國家難，自古而患之」。今考殷之中興，武丁伐荆楚，周之中興，宣王征荆蠻，並是後至先叛之事，以二代同有此患，故言必也。陳奐曰：「楚當夷、厲之際，其國漸大，侵犯中國，故宣王中興，既命方叔南征，又徙封申伯於謝邑以禦南方，其事皆在初年。至宣王之末，當楚若敖之初，左傳稱若敖啟辟山林。其喪南國之師，已載見於國語。幽王荒廢，荆叛不至，漸漸之石，是以爲刺。平王東遷，楚患尤甚，申、甫與許，並勞屯戍。魯桓之世，楚已稱王，漢陽諸姬，蠶食殆盡矣。」○李光地曰：「學者謂夫子周游諸侯之邦，采其國史而作春秋，誤也。如果夫子參采晉乘、楚檮杌而脩春秋，楚文以上，晉獻以前，翦并諸姬，滅翼作晉，其事甚章，夫子何用隱之而没其本乎？荆於是始書，始通也。秦、晉以暨晚出之吴、越，凡其入經之先後皆然也。推此例，則有赴告而後有書，舊史有書而後春秋有筆，不以他史益國史。故事有沿故而遺，其以聞見覈所因；故事又有革舊而審且信也。」文烝案：左傳例曰：「凡諸侯有命告則書，不然則否。師出臧否亦如之。雖及滅國，滅不告敗，勝不告克，不書於策。」又曰：「凡崩薨不赴則不書，禍福不告亦不書。」此自是史氏相承確鑿有據之言。杜預以爲周公之垂法，史書之舊章，蓋近之矣。穀梁雖無明文，而近不失崩一條正周有赴告之證，即公羊亦云「卒赴而葬不告，觀於崩卒」，則他事亦可推也。啖助乃謂公羊、穀梁不知有不告則不書之義，左氏舊解皆言從告，二者之說，俱不得中。此其所見卓絶，以論左氏則可，以論公羊、穀梁則未可。學者治穀梁，當以李氏此條及僖三十二年徐邈注爲定。蔡侯何以名也？據僖十五年秦獲晉侯不名。絶之也。何爲絶之？獲也。【補曰】公羊與此同。何休曰：「獲，得也。戰而爲敵所得。」文烝案：戰既無勇，敗又不死，未能奔亡，乃見俘獲，可絶之道。何氏又曰：「獻舞不言獲，故名以起之。」中國不言敗，此其言敗何也？據宣十二年，晉荀林父帥師及楚子戰于邲，晉師敗績，不言敗晉師。【補曰】經例：夷狄敗中國，言敗復言戰，不直言敗，與中國相敗者同文，猶外敗內之直言戰也。中國不言敗，蔡侯其見獲乎？【補曰】若不直言敗而言戰，則當先言蔡侯及荊戰于莘，而後言蔡師敗績。蔡侯既能戰，何以見獲乎？夫蔡侯所與戰者，夷狄也，非晉與秦比也。蔡侯，君也，非齊國書比也。言敗雖見衆力之盡，言戰實彰君職之虧，是其恥彌深，於文不可也。其言敗何也？釋蔡侯之獲也。【補曰】釋，解也。解釋之者，爲中國殺恥。上二句反言，此正言。以歸，猶愈乎執也。爲中國諱見執，故言「以歸」。【補曰】重發傳者，獲諸侯與王臣異也，執卽獲也。

冬十月，齊師滅譚。譚子奔莒。桓十一年，鄭忽出奔衛，傳曰「其名，失國也」。十六年，衛侯朔出奔齊，傳曰「朔之名，惡也」。然則出奔書名有二義，譚子國滅不名，蓋無罪也。凡書奔者，責不死社稷。不言出者，國滅無所出也。他皆放此。【補曰】爾雅曰：「滅，盡也。」又曰：「絶也。」何休曰：「取其國曰滅。」注解不言出，杜預用公羊文也。葉夢得曰：「孟子言周公相武王，誅紂伐奄，滅國五十，而天下大悦。蓋外內亂，鳥獸行，則滅之，先王之政也。必武王、周公而後可滅人，非武王、周公而滅人之國，交相滅之道也。』鄭玉曰：「三王之興，行一不義，殺一不辜，得天下不爲也。齊桓殺糾得國，殺一不辜矣。滅譚立威，行一不義矣。」月者，何休以爲惡不死位。文烝案：月自爲滅，兼施於奔，說見昭三十年。滅不日例在後十三年傳，舊史滅皆具月日。○【撰異曰】陸淳纂例曰：「公羊作『十有一月』。」案：今公羊亦作「十月」。譚，說文邑部作「鄿」。

十有一年春王正月。

夏五月戊寅，公敗宋師于鄑。鄑，魯地。內事不言戰，舉其大者。【補曰】重發傳者，敗莒前有伐宋文，嫌此與異也。其日，成敗之也。結日列陳，不以詐相襲，得敗師之道，故曰成也。【補曰】伯禽之誓曰「甲戌，我惟征徐戎」，是古者戰必結日。結日者得正，故日之，以成其敗之之事，公羊謂之「偏戰者」也。此爲內言敗師者發例，亦通於外，惟殺爲變例。宋萬之獲也。【補曰】獲宋萬不書者，卑者不志，又內不言獲。左傳在乘丘之役。

秋，宋大水。外災不書，此何以書？【補曰】不書者，經例因史例也。王者之後也。【補曰】魯史爲殷之後記災，而經仍之也。孔子亦殷人，則襄九年傳云「故宋」是也。於彼論之。高下有水，災，曰大水。【補曰】疏曰：「重發傳者，嫌外災，與內異也。」

冬，王姬歸于齊。其志，過我也。【補曰】此猶外相如以過我書。公羊同。何休曰：「明當有送迎之禮。」左傳謂「齊侯來逆共姬」，非也。

十有二年春王三月，紀叔姬歸于酅。酅，紀邑也。紀季所用，入于齊者。紀國既滅，故歸酅。【補曰】何休曰：「月者，恩録之。」國而曰歸，此邑也，其曰歸何也？吾女也。失國，喜得其所，故言歸焉爾。江熙曰：「四年齊滅紀，不言滅而言大去者，義有所見爾，則國滅也。叔姬來歸不書，非歸寧，且非大歸也。叔姬守節，積有年矣。紀季雖以酅入于齊，不敢懷貳，然襄公豺狼，未可闇信。桓公既立，德行方宜於天下，是以叔姬歸于酅，魯喜其女得申其志。」【補曰】傳曰「歸」者，歸其所也。紀國既滅，而酅爲齊附庸，猶立五廟，是得其所。家鉉翁曰：「夫死無子而終於父母家者，非正也。終於夫家，正也。」文烝案：喜而言歸者，經順魯而喜之也。言歸不嫌若嫁者，上繫紀，前有以酅文也。注「來歸」三句本杜預。

夏四月。

秋八月甲午，宋萬弑其君捷，捷，宋閔公。○【撰異曰】捷，公羊作「接」。徐彥公羊疏曰：「正本皆作『接』字，故賈氏云公羊、穀梁曰『接』是也。」案：今穀梁不作「接」。爾雅曰：「接，捷也。」二字通用。宋萬，宋之卑者也。【補曰】南宮萬非命大夫。卑者以國氏。【補曰】此發通例，明同於隱元年稱人之例，皆爲卑者也。不目言者稱人，不可不目言者直以國氏，其實一也。前發稱人之例，與内之直書其事者並言，而曹、莒諸小國無大夫者，雖大夫亦稱人，足知其亦是卑之，即楚之先，亦足兼見也。此發以國氏之例，乃與内之不氏相當，而曹、莒諸小國，雖大夫亦以國氏，知亦卑之，即楚及吳皆足兼見也。惟公子公孫弑君簒國其以國氏則爲嫌文，不入此例。

及其大夫仇牧。以尊及卑也。仇牧閑也。仇牧扞衛其君，故見殺也。桓二年傳曰：「臣既死君，不忍稱其名。」今仇牧書名，則知宋君先弑。【補曰】仇牧所以爲閑者，公羊所謂「不畏彊禦」也。疏曰：「復發傳者，孔父先君死，發傳以明閑，此則後君死，故又發傳。」文烝案：孔父爲司馬，仇牧不知何官，要以從晉荀息之例，則不從四殺大夫不稱名姓之例。

冬十月，宋萬出奔陳。宋久不討賊，致令得奔，故謹而月之。【補曰】疏曰：「無知既經三月，齊人得殺之，故書時。」文烝案：左氏載續經三年事，外大夫奔者八，而哀十四年六月，宋向魋自曹出奔衛，宋向巢來奔；十五年夏五月，齊高無丕出奔北燕；十六年二月，衛子還成出奔宋。四者皆月，則知舊史外大夫奔多以月爲例，君子悉改從時例，而閒以仍舊文存月者爲變例也。據左傳，萬亦卒見討，不書殺萬者，或史本無之，或經欲別於失嫌之文。既不書殺，故亦不書葬，或者葬在殺萬前。雖書殺萬，亦不追書葬也。

十有三年春，齊人、宋人、陳人、蔡人、邾人會于北杏。北杏，齊地。○【撰異曰】齊人，左氏、公羊作「齊侯」。是齊侯、宋公也。【補曰】齊桓初行伯事，足明親來。宋亦大國，禦説新立，明亦身在會。陳、蔡、邾君，蓋亦親至。傳不言者，略之。左傳曰：「會于北杏，以平宋亂。」孔穎達以爲新君位未定，齊爲會以安定之。孔説是也。其曰人何也？始疑之。【補曰】疑齊也。疑者，謂春秋之文也。下傳曰「信齊侯也」，二十七年傳曰「信之也」，疑之、信之，皆謂春秋之文。此即十六年傳所謂外疑之。何疑焉？桓非受命之伯也。【補曰】非受王命爲侯伯也。伯者，長也。蓋即古所謂二伯，其在内曰王官伯，在外則曰侯伯矣。戰國策先生王升曰：「先君桓公，九合諸侯，一匡天下，天子授籍，立爲大伯。」立爲大伯者，謂二十七年賜齊侯命，既曰大伯，明是以二伯準之，即知僖二十八年策命晉侯爲侯伯亦不異也。讀伯長言之曰霸，白虎通曰「霸者，伯也。行方伯之職。」其釋「霸」是也，其曰「方伯」蓋非也。案，王制八州八伯謂之方伯，此曲禮所謂牧，左傳所謂侯牧，周禮「八命作牧」是也。又有二伯，分天下爲左右，此曲禮、左傳所謂伯，左傳又稱侯伯、王官伯，周禮「九命作伯」是也。公羊每言上無天子，下無方伯，似以方伯爲侯伯。詩韓奕「因以其伯」，毛傳謂韓侯受命爲侯伯，又似以侯伯爲方伯。楚辭天問言「伯昌號衰，秉鞭作牧」，亦似以牧爲二伯之伯，名稱通借，所未審矣。詩旄丘序云「責衛伯」，其下文明言「方伯」，而鄭箋乃謂周之制使伯佐牧，以爲方伯者州牧也。牧之下又有州伯二人佐之，則衛宣公爲之也。下泉有郇伯，序所謂「思明王賢伯」，故傳謂二伯，而箋亦爲州伯。如鄭所云，更滋殽亂。將以事授之者也。言諸侯將權時推齊侯使行伯事。【補曰】注非也。此謂春秋將以伯事授桓也，此年將以伯事授之，二十七年遂以諸侯授之。此言授伯事，彼言授諸侯，其意一也。齊桓、晉文，春秋所重，故繁露言曾子、子石盛美齊侯安諸侯尊天子，而孟子亦曰其事，則齊桓、晉文是春秋之志也。楊子法言曰：「聖人之法，未嘗不關盛衰焉。堯有天下，舉大綱，命舜、禹，夏、殷、周屬其子。唐虞象刑，惟明夏后肉辟三千。堯親九族，協和萬國。湯、武桓桓，征伐四克。禮樂征伐，自天子所出。春秋之時，齊、晉實予，不膠者卓矣。」崔寔政論曰：「孔子作春秋，褒齊桓，懿晉文，歎管仲之功，豈不美文、武之道哉？誠達權救敝之理。」楊、崔所論，最合經旨，足與曾子、子石、孟子之語相屬發明者也。孟子他日又言「以力假仁者霸」、五霸假之」。五霸者，三王之罪人，謂之小補，此則論語小管仲之意，亦卽僖二年傳「仁不勝道」之意，乃義理之極至，述作之指歸，而不害其爲與桓、文也。蘇洵作春秋論，謂夫子託周公之國以假天子之權，蓋曰有周公之心而後可行桓、文之事，斯言盡之矣。若夫孟子言仲尼之徒，無道桓、文之事。荀卿、董仲舒亦言仲尼之門，五尺之豎子言羞稱五伯。孟子又言不爲管仲，言以齊王猶反手，言王不待大，文王以百里。與夫司馬遷列傳、劉向新序言管仲能霸不能王，故孔子小之。凡此，亞聖之權辭，後儒之推説也。夫桓、文之事，備載於經，論語稱之，不必無道而羞稱也。管仲尊周室，豈宜以齊王？夫子小其德，非以霸小之。至孟子，則其時有異，故夫子爲東周，謂行周於魯，孟子王齊、梁則謂代周而王，而論管仲亦異也。大戴禮、孔子三朝記言周昌霸諸侯以佐紂，以文王爲西伯，故謂之霸。猶共工氏之霸九州，但其繼世遂王天下，而德又與五霸異。以位則霸，以德則王，猶後儒論漢與唐以位則王，以德則霸，此非王霸正解也。文烝昔年十四時，先君子誨以孟子各條之義，謹述遺意，因而詳之，俾衆説共貫焉。○摠之，謂春秋尊王而亦與霸可也，謂春秋貴王賤霸亦可也。尊王而亦與霸者，以位言之王霸也，故孫復、李覯、司馬光既以霸爲伯，則謂王霸無二道也。貴王賤霸者，以德言之王霸也，故孟子、荀卿、董仲舒皆以爲霸劣於王。而漢孝、宣言漢家本以霸王道雜之也，宣帝習穀梁家言，可與傳相證矣。曰可矣乎？未乎？邵曰：「疑齊桓雖非受命之伯，諸侯推之，便可以爲伯乎未也。」【補曰】曰者，目經意也。此注較下十六年注爲勝。彼注解此文謂諸侯之意，此注謂春秋之文，此注是也。春秋於此文以爲可以事授之乎？未可以事授之乎？是之謂疑。舉人，衆之辭也。稱人，言非王命，衆授之以事。【補曰】注言「衆授」，非也，其首句亦不了。上言「稱人」爲疑，又釋「疑」意。而稱人所以得爲疑者，其理未顯，故復言稱人者衆辭。齊侯從衆辭則隱其爲伯之迹，宋、陳、蔡、邾之君從衆辭則不爲從伯之文，故得爲疑也。左氏、公羊之經皆言齊侯，一字之譌，而精義泯矣。

夏六月，齊人滅遂。遂，國也。其不日，微國也。【補曰】發例以包譚也。國語曰：「軍譚、遂而不有。」葉夢得以爲妄，李廉以爲誇大桓公之辭。凡國滅不言其君者，公羊曰：「國滅君死之，正也。」何休謂舉滅國爲重。

秋七月。

冬，公會齊侯盟于柯。柯，齊地。曹劌之盟也，信齊侯也。曹劌之盟，經傳無文，蓋有信者也。公羊傳曰：「要盟可犯而桓公不欺，曹子可讎而桓公不怨，桓公之信著於天下，自柯之盟始。」【補曰】范意以公羊要劫之說爲可據，而非爲請所侵汶陽田要劫也。案：荀子稱桓公劫于魯莊，此要劫之證。戰國策屢言曹沫劫桓公，而魯連、燕太子丹皆言反地，此又因請田要劫之證，公羊蓋得之。「劌」或作「沫」者，王當云：「聲之誤。」桓盟，雖内與不日，信也。公盟例日，外諸侯盟例不日。桓大信遠著，故雖公與盟，猶不日。【補曰】此發桓盟之例，以申上句意，與公羊同。謹日所以明信，大信則不假謹之。二幽、洛姑、貫、首戴、寧毋、洮、牡丘八盟皆書月，此及召陵但書時者，此有要劫之事。召陵，楚來受盟，故略而異之，要同以不日爲義。不致者，離會也。又桓會皆不致，明安之，例在後二十七年傳。○五經異義、公羊説「復百世之讎」，古周禮説「復讎之義不過五世」。許慎謹案：魯桓公爲齊襄公所殺，其子莊公與齊桓公會，春秋不譏。又定公是魯桓公九世孫，孔子相定公，與齊會于夾谷，是不復百世之讎也。從周禮説。文烝案：公羊分别國、家，以爲國可家不可，故許氏但就國君之事折之。周禮説與國君之事亦不合。

十有四年春，齊人、陳人、曹人伐宋。【補曰】程子曰：「將卑師少曰某人。齊自管仲爲政，莊十一年而後未嘗興大衆也，其賦於諸侯亦寡矣。終管仲之身四十年，息養天下厚矣。惟救邢稱師，譏其次也。至於秦、晉，使之不號而已，不强致也，是以其功卑而易成。」胡安國曰：「蓋齊以制用兵，而賦於民薄矣。」李廉據國語、管子書，管仲制齊萬人爲軍，凡三軍，有士三萬人，以爲比之周制，誠爲簡便，故曰節制之師。此三説得之。文烝以爲兵數既少，其用之又恆少耳。自陽處父以前，師少稱人，雖尊卿爲將亦不別。

夏，單伯會伐宋。【補曰】陸淳曰：「左氏謂單伯是周大夫，若然，何得會鄄之時不列序？而言單伯會齊侯乎？」孫復、劉敞亦云。會，事之成也。伐事已成，單伯乃至。【補曰】會事之成，謂諸侯伐宋之事已成，而單伯乃會之也。因經「會」下不再出「齊人、陳人、曹人」，故特釋之，明與隱四年伐鄭異。

秋七月，荆入蔡。荆者，楚也。其曰荆何也？州舉之也。【補曰】何休曰：「州謂九州：冀、兖、青、徐、楊、荆、豫、梁、雍。」文烝案：周禮、逸周書九州曰：「楊、荆、豫、青、兖、雍、幽、冀、并。」疏曰：「麋信云，楚子貪淫，爲息媯滅蔡，故州舉之，是取左傳之説，非也。」此與十年傳同耳。州不如國，言荆不如言楚。【補曰】當云言荆不如言吳。荆改稱楚後，未有以國舉者。國不如名，言楚不如言介葛盧。名不如字。言介葛盧不如言邾儀父。【補曰】凡四夷舍本爵僭稱王者，州之國之，荆、徐、吳、於越是也，黜淫名也。若戎狄等爲種號，則又異矣。微國本未爵者，名之字之，邾儀父、郳黎來、蕭叔、介葛盧是也，著實録也。若寰内諸侯書字，則以不嫌而同辭矣。州劣於國，字優於名，州國一類，名字一類。傳言國不如名者，便文連言之，謂四夷不如微國耳。公羊於「國」上增「氏」與「人」，於「字」上增「子」，學者因謂春秋以七等進退諸侯，其説多不可通，宜葉夢得駁之也。

冬，單伯會齊侯、宋公、衛侯、鄭伯于鄄。鄄，衛地。○【撰異曰】宋公、衛侯，各本脱，今依唐石經、十行本補正。鄄，左氏公羊一作「甄」。復同會也。諸侯欲推桓以爲伯，故復同會于此以謀之。【補曰】十六年傳曰「外內寮一疑之」，外從北杏可以見義，故自此無疑文。內始會非公，故疑文在後。

十有五年春，齊侯、宋公、陳侯、衛侯、鄭伯會于鄄。復同會也。爲欲推桓爲伯，故復會於此。【補曰】左傳曰：「齊始霸也。」疏曰：「重發傳者，諸侯至此方信齊桓，故更發之。」文烝案：當云方伯齊桓。

夏，夫人姜氏如齊。婦人既嫁，不踰竟，踰竟，非禮也。【補曰】疏曰：「重發之者，此非淫，恐異，故發傳同之。」

秋，宋人、齊人、邾人伐郳。宋主兵，故序齊上也。班序上下，以國大小爲次，夷狄在下。征伐則以主兵爲先，春秋之常也，他皆放此。【補曰】注首二句本杜預。「班序」以下則下年「夏伐鄭」下注也。杜無「夷狄在下」句，宜删四字。○【撰異曰】郳，公羊作「兒」。

鄭人侵宋。

冬十月。

十有六年春王正月。

夏，宋人、齊人、衛人伐鄭。【補曰】杜預曰：「宋主兵也。」

秋，荆伐鄭。

冬十有二月，會齊侯、宋公、陳侯、衛侯、鄭伯、許男、曹伯、滑伯、滕子同盟于幽。幽，宋地。【補曰】杜預曰：「陳國小，每盟會皆在衛下，齊桓始霸，楚亦始彊，陳侯介於二大國之閒，而爲三恪之客，故齊桓因而進之，遂班在衛上，終於春秋。滑國都費。」○【撰異曰】板本公羊「會」上衍「公」字，唐石經亦無「公」。董仲舒繁露曰：「幽之會，莊公不往。」下十九年何注曰：「先是，鄄、幽之會，公比不至。」徐彦疏曰：「彼二經皆不言公會，故知不至矣。」陸淳纂例所據公羊已誤。左氏無「曹伯」。段玉裁曰：「此等陸氏音義所不著者。」案：纂例載之。同者，有同也，同尊周也。【補曰】疏曰：「同尊周者，諸侯推桓爲伯，使翼戴天子，即是尊周之事。」文烝案：疏未得旨。周自東遷以來，此時最爲微弱，考諸史記，前十二年莊王崩，明年僖王崩，而春秋皆不志，明雖以魯之近周，而赴告不及，故傳謂之失天下，言其微弱之甚也。左傳此一經後云：「王使虢公命曲沃伯以一軍爲晉侯。」詩無衣序云：「武公始幷晉國，其大夫爲之請命乎天子之吏。」（「吏」字依陳奐訂正。）史記云：晉侯緡立二十八年，「曲沃武公伐晉侯緡，滅之，盡以其寶器賂周僖王。僖王命曲沃武公爲晉君，列爲諸侯，於是盡幷晉地而有之。」夫以曲沃之三世爲逆，卒滅宗國，王法之所必誅，而敢於以賂請命，遂如其欲，則周之陵夷不振爲何如哉？齊桓勃興，始與諸侯共會盟以尊周，春秋深與之，因加言同，以顯其事。下文郳進書「子」，實由齊桓爲之請命，其與曲沃之請命，順逆相反，亦尊周之一端矣。迨乎僖崩惠立，子頹爲亂，虢、鄭胥命，綏定王家。左傳備記其事。周人不告，春秋不書也。桓力未及，君子不責也。惠之十年，再盟于幽，復申前約，於是又以同盟書，自後則存亡國，怙荆夷，而會王世子焉，會王人焉，且會宰周公，以明王禁焉。諸侯翕然歸齊，皆獎王室，不疑其無此意，不須特異其文矣。語云名生於不足，是之謂乎？不言公，【補曰】據柯盟言公。外内寮一疑之也。十三年春，會于北杏，諸侯俱疑齊桓非受命之伯，欲共以事推之可乎？今于此年諸侯同共推桓，而魯與齊讐，外内同一疑公可事齊不？會不書公，以著疑焉。同官爲寮，謂諸侯也。至二十七年同盟于幽，遂伯齊侯。【補曰】疏曰：「舊解謂會北杏不言諸侯，是外疑之也；今此會不言公，是内疑之也。自此以後，外内不復疑之，故曰一疑也。推尋范注，必不得爾。范意外内寮者，諸侯之國，或遠或近，故以外内總之。一者，同一也。」文烝案：范注非也，舊解是也。遠近之國，皆爲外，不得言内。傳言「外内寮」者，外謂宋、陳、蔡、邾，内謂魯，其於齊皆寮也。春秋之文，外則北杏稱人，一疑之；内則此不言公，一疑之。傳以内之一疑解經不言公，因蒙北杏并言之，明外内之文相準也。柯爲離會，齊無爲伯之事，鄄是大夫會，故皆無所謂疑，與此異也。「外内寮一疑之」，文意與成十二年「上下一見」之正同。至於當時外内諸侯之疑齊與否，内與齊之有舊讐，皆無須論。范於北杏傳、此傳皆誤解。

邾子克卒。【補曰】即儀父。其曰子，進之也。附齊而尊周室，王命進其爵。【補曰】至是爵命於周則進矣。經因其進而進之。杜預曰：「蓋齊桓請王命以爲諸侯。」賈、服説以爲北杏之會時已得王命。案：邾卒無不名者，邾近魯，情最親，故雖小國，皆以名録。覩於邾，而宿男、薛伯、杞子、秦伯之不名者，明史以其疏遠而略之矣。不日者，或不正，或史以其附庸新進略之。不葬者，或魯不會，或亦是史略之。

十有七年春，齊人執鄭詹。○【撰異曰】詹，公羊作「瞻」。下同。人者，衆辭也。【補曰】實是齊侯，以衆辭稱人，明此非貶。以人執，與之辭也。與令得執。【補曰】衆辭者，與之之辭，與其執有罪也。昭八年傳曰「稱人以執大夫，執有罪也」，與此同意，皆發明諸以衆辭稱人之例，文互相備。鄭詹，鄭之卑者。【補曰】疏曰：「重發傳者，嫌有罪去氏也，知非有罪去氏者，外大夫身有罪例不去氏，祭仲之類是也。宛所以去氏者，爲貶鄭伯也。」卑者不志，此其志何也？【補曰】不志者，經例因史例也。以其逃來，志之也。【補曰】主爲逃來志。逃來則何志焉，【補曰】但當志逃來，何幷志執？將有其末，不得不録其本也。末，謂逃來。【補曰】本，謂執。録執方可言自齊逃來。鄭詹，鄭之佞人也。【補曰】説文曰：「佞，巧讇高材也。」國語注曰：「僞善爲佞。」爾雅：「壬，佞也。」公羊謂詹爲甚佞，猶書言孔壬矣。但謂微者言執，書其佞也。直以佞故志執，與傳意小異。

夏，齊人殲于遂。【補曰】劉貺論汲冢竹書紀年曰：「齊人殲于遂，鄭棄其師，皆孔子新意，知後人案春秋經傳而爲之。」文烝案：劉謂此經是新意，蓋得之，其説棄師，則非也。竹書「棄師」之文出瑣語、晉春秋，其父所著史通明言之。貺並以爲紀年亦其疏也。○【撰異曰】殲，公羊作「瀸」。殲者，盡也。【補曰】盡，殺也。爾雅同。然則何爲不言遂人盡齊人也？無遂之辭也。【補曰】言遂人盡齊人者，以遂主其事，有遂之辭也。言齊人盡于遂者，以齊主其事，無遂之辭也。無遂則何爲言遂？【補曰】雖不以遂主事，而遂文自在。其猶存遂也。以其能殺齊戍，故若遂之存。存遂柰何？曰齊人滅遂，使人戍之，【補曰】戍，守。遂之因氏飲戍者酒而殺之，齊人殲焉。【補曰】因氏，遂大夫。杜預曰：「遂之彊宗。」此謂狎敵也。狎，猶輕也。【補曰】傳因齊事論其理，劉敞、孫覺譏之非也。許翰曰：「齊師滅譚，譚子奔莒，其君不詘也。齊人滅遂，齊人殲于遂，其民不歸也。孟子謂霸者以力服人，非心服也，力不贍也。」胡安國曰：「包胥一身，可以存楚，楚雖三户，可以亡秦，足爲强而不義之戒。」

秋，鄭詹自齊逃來。逃義曰逃。齊稱人以執，是執有罪也。執得其罪，故曰義也。今而逃之，是逃義也。【補曰】此爲凡書逃者發例。其言「來」，則從接公之例，蓋齊惡詹佞而執之，公説而受之歟？公既受之，故卑者得志矣。公羊曰：「何以書？書甚佞也。曰：『佞人來矣，佞人來矣。』」夫子告顔淵爲邦曰：「放鄭聲，遠佞人」，公羊義可通也。來奔先言來，此後言來者，葉夢得曰：「奔以適我爲志，逃以舍彼爲志也。歸入言自者，有奉之辭，承執稱逃，則不嫌有奉。」

冬，多麋。京房易傳曰：「廢正作淫，爲火不明，則國多麋。」【補曰】易傳又曰：「震遂泥，厥咎國多麋。」此以爲溺愛淫女也。劉向以爲麋色青，近青祥也。麋之爲言迷也，蓋牝獸之淫者也。是時莊公將取齊之淫女，其象先見天戒。若曰勿取齊女，淫而迷國。莊不寤，遂取之。夫人既入，淫於二叔，終皆誅死，幾亡社稷。左氏劉歆説以爲毛蟲之孽爲災。杜預曰：「麋多則害五稼，故以災書。」案：春秋諸記異，如蜮蜚雨雹之類，左傳皆謂之災也。疏曰：「魯之常獸，是歲偏多，故書多也。螟螽不言多者，螟螽是微細之物，不可以數言之。」

十有八年春王三月，日有食之。不言日，不言朔，夜食也。【補曰】與正朔、晦日、既朔皆異文，足明其爲夜食。其實夜食亦朔也。周以夜半爲朔，夜半後爲雞鳴，爲平旦，爲日出。下言「朝日」、「朝朔」，明是日出後見而知之，史因書於策也。日出以前通爲夜，故曰夜食。何以知其夜食也？【補曰】謂史何所據？曰王者朝日，王制曰「天子玄冕而朝日於東門之外」，故日始出而有虧傷之處，是以知其夜食也。【補曰】疏曰：「魯事而輒言王者朝日者，言王者朝日，所以顯諸侯朝朔也。」注引王制者乃禮記玉藻文。文烝案：東門之外者，東郊也。玄冕者，每月朔朝日之服，其正月則異。大戴禮四代孔子曰：「天子盛服朝日于東堂。」孔廣森以爲「盛服者袞冕」。國語所謂「大采朝日東堂」者。明堂，東門之堂，迎日東郊，反而禮日東堂也。依書傳略說，在夏正之朔，卽此三月矣。**故雖爲天子，必有尊也，貴爲諸侯，必有長也。故天子朝日，諸侯朝朔。**何休曰：「春秋不言月食日者，以其無形，故闕疑。」其夜食何緣書乎？鄭君釋之曰：「一日一夜，合爲一日，今朔日日始出，其食虧傷之處未復，故知此自以夜食，夜食則亦屬前月之晦，故穀梁子不以爲疑。」【補曰】朝朔者，北面朝受天子所班朔政，謂以每月朔受之於禰廟，經書視朔是也。朝日，明日尊也。朝朔，明天子長也。疏曰：「朝日、朝朔禮異，皆早旦行事，而昨夜有虧傷之處尚存，故知夜食也。」徐邈云：「夜食則星無光。」張靖箋廢疾云：「立八尺之木，不見其影。」並與范意異。文烝案：徐、張非但與范異，乃於傳外自爲說。范引鄭言屬前月晦，是謂在夜半以前，則日出安得尚有虧傷之處？吳萊又以後世事況之曰：「世之登泰山者，夜半觀海出日，人世之闇闇猶故，於此而或食，謂之食朔可矣。晝食未可也，安得不曰夜食乎？魏永安二年十月己酉，日食地下，虧從西南角起，亦是夜食。」吳氏於事類頗近，亦非傳意也。唯漢書五行志說此曰：「史推合朔在夜，明旦日食而出，出而解，是爲夜食。」斯則事核而義得矣。日食而出，出而解，較所謂「虧傷未復」語意尤明。

夏，公追戎于濟西。【補曰】何休曰：「以兵逐之曰追。」追例時。**其不言戎之伐我何也？**【補曰】據追齊師言侵西鄙，狄侵我言侵西鄙。**以公之追之，不使戎邇於我也。**邇，猶近也。不使戎得逼近於我，故若入竟望風退走。【補曰】言追伐可知矣。所追爲戎，追者爲公，故略文以示義。**于濟西者，大之也。何大焉？爲公**

之追之也。言戎遠來至濟西，必大有徒衆，以公自追之，知其審然。【補曰】注非也。濟西猶言河陽，不限於地名，故爲大。濟西大公，猶河陽大天子也。大公者，華戎之辭；大天子者，君臣之辭。傳言「何大焉？爲公之追之」者，既以公追爲文，必言濟西以大之。公自追戎而但録其地名，如追齊師至巂云者，以爲不可也。不言伐某鄙，不言地名，不言至言于，皆以戎故也。不致者，竟内兵也。

秋，有蜮。京房易傳曰：「忠臣進善，君不識，厥咎國生蜮。」【補曰】「不識」，漢書五行志引作「不試」，顏師古曰：「試，用也。」劉向以爲蜮生南越，越地多婦人男女同川淫，女爲主，亂氣所生，故聖人名之曰蜮。蜮，猶惑也。在水旁，能射人，射人有處，其甚者至死，南方謂之短弧，近射妖死亡之象也。時莊將取齊之淫女，故蜮至。天戒若曰，勿取齊女，將生淫惑篡弑之禍。莊不寤，遂取之。入後，淫於二叔，二叔以死，兩子見弑，夫人亦誅。○【撰異曰】蜮，本亦作「蛾」。陸淳纂例曰：「三傳皆然。」一有一亡曰有。【補曰】疏後一説。一有一亡者，謂或有有時，或有無時，言不常也。螟螽之類是常有之物，不言有也。文烝案：一，猶或也。王制「禘一犆一祫」，爾雅「泉一見一否」，夏小正傳「一則在本，一則在末」，義皆爲或也。傳言一有一亡者四，亡皆不作「無」，疑經字「無冰」之等非其舊矣。徐彦曰：「不書來者，亂氣所生，不從外來故也。」蜮，射人者也。蜮，短狐也，蓋含沙射人。【補曰】疏曰：「洪範五行傳云：『蜮如鼈，三足，生於南越，南越婦人多淫，淫女惑亂之氣所生也。』」陸璣毛詩義疏云：「蜮，短狐，一名射景，在江淮水中。人在岸上，景見水中，投人景則殺之，或謂含沙射人。入皮肌，其創如疥。」左傳及詩正義與此疏同。毛傳、説文皆曰「短狐也。」説文又曰：「似鼈，三足，以氣射害人。」音義曰：「本草謂之射工。」左傳音義同。詩音義曰：「俗呼之水弩。」陸璣前一説，徐彦引草木志同。

後一說，范所用。服虔說左傳亦同，以爲偏身㵄㵄或或，故爲災也。五行志「狐」作「弧」。左傳音義曰：「弧，又作『狐』。」

冬十月。

春秋莊公閔公經傳第三補注第七

穀梁　范氏集解　鍾文烝詳補

十有九年春王正月。

夏四月。

秋，公子結媵陳人之婦于鄄，遂及齊侯、宋公盟。媵，淺事也，不志。此其志何也？【補曰】凡内女出媵他國女爲夫人者，史皆詳書之，君子以爲淺事，削而不志。辟要盟也。魯實使公子結要二國之盟，欲自託於大國，未審得盟與不，故以媵婦爲名。得盟則盟，不則止，此行有辭也。【補曰】公羊十三年何休注曰：「臣約其君曰要。」又云：「要脅，欲明魯辟要盟。若直言公子結及齊侯、宋公盟于鄄，則無以見魯之本情，故存媵文，但視舊史爲略耳。」魯所以要盟者，洪咨夔、葉酉謂以背盟納逋，懼討也。何以見其辟要盟也？【補曰】問經文何以見之？媵，禮之輕者也；盟，國之重也；以輕事遂乎國重，無說。以輕遂重，無他異說，故知辟要盟耳。【補曰】考工記曰「有說」，鄭君曰：「說，猶意也。」墨子經曰：「說，所以明也。」以「遂」爲文「無說」，則辟要盟之本情足見矣。舊史盟必有日，書日未必有「遂」文。其曰陳人之婦，略之也。但爲遂事假録媵事耳，故略言陳人之婦，不處其主名。【補曰】

何休曰：「此陳侯夫人也。」文烝案：桓八年傳曰：「其曰：『遂逆王后，略之也。』」彼稱后，此稱婦，其意相類。舊史書媵事，當有詳文。孔穎達曰：「鄄是衛之東地，蓋陳取衛女爲婦。」孔廣森曰：「鄄者，盟地，非致媵地，本送女如陳，行及于鄄也，猶曰鄫子會盟于邾，謂會曹南之盟而行及于邾也。」其不日，【補曰】桓盟本不日，結要盟與凡盟異，還宜具日。數渝，惡之也。【補曰】疏曰：「數，疾也。謂秋共盟，冬而見伐，變盟之疾。或以『數渝』爲今冬伐我西鄙，明年齊又伐我，故云數。」文烝案：明年伐我，「我」乃「戎」之誤。「數」字當如前解，此必疏所述舊說，蓋猶據未誤之本也。暨之盟曰不日，其盟渝也，又曰惡内也，此盟亦其例，桓十七年黄之盟則爲變例矣。暨盟不日，又不月，此亦不月者，蓋以辟要盟異之。

夫人姜氏如莒。婦人既嫁不踰竟，踰竟，非正也。【補曰】疏曰：「重發傳者，嫌此適異國恐別，故發傳以同之。」

冬，齊人、宋人、陳人伐我西鄙。其曰鄙，遠之也。【補曰】何休曰：「鄙者，邊垂之辭。」其遠之何也？不以難邇我國也。【補曰】亦猶十八年「不使戎邇於我」。何休曰：「桑見遠也。」文烝案：内言「鄙」者，與外直言「侵伐」文相當，哀篇直言「伐我」，則與外言「圍入」文相當。孫覺曰：「春秋外師之至，魯雖入其郛，亦皆曰鄙。侵伐他國，但曰某而已，不曰某鄙。魯必曰鄙者，蓋我國之君治國之道素脩，禦敵之道素備，彼之來寇者，乃適吾閒隙，犯吾邊鄙耳。故春秋之法内言戰，不言敗，言侵言伐，不言其至於國都，所以親之尊之而備責之也。」哀八年、十一年再言「伐我」而不言「其鄙」者，春秋之終，而聖人之微旨也。穀梁言「不以難邇我國」，此深於春秋者之説也。」傳「之」字，各本脱，今依唐石經、十行本、俞皋集傳、釋義本補正。

二十年春王二月，夫人姜氏如莒。夫人比年如莒，過而不改，無禮尤甚，故謹而月之。【補曰】何休曰：「月者，再出也。不從四年已月者，異國。」○【撰異曰】呂本中曰：「公羊作『正月』。」案：呂蓋誤。婦人既嫁不踰竟，踰竟，非正也。【補曰】疏曰：「重發傳者，比再如莒失禮之甚，故詳之。」

夏，齊大災。外災例時。【補曰】疏曰：「范例云，災有十二，内則書日，外則書時。國曰災，邑曰火。」其志，以甚也。外災不志。甚，謂災及人也。【補曰】災及人故大，大故志，重人也。宋災、伯姬卒與此相似。雨螽及沙鹿、梁山崩皆以書大變重，志於魯策，亦此之類。

秋七月。

冬，齊人伐我。【補曰】「我」當爲「戎」。穀梁與左氏、公羊本同字，蓋轉寫誤也。哀以前皆書四鄙，不應此獨直文。傳於上年發書「鄙」義，不應於此無傳，知必是誤字矣。張洽曰：「戎在徐州之域，最近齊、魯，故先治之。」○【撰異曰】我，左氏、公羊作「戎」，宜從「戎」。

二十有一年春王正月。

夏五月辛酉，鄭伯突卒。【補曰】書日與齊小白同。

秋七月戊戌，夫人姜氏薨。【補曰】桓公夫人，莊公母。婦人弗目也。鄭嗣曰：「弗目，謂不目言其地也。婦人無外事，居有常所，故薨不書地。僖元年傳曰『夫人薨不地』，此言『弗目』，蓋互辭爾。定九年『得寶玉、大弓』，傳曰：「弗目，羞也。」蓋此類也。」江熙曰：「文姜有弒公之逆，而弗目其罪。」【補曰】鄭是江非也。鄭不引隱二年傳，亦失之。疏曰：「隱二年著不地之例，此復發傳者，嫌有罪去地，故發之。」

冬十有二月，葬鄭厲公。【補曰】何休曰：「春秋篡明者書葬。」文烝案：篡立乃失德之大者，既有明文，魯會葬則葬之。

二十有二年春王正月，肆大眚。易稱「赦過宥罪」，書稱「眚災肆赦」，經稱「肆大眚」，皆放赦罪人，蕩滌衆故，有時而用之，非經國之常制。【補曰】此本杜預。第三句作「傳稱肆眚圍鄭」，范改之。此注言自古以來有時而用也。○【撰異曰】肆，公羊或作「佚」。眚，公羊作「省」。案：石鼓「眚車」，義作「省車」。肆，失也。眚，災也。災，謂罪惡。【補曰】惠棟曰：「失，讀爲『佚』，『佚』與『逸』同，謂逸囚也。古多以『失』爲『佚』。」文烝案：惠説是也。公羊曰：「肆者何？跌也。」似亦略相近。杜預襄九年左傳注、某氏堯典傳皆曰：「肆，緩也。」逸周書謚法曰：「肆，放也。」緩、放亦「佚」之意。以「災」訓「眚」者，堯典、康誥言「眚災」是也。某氏傳曰：「眚，過也。災，害也。」是就二字析言之。杜預亦曰：「眚，過也。凡罪有過有故。」故者，堯典謂之「怙終」，康誥所云「非眚惟終」。災，紀也。失，故也。紀，治理也。有罪當治理之。今失之者，以文姜之故。【補曰】墨子曰：「絲縷有紀。」説文曰：「紀，絲別也。」引伸之爲治理。爲嫌天子之葬也。文姜罪應誅絶，誅絶之罪不葬，若不赦除衆惡。而書葬者，嫌天子許之，明須赦而後得葬。【補曰】天子之葬者，謂天子之法所當葬也。文姜淫而害夫，於法無赦，魯秉周禮，猶知畏法，嫌若法所當葬，爲是故大赦於國，滌除衆罪，咸與惟新。一若文姜之淫弑亦可不論者，所以掩其生前之惡，而成其没後之禮也。賈逵説左氏曰：「文姜有罪，故赦而後葬，以説臣子也。魯大赦國中罪過，欲令文姜之過因是得除，以葬文姜。」賈之此注，即穀梁家語也。傳但言其有故，言其所爲，即其事可知，其義明。猶似乎亡於禮者之禮，而與失德不葬之旨亦足相發也。嘗論之肆眚者，即堯典所云「眚災肆赦」也。肆小眚又肆大眚者，即康誥所云「乃有大罪，非終，乃惟眚災，適爾，既道極厥辜，時乃不可殺」也。先王之世，本有其事，而觀左氏襄九年傳晉悼公肆眚圍鄭，是爲圍鄭特行赦，與魯之爲葬文姜特行大赦相類，知當時赦令皆有所爲矣。或凡赦無所爲者，史所不記，有所爲，乃記耳。

癸丑，葬我小君文姜。【補曰】何休曰：「夫人以姓配謚，欲使終不忘本也。」小君，非君也。不治其民。其曰君何也？以其爲公配，可以言小君也。【補曰】夫人與公一體，從公稱也。周制：天子至士，夫婦皆合葬，祭於廟，設詷几。祝曰：以某妃配。明夫婦精氣合也。孫覺曰：「姜氏之惡，春秋載之備矣，而薨葬皆詳書之，無貶辭焉。春秋魯史，其載魯事，有臣子之法，所以訓忠孝也。姜氏雖大惡，然魯之臣子不可不以母禮待之。」蘇轍曰：「君雖不君，臣不可以不臣；父雖不父，子不可以不子。子爲父隱，道在其中矣，而文姜之惡何損焉？」文烝案：孫、蘇皆正論，陸淳聞於師者亦略同，要因魯既不能絶文姜，則宜有臣子之禮，亦卒仲遂，致意如之意也。

陳人殺其公子禦寇。禦寇，宣公之子。【補曰】稱人者，衆辭，從殺有罪例。傳又舉例於文七年。○【撰異曰】禦，又作「御」，左氏作「御」，亦作「禦」。段玉裁曰：「左傳作『大子』，則左經當本作『世子』，史記亦云『大子』。」文烝案：左氏、史記非也。殺世子當目君，不目君，不得言「其」。言公子而不言大夫，公子未命爲大夫也。【補曰】未命爲卿。其曰公子何也？【補曰】據既非大夫，何得稱「公子」見經？公子之重視大夫，視，比。命以執公子。大夫既命，得執公子之禮。一本：大夫命以視公子。【補曰】言以公子氏者，非他氏族比，他氏族不命爲卿，則直名不氏矣。臧孫紇亦氏，内外異耳。張大亨曰：「殺公子，雖未命，必志之，惡賊親也。先王之制，公族有罪，不以犯有司。」

夏五月。以五月首時，甯所未詳。【補曰】孫復以爲「月下有脱事」是也。史文殘闕，經遂仍之，亦「夏五傳疑」之例。桓、莊相接，莊亦遠也，若在近世，多見而識其事，或可考矣。不改從始月例，明春秋無不知而作者。

秋七月丙申，及齊高傒盟于防。【補曰】母喪十三月而盟，不去日也。不言公，高傒伉也。書日，則公盟也。高傒驕伉，與公敵體，恥之，故不書公。【補曰】一君一臣，特相盟會，是臣無禮，故曰伉。處父、嬰齊並同此義。注云「書日則公盟」，本文二年傳文，傳於彼乃發之者，彼又須辨公不言如晉意，故就彼亦發之。說見彼疏。不致者，既會大夫又没公。

冬，公如齊納幣。【補曰】納幣，與諸書「納」者異。納幣，大夫之事也。【補曰】說正禮。禮有納采，采擇女之德性也。其禮用鴈爲贄者，取順陰陽往來。【補曰】昏禮納采、問名、納吉、請期、親迎皆用鴈。注本鄭君說也。有問名，問女名而卜之，知吉凶也。其禮如納采。【補曰】昏禮記曰：「敢請女爲誰氏。」鄭君曰：「謙不必主人之女。」有納徵，徵，成也。納幣以成婚。【補曰】何休曰：「納幣卽納徵。禮曰『主人受幣，士受儷皮』是也。納徵用玄纁束帛儷皮。玄纁，取其順天地也。儷皮者，鹿皮所以重古也。」孔廣森曰：「幣者，六幣之通名。諸侯聘女以大璋皮帛。」文烝案：注言納幣以成婚者，賈公彥曰：「納幣則昏禮已成，女家不得移改。」又案：納徵前有納吉禮，得吉卜而往告也。疏曰：「傳略納吉不言，或以爲諸侯與士禮異者，非也。」有告期，告迎期。【補曰】昏禮曰：「請期用鴈，主人辭，賓許。告期如納徵禮。」謂先請於女家，後告之也。或云傳之「告」即禮之「請」。二十八年傳曰：「告，請也。」定元年傳曰：「求者，請也。」求、請、告三字同義。竊以彼皆散文告期則禮與請，對文告非請也。四者備而後娶，【補曰】娶，謂親迎。禮也。【補曰】因納幣備言其禮，唯娶親之。公之親納幣，非禮也，故譏之。公母喪未再朞而圖婚，傳無譏文，但譏親納幣者。喪婚不待貶絶而罪惡見。【補曰】傳言「譏之」者，明經所以仍史文書其事。禮父卒則爲母齊衰三年。孔廣森以爲親納幣失之小，三年之內圖婚失之大。小者猶譏，大者可知。

二十有三年春，公至自齊。【補曰】疏曰：「二十七年傳云『桓會不致』，此與下文觀社皆書『公至』者，公羊傳云『危之也』，徐邈亦云『不以禮行，故致以見危。』范下注云：『公怠棄國政，比行犯禮，憂危甚矣。』則亦以二者爲憂危致之也。若然，定八年傳稱『致月危致』，下傳云『致月有懼』，此致不月者，以二者皆非禮而行，不假書月，危懼可知。傳以危而不月，嫌與例乖，故發傳詳之。或以爲二者皆非禮之行，與好會異，故致之，非是見危，理亦通也。」文烝案：此處二往，皆見非禮致之，已足見危，非如致會、致伐之等，須加月以危之；又非如奔喪、會葬之等，往致皆須月也。疏說未明。又案：凡春如春至，若是正月，則亦必月。春不月者，皆非正月也。

祭叔來聘。其不言使何也？天子之內臣也。祭叔，天子寰內諸侯。叔名。【補曰】疏曰：「徐邈云『祭叔爲祭公使』，則徐意以祭叔爲祭之大夫也。范以『叔』爲名，似同徐說。但舊解不然。」文烝案：杜預引穀梁，正同徐語，此必穀梁家古義。不言使，謂不言祭公使內臣，亦指祭公。范意以「使」爲王使，以「內臣」即指祭叔，蓋失之。而疏以爲范似同徐説，又失之矣。「叔」當是字，猶任叔、榮叔。周禮大宰「施則于都鄙，而建其長，立其兩」，謂公卿及王子弟食采邑者得立兩卿，祭叔爲祭之大夫，蓋所謂兩卿者。孔穎達曰：「或是祭公之弟也。」不正其外交，故不與使也。何休曰：「南季、宰渠伯糾、家父、宰周公來聘，皆稱使，獨于此奪之何也？」鄭君釋之曰：「諸稱使者，是奉王命，其人無自來之意。今祭叔不一心於王，而欲外交，不得王命來，故去使以見之。」【補曰】范取鄭説，以爲祭叔外交無王命，故不與王得使之，非也。既無王命，則非使，何云不與王得使？若無使之者，則當爲朝，何以云聘？若以爲請命於王，非王本心，則石尚亦請命，何以得云使？此當依徐、杜説，謂不正祭公外交，故不與其得使也。趙汸曰：「不言祭公使者，王臣無外交，無其禮則不得襲其文，與卿爲君逆不稱使同。」

夏，公如齊觀社。【補曰】何休曰：「觀社者，觀祭社。社者，土地之主。祭者，報德也。生萬物，居人民，德至厚，功至大，故感春秋而祭之。天子用三牲，諸侯用羊豕。」僖三十一年公羊傳曰：「天子祭天，諸侯祭土。」何休曰：「土謂社也。天子所祭莫重於郊，諸侯所祭莫重於社，卿大夫祭五祀，士祭其先祖。」哀四年公羊傳曰：「社者，封也。」文烝案：祭社曰社，猶祭於郊曰郊。常事曰視，視朔是也。非常曰觀。【補曰】疏曰：「復發傳者，嫌觀魚、觀社異，故發之。」文烝案：此不言「傳曰」者，省文。觀，無事之辭也。言無朝會之事。以是爲尸女也，尸，主也。主爲女往爾，以觀社爲辭。【補曰】經著無事之辭者，以是爲尸女故也。意主於女，謂之尸女。莊子曰：「是其言也，猶時女也。」處女爲時所求，謂之時女，古人語如此。六經奧論説以墨子曰「燕有祖，齊有社，宋有桑林，楚有雲夢，此男女之所屬而觀也。」

家鉉翁曰：「尸女云者，盛其車服，炫惑婦人，要其從己也。」文烝案：左氏說以爲齊因祭社蒐軍實。國語曹劌曰：「齊棄太公之法而觀民於社。臣不聞諸侯相會祀也，祀又不法。」蒐軍實而曰觀民，曰不法，足與墨子相證也。**無事不出竟。**【補曰】說正禮。

公至自齊。公如，陳公行例。【補曰】凡往皆是，不專謂如某。**往時，正也。**正，謂無危懼也。皆放此。**致月，故也。**【補曰】故，謂變故。定八年傳曰：「致月，危致也。」於往言時，則月可知；於致言月，則時可知。互句以省文。**如、往月，致月，有懼焉爾。**【補曰】定八年傳曰：「往月致月，惡之也。」此皆經例。舊史凡「往」與「致」無不月者。案此及上「致」皆時，傳發經通例也。傳以桓兩「致」皆變文，莊「致」伐衛，又非常例，故於此兩「致」發之。此例之外，惟正月如某及正月至者，雖無危懼，亦必書月，據文自明，故傳無說也。王引之曰：「上言『公如』，下不須更言『如』，下『如』字蓋衍文。」

荆人來聘。善累而後進之。【補曰】累，積。**其曰人何也？**【補曰】據當言荆來聘，如白狄來。**舉道不待再。**明聘問之禮。朝宗之道，非夷狄之所能，故一舉而進之。【補曰】以聘書，故人之。不如白狄，不言朝也。公羊曰：「荆何以稱人？始能聘也。」能聘卽傳所謂「舉道」。

公及齊侯遇于穀。及者，內爲志焉爾。遇者，志相得也。【補曰】疏曰：「重發傳者，公爲淫如齊，嫌異於常，故重發之。」

蕭叔朝公。微國之君，未爵命者。【補曰】杜預曰：「附庸國。」疏曰：「書名者，附庸常例。傳於儀父言字，言美稱，此傳直云『微國』，不言字，則『叔』名也。重發傳者，嫌名字異故也。」文烝案：「叔」蓋字也，故黎來後重發傳，疏從杜預爲名，又不記黎來傳何歟？其不言來，於外也。言於穀朝公也。【補曰】杜預曰：「就穀朝公，故不言來。」孔穎達曰：「穀是齊地故也。定十四年大蒐于比蒲，邾子來會公。比蒲，魯地，故言來也。」趙汸以爲蕭君至穀朝伯主，因得朝公。朝於廟，正也。【補曰】廟，大廟。於外，非正也。【補曰】以其非正，故加言公，明公一人專受之，不能尊先君共其榮。杜預曰：「凡在外朝則禮不得具，嘉禮不野合。」

秋，丹桓宮楹。楹，柱。【補曰】服虔曰：「丹，彤。楹，謂之柱。」釋名曰：「楹，亭也。亭亭然孤立，旁無所依也。」案禮言東楹西楹，劉熙就一楹言之。禮天子諸侯黝堊，黝堊，黑色。【補曰】范解「黝」字連言「堊」耳，非以「堊」亦爲黑也。疏引徐邈曰：「黝，黑柱也。堊，白壁也。謂白壁而黑柱。」文烝案：詩禮多以黝爲幽。爾雅曰：「黑謂之黝。」說文以爲微青黑色。孫炎從之。堊者，說文曰「白涂」，爾雅所謂「牆謂之堊」。山海經大次之山多堊，亦當爲白土。又有黃堊，又有白堊、黑青黃堊。據呂氏春秋云「白堊黑漆」，則直言堊者皆白也。太平御覽引此傳作「天子丹，諸侯黝堊」。王引之曰：「御覽『丹』字涉上下文『丹楹』而誤衍。廣雅云『天子諸侯廟黝堊』，正用傳文。左傳正義、北堂書鈔、白帖引傳皆同今本。」大夫倉，【補曰】孔穎達月令正義曰：「倉亦青也。遠望則倉。」士黈。黈，黃色。【補曰】音義曰：「麋氏云『張斗反』。」文烝案：其「堊」皆同，省文從可知。丹楹，非禮也。【補曰】黝、倉、黈，皆禮之所有，丹則禮之所無。

冬十有一月，曹伯射姑卒。【補曰】終生卒日葬月。自此射姑、班、襄、廬、負芻、滕、須、午、露九君卒皆月而不日，惟壽卒日，廬、負芻以踰竟故不日，射姑等七君，皆當是不正，不應八世之中獨壽得以正立。射姑前稱世子，又非不正，以意度之，或者射姑雖爲世子，本不正。班、襄諸君皆不正，蓋所謂楚國之舉恆在少者乎？傳記無文，不敢定也。班、襄、廬、滕、須葬皆時，射姑、壽、負芻、露葬皆在上事月下。午葬月，何休以爲爲下出也。○【撰異曰】射，本或作「亦」。

十有二月甲寅，公會齊侯盟于扈。桓盟不日，此盟日者，前公如齊觀社，傳曰：「觀，無事之辭。以是爲尸女也。」公怠棄國政，比行犯禮，憂危甚矣。霸主降心，親與之盟，實有弘濟之功，而魯得免於罪，臣子所慶，莫重於此。時事所重，文亦宜詳，故特謹日以著之。【補曰】注說未然。此當從孫復、程子、葉夢得說。以爲婚盟亦與諸桓盟不同，故還從常例書日也。不致者，離會例。公羊以書日爲危之。危之則當致，公羊非也。扈，鄭地。孫復以此爲齊地。

二十有四年春王三月，刻桓宮桷。【補曰】杜預曰：「刻，鏤也。」服虔曰：「桷，謂之榱。榱，椽也。」案：說文曰：「桷，榱也。」「椽，榱也。」「榱，椽也。」又曰：「椽方曰桷。」又以榱爲秦名屋椽。周謂之椽，齊、魯謂之桷。何休曰：「月者，功重於丹楹。」范例本之。或此爲下葬，故月。禮天子之桷，斲之礱之，加密石焉。以細石磨之。【補曰】斲，斫也，削也。謂以斧斤斫削木礱礪之也。密，密理也。石，謂砥也。先粗礪之，加以密砥。諸侯之桷，斲之礱之。【補曰】無密石。大夫斲之。【補曰】不礱。士斲本。【補曰】但斲其首，不達稜。達稜，見書大傳。此以上，國語晉張老對趙文子同。書大傳又云：「庶人到加。」刻桷，非正也。【補曰】非正者，非正禮，刻亦非禮之所有也。言非正不言非禮者，因下以娶讎女爲非禮，故避其文也。夫楹桷之爲物小，而禮可識也。禮所以教儉，故林放問禮之本，子曰：「禮與其奢也寧儉。」古者自天子至士，事事物物皆有等差，以爲雖貴如天子諸侯，必有其節，而不得過焉。此荀子所謂

「欲必不窮乎物，物必不屈於欲。貴賤有等，長幼有差，貧富輕重皆有稱」。魯策書以周禮書事，故重之矣。夫人所以崇宗廟也，【補曰】崇，崇奉。祭統載取夫人之辭曰：「請君之玉女，與寡人共有敝邑，事宗廟社稷。」又曰：「夫祭也者，必夫婦親之。」昏義曰：「昏禮者，將合二姓之好，上以事宗廟而下以繼後世也。」取非禮與非正而加之於宗廟，以飾夫人，非正也。非禮謂娶讎女，非正謂刻桷丹楹也。本非宗廟之宜，故曰「加」。言將親迎，欲爲夫人飾，又非正也。【補曰】漢書五行志劉歆說「莊飾宗廟，刻桷丹楹，以夸夫人」，與劉向列女傳略同。韋昭曰：「哀姜將至，當見於廟，故丹柱刻椽，以夸之。」案此一舉而三失也，言春秋所以見義。刻桓宮桷，丹桓宮楹，斥言桓宮，以惡莊也。不言新宮而謂之桓宮，以桓見殺於齊。而飾其宗廟，以榮讎國之女，惡莊不子。【補曰】新宮斥謚，則如疏之然。疏之則不恭，明有所惡矣。張自超以爲文姜新入廟，亦齊女也，蓋尊文姜以尊齊。張履祥亦云：「丹刻，爲文姜也。」案：此義亦得兼見。

葬曹莊公。

夏，公如齊逆女。親迎，恆事也，不志。此其志何也？【補曰】凡公出親迎，史法自當書之，君子以爲恆事，略而不志。但直言公如某，不目其事，而別言夫人某氏至自某，則其事自明。外諸侯來親迎則書時，適無其事耳。不正其親迎於齊也。【補曰】失禮非復恆事。

秋，公至自齊。迎者行見諸，舍見諸。諸，之也。言瞻望夫人乘車。【補曰】舍，止息也。詩曰「有女同行」，是。先至，非正也。【補曰】以其非正，故書至以危之。若與夫人偕至，當但書夫人。

八月丁丑，夫人姜氏入。哀姜。入者，内弗受也。曰入，惡入者也。【補曰】疏曰：「重發傳者，嫌夫人與他例異故也。」文烝案：舊史夫人之至皆書「至」而具日，君子獨改此「至」文言「入」，又獨存其日，明與庚寅入邴、壬午入郕等同例也。王元杰曰：「削其告至之辭。」案：左傳曰「哀姜至」，舊史亦必書「至」。何用不受也？以宗廟弗受也。【補曰】國之小君而可以弗受，辭加之者，臨之以先君。其以宗廟弗受何也？娶仇人子弟以薦舍於前，其義不可受也。薦，進。舍，置。【補曰】言子弟者，或是齊襄之女，或是其妹，作傳時已不審也。公羊曰：「其言入何？難也。其言日何？難也。夫人不僂不可使入，與公有所約，然後入。」何休曰：「僂，疾也。齊人語。約，約遠媵妾也。夫人稽留，不肯疾順，公不可使即入。公至後，與公約定，八月丁丑乃入，故爲難辭也。」文烝案：公羊解書「入」書「日」之義頗近事情，未協經旨，自以穀梁爲允。妻不可以樞機寢席之事要其夫，其義僻而暗；子孫不可以讐國女見於祖禰，其義正而明。

戊寅，大夫宗婦覿，用幣。宗婦，同宗大夫之婦。【補曰】此用國語注也。賈逵、杜預注作「同姓」。左傳桓六年「子同生，公與文姜宗婦命之」，襄二年「葬齊姜，齊侯使諸姜宗婦來送葬」，杜或言同宗，或言同姓。案：左傳同姓近者爲同宗，又近爲同族，杜於二者散文通言矣。同姓之卿稱宗卿，故其妻稱「宗婦」。祭統説君與夫人祭大廟，有卿大夫士，有宗婦，亦謂同宗之婦，皆自國言之之辭也。特牲饋食禮，主婦之外又有宗婦，自家言之之辭也。若内則所言宗子、宗婦，則絶不同，彼謂大夫士大宗之婦也。國君不統宗，故禮有大宗、小宗。大宗者，君之別子爲祖，適長繼別爲宗，世世收族，雖無子，族人必以支子後之者也。小宗者，別子之諸子，其適長繼禰者爲小宗，五世服盡而遞遷者也。大宗一，小宗四。葉夢得分別禮之言宗婦有三，文烝取焉。覿，見也。【補曰】訓「見」者，渾言之，公羊、爾雅同。對文析言，卑於尊言覿，敵者言見，不見公未見諸侯是也。疏曰：「舊解言私爲覿，正爲見，今以爲不然。」禮大夫不見夫人。【補曰】宗婦宜覿，大夫不宜行婦道，非禮，故志之。何休、杜預皆云「禮夫人至，大夫執贄以見」，孔穎達以爲禮無此文，是亦不安於其説也。不言及，不正其行婦道，故列數之也。【補曰】及者，夫婦之辭。大夫行婦道則不得以尊及卑矣，故不言及，猶書公夫人姜氏也。男子之贄，羔鴈雉腒；贄，所執以至者也。上大夫用羔，取其從帥，羣而不黨也。下大夫用鴈，取其知時，飛翔有行列也。士冬用雉，夏用腒，取其耿介，交有時，別有倫也。腒，腊也。雉必用死，爲其不可生服也。夏用腒，備腐臭也。【補曰】此皆本鄭君士相見禮注。「腒」之本義爲「鳥腊」，當依説文説。此「腒」爲乾雉。婦人之贄，棗栗鍛脩。棗，取其早自矜莊。栗，取其敬栗。鍛脩，取斷斷自脩整。【補曰】注本何休而小異。周禮注曰：「大物解肆乾之，謂之乾肉。薄析曰脯，捶之而施薑桂曰鍛脩。」腊，小物全乾。士昏禮婦見舅以棗栗，見姑以服脩。曲禮曰「婦人之摯，椇榛脯脩棗栗。」傳舉男女贄者，疏曰：「見俱不得用幣。」用幣，非禮也。【補曰】又非禮。謝湜曰：「諸侯庭實有幣，獻方物也，贄則與幣異矣。男以玉帛禽鳥，以示執此德不敢廢也；女以棗栗腶脩，以示修此職不敢廢也。今皆用幣，則是相交以財，相賂以利也。外內交賂以財利而閨門之禮亂矣。」用者，不宜用者也。【補曰】言「用」，知不宜用。公羊同。大夫，國體也，而行婦道，國體，謂爲君股肱。【補曰】墨子經曰：「體，分於兼也。」經説曰：「若二之一，尺之端也。」董仲舒曰：「陰者陽之合，妻者夫之合，子者父之合，臣者君之合。」惡之，故謹而日之也。【補曰】時史以大夫覿夫人、又男女用幣，並是非禮，故特志之，又日之，君子從而取義焉。大夫而覿夫人，其事可惡，贄不足復論。

大水。【補曰】何休曰：「夫人不制，遂淫二叔。陰氣盛，故明年復水也。」文烝案：何說與漢書五行志董仲舒、劉向義同。此事在時例。

冬，戎侵曹。

曹羈出奔陳。【補曰】羈，曹大夫也。曹無大夫，以國氏而言羈者，以出奔目之也。出奔得志者，案傳曰「曹、莒皆無大夫。」其所以無大夫者，其義異也。證以盟會之序，則曹之爲國，亞於許而尊於莒，故莒書奔者必如牟夷之以地來奔乃得書，曹則羈直奔陳，公孫會直奔宋，皆書也。公羊曰：「此何以書？賢也。何賢乎曹羈？戎將侵曹，曹羈諫曰：「戎衆以無義，君請勿自敵也。」曹伯曰：「不可。」三諫不從，遂去之，故君子以爲得君臣之義也。」案：傳於下殺大夫言崇曹羈之賢，不言此奔以賢書，且羈之爲賢，必是素以賢稱，若專以出奔一事爲賢，亦非其理。凡公羊所指爲賢而論其事者，其文往往如此，似未可用也。孔廣森引韓非子曰：「夷吾束縛而曹羈奔陳，伯里子道乞，傳說轉鬻。」孔又疑卽左傳之僖負羈。案：僖負羈去此遠，孫覺以爲決非一人，是也。○【撰異曰】陸淳纂例曰：「羈，公羊作『羇』。」案：今公羊不作『羇』。

赤歸于曹。郭公。赤，蓋郭公也。何爲名也？禮諸侯無外歸之義，外歸非正也。徐乾曰：「郭公，郭國之君也，名赤。蓋不能治其國，舍而歸于曹。君爲社稷之主，承宗廟之重，不能安之而外歸他國，故但書名，以罪而懲之。不直言赤復云郭公者，恐不知赤者是誰，將若魯之微者故也。以郭公著上者則是諸侯失國之例，是無以見微之義。」【補曰】疏曰：「薄氏駁云，赤若是諸侯，不能治國，舍而歸曹，應謂之『奔』，何以詭例言『歸』乎？徐乾又云，不言郭公，疑是魯之微者，若是微者，則例所不書，何得以微者爲釁？二事俱滯，而范從之者，凡諸侯出奔其國者，或爲人所滅，或受制强臣，迫逐苟免，然後書出。今郭公在國，不被迫逐，往曹事等於歸，故以易辭言之，不得云出奔也。凡内大夫未得命者，例但書名，若使赤直名而無所繫，則文同俠等，故又云郭公也。徐乾之説理通，故范引而從之。」文烝案：此與「紀侯大去」，並奔之詭例。孔廣森以爲據其國言之則曰「大去」，據所之之國言之則曰「歸」也。稱公者，失國外歸，棄其本爵爲寄公，與州公同也。徐謂以郭公著上則是失國之例，無以見義，此説非是。孔廣森曰：「『郭公』不當倒在下，疑傳春秋者『赤』上字舊漫缺，經師相承以爲『郭公』，謙慎不敢補入正文，故著之於下耳。」孔説甚有理。傳曰「赤蓋郭公也」，公羊亦曰「曹無赤者，蓋郭公也。」蓋者，疑辭、謙辭，當實如孔所言矣。段玉裁曰：「注不直言赤，『不』字疑衍，『微之義』當作『懲之義』。」〇自杜預始疑有闕誤，而杜諤、劉敞以來疑當爲郭亡，牽合管子、韓詩外傳、新序、風俗通、説文以爲説，鄭玉等訾之。

二十有五年春，陳侯使女叔來聘。女氏，叔字。其不名何也？據成三年晉侯使荀庚來聘稱名。【補曰】不得獨據彼，當云據例稱名。天子之命大夫也。【補曰】猶單伯。

夏五月癸丑，衛侯朔卒。惠公也。犯逆失德，故不書葬。【補曰】書日亦與齊小白同，本又當從鄭厲公例書葬，以其犯王命不可葬，故還去之。

六月辛未，朔，日有食之。言日言朔，食正朔也。【補曰】重發傳者，此有救變之文，嫌異常食，故發以同之。

鼓，用牲于社。【補曰】此經各本誤跳在傳言日上，今依唐石經、十行本移正。鼓，禮也。用牲，非禮也。【補曰】用者，不宜用者也。書召誥曰「用牲于郊」，彼自記事常文，與春秋異。陸淳所謂春秋之文至簡，故字皆有義，其例不可偏求之於五經也。左傳例曰：「凡天災有幣無牲。」天子救日，置五麾，陳五兵、五鼓；麾，旌幡也。五兵，矛、戟、鉞、楯、弓矢。【補曰】曾子問篇孔子曰：「如諸侯皆在而日食，則從天子救日，各以其方色與其兵。」周禮鼓人：「救日月則詔王鼓。」大僕：「凡軍旅田役贊王鼓，救日月亦如之。」疏曰：「五麾者，麋信云『各以方色之旌置之五處也』。五兵者，徐邈云『矛在東，戟在南，鉞在西，楯在北，弓矢在中央。』麋信與范數五兵與之同，是相傳說也。」孔廣森曰：「周禮司兵、五兵外別有五盾，則五兵數楯非也。」司馬法曰：「弓矢圍，殳矛守，戈戟助。」凡五兵長以衛短，短以救長，當從鄭君注戈殳戟酋矛弓矢爲是。又疏曰：「五鼓者，麋信、徐邈並云東方青鼓，南方赤鼓，西方白鼓，北方黑鼓，中央黃鼓。案五兵，兵有五種，未審五鼓是一鼓有五色，爲當五種之鼓也。何者？周禮有六鼓，雷鼓、靈鼓、路鼓、鼖鼓、鼛鼓、晉鼓之等，若以爲五種之鼓，則不知六鼓之內竟去何鼓；若以爲一種之鼓，則不知六鼓之內竟取何鼓。又周禮云『雷鼓鼓神祀』，則似救日之鼓用雷鼓，但此用之於社。周禮又云『靈鼓鼓社祭』，則又似救日之鼓用靈鼓，進退有疑，不敢是正，故直述之而已。檢麋、徐兩家之說，則以五鼓者非六鼓之類，別用方色鼓而已。諸侯三者則云降殺以兩，去黑黃二色，是非六鼓之類也。下云『大夫擊門，士擊柝』，則此陳五鼓亦擊之也，但擊之時陳列於社之壝域，因五兵五麾是陳，故亦以陳言之，非謂直陳而不擊也。」諸侯置三麾，陳三兵、三鼓；【補曰】三兵三鼓，各本誤作「三鼓三兵」，今依北堂書鈔、開元占經、太平御覽引互易正。大夫擊門，士擊柝。柝，兩木相擊。言充其陽也。凡有聲，皆陽事，以壓陰氣。充，實也。【補曰】孔穎達曰：「日食，曆之常也。古之聖王，因事設戒，故鳴之以鼓柝，射之以弓矢。庶人奔走以相從，嗇夫馳騁以告衆，降物辟寢以哀之，祝幣史辭以禮之。立貶食去樂之數，制入門廢朝之典，示之以罪己之宜，教之以脩德之法，所以重天變，警人君也。天道深遠，有時而驗，或亦人之禍釁偶與相逢，故聖人得因其變，常假爲勸戒，使智達之士識先聖之幽情，中下之主信妖祥以自懼。」

伯姬歸于杞。其不言逆何也？逆之道微，無足道焉爾。【補曰】疏曰：「重發傳者，紀伯姬釋不稱使之微，此解不言逆之微，故別發傳。」案：又當引紀叔姬，叔姬爲娣，又有異，而「微」字之解則同。

秋，大水。鼓，用牲于社、于門。門，國門也。【補曰】此本杜預也。孔穎達曰：「國門謂城門。」高下有水。災曰大水。【補曰】疏曰：「重發之者，此有用牲之失，嫌異常水，故更發之。」既戒鼓而駭衆，【補曰】警鼓傳達，衆則駭動。用牲可以已矣。【補曰】孔穎達引詩雲漢、禮祭法謂爲水旱禱祭則有牲。救日以鼓兵，救水以鼓衆。【補曰】疏曰：「救日以鼓兵者，謂伐鼓以責陰，陳兵示禦侮。救水以鼓衆者，謂擊鼓聚衆，皆所以發陽。」案，董仲舒曰：「大旱雩祭而請雨，大水鳴鼓而攻社，天地之所爲，陰陽之所起也。或請焉或怒焉者何？大旱者，陽滅陰也。陽滅陰者，尊壓卑也，雖大甚拜請之而已，無敢有加也。大水者，陰滅陽也。陰滅陽者，卑勝尊也，日食亦然，自下犯上，以賤傷貴，皆逆節也，故鳴鼓而攻之，朱絲而脅之，爲其不義也。」又案：公羊曰：「于門，非禮也。」孔廣森曰：「時蓋以五祀秋祀門，故因爲水禳焉，然非禮典。」

冬，公子友如陳。【補曰】杜預曰：「公子友，莊公之母弟。稱公子者，史策之通言。」文烝案：友謚曰成季，不稱公弟，與齊年、鄭禦異文，明內外異例也。凡外書弟者，來我則以貴録，出奔見殺則以親録，亦兼見無罪殺世子亦以親録，帥師亦以親貴録。內書弟者則以賢録，然必於其卒而稱之，此皆傳之明文，惟不言帥師耳，然亦推而可知也。如者，內稱使之文，此報女叔之聘也。諸魯出朝聘，皆直書「如」，不稱「朝聘」者，何休以爲尊內。夫言「如」不言「朝聘」，安見其尊？且何以有變文言「朝」者？何以外相朝亦言「如」乎？杜預以爲不果彼國必成其禮，夫朝聘之事，既至彼國則禮無不成，不至而不成則有他文矣。且納幣莅盟之屬，豈能果彼國必成其禮？何以明書也？孫覺曰：「聘問之禮，諸侯常事，略而不書。若記其所往之事者，皆非常也。」吳澂、程端學皆曰言「如」者，內辭也。說並得之。公朝、大夫聘，皆爲恆事，恆事不志，史文之常，別內於外，非有他義。外相朝言「如」，以別於其來朝者，正由此例推之也。至如拜田、拜命、拜盟、拜葬、拜師、拜辱、聽政、聽朝聘之數，弔喪、弔敗、納賂、賀慶有言謝罪獻俘之屬，皆直書「如」，亦以恆事而不志，且其事多，於朝聘中包之也。公出奔喪會葬於大國，則亦不目其事，雖同之於恆事，而其事則觀上下文而可知，亦所以別於小國之來我者也。此等蓋亦皆史文之舊，惟莅盟、乞師、納幣、逆女舊史皆重而志之，外內同辭同例，不在恆事不志之列。至君子則以納幣之得正禮者爲恆事，成十一年言「如齊」不言「納幣」是也。以親迎爲恆事，上年傳所云是也。外來納幣亦有志有不志，來親迎則以志爲正，不志爲變，皆案經傳而可知也。內大夫出會葬者，上言「如」，下言「葬某某」，諸侯之大夫來會葬我者則皆全没其文，以別於王臣之來者，此又録內略外之例。

二十有六年春，公伐戎。○【撰異曰】公羊無「春」字，唐石經及板本脱也，陸淳所見已然。

夏，公至自伐戎。

曹殺其大夫。【補曰】孟子述齊桓公葵丘之命曰「無專殺大夫」，諸稱國以殺，皆以諸侯專殺爲罪，而大夫則多無罪者，例在僖七年十年傳。又徐幹中論以爲譏其不能以智自免，此義亦時有之。言大夫而不稱名姓，無命大夫也。徐邈曰：「于時微國衰陵，不能及禮，其大夫降班失位，下同於士，故略稱人。而傳謂之無命大夫也。」莒慶、莒挐、邾庶其、邾快皆特以事書，非實能貴，故略名而已。楚雖荆蠻，漸自通於諸夏，故莊二十三年書「荆人來聘」，文九年又褒而書名，國轉彊大，書之益詳。然當僖公、文公之世，楚猶未能自同于列國，故得臣及萩並略名。惟屈完來會諸侯以殊禮成之，楚莊王之興，爲江漢盟主，與諸夏之君權行抗禮，其勢彊于當年，而事交於内外，故春秋書之，遂從中國之例。夫政俗隆替，存乎其人，三后之姓，日失其序，而諸國乘閒，與之代興，因詳略之文則可以見時事之實矣。秦爵伯也，土據西周，班列中夏，故得稱師有大夫。其大夫當名氏，而文十二年秦術略名，蓋于時晉主魯盟，而秦方敵晉，則魯之于秦，情好疏矣。禮以飾情，情疏則禮略，春秋所以略文乎？又吴札不書氏，以成尊于上也。宋之盟，叔孫豹不書氏，以著其能恭，此皆因事而爲義。【補曰】命大夫者，命卿也。凡諸小國，其君亦皆有命卿。而云「無」者，當時小國命卿出，僅附列國卑者之末，不以爲卿也，必以爲下同於士，亦未然也。又注「荆人來聘」下當改云僖元年進書楚人，二十一年又進書大夫名，文九年又進書楚子，得臣之上，當增宜申史文詳略。因乎時事，勝於公羊家三世異辭之説。秦稱師有大夫，亦較公羊秦無大夫之言爲長。疏引薄氏駁曰：「術之名爲晉貶秦，然楚亦敵晉，何以不略而貶之？」范答之曰：「秦以交疏之故而略其臣，楚與諸夏會同，所以不略也。」無命大夫而曰大夫，【補曰】據莒殺直言公子。賢也，爲曹羈崇也。【補曰】疏曰：「薄氏駁曰：『曹羈出奔，經無歸處，曹自殺大夫，何以知是羈也？又此注雖多，未足通崇之義，徒引證據，何益於此哉？』范荅之曰：『羈，曹之賢大夫也，曹伯不用其言，乃使出奔他國，終於受戮，故君子愍之，書殺其大夫，卽是崇賢抑不肖之義也。』案大夫出奔，或書出不書入，秦后子是也；或書入不書出，蔡季是也。史有闕漏，非是一般，何得以無歸之文則怪其非羈也？是范氏論崇曹羈之事也。曹羈三諫不從，是公羊之說也。」文烝案：范意曹所殺者卽是羈，以莒殺意恢傳觀之，似得其實。或曰成十五年傳曰「夫人之義，不踰君也，爲賢者崇也。」彼謂崇伯姬之賢，故共公得書葬，不欲使伯姬配失德之君也。此謂崇曹羈之賢，故曹得言大夫，羈任爲大夫，不欲使居無大夫之國也。似所殺別是一人，不當如范說。

秋，公會宋人、齊人伐徐。【補曰】杜預曰：「宋序齊上，主兵。」文烝案：不致者，會人共伐，外無君也。羅泌以爲徐卽戎也。前稱戎，後稱徐，猶荆之進而稱楚也。此說亦可存。但如戎伐凡伯，非徐明矣。○【撰異曰】陸淳纂例曰：「左氏無『公』字，張洽據古本左氏亦無『公』字，今左氏有『公』字。」

冬十有二月癸亥，朔，日有食之。

二十有七年春，公會杞伯姬于洮。伯姬，莊公女。洮，魯地。【補曰】此皆本杜預。左傳曰：「非事也。」何休曰：「書者，惡公教內女以非禮也。洮，內地。女會來例皆時。」文烝案：會不致者，蓋舊史無之，會婦人亦不告廟也。

何氏又曰：「伯姬不卒者，蓋不與卒於無服。」案：無服則不卒者，亦本舊史例也，杞伯姬之無服，是當爲服而不服耳。徐彥以爲此之杞伯姬是嫁於大夫者，與上下文各爲一人，非也，何氏亦無此意。○【撰異曰】洮，本或作「桃」。

夏六月，公會齊侯、宋公、陳侯、鄭伯同盟于幽。同者，有同也，同尊周也。【補曰】疏曰：「復發傳者，前同盟于幽，諸侯尚有疑者，今外內同心，推桓爲伯，得專征伐之任，成九合之功，故傳詳其事也。」文烝案：疏言「諸侯有疑」，當改云「前未授之諸侯」，再言尊周，說見前，疏未悟。於是而後授之諸侯也。【補曰】十三年「外疑之」，十六年「內疑之」，猶未以諸侯授之，至此而後授之也。授之者，謂外序爵，內稱公。其授之諸侯何也？齊侯得衆也。【補曰】至此桓已得衆，故雖未受王命，而遂以諸侯授之。據左傳，是年冬「王使召伯廖賜齊侯命」，杜預曰：「賜，命爲侯伯。」知此盟時尚未受命。王元杰曰：「桓公創伯之始，其事亦有可觀，仗義尊周，制强服異，自其始會北杏，再會于鄄。陳、鄭之叛服無常，魯、宋之疑信未定，磨以歲月，人知有齊。王室既卑而稍尊，諸侯羣起而略定。威令已振，事權有歸，再盟于幽，陳、鄭服從，顧與之盟，非出勉强。」桓會不致，安之也。桓盟不日，信之也。【補曰】四句發通例，公羊略同。信其信，仁其仁，【補曰】言春秋之意，既信桓之信，又仁桓之仁。論語曰：「桓公九合諸侯，不以兵車，管仲之力也。如其仁，如其仁。」衣裳之會十有一，未嘗有歃血之盟也，信厚也。十三年會北杏，十四年會鄄，十五年又會鄄，十六年會幽，二十七年又會幽，僖元年會檉，二年會貫，三年會陽穀，五年會首戴，七年會寧毋，九年會葵丘。【補曰】申上信也。疏曰：「論語稱九合諸侯者，貫與陽穀二會，管仲不欲，故去之。鄭釋廢疾云，自柯之明年，葵丘以前，去貫與陽穀，固已九合矣，則鄭意不數北杏。」文烝案：鄭去貫、陽穀，又去北杏，又不可加以柯，則止八會，故疏述諸說紛紛疑之。皇侃、陸德明說論語更滋舛誤，孫復則謂去北杏與單伯會鄄爲九合，其實皆非也。論語九合即穀梁十一會，穀梁每會計之，論語則據所會之地，合二鄄爲一，二幽爲一也。俞樾以爲「九合者大概之辭，以極數言之。古人凡言數，少半言三，太半言七，舉中言五，舉極數則言九，如曰叛者九國，反者九起，皆見其至多耳。」案：俞說亦通。「歃血」，玉篇及士相見禮、音義引作「咕血」。咕，嘗也。咕，即「鉆」字。廣雅「鉆」、「嘗」同訓「食」。兵車之會四，未嘗有大戰也，愛民也。僖八年會洮，十三年會鹹，十五年會牡丘，十六年會淮，於末年乃言之。不道侵蔡伐楚者，方書其盛，不道兵車也。此則以兵車會而不用征伐。【補曰】申上仁也。傳言「未嘗有大戰」，於四會外廣言之，侵蔡伐楚之屬俱非大戰。傳意論會則四以兵車，論侵伐則從無大戰也。國語、管子皆言兵車之會六，乘車之會三，與傳及論語相違，知其皆不足信也。自桓會不致以下，因其始得衆，授之諸侯，遂具言桓之美。

秋，公子友如陳，葬原仲。原仲，陳大夫。原氏，仲字。【補曰】此本杜預。杜又曰：「禮臣既卒不名，故稱字。」何休曰：「稱字者葬從主人。」二說當兼之。孔穎達引玉藻曰：「士於君所，言大夫没矣則稱謚若字。」又引穀梁桓二年傳。文烝案：不言葬陳原仲者，蒙如陳爲一事。左傳曰：「原仲，季友之舊也。」言葬不言卒，不葬者也。外大夫例不書卒。【補曰】有葬無卒，是不當書葬者。不葬而曰葬，諱出奔也。言季友辟内難而出，以葬原仲爲辭。【補曰】辟内難者，公羊文謂公子慶父、公子牙通乎夫人以脅公，是内難也。左傳但言共仲通哀姜，而穀梁家舊說云夫人淫於二叔，則同公羊矣。季友避内難，乃以葬原仲事請於君而行，其事非奔，其情是奔，故以出奔言之也。不諱其情則不須書其事，當直言公子友如陳，同於常文，今加言「葬原仲」，書所不當書，以其所書在此，則知其所諱在彼也。公羊曰「通季子

之私行」，又曰「請至于陳」，凡大夫出竟，雖私行，皆請於君，故得以「如」爲文。以左傳考之，僖五年公孫茲如牟，左傳曰「娶焉」；文六年季孫行父如陳，傳曰「聘於陳，且娶焉」；文七年公孫敖如莒莅盟，傳曰「且爲襄仲逆」；成八年公孫嬰齊如莒，傳曰「逆也」；昭二十五年叔孫婼如宋，傳曰「宋元夫人生子，妻季平子。昭子如宋聘，且逆之」。彼五者皆有私事，亦容有請而行者，經皆直言「如」，明此公子友亦本當直言「如」矣。杜預於茲之如牟、嬰齊之如莒皆以爲聘；孔穎達以爲牟是微國，魯不應使卿聘牟，當是公孫茲請於公，因娶而聘。孔說甚有理，疑公子友亦是因葬而聘也。

冬，杞伯姬來。歸寧。【補曰】左傳文也。公羊曰：「其言來何？直來曰來。」何休曰：「直來，無事而來也。諸侯夫人尊重，既嫁，非有大故不得反，唯自大夫妻雖無事歲一歸宗。」惠士奇曰：「穀梁子稱『婦人既嫁不踰竟，踰竟非禮也』，然則夫人歸寧，非禮也。諸侯夫人父母在，使卿歸寧，沒則否。」左氏襄十二年傳「秦嬴歸于楚」，「司馬子庚聘于秦，爲夫人寧」，時秦嬴母在，身不自歸而使卿寧。左傳以爲禮則凡內女嫁於諸侯，雖父母在，直書來者，皆非禮也。何氏謂夫人惟有大故得反，大故謂奔父母喪也。又謂大夫妻雖無事歲一歸宗，說見喪服傳，此謂同國也。如大夫娶乎鄰國則不可，宣五年譏子叔姬是也。

莒慶來逆叔姬。慶，名也。莒大夫也。叔姬，莊公女。禮檀弓記曰：「陳莊子死，赴於魯，魯人欲勿哭，繆公召縣子而問焉。縣子曰：『古之大夫束脩之問不出竟，雖欲哭之，安得而哭之？今之大夫，交政於中國，雖欲勿哭，安得而勿哭。』」則大夫越竟逆女，非禮也。董仲舒曰：「大夫無束脩之餽，無諸侯之交，越竟逆女，紀罪也」。【補曰】注解慶、叔姬本杜預。莒無大夫，以國氏，而言「慶」者，以來逆目之也。僖二十五年又書「莒慶」，傳特言之，公羊以爲書此者，譏大夫越竟逆女也。案：禮重親迎，而大夫不得私出疆。大夫妻有歸宗之義，而婦人既嫁不踰竟，是知大夫不得娶於他國。鄭君喪服注謂「古者大夫不外娶」，而何休之意以爲大夫任重，爲越竟逆女，於政事有所損曠，故竟内乃得親迎，所以屈私赴公也。劉敞以爲莒慶非有君命，其實亦請於君而行。**諸侯之嫁子於大夫，主大夫以與之。**君不敵臣。【補曰】公羊以爲同姓大夫。**來者，接内也。**接内，謂與君爲禮也。【補曰】接内者，接公也。隱二年傳言「來交接於我」亦同意。此兼見凡書來之例，蓋亦通於來奔。**不正其接内，故不與夫婦之稱也。**夫婦之稱當言逆女。【補曰】或疑不接公爲禮，而言逆女則與履緰爲君逆文不別，不知不接公則不得言來，史例所不志。宋蕩伯姬之嫁不見經，是其證也。又案：公孫茲、季孫行父、公孫嬰齊皆因出聘而自爲逆。此年莒慶來逆，宣五年齊高固來逆，亦或是因聘而逆。但我往則以聘爲重，外來則以接公逆女爲重，故内外異文。孔穎達曰：「從魯而出，私娶輕而君命重，故書聘不書逆。自外而來，嫁女重而受聘輕，故書逆不書聘。」其説最爲有見，惟言逆女重不言接公重則猶非也。若莒慶、齊高固逆不接公，亦當以卿來行聘爲重矣。○吕本中曰：「此一歲中會洮、葬原仲、伯姬來、莒慶來逆，皆爲非禮，然則治平之世，聖王在上，惟能使人克己復禮而已爾，使人克己復禮，春秋所爲作也。」文烝案：吕説葬原仲不合傳義，而其言能見大意。

杞伯來朝。杞稱伯，蓋時王所絀。【補曰】此本杜預。

公會齊侯于城濮。城濮，衛地。

春秋莊公閔公經傳第三補注第八

穀梁　范氏集解　鍾文烝詳補

二十有八年春王三月甲寅，齊人伐衛。衛人及齊人戰，衛人敗績。【補曰】疏曰：「伐、戰兩舉者，初伐其竟內，戰在國都，故兩舉之。」胡安國曰：「日者，戰之日也。齊伐方以是日至，衛即與戰。」文烝案：胡説即公羊兩言「至之日」。於伐與戰，安戰也？問在何處戰。戰衛，【補曰】疏曰：「謂衛都。」戰則是師也。【補曰】齊是霸國，既言戰非君，則宜稱齊師。其曰人何也？微之也。何爲微之也？今授之諸侯，而後有侵伐之事，故微之也。齊桓始受方伯之任，未能信著鄰國，致有侵伐之事。貶師稱人，以微之也。【補曰】注首句「方伯」當改作「侯伯」，此本左傳，非傳意。傳言「授之諸侯」，謂上年盟幽，春秋授之也。公羊曰：「衛未有罪。」董仲舒曰：「齊桓爲幽之會，衛人不來，其明年，桓公怒而大敗之。」其人衛何也？【補曰】衛爲諸姬，魯之寮國，非君言戰，亦宜稱師。以其人齊，不可不人衛也。人不可以敵于師，師不可以與人戰，故亦以衛師爲人，衛非有罪。【補曰】霸國尚稱人，不可稱衛師也。衛小齊大，其以衛及之何也？以其微之，可以言及也。【補曰】言以其微之，可從以主及客之常文，否則當以齊及衛，猶晉與秦、楚戰必以晉及秦及楚也。齊大而衛小，晉親而秦疏，晉夏而楚夷，一內之一外之也。其稱人以敗何也？【補曰】言敗、言敗績，無稱人者，敗績雖小國夷狄稱師。不以師敗於人也。人輕而師重。【補曰】宋襄特變文以責之，非常例。

夏四月丁未，邾子瑣卒。【補曰】邾卒書日始此，或是克不正瑣正。

秋，荆伐鄭。荆者，楚也。其曰荆，州舉之也。【補曰】前書荆人矣，故復發傳。

公會齊人、宋人救鄭。〇【撰異曰】公羊「宋人」下有「邾婁人」。陸淳所見穀梁、左氏似無「公」字。善救鄭也。【補曰】重發傳者，嫌與王人異也。程子曰：「齊桓伯主，魯望國，宋王者後，此救鄭制楚之始，蓋天下大勢所在。」朱朝瑛曰：「齊、宋非君而公會之者，齊之南伐，以魯爲主也。」文烝案：朱說本國語、管子，得之，前伐徐亦是也。北伐以燕爲主，則伐山戎是，惟西伐以衛爲主，未見耳。不致者，會人共救，外無君也。

冬，築微。微，魯邑。築例時。【補曰】築者，以杵擣土，有所造也。〇【撰異曰】微，左氏作「郿」。案：音義云「左氏作『麋』」，公羊音義同。今左氏皆作「郿」，段玉裁以爲「麋」、「眉」相假，或古作「築眉」，後加「邑」耳。山林藪澤之利，所以與民共也。【補曰】周禮注曰：「積石曰山，竹木生平地曰林，水鍾曰澤，澤無水曰藪。」又曰：「水希曰藪。」商子曰：「地方百里者，山林處什一，藪澤處什一，谿谷流水處什一，都邑蹊道處什一，惡田處什二，良田處什四。」其言「山林」即王制之「山陵林麓」，今商子「林」作「陵」。虞之，非正也。虞，典禽獸之官，言規固而築之，又置官司以守之，是不與民共同利也。築不志，凡志皆譏也。【補曰】虞者，掌山澤之官。廣雅曰：「虞，候望也。」惠士奇曰：「司馬相如上林賦『亭皋千里，靡不被築』，郭璞注：『皆築地令平。』」案：築之者，禁之也，凡所被築，悉爲禁地，有官守之。梁惠、成王發逢忌之藪以賜民，明舊禁而守之。齊之衡鹿舟鮫，虞候祈望，亦是也。文烝案：注言「築不志」，本成十八年傳文。「凡志皆譏」，郎隱七年傳發城例文，明同例。

大無麥、禾。○【撰異曰】何休説此爲秋水所傷，即漢書五行志董仲舒説也。各本漢書載此經遂作「大水亡麥禾」，王念孫據景祐本無「水」字辨正其誤。大者有顧之辭也，【補曰】疏曰：「顧，猶待也。」案：疏非也。説文：「顧，還視也。」詩箋「旋視也」。書「大無」者，下注所謂不收甚。傳以大爲有顧者，對七年無麥苗爲説也。彼直言無，爲同時，此言大無，爲有顧。於無禾及無麥也。一災不書，於冬無禾，而後顧録無麥，故言「大」，明不收甚。【補曰】此所謂有顧之辭也。秋雖無麥而禾猶有苗，是謂之嗛，不足記於策。疏曰：「徐邈亦云『至冬無禾，於是顧録無麥』是也。」范以「大」爲不收甚，不收甚故顧録。顧録之意，無與於甚不甚，范非也，以爲甚則是也。秋既無一穀，冬所無，自一穀至於四穀，皆得顧録，故知范非也。此文稱「大無」，明是五穀俱無。禾所該者，實有四穀，故知范言「甚」則是也。穀不升，自二以上四以下皆當言饑，五穀不升當言大饑，此不言大饑者，疏曰「不言饑，舊解以爲諱，或當雖無麥禾，得糴不至饑。」案舊解與下傳文合，其説得之。若以爲得糴不至大饑，則襄二十四年不出告糴尚能自救者，何爲反至大饑也？諸饑皆由水旱螽，此無災而無麥禾者，劉向曰「土氣不養，稼穡不成」，服虔用其説，疏引徐邈亦曰「麥禾自死，不由水旱也」。蘇轍曰：「沈約宋書五行志言吳孫晧時嘗有之，苗稼豐美而實不成，百姓以饑，闔境皆然，連歲不已，此所謂大無麥禾也。」土氣養禾之理，如蘇軾詩云「露珠夜上秋禾根」，自注云：「稻方含秀，每夜露珠起於其根，纍纍然，忽自騰上，或入莖心，或垂葉端，稻乃秀實。」是其理也。禾之説，自程瑤田以來失之。案：詩豳風「十月納禾稼」，説文曰：「禾之秀實爲稼，莖節爲禾。」此禾與稼連言而別義，猶禮言禾與米也。說文又曰：「禾，嘉穀也。从木从𠂹省，𠂹象其穗。」何休公羊注曰：「生曰苗，秀曰禾。」此以禾該稼，單言禾者也。廣雅曰：「粢黍稻，其采謂之禾。」采、穗正俗字。粢卽稷也。是禾者黍稷稻三穀既秀之通稱也。豳風「十月納禾稼」之下又繼之曰「黍稷重穋，禾麻菽麥」，孔穎達正義曰：「禾稼、禾麻，再言禾者，以禾是大名，非徒黍稷重穋四種而已。其餘稻秫苽粱之輩，皆名爲禾，麻與菽麥則無禾稱，故於『麻麥』之上更言『禾』字以總諸禾。此文所不見者，明其皆納之」。孔解下「禾」字大概近是，若上「禾」字則得并包麻菽麥。以詩而推春秋，明此經「禾」字既據黍稷稻，又包菽矣。定元年書「殺菽」，明魯地雖不宜菽，亦非全不種菽。此經爲大饑之變文。大饑者，五穀不升，明以禾總四穀也。又古書多有以禾與黍稻並言者，蓋皆專以稷爲禾，非禾之本義也。

臧孫辰告糴于齊。臧孫辰，魯大夫臧文仲。【補曰】辰彊之曾孫也。彊生哀伯達，達生伯氏缾，缾生文仲辰。○【撰異曰】陸淳纂例、張洽皆曰「辰」，穀梁作「臣」。案：今不作「臣」。國無三年之畜，曰國非其國也。【補曰】非其所有。墨子引周書「畜」作「食」、「曰」作「者」。一年不升，告糴諸侯，【補曰】升，成也。與「登」同用。一年不成，遂至告糴，是無一年之畜。告，請也。【補曰】謂求請。公羊、爾雅同。糴，糴也。【補曰】說文米部：「糴，穀也。从米翟聲。」入部：「糴，市穀也。从入糴。」出部：「糶，出穀也。从出从糴，糴亦聲。」竊意古文唯有「糴」字，訓穀，而市穀、出穀皆用其字，因「糴」之爲穀，本施於市者之稱，而「翟」字有短言長言兩讀，故从之爲聲者，兼用而異施焉。市穀則短言，讀徒歷切，从翟羽，通作「狄」，狄人通作「翟」之例。出穀則長言，讀他弔切，从守祧，亦作守濯，佻佻亦作嬥嬥，及燿、曜、糴、櫂諸音之例。後來別製从入糴、从出糴二字，分配其聲，而「糴」字罕用。作傳時已行此二字，而經文但依古文作「糴」，故傳曰「糴，糴也」，謂此「糴」字乃短言讀者，卽今之「糴」字，是所以通古今，顯聲讀。自轉寫概作入部字，遂失其精意矣。晏子春秋言「田氏糴百姓之死命」，其義猶詩之「穀我士女，民莫不穀」，明是訓穀之「糴」而通作「糴」。趙岐解孟子「遏糴」云「遏止穀糴」，「穀糴」乃漢人常語，疑亦本作古文字。何休云：「買穀曰糴。」韋昭亦云：「市穀則皆入部字也，市買者以貨財。」魯語云：「臧文仲以鬯圭與玉磬如齊告糴，齊人歸其玉而與之糴。」孔穎達引以釋何休語是也。不正，【補曰】無一年之畜，故曰不正。故舉臧孫辰以爲私行也。爲内諱，故不稱使，使若私行。【補曰】如者，内稱使之文也。今以告糴親臧孫辰之下爲急辭而後言于齊，是私行之文。何休曰：「諱使若國家不匱，大夫自私行糴也。」此上發義已備，下文反覆申明之。」孫覺曰：「春秋罪莊在位之久，畜積無素。穀梁最深切。」與孫復同。國無九年之畜曰不足，無六年之畜曰急，無三年之畜曰國非其國也。【補曰】王制、賈子皆有此文。諸侯無粟，諸侯相歸粟，正也。【補曰】歸者正，告者不正，傳以正形不正，猶喪禮之贈賻，歸爲正，求爲非正。歸粟，定五年文也。粟、糴二字，廣雅同訓「穀」，但彼買而歸之或直歸之則皆曰粟，唯據買者則曰糴，故左傳曰「晉饑，秦輸之粟；秦饑，晉閉之糴」。左傳多古文，當亦本是「糴」字，足明春秋粟、糴異稱之義矣。沈彤曰：「案周禮大司徒職『大荒、大札，則令邦國移民、通財』，小行人職『若國凶荒，則令賙委之』，不聞有告糴之禮也。外傳以卿出告糴爲古制，其始於西周之衰乎？逸周書糴匡曰『大荒，卿參告糴』，亦記衰周之制。」如沈說，又足發明正不正之義矣。夫周亟矜窮，王政所重，救災恤鄰，叔世所崇。齊禁貯粟，晉誡薀年，二伯盟書，此焉致謹？然在無畜之國則當深自引咎，故春秋大歸粟而譏告糴，兩見其義。劉敞論告異弔災二事云：「凡物不當待於外者，己不可不内自竭也；其當待於外者，人亦不可不勉趨之也。」卽此理也。隱六年冬，京師來告饑，公爲之請糴于宋、衛、齊、鄭。不書於經。杜預謂「告饑不以王命」，或是君子諱之，没其文耳。臧孫辰告糴于齊，告然後與之，言内之無外交也。【補曰】經言臧孫請齊而齊乃與，是知内無外交。内，謂魯君也。内無外交則臧孫私行矣。古者税什一，宣十五年注詳矣。豐年補敗，敗，謂凶年。【補曰】補者，謂豐年斂之，凶年發之。漢書食貨志引孟子曰：「狗彘食人之食而不知斂，〔一〕野有餓莩而弗知發。」〔二〕言豐不知斂，凶不知發也。常歲什一，豐年豫斂，是以能有畜。不外求而上下皆足也。【補曰】疏曰：「上謂君，下謂民。」雖累凶年，民弗病也。【補曰】累者，謂三年、六年、九年。一年不艾而百姓饑，君子非之。【補曰】疏引麋信云：「艾，穫也。」文烝案：艾，即「刈」字。國語「槍、刈、耨、鎛」，韋昭曰：「刈，鎌也。」引伸之爲穫禾芟草。傳言今特一年不穫耳，而民已病饑，故君子非之，非之故諱不言饑。使若麥禾自無，民猶不饑，以起私行之文，傳并見此意也。若然，宣公、襄公之篇皆是一年不艾而百姓饑，而直書饑者，彼無告糴文，百姓病饑，尚能自救，雖曰非之，以爲猶可言也。此則計無所出，仰給他國，得不得未可知，若直書饑，則其失愈顯，諱莫如深，故既諱如并諱饑也。其實大無麥禾，非饑而何？告糴于齊，非如而何？特立文不欲質言之耳。傳不言大饑而言饑者，便文也。左傳亦直曰「冬饑」，國語曰「魯饑」。不言如，爲内諱也。【補曰】國語言「如齊告糴」，紀事之常也，君子改舊史以立義。

〔一〕「之」原脱，據漢書食貨志下補。

〔二〕「野」原作「塗」，「弗」原作「不」，據漢書食貨志下改。

二十有九年春，新延廄。○【撰異曰】「有」字各本脱，今依唐石經補正。延廄者，法廄也。周禮天子十二閑，馬六種；邦國六閑，馬四種。每廄一閑。言法廄者，六閑之舊制也。【補曰】疏曰：「自『每廄一閑』以上，周禮校人有其事。馬六種者，彼校人云『辨六馬之屬，種馬一物，戎馬一物，齊馬一物，道馬一物，田馬一物，駑馬一物』是也，鄭云『玉路駕種馬，戎路駕戎馬，金路駕齊馬，象路駕道馬，田路駕田馬，駑馬給宮中之役』。是天子六種之馬，分爲左右廄，故十二閑也。彼又云『邦國六閑，馬四種；家四閑，馬二種』。鄭云『諸侯齊馬、道馬、田馬各一閑，駑馬則分爲三；大夫則田馬一閑，駑馬分爲三也』。」孔穎達曰：「延是廄之名，名之曰延，義不可知。」王葆曰：「廄名延廄，猶府名長府。左氏説此以爲書不時，謂當以秋分馬還入廄時治廄。」其言新，有故也。言改故而新之。【補曰】當云因故，非改也。此發經通例。有故則何爲書也？【補曰】公羊曰：「脩舊不書。」何休曰：「新宮災後脩不書。」案：西宮大室亦是也。劉敞又言：「魯頌僖公脩泮宮得其時制，則春秋不書，詩有過厚，春秋無虚美。」古之君人者，必時視民之所勤，【補曰】勤，苦也。李軌法言注曰：「勤，苦。」高誘戰國策注曰：「苦，勤。」時視者，謂五年天子一巡守，三年二伯出述職黜陟，一年方伯行國，諸侯行邑。説見白虎通。五年一巡守，與周禮十二年之説異。民勤於力則功築罕，罕，希。民勤於財則貢賦少，【補曰】財者，貨寶穀帛之通名。周禮大宰注曰：「財，泉穀也。」坊記注曰：「財，幣帛也。」貢賦，若大宰九賦九貢及禹貢九等賦。民勤於食則百事廢矣。凶荒殺禮。【補曰】百事皆廢，況功築貢賦乎？玉藻曰：「年不順成，君衣布搢本，闕梁不租，山澤列而不賦，土功不興，大夫不得造車馬。」冬築微，春新延廄，以其用民力爲已悉矣。悉，盡。【補曰】不廢功築，又頻焉，是盡也。黄仲炎引范仲淹皇祐中浙西興役之事，謂莊公豈知以此濟民，直困民爾。方苞曰：「後世興功築以救荒，上備之也。古者力役征於民則厲民甚矣。」張洽曰：「孔子以敬事而信，節用而愛人，使民以時，爲道千乘之國之法。春秋比事而書，見莊無君國子民之心，於斯三者，皆失之矣。」

夏，鄭人侵許。【補曰】張洽曰：「或齊命歟？」

秋，有蜚。穀梁說曰：「蜚者，南方臭惡之氣所生也，象君臣淫泆有臭惡之行。」【補曰】「劉向以爲蜚色青，近青眚也，非中國所有。南越盛暑，男女同川澤，淫風所生，爲蟲臭惡。是時莊公取齊淫女爲夫人，既入，淫於兩叔，故蜚至。天戒若曰，今誅絶之尚及，不將生臭惡，聞於四方。莊不寤，其後夫人與兩叔作亂，二嗣以殺，卒皆被辜。」文烝案：穀梁說言君臣淫泆者，君謂公與夫人，臣謂兩叔、慶父、牙也。爾雅曰：「蜚，蠦蜰。」郭璞曰：「即負盤臭蟲。」劉歆說左氏據之，以爲食穀故爲災，殆非「有」字之義。一有一亡曰有。【補曰】重發傳者，物不同也。

冬十有二月，紀叔姬卒。紀國雖滅，叔姬執節守義，故繫之紀，賢而録之。【補曰】此本杜預。叔姬執節守義，固足爲賢，然非以賢録也。傳例凡内女書卒者，皆以吾爲之變，而後史得書之。叔姬既不爲嫡，又已失國，而特書卒，明當時亦爲之變也。當時以叔姬不幸遭變，終全婦道，哀其遇而重其節，故特制服，待以嫡禮，一如伯姬，史因得書卒書葬，亦悉準伯姬之文也。文既不異，其賢自明，君子因史之舊，不必言賢而録也。此一條張應昌得之矣。既書叔姬，自當繫紀，此又屬文之常，無他義。白虎通曰：「叔姬者，伯姬之娣也。伯姬卒，叔姬升于嫡，經不譏也。或曰嫡死不復更立，明嫡無二，防篡殺也。祭宗廟，攝而已，以禮不聘爲妾，明不升。」

城諸及防。諸、防，皆魯邑。可城也，傳例曰：「凡城之志皆譏。今云可者，謂冬可用城，不妨農役耳，不謂作城無譏。」【補曰】此亦發通例。左傳曰：「書，時也。」又發例曰：「凡土功，龍見而畢務，戒事也；火見而致用，水昏正而栽，日至而畢。」以大及小也。【補曰】由書尊及卑之義推之，於言無所苟，亦發通例也。賈逵以爲言「及」，先後之辭，若使先後興役，當別言，不總言。

三十年春王正月。

夏，師次于成。【補曰】成，魯地，卽桓三年、六年之「郕」。○【撰異曰】左氏無「師」字，杜注以爲將卑師少，張洽引任公輔說以爲微少則不見經，知當書師。段玉裁曰：「凡次皆師也，恐左經脱字。」次，止也。有畏也。欲救鄣而不能也。畏齊。【補曰】重發傳者，前言公，此言師，嫌異故也。不言公，【補曰】據次郎言公。耻不能救鄣也。【補曰】耻者，經耻之，齊桓非讐，耻而爲諱。

秋七月，齊人降鄣。【補曰】何休曰：「月者，重於取邑。」○【撰異曰】陸淳纂例曰：「鄣，左氏作『障』。」案：今左氏不作「障」，纂例「鄣」字，刊本誤「彰」。降，猶下也。【補曰】言猶者，義相近。爾雅、夏小正傳皆曰：「降，下也。」則以爲本訓。戰國、秦、漢之際多言「下」。降，古語。下，今語也。春秋言「降」，後言「下」；春秋言「取」，後言「拔」；春秋言「敗」，後言「破」；春秋言「滅」，後言「屠」；春秋言「伐」，後言「擊」；春秋言「師」，後言「兵」。傳以「下」釋「降」。又戰泓、敗殽、入楚，傳皆有「擊」字，左傳亦時有「擊」字，蓋左、穀梁相繼作傳，時語言漸異。鄣，紀之遺邑也。【補曰】公羊同。又曰：「降之者何？取之也。取之則曷爲不言取之？爲桓公諱也。外取邑不書，此何以書？盡也。」葉夢得引周禮環人

「降圍邑」，以爲諸侯而擅納降，皆罪也。

八月癸亥，葬紀叔姬。不日卒而日葬，閔紀之亡也。【補曰】此總發紀伯姬、紀叔姬卒葬四文之義。言不日卒而日葬者，經之正例，内女卒皆日，不書葬，葬則月之，宋共姬是也。今特相反，故據以問。言閔紀之亡者，卒不日，削史之文，略其所當詳，明紀之亡也。葬日，仍史之文，詳其所當略，明閔紀之亡而欲存之也。若不特爲變文，則無以見義，故日。不日，特反常也。閔紀之亡與隱二姬之失國各自爲義，書葬乃以見隱，傳已於葬伯姬發文，故不須復發。

九月庚午朔，日有食之，鼓、用牲于社。救日用牲，既失之矣。非正陽之月而又伐鼓，亦非禮。【補曰】注兼用左氏説，非也。

冬，公及齊侯遇于魯濟。濟，水名。【補曰】杜預曰：「濟水歷齊、魯界，在齊界爲齊濟，在魯界爲魯濟，蓋魯地。」孔廣森曰：「濟水上也，斥言魯者。名山大澤，天子不以封，故謂之魯濟可，謂之我濟則不可。」左傳曰：「謀山戎也，以其病燕故也。」及者，内爲志焉爾。遇者，志相得也。【補曰】疏曰：「重發傳者，齊爲伯者，嫌與諸侯異也。」

齊人伐山戎。【補曰】自此諸戎名皆别言之，唯下「獻捷」承此直言戎，餘無直言者。案：襄二十九年傳曰：「其曰北燕，從史文也。」明此等皆從例，舉後以包前也。何休以爲山戎行進故録，非也。齊人者，齊侯也。【補曰】下「獻捷」稱「齊侯」，又後有「齊侯伐北戎」，足明親伐。左傳宰孔曰：「齊侯北伐山戎，南伐楚。」其曰人何也？愛齊侯乎山戎也。不以齊侯敵乎山戎，故稱人。其愛之何也？【補曰】據伐北戎不愛。桓内無因國，外無從諸侯，而越千里之險北伐山戎，危之也。內無因緣山戎左右之國爲內閒者，外無諸侯者，不煩役寮國。【補曰】危其獨越險，故爲愛辭。則非之乎？善之也。遠伐山戎雖危，勤王職貢則善。何善乎爾？燕，周之分子也，燕，周大保召、康公之後，成王所封。分子，謂周之別子孫也。【補曰】經之北燕是也。音義曰：「分，扶問反，又如字。本或作『介』，音界。」注同。姚鼐以爲傳本作「別子」，古「別」字作「𠔁」，因誤作「分」、作「介」，范作注時猶未誤。貢職不至，山戎爲之伐矣。言由山戎爲害，伐擊燕，使之隔絕於周室。

三十有一年春，築臺于郎。【補曰】高誘呂氏春秋注曰：「積土四方而高曰臺，臺加木爲榭。」何休曰：「禮天子有靈臺，以候天地；諸侯有時臺，以候四時。登高遠望，人情所樂動，而無益於民者，雖樂不爲也。」五經異義載公羊說天子有靈臺、時臺、囿臺，諸侯但有時臺、囿臺，皆在國之東南二十五里。

夏四月，薛伯卒。【補曰】薛改稱伯，與滕同義。不名者，國小情疏，史不記名，從宿男例。不日者，或不正，或史以微國略之。不日而猶月，足知時卒爲惡之明也。不葬者，或不會，或亦史略之。自後薛不書卒，蓋不赴。至昭三十一年，與大國同例矣。

築臺于薛。薛，魯地。

六月，齊侯來獻戎捷。獻，下奉上之辭也。春秋尊魯，故曰獻。【補曰】言獻，蓋據宗廟爲辭。劉向說苑曰「獻之周公之廟也」。宜申來不月，此月者，疏引徐邈云：「霸主服遠之功重，故詳而月之。」齊侯來獻捷者，內齊侯也。【補曰】疏曰：「徐邈云，齊還經魯界，故使人獻捷。不入國都而言來獻，敬重霸主，親而內之也。麋信亦云，言內齊侯者，解經稱來之意也。范雖不注，理亦當然。楚人使宜申來獻捷，亦稱來者，宜申身來鄉魯，接公行禮，故得稱來，與齊侯異也。」不言使，內與同，不言使也。泰曰：「齊桓內救中國，外攘夷狄，親倚之情，不以齊爲異國，故不稱使，若同一國也。」獻戎捷，軍得曰捷，【補曰】此句包宋捷言。戎菽也。菽，豆。【補曰】疏曰：「案管子云『北伐山戎，出戎菽及冬葱，布之天下』。則以戎爲豆也，故徐邈云『今之胡豆也』。」據僖二十一年傳及彼注意，則宋是中國，故捷不繫國，戎是夷狄，故繫之戎，又似不以戎爲豆。今疑不敢正，故兩載之。一解齊侯此時克山戎，并得胡豆來，故傳云『戎菽』，謂克戎之菽。」文烝案：「戎菽」之「戎」乃以名菽，非解經「戎」字，此承上句言，今此所得則戎菽是也。管子言「出戎菽」，逸周書王會亦曰「山戎戎菽」，皆足爲此傳之證。此菽所以名戎菽者，自以其產於山戎而爲名，卽後世之胡豆。至若詩大雅之「荏菽」，爾雅、毛傳皆釋爲戎菽，荏戎之名，皆取大義，當如鄭君箋及孫炎注，以爲大豆與胡豆自是別物。孔晁以巨豆解周書，舍人、樊光、李巡、郭璞並以胡豆解爾雅，皆失之。又案：劉向說苑曰「桓公分山戎之寶，獻之周公之廟」，蓋戎菽外又有他物。

秋，築臺于秦。秦，魯地。不正罷民三時，【補曰】罷、疲通勞也。三時，春、夏、秋。左傳曰「三時不害」，國語曰「三時務農」。虞山林藪澤之利，【補曰】築臺猶築囿，亦禁守之。且財盡則怨，力盡則懟，懟，恚恨也。【補曰】多虞利，是財盡，屢罷民，是力盡。爾雅「懟」亦「怨」也。君子危之，故謹而志之也。【補曰】凡人已相對，未有人不安而己安者，況一國之民乎？故君子危之。志其三時，明視築微爲甚矣。以有三役，故言謹也。或曰倚諸桓也，【補曰】此存或説，謂春秋所以謹而志者，非但危之，乃以依倚諸桓之行事，如下所論也。倚者，謂經文倚彼爲義。○王引之曰：「倚，讀爲奇，奇，異也。奇諸桓者，異於桓也，謂書其異於桓者以譏之。王逸楚辭注云：『奇，異也。』古字『倚』與『奇』通，字或作『畸』。莊子大宗師篇：『畸人者，畸於人而侔於天。』謂異於人而同於天，即天下篇之『倚人』也。荀子曰：『墨子有見於齊，無見於畸。』」文烝案：董仲舒繁露曰：「人受命乎天也，故超然有以倚物。」桓外無諸侯之變，【補曰】謂來侵伐之變。內無國事，【補曰】謂災喪之事。兩言無者，孟子所謂國家閒暇也。越千里之險，北伐山戎，爲燕辟地。辟，開。魯外無諸侯之變，內無國事，一年罷民三時，虞山林藪澤之利，惡內也。譏公依倚齊桓，而與桓行異。【補曰】注言「公依倚」，誤解上「倚」字也。經以魯事倚桓事，與伐戎獻捷之文相連相錯，明桓之善如彼，魯之惡如此，惡公與桓行異。張洽引孟子以爲「及是時，般樂怠敖」者也。

冬，不雨。【補曰】疏曰：「徐邈云，僖十一年傳曰『雩，不得雨曰旱』。然則此云『不雨』者，或當不雩也。范意亦未必然，或當不言旱不爲災也。」文烝案：言不爲災是也。公羊曰「記異也」。何休引京房易傳曰：「旱異者，旱久而不害物。」徐邈説失之。傳曰「冬無爲雩」，豈得於此言雩乎？不言無雨與無冰異者，常有忽無曰無，可以然而不然曰不。易曰「密雲不雨」，古之文例皆如此。書時者，例也，與旱同。

三十有二年春，城小穀。小穀，魯邑。【補曰】左傳曰「爲管仲也」。杜預曰：「小穀，齊邑。濟北穀城縣城中有管仲井。」范不從之，范是也。左氏昭十一年傳楚申無宇曰「齊桓公城穀而寘管仲焉」，則是穀也，非小穀也。齊有穀，魯有小穀。孫復曰：「曲阜西北有小穀城。」自孫氏以來，皆從范說。趙鵬飛因此疑左氏全書多附會。段玉裁曰：「徐彥公羊疏曰『二傳作「小」字與左氏異。』此疏『作』字蓋誤，蓋是穀梁、公羊有『小』字，與左氏異也。左氏蓋本作『城穀』無『小』字。」

夏，宋公、齊侯遇于梁丘。遇者，志相得也。【補曰】疏曰：「重發傳者，外與伯者遇嫌異，故發之。」梁丘在曹、邾之閒，去齊八百里，【補曰】杜預釋例：「宋地，名梁丘，高平昌邑縣西南梁丘鄉。」非不能從諸侯而往也，辭所遇，遇所不遇，大齊桓也。辭所遇，謂八百里閒諸侯必有願從者而不之遇。遇所不遇，謂遠過宋公也。【補曰】言齊侯遠至梁丘獨遇所不必遇者，既霸而能自下，經意大之也。地以梁丘而書齊、宋，其爲大桓明矣。宋序齊上者，齊侯既往遇之，又特下之，亦大桓也。

秋七月癸巳，公子牙卒。牙，慶父同母弟。何休曰：「傳例大夫不日卒，惡也。牙與慶父共淫哀姜，謀殺子般，而日卒何也？鄭君釋之曰：「牙，莊公母弟，不言弟，其惡已見，不待去日矣。」甯案傳例諸侯之尊，弟兄不得以屬通，蓋以禮諸侯絶朞，而臣諸父昆弟稱昆弟，則是申其私親也。宣十七年，公弟叔肸卒，傳曰「其曰公弟叔肸，賢之也。」然則不稱弟，自其常例耳。鄭君之說，某所未詳。【補曰】注首句本杜預。謚曰僖。叔牙欲廢般立慶父，而季子鴆殺之。不書刺書卒者，時爲牙立後，施以恩禮，若其自卒然，故史以卒書，而經仍之也。注引鄭君說而辨之，皆以牙爲莊公母弟，左傳不言慶父與牙爲莊之母弟，唯公羊有其文，蓋未可據。范意以此書日爲疑義。今案：此當以下文慶父事比觀之，其義乃見。慶父首惡，牙次之。慶父猶公子遂，牙猶叔孫得臣也。慶父諱奔言如，又諱其縊死，則牙卒可書日以掩惡矣。遂卒見不卒之文，則得臣卒當去日以明惡矣。首從輕重之差，咸各相稱。繹傳所言而其所不言者，皆可以三隅反，先儒或未深思也。

八月癸亥，公薨于路寢。公薨皆書其所，謹凶變。【補曰】此本杜預。**路寢，正寢也。**【補曰】爾雅曰：「路，大也。」路寢亦曰大寢，此君每日聽政之寢，故爲正寢。其庭曰大庭，是路門内之内朝。**寢疾居正寢，正也。**【補曰】平時恆寢於燕寢，或夫人之寢。詩言「與子同夢」是也。疾則移居正寢，此是正禮，自天子通於士，故士喪禮「死于適室」，記曰「士處適寢，寢東首于北墉下」。鄭君曰：「將有疾，乃寢於適室。」**男子不絶于婦人之手，以齊終也。**齊，絜。【補曰】此申上二句意也。男女不同寢，而寢於正寢，猶祭而齊也。士喪禮記又曰「有疾，疾者齊」，鄭曰：「正情性也。適寢者不齊不居其室。」又曰「養者皆齊」，鄭曰：「憂也。」又曰：「疾病，屬纊以俟絶氣，男子不絶於婦人之手，婦人不絶於男子之手。」喪大記兩「絶」字並作「死」。鄭曰：「君子重終，爲其相褻。」皆與傳義同也。音義曰：「『齊』本亦作『齋』。」注同。趙匡曰：「君必終於正寢，以就公卿也。大位奸之窺也，危病邪之伺也，若蔽於隱，是女子小人得行其志也。」案：趙氏此論亦得兼通，但非禮經正義矣。夫人所薨之寢，喪大記亦以爲路寢，然據毛詩傳「君聽朝於路寢，夫人聽内事於正寢」，不於夫人亦言路寢。何休、服虔、杜預皆以夫人之寢爲小寢，知夫人之正寢名小寢，與君之大寢相對也。依鄭君及孔、賈諸説，天子六寢，路寢一，燕寢五。后亦六寢，正寢一，燕寢五。諸侯三寢，路寢一，燕寢二。夫人亦三寢，正寢一，燕寢二。夫人之三寢蓋卽桓十四年傳之「三宮」也。夫人三寢中之正寢，蓋卽僖三十三年經之「小寢」也。但天子諸侯及后夫人之燕寢又通謂之小寢，蓋對路寢與正寢而言，未知僖所歿者是夫人正寢歟？是己與夫人之燕寢歟？疑不能明也。

冬十月乙未，子般卒。在喪故稱子。般，其名也。莊公大子。不書弒，諱也。【補曰】案：左傳是孟任之子，而慶父弒之。注略本杜預也。疏曰：「公羊傳云『君存稱世子，君薨稱子某，既葬稱子，踰年稱公』，范意亦與之同。但踰年雖在國稱公，若未葬亦不得稱侯以接鄰國。桓十三年注譏衛惠是其事也。未踰年之君例不書葬，故子野亦不書。」文烝案：公羊又曰：「有子則廟，廟則書葬。無子不廟，不廟則不書葬。」鄭君駮許氏異義曰：「未踰年君者，魯子般、子惡是也，皆不稱公。書卒，弗謚，不成於君也。廟者當序於昭穆，不成於君則何廟之立？凡無廟者，爲壇祭之。近漢諸幼少之帝，尚皆不廟祭而祭於陵。蔡邕獨斷曰『殤、沖、質，三少帝，皆以未踰年崩，不列宗廟，四時就陵上祭寢而已。』」文烝案：三少帝皆以其元年崩，蔡通謂之未踰年，視鄭爲疏。○【撰異曰】乙未，左氏作「己未」。子卒日，正也。襄三十一年秋九月癸巳，子野卒是也。【補曰】日者，仍史文。不日，故也。文十八年冬十月，子卒是也。【補曰】不日者，削史文。若亦書日，無以別於正矣。未成君，不稱薨，則皆不地，故以日不日爲例。有所見則日。閔公不書卽位，是見繼弒者也。故慶父弒子般，子般可以日卒，不待不日而顯。【補曰】既有所見矣，故還從常例，不削舊史書日文也。君子之爲春秋，董仲舒所謂明其義之所審，勿使嫌疑者也，故惟取其文之足以明義斯已矣。既足見義，不改恆例，全經之文，皆以是求之。

公子慶父如齊。此奔也。【補曰】後文弒閔公而奔，此弒子般，明亦是奔。其曰如何也？據閔二年慶父奔莒，不言「如」。諱莫如深，深則隱，深，謂君弒賊奔，隱痛之至也，故子般日卒，慶父如齊。【補曰】深，幽深也。與公羊言「盈乎諱者」略相似。隱，微也，如「推見至隱」之「隱」。注訓「痛」，非也。言春秋諱法，莫如文之幽深者，其諱最甚。如此經不言賊臣之奔，但言如，是諱文之幽深者。其文幽深則其事微隱，如此經言如，爲幽深之文，則奔事微隱不著也。成九年傳曰「爲尊者諱恥，爲賢者諱過，爲親者諱疾」，閔公尊且親也，賊臣出奔，恥疾也；季子，賢也；不能即討，過也，三者兼之矣。二句專解「如齊」之義，注合上子般日卒并言之，又非也。般弒而慶父奔，事固相因，但上經本應不日，而書日，不得謂之諱。凡所不言者爲諱，書日何諱之有？

苟有所見，莫如深也。閔公不書即位，見子般之弒，慶父出奔。【補曰】此承上二句而足成其義。凡爲諱文者，皆以其事不没而得諱，今此爲深諱之文，文深則事隱，事隱則疑於不見，不見則不可深諱，故又承上傳「有所見」之文以明之也。上傳言子般之卒，以有所見，得從常例。見者，見閔公繼故之文也。夫閔繼故則般被弒可知，即慶父弒般而奔亦可知。文雖深諱，事不竟没，隱而有不隱者焉，則深諱可也。故曰「苟有所見，莫如深也」。「有所見」三字即承上傳，故加一「苟」字以顯其意。凡經以有所見而從常文者，於上傳可類推；以有所見而深諱之者，又於此傳見例。

狄伐邢。【補曰】呂氏春秋曰：「中山亡邢。」高誘曰：「中山，狄國也，一名鮮虞。」文烝案：邢實未亡，言亡，非也。許翰曰：「春秋戎先見，荆次之，狄次之，而荆暴於戎，狄又暴於荆，南夷與北夷交，中國不絶若綫。使無齊桓攘服定之，豈復有諸夏哉？」

元年春王正月。繼弒君，不言即位，正也。【補曰】疏曰：「復發傳者，以非父非君嫌異，故發之。」僖公又發之者，兄之後弟義異，故重發之。文公繼正之始，故發傳以明之。成公不發傳者，蒙之可知，故不發也。襄、昭發傳者，昭公承子野之卒，嫌其非正，故發傳以明之。昭繼子野，傳言繼正，嫌襄公與之異，故亦發傳。父子同有繼正之文，所以相發明也。或以襄非嫡夫人之子，嫌非正，故發傳。案：襄四年，夫人姒氏薨，彼注云『成公夫人，襄公母也』，明非爲母賤而發傳也」。文烝案：姒氏實是妾，或說是。又昭母歸氏亦妾也。親之非父也，兄也。尊之非君也，未踰年也。繼之如君父也者，受國焉爾。【補曰】傳重所自，故從繼弒君例。

齊人救邢。【補曰】救例時。不連上正月。善救邢也。善齊桓得侯伯之道。【補曰】重發傳者，嫌霸國獨救義異也。

夏六月辛酉，葬我君莊公。莊公葬而後舉謚，謚所以成德也，於卒事乎加之矣。【補曰】疏曰：「復發傳者，桓公被殺，莊公好終，僖公葬緩，嫌異禮，故各發傳以明之。」

秋八月，公及齊侯盟于洛姑。洛姑，齊地。【補曰】艾、柯等皆書「公會」，此書「公及」者，彼來會我也，故曰及者，內爲志，觀洛姑之盟而傳例無疑矣。此亦喪十三月而盟，隱盟昧亦近之。○【撰異曰】洛，一本作「路」，左氏作「落」。盟納季子也。【補曰】據左傳，般弒而季子奔陳，不書者，亦諱也。下言「來歸」，足知其奔矣。陸淳聞於師曰：「季子出奔不書者，慶父之難，季子力不能正，違而去之，權也；君立見召而來，義也。故聖人善其歸，不譏其去，以明變而得中，進退不違道也。」文烝案：陸說近之，然亦爲賢者諱過。胡安國亦是也。慶父則言「如」，季子則不書，又其別也。趙汸曰：「時閔公九歲耳，陳、魯方睦，季子嘗再如陳，是盟蓋季子援陳人以請於齊桓。」

季子來歸。【補曰】此在時例外，大夫歸入亦皆時。其曰季子，貴之也。大夫稱名氏，今曰子，是貴之也。子，男子之美稱。【補曰】注末句與鄭君士冠禮注同，非也。子者，士以上之貴稱，説詳「孔子生」下，又見「子叔姬卒」下。不言公子友而稱季子，是貴之，而説者皆以「季」爲字，又非也。稱字進於稱名，稱子又進於稱字，鄉射禮曰：「司正升自西階相旅，作受酬者曰某酬某子」，鄭君曰：「某者，字也。某子者，氏也。稱酬者之字，受酬者曰某子。旅酬下爲上，尊之也。」案：旅酬之禮，以尊酬卑，字酬者，子受酬者。而曰下爲上，曰尊之，知稱子實進於稱字，周禮之舊也。子既進於字則不須並稱之，但子文須有所繫。以友之氏爲季，故繫之季。儀禮「某子爲氏」，此文正同也。王季子是天子之大夫，例本當稱字，以其爲母弟，加稱子。若列國之大夫，則稱字已爲變例。稱子者無取於兼，稱齊高子自有明文，不可援王季子以相況也。季爲字，又爲氏，後文言季友爲字，此言季子爲氏，各有所當也。友之氏實爲季孫，此直言季者，言季孫而又言子，非屬文所宜也。友之身得以季孫爲氏，下條論之。傳曰其曰季子，貴之也；其曰高子，貴之也；其曰王季，王子也；其曰子，尊之也。三文或同或異，則居可知矣。○稱子進於稱字，而孝經仲尼居，曾子侍，曾子稱子，夫子但以字稱。據史記弟子傳夫子以曾子爲能通孝道，故授之業，作孝經。陶淵明五孝傳云：「曾參受而書之。」則孝經之作亦夫子之意。所以與春秋異例而類下爲上之禮者。殷仲文注曰：「夫子深敬孝道，故稱表德之字。」又論語曰「孝哉閔子騫」，夫子稱弟子不名者獨此，明皆非常之文矣。其曰來歸，喜之也。大夫出使歸不書，執然後致，不言歸國，内之人不曰來，今言來者，明本欲遂去，同他國之人也。言歸者，明實魯人也。喜之者，季子賢大夫，以亂故出奔，國人思之，懼其遂去不反，今得其還，故皆喜曰季子來歸。【補曰】公羊語同，謂經順魯而喜之。朱子以爲魯亂已甚，季子歸國，國人皆慰，故國史喜而書之。後來立僖公，安社稷，有此大功，故夫子取之，因舊史文而書之，與取管仲意同。

冬，齊仲孫來。其曰齊仲孫，外之也。魯絶之，故繫之于齊。【補曰】實是吾仲孫，繫齊以外之。公羊亦同。言來者，順外文也。案：慶父得稱仲孫，而仲孫自齊來得稱齊仲孫者。楚殺慶封，傳曰「其以齊氏何也？爲齊討也」。明慶封已爲吳大夫，本當言吳慶封，此齊仲孫之比也。下傳又曰「言齊以累桓」，明以齊桓受之，同之於齊人矣。其不目而曰仲孫，疏之也。不目，謂不言公子慶父。【補曰】公子而不言公子，但言仲孫，是疏之。不曰齊慶父者，既繫諸齊，則不欲直其文。上言季卽季孫，故連文言仲孫也。案：前後經文，仲慶父、叔牙、季友皆稱公子，其子稱公孫，其孫乃稱仲孫、叔孫、季孫，今慶父之身得稱仲孫者，仲孫、叔孫、季孫之氏雖至其孫，始爲專稱，其實當身已有此稱，已以爲氏。左傳於牙之卒曰立叔孫氏公孫茲，稱叔孫戴伯，又公子彄字子臧，稱臧僖伯，其子稱臧哀伯，亦稱臧孫達，明當時大夫通有此例，故一稱季，一稱仲孫也。諸言仲孫者，左傳皆謂之孟孫，又稱孟氏，他書皆然。白虎通云：「適長稱伯，庶長稱孟。」陸淳謂左傳諸國大夫有非庶而稱孟者，不知何故。其言齊，以累桓也。繫仲孫於齊，言相容赦有罪。【補曰】累者，緣坐也，延及也。此又申外之之義，以桓不能去慶父，又反受之，故遂同之於齊人，得爲外文也。閔公爲哀姜娣之子，而齊桓立之，慶父弒般之罪已不復論，又因慶父黨於哀姜，曲相容受，故以「累桓」之文大著其義，明洛姑未盟以前，桓未有功，且有罪也。既盟洛姑，而納季子，則黜慶父、立僖公，殺哀姜相繼見於策矣。○左傳謂「齊仲孫湫來省難」，書仲孫者，嘉之。杜預以仲孫爲字，夫書字卽是嘉之，何以不言齊侯，使若湫無君命，私來覘國，又何以得志？此不可通也。蓋時齊實有仲孫湫嘗勸齊侯務寧魯難，左氏遂以爲湫實來，魯強附於齊仲孫來之經，謂之省難，正猶隱公時魯有鄭尹氏，後人强以當尹氏卒之經也。大氏莊、閔之篇，左氏於齊、魯事多闕略。

二年春王正月，齊人遷陽。

夏五月乙酉，吉禘于莊公。三年喪畢，致新死者之主於廟，廟之遠主，當遷入大祖之廟，因是大祭，以審昭穆，謂之禘。莊公喪制未闋，時別立廟，廟成而吉祭，又不於大廟，故詳書以示譏。【補曰】此本杜預。唯第四句「大祖之廟」四字元文作「祧」一字。依聘禮注，諸侯大祖廟爲祧，遷主所在之名也。禘祫之說，自昔聚訟，文烝詳考之，周制三年一祫，五年一禘，而皆以喪畢之祭爲本。喪畢祫則後禘，喪畢禘則後祫，自爾更迭行此二祭，總之五年而再殷祭也。何休曰：「禮禘祫從先君數，朝聘從今君數。三年喪畢，遭禘則禘，遭祫則祫。」今案：此年吉禘在五月，文二年祫當在八月。毛詩傳又言「夏禘秋祫」，竊意遭禘年而以秋冬祭者以祫代禘，遭祫年而以春夏祭者以禘代祫也。祫者，合也。合毁廟未毁廟之主於大廟，故文二年言「大事于大廟」也。禘者，遞也。諦也，第也。遷主既遞位，因以審諦昭穆，次第尊卑，陳毁廟主於大廟，而未毁廟新舊皆特祭，故僖八年言「禘于大廟」，此年言「禘于莊公」。左傳又言禘于武公、禘于襄公、禘于僖公也。逸禮有禘于大廟篇，專言大廟者，舉大以包之，猶僖八年言「禘于大廟」亦包羣廟也。別論之於傳下及僖八、文二、宣八、昭十五、定八年諸處。吉禘者，不吉者也。【補曰】公羊曰：「其言吉何？言吉者，未可以吉也。」案：汲冢紀年康王三年「定樂歌，吉禘于先王」。春秋之例，喪畢吉祭，恆事不志，志之亦不言吉，猶當立者不言立，當以者不言以，故言吉知不吉，明未可以吉也。喪事未畢而舉吉祭，故非之也。莊公薨至此方二十二月，喪未畢。【補曰】此申上意也。公羊曰：「曷爲未可以吉？未三年也。三年矣，曷爲謂之未三年？三年之喪，實以二十五月。」何休曰：「時莊公薨，至是適二十二月，所以必二十五月者，取期再期，恩倍漸三年也。」孔子曰『子生三年然後免於父母之懷，夫三年之喪，天下之通喪』，禮士虞記曰『期而小祥』，曰薦此常事』，又『期而大祥』，曰薦此祥事』，『中月而禫』，是月也吉祭，猶未配。是月者，二十七月也。傳言二十五月者，在二十五月外可不譏。」文烝案傳言「吉祭」卽士虞記之「吉祭」也，在士直曰吉祭，在天子、諸侯曰禘、曰祫。鄭君解士虞記曰：「當四時之祭月則祭。」左傳例曰凡君薨，卒哭而祔，祔而作主，特祀於主，烝嘗禘於廟。賈逵、服虔解之曰，三年終禘，遭烝嘗則行祭禮。此說有禘無祫，非也。鄭君解詩玄鳥、大宗伯、王制及作魯禮禘祫志皆曰魯禮三年喪畢而祫於大祖，明年春禘於羣廟，自爾之後，五年而再殷祭，一祫一禘。此說閔行吉禘，又先行祫，亦非也。何休解公羊曰：「遭禘則禘，遭祫則祫。」此說論祭年不論祭月，又非也。今以爲再期中月祥禫之後，春夏遭祭則禘，秋冬遭祭則祫，自後每六十月更迭禘祫，庶得其實也。禘祫之異，則孔穎達詩周頌正義中鄭說云「祫則合聚祭之，禘則各就其廟」是也。此不言吉禘于大廟，舉大以包。而言于莊公者，言莊公則祭大廟可知。言大廟則莊喪未畢，嫌不祭莊，據文自明，故傳不釋也。何休曰：「經舉重不書禘于大廟，嫌獨莊公不當禘，于大廟可禘者，故加吉，明大廟皆不當。」何氏之意，禘祭亦合未毀廟主於大廟，與祫同禮。而莊主未當入大廟，今閔既禘大廟，又禘新宮，何氏不知禘祫之異，非也。公羊又曰：「其言于莊公何？未可以稱宮廟也。」何休曰：「時閔公以莊公在三年之中，未可入大廟，禘之於新宮，故不稱宮廟。」又曰：「曷爲未可以稱宮廟？在三年之中矣。」何休曰：「當思慕悲哀，未可以鬼神事之。」杜預別爲一解，以是時廟之遠主未遷，莊主未入廟，故謂別立廟。別立廟則非後日之莊宮，故不得稱宮。杜氏非也，公羊是也。莊公卽莊宮，以在三年中，不忍稱宮，與西宮、新宮不言謚同意。公羊又曰：「吉禘于莊公，何以書？譏。何譏爾？譏始不三年也。」賈逵說此經曰：「禘者，遞也。審諦昭穆，遷主遞位，孫居王父之處。」後漢書張純奏曰：「禘之爲言諦，諦定昭穆尊卑之義也。〔一〕禘祭以夏四月，夏者陽氣在上，陰氣在下，故正尊卑之義也。」崔靈恩曰：「禘以夏者，以審諦昭穆，序別尊卑。夏時陽在上，陰在下，尊卑有序，故大次第而祭之。故禘者，諦也，第也。」說文曰：「禘，諦祭也。」段玉裁注曰：「諦者，審諦昭穆，恐有如夏父弗忌之逆祀亂昭穆者，故於禘時審諦而定之。天子諸侯之禮，兄弟或相爲後，諸父諸子或相爲後，祖行孫行或相爲後，必後之者與所後者爲昭穆，不與族人同昭穆。」故仲尼燕居曰：「嘗禘之禮所以仁昭穆也。」中庸曰：「宗廟之禮所以序昭穆也。」○諸侯皆有禘祫二祭，趙鵬飛嘗論之。劉向五經通義言：「王者諸侯三年一祫，五年一禘。」自前漢穀梁家說已如此。而明堂位言「成王命魯禘」，祭統言「成王、康王賜魯大嘗禘」。大嘗者卽祫，二文並爲特賜魯者，謂特賜以天子之禮樂也，故左傳晉荀偃、士匄曰：「諸侯宋、魯，於是觀禮。魯有禘樂，賓祭用之。」禮運孔子言「魯禘非禮」，論語言「禘自既灌，吾不欲觀」；「或問禘之說，曰不知也」，又言「知其說者之於天下」，明以魯有王禮爲異也。左傳例曰「烝嘗禘於廟」，僖八年傳曰「禘而致哀姜」，五經異義曰：「左氏說歲祫及壇墠，終禘及郊宗石室。」終者，謂孝子三年喪，終則禘於大廟，以致新死者也，漢書劉歆引國語「歲貢終王」以爲壇墠則歲貢，大禘則終王。又襄十六年冬，晉人辭於魯曰：「寡君未禘祀。」杜謂「三年喪畢之吉祭」，是左傳及傳說有吉禘，無吉祫也。劉歆、賈逵之徒皆云禘祫一祭二名，禮無差降。孔穎達王制正義曰：「左氏說及杜元凱皆以禘爲三年一大祭，在大祖之廟。傳無祫文，然則祫卽禘也。取其序昭穆謂之

〔一〕「定」原作「諟」，據後漢書張純列傳改。

禘，取其合集羣祖謂之祫。」是諸儒既以喪畢之三年推諸自後之三年，又知祫必不可廢而彌縫之也。致「新死者」之言，起於致哀姜之誤，禘必於大廟，亦與此經及他傳禘羣廟之文不合，禘祫爲一，與其舊説所云歲祫終禘者又相乖戾。歲祫終禘，亦非國語本文，明其説皆不可用也。晉平公禘祀一文似可爲喪畢專行禘之證，其實有禘必有祫，但無文以見之耳。文二年之祭，傳及公羊皆爲吉祫，而左傳晉荀偃、士匄言魯有禘樂及論語、明堂位、禮運皆言魯禘不言祫者，皆是舉祫以該祫，唯祭統則備言之也。禘與祫斷非一祭，鄭衆説周禮，追享爲禘，朝享爲祫，其文稱四時之閒祀在時祭之外。鄭君説周禮，肆獻祼爲祫，饋食爲禘，其文在時享之上。公羊曰「五年而再殷祭」，漢書韋玄成等四十四人奏議釋之曰言「壹禘壹祫也」。何休曰：「殷，盛也。」謂三年祫，五年禘。劉向説苑、許慎異義、説文、春秋説並有其文，而劉氏作五經通義及張純引禮説並言三年一閏，天氣小備，五年再閏，天氣大備，故三年一祫，五年一禘，其義尤明也。異義謹案：三歲一祫，五歲一禘，此周禮也；三歲一禘，疑先王之禮也。鄭君駮之據禮讖殷之五年殷祭亦名禘，以爲三年一祫，五年一禘，百王通義，鄭説是也。周語云「日祭，月祀，時享，歲貢，終王，先王之訓也」。楚語云「古者先王日祭月享，時類歲祀」，荀子説湯武之制與周語文同，而先儒説周語多以終王爲終禘，故許氏因疑其爲先王之禮，謂其不始於周也。許此説亦是也。五歲禘爲殷禘，三歲禘爲終禘吉禘，其實本無二禮也。喪終之祭不必爲禘，而終禘之説可通，至以歲貢爲歲祫則不可曉。文二年穀梁、公羊明見吉祭有祫，左傳記鄭子張有殷祭，即大傳大夫干祫之祭，又可見殷祭有祫，從無云歲祫者，是其爲説必誤矣。竊意歲貢之祭謂以歲計者耳，不必解爲每歲。其祭則或祫或禘，祫者三歲，禘者五歲也。終王之祭亦或祫或禘，有遭祫年而禘者，故有三年一禘之説。若遭禘年而祫，則以三年喪畢爲主，不得謂之五年一祫也。

説文亦云周禮此五句依陳壽祺校正本。

秋八月辛丑，公薨。【補曰】慶父與哀姜弑之。○【攗異曰】陸湻纂例曰：「丑，公羊作『酉』。」案：今公羊不作「酉」。不地，故也。【補曰】重發傳者，明異於桓也，下有所見。還從不地例者，不忍地也。張洽曰：「諱國惡者，臣子之禮也。存事實者，傳信之法也。聖人之經，兩存禮法，故不徒隱諱而已。而不書地，以變於常，又比事屬辭，以見其實，將使後人因例啟疑。考究始末，以知莊公不能正身齊家，致後嗣再弑，國幾滅亡，雖欲諱之，而其實終不可得而揜。究觀書法，則知左氏所謂微而顯，志而晦，婉而成章，盡而不汙，懲惡而勸善，非聖人孰能脩之者，蓋指此類而言之。其說必有所傳，而施於稱族舍族之傳則非也。其不書葬，不以討母葬子也。凡君弑賊討則書葬，哀姜實被討，而不書葬者，不以討母葬子。【補曰】莊子所謂春秋以道名分，如此類者甚微也。殺慶父不見經，殺哀姜見經，故經惟據討母爲義。孫覺不達此旨，遂議傳失，孫氏之誤，若是者多矣。又案：殺哀姜在明年七月，左傳先叙慶父之縊，次叙齊殺哀姜，容此二事皆在葬閔公後。劉敞以爲賊未討而葬，慢也。賊雖卒討，葬不追書。此說甚有理。然則傳言此者，特就經中所書，明其義之重者耳。

九月，夫人姜氏孫于邾。哀姜與弑閔公，故出奔。【補曰】月者，例也，公奔則日。何休曰：「凡公夫人奔例日。此月者，有罪。」孫之爲言，猶孫也。諱奔也。【補曰】疏曰：「重發傳者，文姜殺夫，哀姜殺子，嫌異，故重發之。」文烝案：下有所見，不深諱之。言如邾者，爲後薨于夷見罪，將有其末，宜録其本，故直書孫也。

公子慶父出奔莒。【補曰】案：內大夫奔日者，傳曰「正之」，慶父罪重，不正之者，蓋以自此不復見，即以奔文當卒剌之文，卒剌皆以不日見惡也。何休曰：「外大夫奔例皆時。」其曰出，絶之也，慶父不復見矣。慶父弑子般、閔公，不書弒，諱之。【補曰】疏曰：「慶父前奔不言『出』，書曰『如齊』，爲之隱諱，是不絶其位之辭。今不諱言『出奔』，明是絶其位也。又云慶父不復見者，明弒二君罪重，不宜復見，故特顯之矣。」文烝案：注既不釋傳文，疏又不得傳旨。傳以「出」爲絶之者，此與莊三十二年奔齊，其下皆有所見，彼言「如」，此不言「如」，是絶之不更諱也。又言「慶父不復見」者，申所以絶之之意也。慶父後雖被逼縊死，經爲魯諱，又諱季子之行誅，故不復記。若此處猶諱言「如」，是使内之賊臣竟無文以顯書其罪，故直書「出奔」，以結前事，與上「如齊」之文相對，則爲絶之也。縊死既諱，故出奔不諱，不諱出奔，正以起後文之諱討賊也。是故慶父之死不復見，即所謂「諱莫如深」也。直書「出奔」則不復見其死，即所謂「苟有所見，莫如深」者也。韓子言聖人之作春秋，深其文辭，愚謂穀梁傳亦未易讀。

冬，齊高子來盟。其曰來，喜之也。其曰高子，貴之也。【補曰】此亦順魯而喜之，喜其立君以存魯也。書「來」雖接公之平文，見貴則亦見喜，明與季子來歸同矣。公羊以不名爲喜之。盟立僖公也。【補曰】季子實立僖，而齊定其位，齊立公爲君，亦是接公矣。此盟亦前定，前定之盟不日，桓盟亦不日，以是立君大事，故又不月以異之。不言使何也？據桓十四年鄭伯使其弟禦來盟言「使」。不以齊侯使高子也。齊侯不討慶父，使魯重罹其禍。今若高子自來，非齊侯所得使也，猶屈完不稱使也。江熙曰：「魯頻弒君，僖公非正也。桓公遣高傒立僖公以存魯，魯人德之，不名其使以貴之，貴其使則其主重矣。」【補曰】范注非也。不以齊侯使高子者，謂既稱高子，則不得以齊侯使爲文也。凡稱君以使者，其臣皆名，不可名則字，女叔是也。惟文繫王使者，又有稱子、稱宰、稱公之等，宰與公尊矣，子是貴稱，亦不得以諸侯使之爲文。今欲貴高子，令與季子俱稱子，故不稱齊侯使也。桓三年不以齊侯命衛侯，莊二十八年不以師敗於人，僖二十八年不以晉侯畀宋公，文意皆相似也。此經貴高子，正以美齊桓，桓之不討慶父，上有累文，與此無涉，以屈完例之，尤非其倫也。江注謂僖公非正，亦非也。僖是長庶，般既弒則僖爲正。不正者乃閔也，閔猶周之悼王，僖猶敬王矣。劉敞曰：「公羊曰『不稱使，我無君也』，非也。僖公之盟，何謂我無君？盟于暨，齊無君，文不没公即魯無君，何故没齊侯哉？」

十有二月，狄入衛。僖公二年，城楚丘以封衛，則衛爲狄所滅明矣。不言滅而言入者，春秋爲賢者諱。齊桓公不能攘夷狄救中國，故爲之諱。【補曰】公羊曰「爲桓公諱」，范注本之。賈逵曰：「不與夷狄得志於中國。」文烝案：汲冢紀年以狄爲赤翟滅。不日者，深諱之，於是懿公赤戰死，戴公申廬于曹而卒，立其弟文公。

鄭棄其師。【補曰】不書鄭高克出奔陳者，何休所謂「舉棄師爲重」，此全用舊史文，僖十九年傳言之。○【撰異曰】棄，左氏或作「弃」。惡其長也，兼不反其衆，則是棄其師也。長，謂高克也。高克好利，不顧其君，文公惡而遠之，不能使高克將兵禦狄于竟，陳其師旅，翱翔河上。久而不召，衆將離散，高克之進不以禮，文公退之不以道，危國亡師之本。【補曰】傳言鄭伯惡其長而兼不反其衆，劉向說苑曰：「夫天之生人也，蓋非以爲君也；天之立君也，蓋非以爲位也。夫爲人君，行其私欲而不顧其人，是不承天意，忘其位之所以宜事也。如此者，春秋不予能君而夷狄之。鄭伯惡一人而兼棄其師，故有『夷狄不君』之辭。」案：此解經直言鄭也。注「衆將離散」四字當改云「衆散而歸」，其下又當增云「高克奔陳」。此事左氏、公羊、毛詩序皆同，而毛序爲詳，注全本之。高克之進，舊作「高克進之」，朱子詩序辨說曰：「當作『之進』。」趙汸屬辭從之，今據乙正也。

春秋僖公經傳第四補注第九

僖公亦莊公子，名申，閔公庶兄。母成風。以惠王十八年即位。凡僖之謚，古書多作「釐」。

穀梁　范氏集解　鍾文烝詳補

元年春王正月。繼弒君，不言即位，正也。【補曰】疏見閔元年。公羊曰：「公何以不言即位？繼弒君，子不言即位。此非子也，其稱子何？臣子一例也。」何休曰：「僖公者，閔公庶兄。禮諸侯臣諸父兄弟，以臣之繼君，猶子之繼父也。其服皆斬衰，故傳稱『臣子一例』。」

齊師、宋師、曹師次于聶北，救邢。聶北，邢地。【補曰】疏曰：「邢滅幷不書入，故有救次之文。衛亡書入，故没其救次。」文烝案：邢實未滅，衛則雖欲救之已不及救，疏皆非也。次救例俱時，不連上正月。○【撰異曰】曹師，板本、左氏作「曹伯」，誤。唐石經亦作「曹師」。説文品部引春秋傳「次于嵒北」。从品相連，讀與「聶」同。段玉裁以爲此左氏經傳之古文，後人以其同音易其字，如「築麋」之改「築郿」。救不言次，據莊六年王人子突救衛不言次。言次非救也。次，止也。救，赴急之意。今方停止，故知非救也。非救而曰救何也？遂齊侯之意也。録其本意。【補曰】遂，申也，成也。如其意而申成之，故曰救，所謂春秋成人之美。杜預、蘇轍以爲「案兵待事，卒能救邢」是也。

莊公次郎、次成亦有救紀、救鄭之意，而謂之不能救，則直言次不言救，不得遂其意也。叔孫豹次雍渝亦是不能救晉，而先言救後言次者，以豹是魯臣，臣不可廢君命，故先言救爲通君命之辭，又與此遂其意者異也。是齊侯與？怪其稱師。齊侯也。何用見其是齊侯也？據經書齊師。【補曰】問經文何用見之？曹無師。曹師者，曹伯也。小國君將稱君，卿將稱人，不得稱師，言師則是曹伯也。曹君不可在師下，故知是齊侯。【補曰】前言「曹無命大夫」，此言「曹無師」，明小國無大夫，又無師也。小國無師者，國勢削弱，雖本得有一軍之制，而當時以爲不成軍也。楚之先及諸夷狄亦皆無師者，兵衆雖盛而春秋黜之。四年傳言「楚無大夫」，明亦無師矣。禮伯子男皆一軍，說見襄十一年。不說宋公者，從可知。其不言曹伯何也？以其不言齊侯，不可言曹伯也。【補曰】此猶莊二十八年「以其人齊不可不人衞。」其不言齊侯何也？以其不足乎揚，不言齊侯也。救不及事，不足稱揚。【補曰】注本公羊，非也。公羊曰：「救不言次，此其言次何？不及事也。不及事者何？邢已亡矣。孰亡之？蓋狄滅之。」公羊以邢已亡滅，故謂之不及事，非傳意也。傳言「不足稱揚」者，卽指言次文。言次非救，故不足稱揚。不謂其無及，下城邢純爲美辭，此加非救之文，而後遂其意明，但愈於郎、成、雍渝，不及諸直言救之善，與下各自見義。

夏六月，邢遷于夷儀。辟狄難。夷儀，邢地。○【撰異曰】夷，公羊作「陳」。案：夷、陳聲轉義通。矢、雉、尸、夷諸字皆訓陳。陸湻所見穀梁亦作「陳」。遷者，猶得其國家以往者也。【補曰】重發傳者，彼爲遷之者發，此正解「遷」也。公羊曰：「遷者何？其意也。遷之者何？非其意也。」其地，邢復見也。非若宋人遷宿，滅不復見。

齊師、宋師、曹師城邢。是向之師也，使之如改事然，美齊侯之功也。是向聶北之師，當言

「遂」，今復列三國者，美齊桓存亡國。【補曰】向，往也，或作「鄉」，其正字作「嚮」，皆同是往之師，實非改事。何休所謂桓公宿留城之，故當言「遂」，言「遂」則不須重舉三師矣。上以不足乎揚，變爵稱師，此重舉則已揚之，故得以美爲義也。春秋譏益城唯夷儀、楚丘、緣陵，或遷或封，理合得城。昔齊去薄姑而遷臨菑，王命城之，毛詩傳以爲古者諸侯之居逼隘，則王者遷其邑而定其居，是其類。晉城杞亦是遷國，城成周則王者遷都之事也。左傳例曰凡侯伯救患分災討罪，禮也。

秋七月戊辰，夫人姜氏薨于夷。哀姜。【補曰】莊公夫人。杜預曰：「夷，魯地。」注在上年傳。范遂遺之，公羊以爲齊地。夫人薨，不地，地，故也。【補曰】變於君也。

齊人以歸。【補曰】齊稱人者，既諱之若其以喪歸，則從卑者之常文。此經各本誤跳在傳「夫人薨」上，今依唐石經、十行本移正。不言以喪歸，非以喪歸也。加喪焉，諱以夫人歸也。泰曰：齊人實以夫人歸，殺之于夷，諱，故使若自行至夷，遇疾而薨，然後齊人以喪歸也。歸在薨前，而今在下，是加喪之文也。經不言以喪歸者，以本非以喪歸也。傳例曰以者，不以者也。微旨見矣。其以歸，薨之也。以歸然後殺之。【補曰】如傳言則夷爲齊地，是歟？

楚人伐鄭。【補曰】疏曰：「不以州言之者，以楚雖荆蠻，漸自通於諸夏，國轉强大，與中國抗衡，故不復州舉之。何休云：『稱楚人者，爲僖公諱與夷狄交婚，故進之使若中國。』穀梁無交婚之事。杜預云：『荆始改號曰楚。』」與傳亦不同。文烝案：李光地曰：「將有齊桓膺懲之事，不得復舉州。」其説亦可存也。楚皆以稱人爲常，不直以國舉。

八月，公會齊侯、宋公、鄭伯、曹伯、邾人于檉。檉，宋地。【補曰】何休曰：「月者，危公會霸者而與邾、婁有辨也。」〇【撰異曰】檉，一本作「朾」。公羊作「朾」。徐彦曰：「『朾』字，左氏作『檉』，亦有作『朾』字。」

九月，公敗邾師于偃。偃，邾地。【補曰】邾稱師，以我之敗之，舉其重者，與升陘異也。凡敗皆稱師，燕、邾、莒、頓、胡、沈、許皆有師，惟徐、狄、吴以國舉。衛言人，楚言爵，則變例也。疏曰：「何休云：『公怨邾人以夫人與齊，故敗之。』未知范意然不。」〇【撰異曰】偃，一本作「堰」，公羊作「纓」。不日，疑戰也。疑戰而曰敗，勝内也。【補曰】重發傳者，嫌小國與齊、宋異例也。

冬十月壬午，公子友帥師敗莒師于麗，獲莒挐。麗，魯地。傳例曰獲者，不與之辭。【補曰】注引例在宣二年傳。〇【撰異曰】麗，左氏作「酈」，公羊作「犂」。挐，公羊一本作「茹」。莒無大夫，【補曰】明與曹同也。舉曹、莒則邾、滕以下可知。昭十四年又言曹、莒之異。其曰莒挐何也？據非大夫不書。以吾獲之目之也。内不言獲，此其言獲何也？獲者，不與之辭，主善以内，故不言獲。據文十一年，叔孫得臣敗狄于鹹不言獲長狄。【補曰】疏曰：「内不言獲，乃是常例，至於長狄則異於餘，宜書獲以表功，而彼文略之，由重傷故也。此注據以爲證者，取不書獲之成文，不謂義旨全合。」文烝案：注是疏非也，説見敗鹹傳下。内不言獲者，經例因史例，或專是經例歟？此唯施於兵獲。惡公子之紿。紿，欺紿也。【補曰】「公子」下唐石經初刻有「友」字。紿者奈何？公子友謂莒挐曰：「吾二人不相説，士卒何罪？」屏左右而相搏，【補曰】屏，除。搏，手搏。左傳曰：「晉侯夢與楚子搏。」漢有卞射武戲，手搏爲卞，角力爲武戲。公子友處下。左右曰：「孟勞！」孟勞者，魯之寶刀也，【補曰】刀名。見廣雅。北齊本或誤作「寶力」，見顔氏家訓。公子友以殺之。【補曰】明此獲乃殺也。

公羊曰：「大夫生死皆曰獲。」然則何以惡乎紿也？據得勝也。曰棄師之道也。江熙曰：「經書『敗莒師』，而傳云二人相搏，則師不戰何以得敗？理自不通也。夫王赫斯怒，貴在爰整，子所慎三，戰居其一。季友，令德之人，豈當舍三軍之整，佻身獨鬬，潛刃相害，以決勝負者哉？雖千載之事難明，然風味之所期，古猶今也。此又事之不然，傳或失之。」【補曰】棄師之道者，言潛刃相紿，將棄師不用也。傳謂戰畢乃相搏耳。江熙之疑非也。疏曰：「若季子無輕鬬之事，經不應書獲以惡之，經傳文符，而江熙妄難，范引其説非也。」○春秋記事不記言，傳隨事釋其義，事之本末，皆所不論，言之委悉，更無從見，而自此傳以後則稍稍詳矣。公羊晚出，掇拾較多，左傳事言並記，乃是史家之學，創始之體，劉知幾所謂左氏、漢書二家，後來祖述者也。

十有二月丁巳，夫人氏之喪至自齊。其不言姜，以其殺二子貶之也。二子，子般、閔公。【補曰】至此始貶者，公羊曰：「貶必於其重者，莫重乎其以喪至也。」孫復曰：「孫于邾不貶，不以子討母也。此而貶者，正王法也。」孔廣森以爲至此復以小君事之，故貶之，於此著其罪，兼惡臣子。文烝案：貶不言姜，猶言氏者，見莊元年注。或曰爲齊桓諱殺同姓也。【補曰】疏曰：「夫人於齊桓，非是姑姊卽是妹姪，齊桓討得其罪，疏而遠之，託言同姓。」文烝案：疏説皆非也。姑姊、妹姪卽是同姓，無分親疏也。傳引或説以爲爲齊桓諱，非桓託言也。言「討得其罪」，又非或説意也，此於正説後别爲一説。謂經所以不言姜者，不主於貶夫人而主於爲齊桓諱，其義甚明。姜本齊姓，没不言則爲諱矣。上文齊殺哀姜，傳不論其是非，如或曰之意，則與左氏、公羊同。左傳曰：「君子以齊人之殺哀姜也爲已甚矣，女子從人者也。」公羊但言「桓公召而縊殺之」，而漢書鄒陽之言曰：「魯公子慶父使僕人殺子般，獄有所歸，季友不探其情而誅焉。慶父親殺閔公，季子緩追免賊，春秋以爲親親之道也。魯哀姜薨于夷，孔子曰『齊桓公法而不譎』，以爲過也。」鄒論季子事皆本公羊文，則其論殺哀姜事亦必用公羊家舊説。而如外戚傳解光言春秋予齊桓，何休言不阿親親者，乃皆後來説也。鄒所引孔子語出論語，「法」當作「正」，「正」之古文作「𤴓」，「法」之古文作「金」，「正」上誤增，遂成「法」字。此訓正譎爲經權，謂齊桓專守正經，不能行權譎以免其親，是其過也。蓋齊、魯諸論語家説謂齊桓長於經而短於權，晉文長於權而短於經，與馬、鄭注異也。

二年春王正月，城楚丘。【補曰】月者，别於内城。此何休意也。楚丘者何？衛邑也。【補曰】重發傳者，起下也。衛都朝歌，在河北，楚丘則在河南，所謂東徙渡河也。漕邑亦相近。國而曰城，此邑也。其曰城何也？據元年齊師、宋師、曹師城邢。邢，國也。封衛也。閔二年，狄入衛遂滅。【補曰】國於楚丘，故言城。注當云「閔二年狄滅衛」，傳言「封衛」，以見上入爲滅也。衛與邢、杞異，衛已滅，城以封之，邢、杞未滅，但遷而城之耳。故傳與左傳皆止有「封衛」之文，不言封邢封杞也。齊桓存三亡國，雖統邢、衛、杞言之，其實邢、杞與衛小不同。公羊於邢、杞亦言已滅，亦以爲齊所封，此桓譚所謂「彌離其本事」者矣。國語言封邢，管子言封邢封杞，呂氏春秋言立邢，悉不可據。則其不言城衛何也？衛未遷也。【補曰】劉敞據詩「定之方中，作于楚宫。揆之以日，作于楚室」，序云：「文公徙居楚丘，始建城市而營宫室。」以爲夏之十月，周之十二月，衛必先徙居而後建城市，建城市而後營宫室。魯人後期，以正月會城不得云衛未遷。文烝案：劉説皆非也。詩序雖兼言城市，而詩但言作宫室，即或城與宫室並作，無妨十二月始事，正月以後畢功，春秋豈必以始事書哉？書城既不獨指魯，而謂營宮室必在遷後，尤臆且固。詩序必先言徙居者，乃文勢之便，劉氏善讀書，無容不知也。**其不言衞之遷焉何也？**據元年邢遷于夷儀言遷也。**不與齊侯專封也。**【補曰】前有入衞文，言城又言遷，則封衞之事太明，疑若與其專封矣。孟子述葵丘之命曰「無有封而不告」，雖告王，猶爲專。**其言城之者，**【補曰】謂直言城。**專辭也。**【補曰】此「專」字與「專封」之「專」異。專辭，猶言內辭。諸侯共城之，文若魯獨城然。戍陳傳曰「內辭」，歸粟于蔡傳亦曰「專辭」，所以爲專辭者，歸粟傳曰「義邇也」。李光地曰：「古之侯伯，有存亡繼絕，急病分災，攘夷狄，安諸夏之義。脩而行之，是天下之公利也。」春秋書諸侯事，如內辭者四：城楚丘、戍陳、戍鄭虎牢、歸粟于蔡是也。楚丘不城，衞入於狄矣；虎牢不戍，鄭入於楚矣；戍陳粟蔡，皆公舉也，故皆以公辭也。文烝案：穀梁言專辭、內辭者，謂其辭如此，就使魯不在列亦得爲此辭，以其是諸侯公義之舉。春秋引而近之，同諸內事，故曰義邇也。專辭、內辭，即李氏所謂公辭，但所從言之異耳。晉城杞，城成周，扶危定傾，故列序其人，以著其美，此則國已滅而城以封之，其美尤大，故從專辭例也。邢固未滅，而城邢之文上有所蒙，無庸列序，其列序則爲變文，明較杞與成周彌美也。城緣陵不劣於城杞、城成周，亦當列序。而不序者，與城邢以盛衰相對，其立文又與此相對也。**故非天子不得專封諸侯，諸侯不得專封諸侯，**【補曰】王引之曰：「下『不得』二字衍文，蓋涉上『不得』而衍。」**雖通其仁，以義而不與也。**存衞是桓之仁，故通令城楚丘，義不可以專封，故不言遷衞。【補曰】以專辭書城是通其仁，不書衞遷是斷以義。劉敞所謂以小惠評之則桓公爲有德，以大法論之則諸侯無專封，得傳旨矣。凡專辭皆爲義事，故曰義邇。既謂之仁，則義有未盡，故曰「以義而不與」，言各有當也。陸賈新語引穀梁傳曰：「仁者以治親，義者以利尊，萬世不亂，墨子「義」字皆作「羛」，从拜，古文我也。王引之據周晉姜鼎銘。

仁義之所治也。」今檢傳無此文，當是後學者說傳此條之語。漢書藝文志有穀梁外傳二十篇，穀梁章句三十三篇，此類蓋出其中歟？董仲舒曰：「春秋之所治，人與我也；所以治人與我者，仁與義也。以仁安人，以義正我，故仁之爲言人也，義之爲言我也，言名已別矣。是故春秋爲仁義法，仁之法在愛人不在愛我，義之法在正我不在正人。義者謂宜在我者，宜在我者而後可以稱義，故言義者合我與宜，以爲一言。」案董生訓「義」字甚精，其外則管子云「義者謂各處其宜」，鄭君周禮注云「能斷時宜」，意同程、朱而言尤約也。故曰仁不勝道。仁，謂存亡國。道，謂上下之體。【補曰】傳引古語，足上意也。注解「道」字，未盡其理。荀子曰：「君子處仁以義，然後仁也；行義以禮，然後義也；制禮反本成末，然後禮也。三者皆通，然後道也。」然則道者，仁、義、禮之合，故仁不勝道。抑又論之，此道蓋謂聖人之道，而專封與否，又非所計也。夫義所不得與者，專封也。竊意當日周既衰矣，衛既滅矣，設以聖人而爲齊桓亦不過告王而封之，亦必不聽其終滅。而在齊桓則謂之專封，在聖人則爲道，亦論其心而已矣。孟子曰「五霸者，摟諸侯以伐諸侯」，「三王之罪人也」，以摟伐爲罪，正猶以專封爲非義。然而湯伐葛、文王伐崇伐密，豈有桀、紂之命哉？又如伊尹放大甲，孟子曰：「有伊尹之志則可，無伊尹之志則篡也。」此論心不論事之明文也。傳以專封爲非義，又必曰「仁不勝道」，而後其說乃盡。孟子以摟伐爲罪，他日又必曰「以德行仁者王」，「以力假仁者霸」，五霸假之也，小補之也，而後其說乃盡。以論語夫子之言求之，管仲之力，到今受賜。言仁也；管仲之器小哉，言道也。孫綽解器小曰功有餘而德不足，是孟子德力之說，小補之義也。○愚於傳此句思之甚深，夫君子之惡惡也，有所謂誅意者矣；君子之善善也，未嘗苛求其心也。事善則善之，猶曰有功於子，可食而食之矣，夫何以其志爲哉？桓公、管仲之功著乎天下，春秋方通其仁，則夫聖人之道固所未暇論耳。雖然書不盡言，言不盡意，故張敞曰「心之精微，口不能言也；言之微眇，書不能文也」。程子易傳序亦曰：「予所傳者辭也，由辭以得其意，則在乎人焉，是故仁不勝道，不可不察也。」讀管子之書，質實而詳密，伊、管同稱亦宜矣，而自孟子言之，則慮夫王者之道之不行也。讀墨子之書，閎肆而深奇，儒、墨同稱亦宜矣，而自孟子言之，則懼夫孔子之道之不著也。

夏五月辛巳，葬我小君哀姜。

虞師、晉師滅夏陽。○【撰異曰】夏，左氏作「下」。陸淳曰：「據上陽、下陽俱虢邑都，左氏爲是。」文烝案：漢爲大陽縣。夏、大同義，江永言之。非國而曰滅，重夏陽也。【補曰】下所謂塞邑。虞無師，【補曰】疏曰：「小國無師，傳三發之者，並是小國，不合言師。燕爲敗而重衆，故得言師。曹言師者，明其是君。虞言師者，表其先晉。以其言師不同，各舉備文耳。」其曰師何也？以其先晉，不可以不言師也。人不得居師上，貴賤之序。其先晉何也？據小不先大。爲主乎滅夏陽也。【補曰】虞主兵也，凡小國兵序上者，皆是主兵，傳於此見例。夏陽者，虞、虢之塞邑也，其地險要，故二國以爲塞邑。【補曰】虢邑接虞者也。虞，虞仲之後。虢，虢叔之後，西虢國。胡安國曰：「塞邑，猶秦有潼關，蜀有劍嶺，皆國之門户。」滅夏陽而虞、虢舉矣。【補曰】疏引徐邈云：「舉，猶拔也。」案：高誘戰國策注曰：「舉，得也。」又曰「拔也」。虞之爲主乎滅夏陽何也？【補曰】虞不應不知塞邑之不可滅，必不反出兵助晉，何得有主兵之文也？五年傳曰「虞、虢之相救」。晉獻公欲伐虢，荀息曰：「君何不以屈産之乘，垂棘之璧而借道乎虞也？」荀息，晉大夫。屈邑産駿馬，垂棘出良璧。【補曰】乘，四馬也。公羊曰「垂棘之白璧」，何休曰：「玉以尚白爲美。」凌廷堪曰：「呂氏春秋曰：『以屈産之乘爲庭實，而加以垂棘之璧，以假道於虞而伐虢。』是謂晉人聘虞行享禮時，束帛所加之璧爲垂棘之璧，庭實所設之馬爲屈産之乘也。聘禮曰：「賓裼，奉束帛，加璧享。」記曰：『凡庭實，皮馬相閒可也。』閒猶代也，晉地多馬，故聘禮享庭實用皮、而晉代以馬也。」文烝案：呂氏春秋不言聘，凌說似是而非，此專爲借道，非聘也。聘享用璧而有庭實，自是常禮，又未有不受者。下言「小國所以事大國」，言「幣重不便」，又言「不借吾道不敢受吾幣」，其非享禮明矣。借道之事，依聘禮文但用束帛，許而後受幣，故下云然也。伐虢必過虞，故借道。賈逵曰：「虞在晉南，虢在虞南。」公曰：「此晉國之寶也，如受吾幣而不借吾道則如之何？」荀息曰：「此小國之所以事大國也，此謂璧、馬之屬。彼不借吾道必不敢受吾幣，如受吾幣而借吾道，則是我取之中府而藏之外府，取之中廄而置之外廄也。」【補曰】三蒼云：「府，文書財物藏也。」虞可并得，故言猶外府外廄。公曰：「宮之奇存焉，宮之奇，虞之賢大夫。必不使受之也。」【補曰】不使受而借。荀息曰：「宮之奇之爲人也，達心而愞，愞，弱。又少長於君。達心則其言略，明達之人言則舉綱領要，不言提其耳則愚者不悟。愞則不能彊諫，少長於君則君輕之。【補曰】杜預曰：「親而狎之，必輕其言。」且夫玩好在耳目之前，而患在一國之後，【補曰】王引之曰：「『之後』二字衍文，蓋後人增之，不可通。此論地之大小，非論時之遠近。」此中知以上乃能慮之，臣料虞君中知以下也。」【補曰】中知，疏謂猶論語「中人」也。呂氏春秋曰：「義者，百事之始也，萬利之本也，中智之所不及也。」虞爵非公，故荀息不曰虞公。」公羊則曰：「虞公貪而好寶矣。」公遂借道而伐虢。宮之奇諫曰：「晉國之使者，其辭卑而幣重，必不便於虞。」虞公弗聽，【補曰】此稱虞公者，便文也。案：詩衛風言「譚公」，與齊侯、衛侯、邢侯並稱，即春秋「譚子」也。公羊鄶公與鄭伯並稱，據國語史伯言鄶，實子男之國也。紀以子而進爲侯，而杜預左傳後序引汲冢紀年紀公之甗即傳紀侯之甗也，然則小國之君通稱某公，凡言虞公、虢公者皆同斯例，固非其爵爲公，亦不因春秋所書矣。又國語、管子言晉公、秦公、燕公、吴公，晏子春秋言齊公、魯公，是凡諸侯皆得通稱。遂受其幣而借之道。【補曰】如上所述，晉之滅夏陽，虞實爲之，是虞主兵也。據傳虞實未出兵，與公羊同，與左傳異。杜氏後序引汲冢紀年正與左同，似皆非。宮之奇諫曰：【補曰】王念孫曰：「此『諫』字衍文，蓋因上『諫』字而衍。下云云者，退而私論也。」文烝案：弗聽之後，無妨復諫。「脣亡」一句，左氏、公羊皆爲諫辭，王説未是。「語曰『脣亡則齒寒』，其斯之謂與！」語，諺言也。【補曰】宜依左氏也，公羊以爲記。挈其妻子以奔曹。【補曰】宮之奇再諫而奔，左傳在後五年再借道時，又不云奔何國。國語云「適西山」，高誘戰國策注以爲適秦。獻公亡虢五年而後舉虞，【補曰】五年，當依公羊爲「四年」，字之誤。疏以爲僖五年，非也。左傳以爲再借道而滅虢，還師滅虞。此以滅夏陽爲亡虢者，或以後之滅虢，實由此之滅夏陽。或傳意此年滅夏陽，後旋即滅虢之都，與公羊郭君在夏陽之意雖異，而與其言取郭則同，皆與左傳異也。水經注引紀年曰：「晉獻公十有九年，獻公會虞師伐虢，滅下陽，虢公醜奔衛，獻公命瑕父吕甥邑於虢都。」彼書雖出後人追脩，亦由滅虢之説當時相承故也。經無滅虢文者，重夏陽，故但舉滅夏陽爲重，舊史當備文矣，荀息牽馬操璧而前曰：「璧則猶是也，而馬齒加長矣。」猶是，言如故。【補曰】荀息戲言也。戰國策魏謂趙王曰：「昔者，晉人欲亡虞而伐虢，伐虢者，亡虞之始也。故荀息以馬與璧假道於虞，宮之奇諫而不聽，卒假晉道。晉人伐虢，反而取虞，故春秋書之，以罪虞公。」觀魏人之言，知春秋此等之文其義著矣。

秋九月，齊侯、宋公、江人、黃人盟于貫。貫，宋地。【補曰】王夫之曰：「衛地。史記田齊世家齊伐衛取毌丘即此。」○【撰異曰】公羊作「貫澤」，下九年傳曰「貫澤之會」。貫之盟，不期而至者，江人、黃人也。【補曰】二國聞會自至，本不與結期。江人、黃人者，遠國之辭也。【補曰】以遠國辭稱人，實是其君。中國稱齊、宋，遠國稱江、黃，以爲諸侯皆來至也。【補曰】舉此四國爲徧至之辭。疏曰：「何休云：『時實晉、楚之君不至，君子成人之美，故褒益以爲徧至之辭。』事或然矣。魯不至，故不書。或以爲魯公亦在，舉大以包之。」文烝案：不至者，不獨晉、楚，如弦如虞、虢，蓋皆不至也。不書公者，疏言「舉大以包」是也。江、黃不期而至，則除常會諸國之外，皆不期而至者，此桓霸之盛也。下會陽穀，即此盟之諸侯。

冬十月，不雨。不雨者，勤雨也。言不雨，是欲得雨之心勤也，明君之恤民。【補曰】注解「勤」字非也。音義曰：「勤，麋氏音『覲』。」後年同。集韻「去聲。勤，渠吝切。憂也。」春秋傳「勤雨」麋氏說，王念孫曰：「麋說是也。」「勤」字平、去二聲皆可讀，下年傳亦言「勤雨」，又言「閔雨」、言「喜雨」。閔者，憂之甚，轉之則爲喜，明勤雨、閔雨皆爲憂雨也。文二年傳言「文不憂雨」，正與僖之「勤雨」、「閔雨」相反。若以爲欲得雨之心勤，則非其意矣。古謂憂爲勤，問喪曰「服勤三年」，呂氏春秋曰「勤天子之難」，毛詩序曰「憂勤」，楚辭曰「愁勤」，皆謂憂爲勤也。文烝案：注既不知勤之爲憂，又直以書「不雨」爲說，不以每首月輒書「不雨」爲說，亦非也。僖所以爲勤雨者，正以一月不雨即憂勤之。春秋三以首月書，不加自文，使後之讀者以文公之繆比類相較，則僖之勤雨自見。故傳於此三「不雨」分釋之曰「不雨者勤雨也」，又總釋之曰「一時言不雨者閔雨也」，總釋者即承分釋之文，足成其意也。十月不雨，不嫌十一月、十二月得雨者，以下有「六月雨」之文也。

楚人侵鄭。

三年春王正月，不雨。不雨者，勤雨也。【補曰】不嫌二月、三月得雨者，以下有「六月雨」也。復發傳者，此已隔年，嫌不與上「不雨」爲一事，故發以同之。此既連上，則下四月亦承此可知，故下傳省「勤雨」文。

夏四月，不雨。一時不雨則書首月。不言旱，不爲災。【補曰】此本杜預。下二句上有「傳例曰」三字。言作曰一時不雨書首月，與莊三十一年冬不雨之文相違，非傳義。傳以經美僖公，故不以歷時書，而一時輒書，繫諸首月，明其一月不雨卽有勤心。因下明書雨月則不嫌五月雨，又不嫌旱竟夏也。一時言不雨者，閔雨也。經一時輒言不雨，憂民之至。閔，憂也。【補曰】閔之爲憂，謂憂雨，非謂憂民。閔者勤之至也，此合三「不雨」總釋之。閔雨者，有志乎民者也。【補曰】春秋以其閔雨爲有志乎民，不與文同也。左傳曰：「自十月不雨至于五月。不曰旱，不爲災也。」公羊亦爲記異，而三不雨各爲一事，非也。

徐人取舒。【補曰】徐夷且僭，與楚、吳、越同。直以國舉，乃其恆文，敗婁林伐莒是也。進稱人者，案左傳齊桓娶於徐，是時徐實附齊，故從中國例。伐英氏亦同也。孔廣森曰：「魯頌曰『戎狄是膺，荆舒是懲』，皆詠僖公從齊桓征伐之事。懲荆者，召陵是也。懲舒者，疑此取舒是也。蓋徐人爲中國取也。其下章曰『遂荒徐宅』，言乎徐人之服從中國也。」案：此略同林之奇、趙鵬飛、家鉉翁、李廉說。○【撰異曰】舒，玉篇邑部引作「⿰舍阝」。

六月，雨。雨云者，喜雨也。喜雨者，有志乎民者也。【補曰】疏曰：「書者，明僖公得雨則心喜，是於民情深。」文烝案：不雨不言所至之月，則此必言雨，杜預謂「示旱不竟夏」是也。但上既見「閔」，則此足見「喜」，春秋以其喜爲有志乎民矣。常例周六月龍見而雩，雖雨不志，傳上年言「仁不勝道」，記事不必論心而足以見心者也。上冬至此，言勤、言閔、言喜，記事本以見心而足以論心者也。凡人事皆人心之所爲也，全經記事，全傳解經，以是求之。○莊之季年，歲荒民貧，財殫力竭，重以哀姜、慶父之亂，魯幾不國矣。僖承其敝，有恤民之心，卒成中興，頌聲以作，君子於此深致美焉。公羊家說謂其遇旱改政，躬節儉，閉女謁，放讒佞，理冤獄，誅稅民受貨者，退舍南郊，澍雨立應，或其言有所本也。

秋，齊侯、宋公、江人、黃人會于陽穀。陽穀，齊地。陽穀之會，桓公委端搢笏而朝諸侯，委，委貌之冠也。端，玄端之服。搢，插也。笏，以記事者也。所謂衣裳之會。【補曰】委貌，玄冠也。玄冠者，吉冠用黑繒爲之，夏曰母追，殷曰章甫，周曰委貌。周禮又謂之冠弁。玄端者，玄冠之服。陳奐曰：「周禮鄭衆注曰『衣有襦裳者爲端』，是端者不連裳之稱，對朝服言之也。朝服亦玄冠服，而連衣裳。士冠禮曰『主人玄冠朝服，緇帶素韠』，玄端玄裳，黃裳雜裳可也。緇帶爵韠，特牲饋食記曰特牲饋食，其服皆朝服玄冠，緇帶緇韠，唯尸祝佐食，玄端玄裳，黃裳雜裳可也。皆爵韠玄端，衣皆玄，而裳有玄、黃、襍三等之異。朝服皆不言裳，明其衣裳不殊，全似深衣爲袍，制不與玄端同矣。朝服布十五升，其類乎玄端者，一玄衣，一緇衣也。其異於深衣者，一緇衣有韠，一白布爲衣，又無韠也。」文烝案：陳說是也。續漢志注引戴聖說「朝服布上素下」，與鄭君同，疑有誤矣。任大椿引通典，漢明帝永平中，議乘輿服衣深衣制，有袍隨五時色，蓋因當時說禮家皆謂朝服如深衣袍制，故遂以爲天子之朝服，史稱賜皁袍，又稱三老五更服緇紵大袍。單衣皁緣，其以皁者，猶沿古緇衣之制也。玉藻曰：「笏，天子以球玉，諸侯以象，大夫以魚須文竹，士竹本象可也。笏度二尺有六寸，其中博三寸，其殺六分而去一。」諸侯，天下諸侯也。國語、管子皆曰「大朝諸侯於陽穀」。諸侯皆諭乎桓公之志。【補曰】疏曰：「諭，曉也，言不須盟誓。」文烝案：論語稱管仲相桓公，一匡天下。漢書注謂陽穀之會，天下從令。據疏是鄭君說也。又李賢後漢書注引穀梁傳曰「齊桓公爲陽穀之會，一匡天下」，傳無此文，亦當是後學者說傳語，在穀梁外傳、穀梁章句中。

冬，公子季友如齊莅盟。傳例曰：「莅，位也。內之前定之盟謂之莅，外之前定之盟謂之來。」【補曰】注引例後二句，昭七年傳文也。二「盟」字當爲「辭」。據左傳齊侯爲陽穀之會來尋盟，則知會陽穀公亦與，杜預注非也。公與會陽穀則貫可知。○【撰異曰】此「季」字衍文，左氏、公羊皆無「季」字。莅，左氏作「涖」，後皆同。依說文，莅、涖皆「𨽻」之假借字。莅者，位也。盟誓之言素定，今但往其位而盟。【補曰】爾雅曰：「臨、涖，視也。」郭璞曰：「察視。」廣雅曰：「位，莅也。」其不日，前定也。【補曰】與來盟同也。前定之盟不日，此又不月者，凡盟當日，故前定則月而已。齊桓盟本不日，故友往莅盟，又不月以異之，乃與柯、召陵、高子來盟一例。不言及者，以國與之也。不言其人，亦以國與之也。【補曰】疏曰：「舊解此傳是外內之通例，不據此一文而已。不言及者，以國與之，謂若外國之來盟及魯人往盟。經直舉外來爲文，不言及者，欲見以國與之也，故舉國爲主，即宣七年衛侯使孫良夫來盟。此公子季友如齊莅盟是也。不言其人，亦以國與之，謂不言來盟之類。經雖言及而不書魯之主名者，亦見舉國與之，即成三年丙午及荀庚盟是也。不言外及者，經無故也。麋信、徐邈並據當文解之，理亦通也。但據成三年傳注則宜從舊說。」

楚人伐鄭。

四年春王正月，公會齊侯、宋公、陳侯、衛侯、鄭伯、許男、曹伯侵蔡，蔡潰。傳例曰：「侵時，而此月，蓋爲潰。」【補曰】舊史潰皆具日，君子略之，從月例。潰之爲言，上下不相得也。君臣不和而自潰散。【補曰】上下，謂君及臣民也。公羊曰：「潰者何？下叛上也。」左傳例曰：「凡民逃其上曰潰。」杜預曰：「潰，衆散流移，如積水之潰，自壞之象也。」侵，淺事也。【補曰】疏曰：「侵者，拘人民，而謂之淺者，對伐爲淺也。」又傳云不分其民，是拘之而不取，亦是淺之義。傳本意言桓公不深暴於蔡，纔侵之而卽潰，故因發淺例。左氏無鍾鼓曰侵，傳或當然。」侵蔡而蔡潰，以桓公爲知所侵也。責得其罪，故裁侵而潰。【補曰】明經譏蔡不譏齊，與伐沈、伐莒異也。夫古者民之於上也，或不能欺，或不忍欺，或不敢欺。民既不欺，臣亦可知。臣民同力，何有於潰？況侵事之淺乎？凡潰不以諸侯潰之爲文。重出國者，何休曰：「侵爲加蔡，舉潰爲惡蔡錄。」明沈、莒亦同也。劉向說苑曰：「春秋記國家存亡以察來世，雖有廣土衆民，堅甲利兵，威猛之將，士卒不親附，不可以戰勝取功。晉侯獲於韓，楚子玉得臣敗於城濮，蔡不待敵而衆潰，故語曰文王不能使不附之民，先軫不能戰不教之卒。」不土其地，【補曰】傳曰「則是終土齊」。俞樾曰：「『土』讀爲『度』，周禮大司徒『以土圭土其地』，鄭君曰：『土其地，猶言度其地。』典瑞『封國則以土地』，鄭曰：『土地，猶度地也。』」不分其民，【補曰】不俘取之，蓋視凡侵尤輕。明正也。【補曰】疏曰：「論語稱齊桓公正而不譎，指謂伐楚，此侵蔡亦言正者，伐楚是實正事大，故馬、鄭指之。其實侵蔡不土其地，不分其民，亦是正事，故傳言正也。」

遂伐楚，次于陘。楚彊，齊欲綏之以德，故不速進而次于陘。陘，楚地。【補曰】此本杜預也。公羊以爲俟屈完，蓋因莊八年次郎有「俟」文，故云爾。遂，繼事也。【補曰】重發傳者，此是用兵，又是霸者，事嫌異，故也。時本爲伐楚，故侵蔡耳。齊桓用兵，自滅遂以來，若非自將則無大衆，其用諸侯之師無過二國者，今乃大舉侵蔡，則知伐楚爲本謀。葉夢得辯左傳蔡姬事，而戰國策游騰謂楚王以爲桓公「號言伐楚，其實襲蔡」，韓非書詳其事，史記亦用之，皆謬妄。次，止也。【補曰】疏曰：「次有二種：有所畏之次，即齊師、宋師次于郎，傳曰『畏我』是也；有非所畏之次，即此次于陘，傳直曰『次，止也』是也。」文烝案：此次非畏，故重發傳。謝湜曰：「書次陘，善其不以攻戰爲事。」其説得之。管子曰「至善不戰」，吴澂引孫子曰：「『百戰百勝，非善之善者也；不戰而屈人之兵，善之善也。』」

夏，許男新臣卒。十四年冬，蔡侯肸卒，傳曰：「諸侯時卒，惡之也。」宣九年辛酉，晉侯黑臀卒于扈，傳曰：「其地，于外也。其日，未踰竟也。」然則新臣卒于楚，故不日耳，非惡也。【補曰】案：不日者，從曹伯廬、曹伯負芻、杞伯成之例，明新臣實卒于師也。注言「卒于楚，故不日」，是以許男甯、蔡侯東國爲比，非也。傳明言死於師矣，説詳成十三年。但不日則當月，今時而不月，與蔡侯肸等同者，此處方盛美齊桓。七國之君，咸被襃録，無嫌於惡之，則書時猶書月，大氐春秋之文多從簡質。○【撰異曰】陸淳纂例曰：「『新』，公羊作『辛』。」案：今公羊不作「辛」。諸侯死於國，不地；死於外，地。【補曰】閔之變於内也。或書地名，或書其國，或書師會，皆地也。死於師何爲不地？據宣九年晉侯黑臀卒于扈地。【補曰】此地即謂師，書于師則地矣。注據黑臀，非也，當云據曹伯廬、曹伯負芻。内桓師也。齊桓威德洽著，諸侯安之，雖卒於外，與在其國同。

楚屈完來盟于師，盟于召陵。屈完來如陘師盟，齊桓以其服義，爲退一舍，次于召陵，而與之盟。召陵，楚地。【補曰】成二年，齊侯使國佐如師。己酉，及國佐盟于爰婁。傳曰「爰婁在師之外」，明召陵亦在師之外矣。左傳曰：「師進，次于陘。夏，楚子使屈完如師。師退，次于召陵。」杜預言「退舍」，范所本也。師行一舍三十里。李廉曰：「召陵恐亦楚之要地，故後來楚平王簡東國之兵於召陵。」文烝案：今許州郾城縣東即其地。桓盟不日，此又不月者，夷狄受盟與常盟異，故略其月以異之。楚無大夫，無命卿也。【補曰】疏曰：「無大夫有三等之例，曹本非微國，後削小。莒是東夷，本微國。楚則蠻夷大國，僭號稱王，其卿不命於天子。」文烝案：曹、莒等無命大夫者，其君本有命卿，而當時不以爲卿也。楚無命大夫者，其君亦本有命卿，而春秋黜之也。其例實止有二等，皆不須以不命於天子爲說。無大夫、無師皆同意。其曰屈完何也？【補曰】略名之，當言楚完。以其來會桓，成之爲大夫也。尊齊桓，不欲令與卑者盟。【補曰】不氏則從曹、莒直名之例，是列國卑者之文。其不言使，權在屈完也。邵曰：「齊桓威陵江漢，楚人大懼，未能量敵，遣屈完如師，完權事之宜，以義卻齊，遂得與盟，以安竟內，功皆在完，故不言使。」【補曰】權在屈完，猶言權在祭仲。注言「權事之宜」，非傳之「權」字也。以義卻齊者，依左傳也。左傳屈完別自有言，不如下所云。下所云不爲完語，又在次陘前。則是正乎？曰非正也，臣無自專之道。【補曰】君臣之義，不以楚而廢也。以其來會諸侯，重之也。重其宗中國，歸有道。【補曰】若屈完者，亦變之正歟？來者何？內桓師也。來者，內辭也。內桓師，故言來。于師，前定也。【補曰】此解經上「盟」字。言來盟者，從前定之例，美其事而異之也。不言使而言來，先言于師而後言于召陵，皆變文也。若爲平文，當如齊國佐。于召陵，得志乎桓公也。屈完來盟，桓公退于召陵，是屈完得其本志。【補曰】注非也。此解經下「盟」字。再言盟者，見得志乎桓公，謂桓公得志也。公羊曰：「其言盟于師、盟于召陵何？師在召陵也。師在召陵則曷爲再言盟？喜服楚也。」案：公羊言「師在召陵」非也，其以再言盟爲喜則是也。何休言屈完來陘，退次召陵，所以補正傳說。又引春秋緯孔子曰：「書之重，辭之複，嗚呼！不可不察，其中必有美者焉。」繁露亦有其語。汪克寬曰：「盟于召陵與會于蕭魚，書法不異，皆一經特筆，美齊服楚，美晉定鄭也。」黃震述其師說曰：「來盟于師，楚有盟心，退盟召陵，齊有盟禮。」與盧仝同。得志者，不得志也，屈完得志則桓公不得志。【補曰】注非也。經見桓公之得志，以此盟乃時人所謂不得志也，故曰「得志者，不得志也」。以桓公得志爲僅矣。桓爲霸主，以會諸侯，楚子不來，屈完受盟，令問諸江，辭又不順，僅乃得志，言楚之難服。【補曰】案：傳下云「我將問諸江」，非令齊問也，注誤依左傳文。又此句與下屈完語不相屬，注亦誤會。國語賈逵注曰：「僅，猶言纔能也。」韋昭曰：「猶劣也。」經意以爲桓公退盟召陵，不窮兵力，以不得志爲得志，其得志也。劣能如此耳，美其事，複其文，其義乃著。揚子法言曰：「周康之時，頌聲作乎下，關雎作乎上，習治也。齊桓之時緼而春秋美邵陵，習亂也。故習治則傷始亂也，習亂則好始治也。」漢孝文詔曰：「堅邊設候，結和通使，休寧北陲，爲功多矣。」且無議軍，此得召陵之意。賈誼謂帝不能爲齊桓，過也。屈完曰：「大國之以兵向楚何也？」桓公曰：「昭王南征不反，【補曰】杜預曰：「昭王，成王之孫，南巡守，涉漢，船壞而溺。」案：齊以爲楚罪。菁茅之貢不至，故周室不祭。」菁茅，香草，所以縮酒，楚之職貢。【補曰】書禹貢荆州之貢「苞匭菁茅」即此也。鄭君曰：「菁茅，茅之有毛刺者。」杜預曰：「茅之爲異未審。」今案：史記封禪書管仲謂桓公「江淮之閒，一茅三脊，所以爲藉也」。水經注引晉書地理志云「泉陵縣有香茅，氣甚芳香，古貢之以縮酒」。〔一〕二者其此茅乎？菁者，蓋言菁菁然盛也。左傳言包茅縮酒，周禮鄭興注曰：「『莤』讀爲『縮』。束茅立之祭前，沃酒其上，酒滲下去，若神飲之，故謂之縮。」縮，浚也。浚者，說文「抒也」，廣雅「盝也」。鄭君曰：「縮酒，泲酒也。」又曰：「以茅縮去滓也。」不祭，謂不以菁茅祭。屈完曰：「菁茅之貢不至則諾，昭王南征不反，我將問諸江。」問江邊之民有見之者不。此不服罪之言，故退于召陵而與之盟。屈完所以得志，桓公之不得志爾。【補曰】漢水入江，言將問江神。注非也。傳因盟事，并記桓公、屈完語，得志之僅，亦其一驗，非以此便爲僅也，注都未了。○蘇轍曰：「楚人方强，齊將綏之以德，故次于陘以待之。既而楚屈完來求盟，因而許之。雖有諸侯之衆而不用，蓋伯者之師，求以服人而已，非若後世必以戰勝爲功也。二十八年，晉、楚戰于城濮，晉文公退三舍避楚，楚成得臣從之不已而後戰，方其退舍而楚還，則文公亦將不戰矣。由此觀之，桓文之於用兵皆求服人而不求必勝也。」家鉉翁曰：「蘇氏立論平實，得桓文之用心。」

齊人執陳袁濤塗。袁濤塗，陳大夫。【補曰】不月，則濤塗亦有罪。何休以爲執例時。○【撰異曰】袁，左氏作「轅」，段玉裁曰：「左氏音義『袁』本多作『轅』，乃俗人以轅、袁互易也。」文烝案：陳之袁氏或作「轅」，他書又作「爰」，難定其孰爲本字。段據北史李繪謂袁狎語以爲黄帝十二姓内有轅，當从車旁，而今國語誤爲「儇」，遂定陳大夫氏爲「轅」。今考陳袁氏爲公族，乃嬀姓，無關黄帝姓也。齊人者，齊侯也。【補曰】文承上盟，足明其爲齊侯。其人之何也？於是哆然外齊侯也。不正其踰國而執也。江熙曰：「踰國，謂踰陳而執陳大夫，主人之不敬客，由客

〔一〕「理」原作「道」，據晉書改。又「古」原作「言」，據晉書地理志改。

之不先敬主人，哆然衆有不服之心，故春秋因而譏之，所謂以萬物爲心也。莊十七年，齊人執鄭詹，傳與其執者，詹奔在齊，因執之。」【補曰】疏曰：「左氏、公羊皆以爲濤塗誤軍道。」傳與注無是言，則以濤塗不敬齊命，故執之，陳人有不服之意，哆然疏外齊侯。哆然，寬大之意也。」「萬物爲心」，莊子文。文烝案：注、疏皆失傳恉。哆然外齊侯者，謂經意哆然外之，故稱人也。經所以外之者，踰國而執其大夫，以爲不正，此桓十一年之例也。濤塗之見執，當依左傳所載，齊侯初從濤塗之請，師出東方，後因鄭申侯言，仍由陳、鄭閒出，遂執濤塗。濤塗從陳侯在師，時已至陳地，齊侯執之於陳，故謂之踰國而執，是聖門相承説經語也。至於陳有不服之心，觀下一伐一侵，固亦可見。而濤塗之請，乃其實迹，公羊以爲不脩其師而執濤塗，古人之討則不然，其説亦可用也。上文「内桓師」，此文「外齊侯」，義各有當，是之謂萬物爲心，鄭玉所云「功過不相掩也。」疏解「哆然」字亦非也，哆然者，離外之意。爾雅曰：「誃，離也。」誃，即「哆」字。荀子曰「有侈離之德」，「侈」亦即「哆」字，高郵王氏父子説。

秋，及江人、黃人伐陳。【補曰】左傳曰：「討不忠也。」不言其人及之者何？内師也。【補曰】内師，魯師也。此當言内卑者，而言内師，便文也。桓十七年「及宋人、衛人伐邾」正與此同。傳特於此言内師者，疏曰：「文承齊人執濤塗下，恐非魯及故也。」吳澂曰：「時江、黃之師在其國，以其近於陳，故令伐陳也。必使魯人及之者，江、黃遠國，不可無魯主兵也。」文烝案：此亦所謂南伐以魯爲主。

八月，公至自伐楚。【補曰】月者，似爲下葬，然曹宣、許靈葬皆不月。何休曰：「凡公出，滿二時月，危公之久。」何注「二」或作「三」，誤。有二事偶則以後事致，【補曰】偶者，相當敵，言後事不小於先事也，後不小則後爲大，此爲常例。後事小則以先事致，【補曰】後小則先爲大，此爲變例。其以伐楚致，大伐楚也。鄭君曰：「會爲大事，伐爲小事。」今齊桓伐楚而後盟于召陵，公當致會。而致伐者，楚彊莫能伐者，故以伐楚爲大事。【補曰】鄭言「會大伐小」非也。凡伐與會爲偶，先會後伐，當以伐爲大，先伐後會，當以會爲大。此先伐後會而不以會爲大，明伐尤大也。定四年，侵楚盟皐鼬以會致，則依偶事致後之例，以會爲大矣。書序稱「成王東伐淮夷，遂踐奄」，其下云「成王歸自奄」，以踐奄爲大也。又稱「夏師敗績，湯遂從之，遂伐三朡」，其下云「湯歸自夏」，以勝夏爲大也。汪克寬引以證春秋，得之。又此傳特明統例耳，桓之盟會皆不致，固不謂召陵有書至之義。

葬許穆公。○【撰異曰】穆，公羊作「繆」，後謚皆同。

冬十有二月，公孫茲帥師會齊人、宋人、衛人、鄭人、許人、曹人侵陳。莊十年春二月，公侵宋，傳曰：「侵時，此其月何也？惡之，故謹而月之。」然則凡侵而月者，皆惡之。【補曰】三國伐，七國又侵，故惡之也。公孫茲，公子牙子叔孫戴伯也。自陽處父以前稱人者，皆是師少，不必將卑。魯以貴卿帥師，外亦將尊可知，但七國獨魯用大衆，恐非事情，蓋齊桓節制之兵，獨不用衆。宋以下雖或用衆，既序齊後，從而稱人耳。○【撰異曰】茲，公羊作「慈」，後同。

五年春，晉侯殺其世子申生。【補曰】殺世子母弟例時。目晉侯斥殺，惡晉侯也。斥，指斥。【補曰】目，見也。惡晉侯者，公羊云「甚之」是也。與殺母弟目言同。張洽曰：「董仲舒所謂爲人君父而蒙首惡之名。」謝湜曰：

「滅國本而君道絶，滅天性而父道絶。」

杞伯姬來朝其子。婦人既嫁不踰竟，踰竟，非正也。【補曰】此專釋「來」也。重發傳者，內女未有明文，又嫌外孫當朝也。諸侯相見曰朝，伯姬爲志乎朝其子也。【補曰】使其子伉諸侯之禮者，乃伯姬之志，書「來」已見非正，又書「朝其子」，是所以譏伯姬。伯姬爲志乎朝其子，則是杞伯失夫之道矣。凱曰：「不能刑于寡妻。」【補曰】孟子曰：「身不行道，不行於妻子，使人不以道，不能行於妻子。」言又譏杞伯也。諸侯相見曰朝，以待人父之道待人之子，非正也。【補曰】直書「朝」，明魯以處待杞伯之禮待之，又譏內也。故曰杞伯姬來朝其子，參譏也。參譏，謂伯姬、杞伯、魯侯也。桓九年，曹伯使其世子射姑來朝，譏世子。此不譏者，明子隨母行，年尚幼弱，未可責以人子之道。伯姬以莊二十五年夏嫁，至今十五年，則子幼可知。

夏，公孫茲如牟。【補曰】言如者，聘也。後皆同。左傳曰「公孫茲如牟娶焉」，説見莊二十七年。

公及齊侯、宋公、陳侯、衛侯、鄭伯、許男、曹伯會王世子于首戴。惠王之世子名鄭，後立爲襄王。首戴，衛地。【補曰】王世子不名者，别於諸侯之世子與羣王子，從大夫以上不名例也。王室事自王人救衛後，一志王姬歸齊，至此乃見王世子。○【撰異曰】戴，左氏作「止」。下同。及以會，尊之也。言及諸侯然後會王世子，不敢令世子與諸侯齊列。【補曰】會者，外爲主之文，此時王世子爲主，當如王人、宰周公等冠齊侯上而已。今書公及齊侯，從尊卑內外之常文，而移會王世子文殊之於下，明不欲與諸侯列數，是所以尊之，此蓋君子改舊史以明義。會又會，及以及，會以及，皆同也。何尊焉？王世子云者，唯王之貳也。【補曰】貳，副也。國語曰：「貳若體焉。」上貳代舉，下貳代履。云可以重之存焉，尊之也。何重焉？天子世子，世天下也。【補曰】公羊曰：「世子猶世世子也。」韓嬰詩傳曰：「所以爲世子何？言世世不絕。」

秋八月，諸侯盟于首戴。言諸侯者，前目而後凡，他皆放此。【補曰】公羊曰：「諸侯何以不序？一事而再見者，前目而後凡也。」何休曰：「省文從可知。」文烝案：魯大夫與他國序，再出名氏，公不再出者，趙匡曰：「卿恐涉他臣，公則無二也，今以爲君臣相變。」無中事而復舉諸侯何也？【補曰】據同盟新城之屬不重舉。尊王世子而不敢與盟也。【補曰】諸侯能尊王世子，經因其尊而尊之。傳於會言春秋尊之，於盟言諸侯尊王世子，其實此會此盟皆是諸侯能尊王世子，而經因爲尊文以示義，皆善桓也。盧仝曰：「此春秋尊周之微意。」尊則其不敢與盟何也？盟者，不相信也，故謹信也，不敢以所不信而加之尊者。【補曰】申上意。桓，諸侯也，不能朝天子，是不臣也。【補曰】朝者，朝京師也。王世子出會，足見桓不能朝。王世子，子也，塊然受諸侯之尊己，而立乎其位，是不子也。【補曰】疏引徐邈云：「塊然，安然也。」王引之曰：「徐訓非也。塊然，獨尊之貌。凡書傳言『塊』者，皆獨貌也。字亦作『傀』，荀子書『塊』、『傀』二字並出。」文烝案：位者，世子之位也，受尊禮而立其位，非子道，明古者世子不出會。桓不臣，王世子不子，則其所善焉何也？【補曰】經爲尊文，善桓明矣，故因以問。是則變之正也。雖非禮之正，而合當時之宜。【補曰】謂桓得變之正。天子微，諸侯不享覲，【補曰】享，獻也。不貢獻，不朝覲。桓控大國，【補曰】控，引也。扶小國，【補曰】扶，佐也。佐，謂手相助。統諸侯，不能以朝天子，亦不敢致天王，【補曰】統，總也。雖不能以諸侯朝京師，亦不敢如晉文致天王而朝之。呂祖謙論受胙請隧等事，以爲齊桓專在於扶名分，晉文則適以壞名分，見管仲、舅犯之優劣。尊王世子于首戴，【補曰】由其不敢致天王，故但致王世子而尊之於會。乃所以尊天王之命也。【補曰】尊世子正以尊王也。言命者，請於王而王命之來。世子含王命會齊桓，亦所以尊天王之命也。【補曰】世子銜王命而來會，自尊亦卽以尊王命。世子受之可乎？是亦變之正也。【補曰】亦，亦齊桓，與上同。天子微，諸侯不享覲，世子受諸侯之尊己，而天王尊矣，世子受之可也。【補曰】世子尊則天王尤尊，故可受也。自「桓諸侯也」以下，通論會盟之善。左傳曰「謀寧周也」，服、杜皆以爲王將廢世子，立王子帶，故齊桓帥諸侯會之以定其位。於此傳未能相通，或當時實有其事，而經但就文見義，以明其爲變之正，不須詳細論之耳。趙鵬飛以爲是會能假義，是盟能假信，引經解曰「義與信，伯王之器也」。家鉉翁則謂定世子之位之説深爲可疑，只當從穀梁。穀梁明變正之義，有功世教。

鄭伯逃歸不盟。以其去諸侯，故逃之也。專己背衆，故書逃。傳例曰：「逃義曰逃。」【補曰】公羊引魯子曰「蓋不以寡犯衆也」，范本之。言不盟，則知上諸侯無鄭伯。劉敞曰：「出不盟者，在盟前逃也，猶沙隨、平丘。尋其先文，如皆已盟，復得後語，乃知不與耳。」文烝案：言不者，可以然而不然之例。

楚人滅弦，弦子奔黄。弦，國也。其不日，微國也。【補曰】重發傳者，此是楚滅，嫌異也。又此奔蒙上月，而滅在時例，與黄、夔、江、六同，皆夷狄之微國也，故重發傳。

九月戊申朔，日有食之。

冬，晉人執虞公。虞公貪璧馬之寶，棄兄弟之親，拒絶忠諫之口，不圖社稷之危，故晉命行于虞，使下執上，虞同于晉，是以謂之晉人執虞公。【補曰】晉滅同姓不譏者，惠士奇曰：「夏陽之滅，以虞爲主，至此滅虞，變文言執，所以末滅晉之罪而獨罪虞也。不言滅，故亦不得稱名。」文烝案：此滅宜月，不言滅，故亦不月。執不言所於地，緼於晉也。時虞已包裹屬於晉，故雖在虞執而不書其處。【補曰】疏曰：「舊解云執人例不書地，此云不地緼於晉者，凡執人不地者，亦以地理可明故也。若晉會諸侯于溴梁，執莒子、邾子；楚合諸侯于申，執徐子；皆因會而執之，則在會可知，故不假言地。至如滅人之國，執人之君，則亦是就國可知也。經若書晉滅虞，則是言其地，今不書滅虞，卽不舉滅國之地，不謂執人當地也。所以不言滅虞者，晉命先行於虞，虞已屬晉，故不得言之也。或以爲執不言所於地，謂不書執虞公于虞也。緼於晉，謂虞已苞裹屬晉，故不得言也。理亦通耳。」其曰公何也？據十九年宋人執滕子嬰齊不言公。猶曰其下執之之辭也。臣民執其君，故稱公。江熙曰：「春秋有州公、郭公、虞公，凡三公，非爵也，傳以爲下執之辭。嘗試因此論之，五等諸侯，民皆稱曰公，存有王爵之限，没則申其臣民之稱。州公舍其國，故先書州公；郭公盗而歸曹，故先名而後稱郭公；夏陽亡則虞爲滅國，故宜稱虞公。三人殊而一致，三公舛而同歸，生死齊稱，蓋春秋所賤。【補曰】左傳鄭莊公曰『無寧茲許公復奉其社稷』，此告許大夫百里之辭，從其所稱以爲稱，是臣民稱公之驗。又齊公子元不順懿公，終不曰公，明常稱皆曰公也。春秋内君則稱公，外稱公者，自宋以外皆以配謚，故曰「生死齊稱，春秋所賤」也。疏曰：「州公本無舍國之事，郭公不見盗歸之文，今江爲此説而范不難者，以州公舍國，左氏有文，郭公棄位適曹，卽是盗之狀。」錢儀吉曰：「注『盗』字疑當作『逃』。」其猶下執之之辭何也？【補曰】據臣出其君以自出爲文，况虞實不執君邪？晉命行乎虞民矣。虞服于晉，故從晉命而執其君。【補曰】晉命既行，可以使虞執之，故晉執而從虞稱也。緼以國言，命行以民言，皆指滅夏陽。但言民則臣兼之。虞、虢之相救，非相爲賜也，今日亡虢而明日亡虞矣。言明日，喻其速。【補曰】此又明虞借晉道一事，君子所甚惡也。前則主兵，此則不言滅，又稱公，所以大著其義。劉敞曰：「春秋之記事，原始見終，不失其實者也，故虞之滅自夏陽始，夏陽滅則虞亡矣。宮之奇、舟之僑之徒皆知之，獨其君不知，故春秋因大見其釁於滅夏陽，而深没其迹於執虞公，使天下之爲人君者從而省之，可以戒於此矣。故曰家有既亡，國有既滅，由別之不別也，可不大哀乎？」文烝案：傳不釋稱人義者，凡諸侯稱人以執諸侯，皆是衆辭，皆是與其執有罪，與稱爵斥執者相對爲文。傳於後既明稱爵斥執之非，則稱人義自足見，故諸稱人悉略之也。諸侯執大夫皆稱人，無稱爵者，故或爲貶之外之，或爲衆辭，以其執有罪而與之，文同義異，而傳亦隨事備文。執諸侯則有稱爵、稱人二例，既以稱爵，當彼貶之外之之文，則稱人者自不煩釋。

春秋僖公經傳第四補注第十

穀梁　范氏集解　鍾文烝詳補

六年春王正月。

夏，公會齊侯、宋公、陳侯、衞侯、曹伯伐鄭，圍新城。【補曰】左傳曰：「圍新密，鄭所以不時城也。」杜預曰：「實新密而經言新城者，鄭以非時興土功，齊桓聲其罪以告諸侯。」劉炫曰：「先王之制，諸侯無故不造城，造城則攻其所造，司馬法『産城攻其所産』是也。」伐國不言圍邑，此其言圍，何也？據元年楚人伐鄭不言圍。【補曰】不得獨據彼又贅。病鄭也，著鄭伯之罪也。泰曰：「諸伐國而言圍邑，傳皆以爲伐者之罪。而以此著鄭伯之罪者，齊桓行霸，尊崇王室，綏合諸侯，翼戴世子，盟之美者，莫盛於此。而鄭伯辟義逃歸，違叛霸者，是以諸侯伐而圍之。罪著于上，討顯于下，圍伐之文雖同，而善惡之義有殊，亦猶桓盟不日以明信，而葵丘之盟日之以爲美。」【補曰】疏曰：「前書逃歸，是罪著於上也；今言伐，又言圍，是討顯於下也。」文烝案：注言「罪著於上」，非卽傳所謂著罪；傳言著罪者，卽申病鄭意也；言伐復言圍，或爲伐者之罪，或爲受伐者之罪；不嫌無別者，下以伐鄭致變，偶事致後之例，亦足明之也。

秋，楚人圍許。

諸侯遂救許。伐鄭之諸侯。【補曰】此本杜預。善救許也。【補曰】疏曰：「何嫌非善？而傳言之者，以許是近楚小國，叛而即齊，嫌救之非善，故發之。」

冬，公至自伐鄭。其不以救許致何也？【補曰】據偶事，當致後。大伐鄭也。【補曰】疏曰：「大之者，鄭叛中國，外心事楚，成蠻夷之强，益華夏之弱。齊桓爲伯，討得其罪，鄭人服從，遂使世子聽命，是其大也。」文烝案：公蓋以夏末行，冬初至，未滿二時，故不月。

七年春，齊人伐鄭。

夏，小邾子來朝。【補曰】杜預曰：「郳犂來始得王命而來朝也。數從齊桓以尊周室，王命以爲小邾子。邾之別封，故曰小邾。」案：莊五年，公羊曰：「倪者何？小邾婁也。」○【撰異曰】小邾，公羊作「小邾婁」，終春秋皆然。

鄭殺其大夫申侯。【補曰】吕氏春秋謂之申侯伯。稱國以殺大夫，殺無罪也。【補曰】疏曰：「此云殺無罪，是罪鄭伯也。案：傳例失德不葬，文公不書葬，則亦失德也。枉殺卿佐，是失德之儔，未知鄭伯更有失德，爲當直由殺申侯，不可知也。」文烝案：文公不葬，非直由殺申侯，説見後卒下。

秋七月，公會齊侯、宋公、陳世子款、鄭世子華盟于寧毋。寧毋，某地。【補曰】當云魯地。○【撰異曰】陸湻纂例曰：「左氏陳世子款下又有鄭世子華，誤加之也。」案：今公、穀皆有之。又音義、纂例「寧」，左氏作「甯」。案：今公羊亦作「甯」。説文宀部：「寍，安也。从宀心在皿上。皿，人之食飲器，所以安人也。」丂部「寧，願詞也。从丂寍聲。」

用部：「甯，所願也。从用寧省聲。」石鼓文「天子永寍」，是訓「安」之字。今書傳盡作丂部字。晉古文書大禹謨音義辯之宀部字爲會意，猶安从女在宀中。丂部、用部二字皆从其聲，又同義，明三字並通矣。毋，左氏作「母」，音義曰：「如字。又音無。」公、穀音義曰：「音無。又茂后反。」衣裳之會也。【補曰】疏曰：「衣裳之會十有一，或釋或不釋者，省文以相包。兵車之會少，故備舉見義。此是衣裳，後歲兵車，二文相近，故傳因而別之。」

曹伯班卒。○【撰異曰】班，公羊作「般」。案：爾雅「般」訓「還」，班訓「賦」，而古書以聲同通用。

公子友如齊。【補曰】聘也。

冬，葬曹昭公。

八年春王正月，公會王人、齊侯、宋公、衞侯、許男、曹伯、陳世子款盟于洮。洮，曹地。○【撰異曰】公羊「款」下有「鄭世子華」。王人之先諸侯何也？【補曰】據是下士。貴王命也。【補曰】會者外爲主，王人爲主，是貴王命。言命者，王人奉命出會，與世子同也。傳言寰內諸侯，非有天子之命不得出會諸侯，明有天子命者得出會也。貴者，經貴之，亦由當時會實班上，猶能尊貴王命，故因而貴之以示義。諸書王朝臣出會先諸侯者，皆有王命，皆是貴之，卑者猶然，餘可知也。嘗論之齊、晉皆以外諸侯而爲伯，故自王人之微以至尹子、單子、劉子、宰周公皆據王命爲先，非周初二伯之制也。周初之二伯，自陝以東，周公主之，自陝以西，召公主之，其繼大保率西方諸侯，畢公率東方諸侯，皆以內諸侯爲伯，蓋所謂王官伯矣。齊桓、晉文與郇侯稱郇伯相似，但齊、晉既謂之侯伯，又謂之霸諸侯，亦其異也。齊、晉既爲伯，而周之卿士仍謂之王官伯，則文沿舊而通稱也。朝服雖敝，必加於上；【補曰】朝服，玄冠之服，十五升緇布衣而連裳，説見前。詩謂之「緇衣」，逸周書大匡謂之「麻衣」。諸侯視朝之服也，天子視朝則皮弁服。皮弁者，白鹿皮爲弁。士冠禮曰：「皮弁服，素積緇帶素韠。」素積者，謂裳素者繒也，其衣蓋以縞，舊説十五升白布爲之疑非。緇帶者，士制，大夫以上皮弁服皆素帶，諸侯視朝朝服，朔視朝皮弁服，天子視朝皮弁服，朔視朝玄冕，凡在朝君臣同服。論語「吉月必朝服而朝」，謂皮弁服也，與其下文「朝服立阼」異。弁冕雖舊，必加於首；【補曰】左傳景王辭於晉曰「我在伯父，猶衣服之有冠冕」，即弁冕也。冕與弁與冠散文，渾言之皆通。周室雖衰，必先諸侯。【補曰】無問會者尊卑也。六句申上意。兵車之會也。

鄭伯乞盟。以向之逃歸乞之也。向，謂五年逃首戴之盟。齊桓爲兵車之會于此，乃震服，懼不得盟，故乞得與之。不録使者，使若鄭伯自來，所以抑一人之惡，申衆人之善。【補曰】戴祖啟曰：「向也逃則今也乞矣。」文烝案：經因其乞而乞之，乞之猶上云逃之，皆謂春秋之文也。向，或作「鄉」。注不録使二句，本何休。下二句在上「逃歸」傳下。乞者，重辭也，人道貴讓，故以乞爲重。【補曰】注依定元年重請爲説，彼釋「求」義，非釋「乞」義，「求」與「乞」雖同是「重」，而「乞」又重於「求」。疏曰：「文與乞師同，故爲重辭。」得之。重是盟也。悔前逃歸，故以「重」言。【補曰】申上句。乞者，處其所而請與也，言乞，知不自來。【補曰】何休曰：「處其國上。」注音義曰：「得與音豫，下『請與』幷下注『而與』同。本或作『豫』。」孔廣森曰：「與，許也，使請見許盟於齊也。」蓋汋之也。汋血而與之。【補曰】此二句與公羊同。汋，公羊作「酌」。何休曰：「酌，挹也。挹取其血。」范本之。孔廣森曰：「周官『邦汋』，鄭衆曰『汋』讀如『酌酒尊中』

之「酌」。斟酌盜取國家密事，若今時刺探尚書事然，則「酌之」之義猶言探之也。鄭屬與楚，不敢親來盟，使其世子爲乞盟，以探齊侯之意，蓋齊侯許之，故下葵丘之盟，鄭伯遂自至也。」文烝案：「汋」訓「探」亦可通。言使其世子，則據公羊經，非也。蓋者，承上語辭。謝湜曰：「爲宗廟社稷主，而其始若賤者，負罪而逃，其終若賤者，哀告而乞，著其屈辱，罪其不智也。」

夏，狄伐晉。

秋七月，禘于大廟，禘，三年大祭之名。大廟，周公廟。禮記明堂位曰：「季夏六月以禘禮祀周公于大廟。」雜記下曰：「孟獻子曰，七月日至，可以有事于祖。七月而禘，獻子爲之。」案：宣九年仲孫蔑如京師，於是獻子始見經，襄十九年卒，然則失禮非獻子所始明矣。雜記之云，甯所未詳。【補曰】范依左氏説，禘爲三年大祭，因喪畢始禘，自後遂以三年爲節，不知喪畢或禘或祫，五年而再殷祭。禘實五年祭之名，言大廟以包羣廟，閔二年詳之矣。明堂位季夏六月，鄭君以爲建巳月，毛詩傳亦言夏禘秋祫。七月禘者，後世變制，非唯不始於獻子，亦必不始於此時，是雜記之誤。又禘武公在二月，禘僖公在十月，是魯禘實無常期矣。禘既無常，史例不以失時志，此志者，爲用致夫人也。月者，謹用致，非譏禘不時也。○禘有爲時祭名者，王制、祭統春曰礿，夏曰禘。郊特牲、祭義又言春禘。國語邴敬子言嘗、禘、烝、享皆據夏、殷之禮也。商頌序長發大禘，自是殷祭之禘，别乎時祭，故言大也。禘有爲祭天地名者，祭法、魯語「周人禘嚳而郊稷」，周語禘郊之事則有全烝，魯語天子潔奉禘郊之粢盛，楚語郊禘不過繭栗。天子禘郊之事，必自射其牲，天子親舂禘郊之盛。此禘乃冬至祭昊天上帝於圜丘，夏至祭地於方丘之禮。周頌序昊天有成命郊祀天地亦通稱郊也。喪服小記、大傳不王不禘，王者禘其祖之所自出，以其祖配，此夏正月祭上帝於南郊之禮，即魯郊子丑寅三月之禮。郊而通稱禘也。周禮注以圜丘方丘并宗廟爲三大禘。案：爾雅曰：「禘，大祭也。」「大祭」之合聲則「禘」，故凡大祭皆蒙其名矣。用致夫人。劉向曰：「夫人，成風也。致之于大廟，立之以爲夫人。」【補曰】左傳以夫人爲哀姜，果爾則當言用致哀姜。凡小君既沒有謚，不言夫人，猶君不可舍謚直言公也。公羊以爲齊之媵女。案：左氏哀二十四年傳公立公子荆之母爲夫人，宗人釁夏謂魯無此禮，是知魯君當身以妾爲妻者始於彼時，非春秋中所有，黄澤言之矣。用者，不宜用者也。【補曰】重發傳者，嫌與用幣異。致者，不宜致者也。【補曰】言致，知不宜致，宜致者則曰至自某，不曰致之，猶立與即位之異。公羊并上句皆同，謂之用致者，始立妾母爲夫人而見於廟，用此禘禮以致之亦若夫人始嫁而告至，又若三月廟見之禮也。沈欽韓曰：「妾媵不助祭，尊成風，爲將來祔食之地，乃致成風，爲此日入廟之典也。」文烝案：左氏説以爲吉禘致新死者，而此禘非值喪畢，不得爲吉禘，故杜預推左氏之意以爲歷三禘而行其禮，紆回失實。言夫人必以其氏姓，【補曰】説見莊元年。言夫人而不以氏姓，非夫人也，【補曰】包文姜言之。哀姜去姜，出姜、穆姜去氏，次於此例。立妾之辭也，【補曰】此專言成風。非正也。夫人者，正嫡之稱，謂非崇妾之嘉號，以妾體君則上下無别，雖尊其母，是卑其父，故曰非正也。禮有君之母非夫人者，又庶子爲後，爲其母緦，是妾不爲夫體明矣。【補曰】案：庶子爲父後者，爲所生母服緦三月，謂君之庶子父卒者也。若父在，爲其母練冠麻，麻衣縓緣，既葬而除，不在五服中。不爲後者，父在同，父卒則爲其母大功九月。大夫之庶子，父在爲其母大功九月，父卒爲其母齊衰三年。爲後不爲後者皆同，凡大夫以上，他庶母皆無服，喪服經注備矣。五經異義：「今春秋公羊説妾子立爲君，母得稱夫人，故上堂稱妾，屈於適也，下堂稱夫人，尊於行國也。父母者，子之天也，子不得爵命父母，則士庶起爲人君，母亦不得稱夫人。至於妾子爲君，得爵命其母者，以妾本接事尊者，有所因緣故也。穀梁說魯僖公立妾母成風爲夫人，入宗廟，是子而爵母也。以妾爲妻，非禮也。古春秋左氏說成風得立爲夫人，母以子貴，禮也。許君謹案：尚書舜爲天子，瞽瞍爲士，明起於士庶者，子不得爵父母也。至於魯僖公，本妾子，尊母成風爲小君，經無譏文，從公羊、左氏之說。」鄭君駁云：「禮喪服父爲長子三年，以將傳重故也，衆子則爲之期，明無二適也。女君卒，貴妾繼室攝其事耳，不得復立爲夫人。魯僖公妾母爲夫人者，乃緣莊公夫人哀姜有殺子般、閔公之罪，應貶故也。近漢呂后殺戚夫人及庶子趙王，不仁，廢不得配食。文帝更尊其母薄后，非其比邪？妾子立者得尊其母，禮未之有也。」文烝案：如鄭所言，知穀梁爲正經，明有譏文，而許云無譏，非也。鄭論成風，意謂正夫人有以罪廢，妾母得成爲夫人。鄭又言宣公所以得尊其母爲夫人者，以姜氏歸齊不反之故。又杜預釋例以爲適母薨則申其母尊，孔穎達申杜曰：「哀姜既薨，成風乃正，出姜既出，敬嬴乃正，齊姜既薨，定姒乃正，襄公一世，無娶夫人之文，故齊歸得正。」今案：此等權宜之說，皆非穀梁義，唯孔說齊歸似可依用。鄭援漢事，乃光武，非文帝也。夫人之，我可以不夫人之乎？夫人卒葬之，我可以不卒葬之乎？鄭嗣曰：「君以爲夫人，君以夫人之禮卒葬之，主書者不得不以爲夫人也。成風以文四年薨，五年葬，傳終說其事。」【補曰】此有二「我」字，蓋通下二句皆夫子之言，與十九年傳「我無加損」同例也。蘇轍謂春秋所書不爲異辭者，君臣之禮。胡安國以爲謹禮所由變，薛季宣以爲不沒其實。一則以宗廟臨之而後貶焉，臣無貶君之義，故于大廟去夫人氏姓，以明君之非正。【補曰】注非也。貶者，謂貶去夫人氏姓，與文姜、哀姜、出姜之貶皆同。一則以外之弗夫人而見正焉。秦人來歸僖公、成風之襚，不言夫人。【補曰】注亦非也。以外之弗夫人而見正者，謂不直言成風，而言僖公、成風也。於彼論之，夫夫人之，夫人卒葬之者，紀其實也。貶焉、見正焉者，所謂春秋視人所惑，立説以明之也，略舉數事，以證斯文。桓也而公，我亦公之；文姜也而夫人，我亦夫人之；楚商臣、蔡般而楚子、蔡侯，我亦楚子之、蔡侯之。惑則有説焉，桓不可爲公，而王不討，疑若可也，故將公之則先謹之也。文姜不可爲夫人，而子念母，疑若可也，故既夫人之而又貶之也。不惑則無説焉，楚商臣、蔡般，夫人而知其不可爲楚子不可爲蔡侯也，故楚子之、蔡侯之，如恆文也，是故我紀其實而已矣。紀其實而無説，我寄其意而已矣。寄其意者亦所謂我無加損焉，而名亦未嘗不正也。後世史書既非聖筆，不足寄意，乃競立説，小失則乖礙文體，大失則變亂事實，自王通、沈既濟、孫樵以來，又不第如譙周、干寶、孫盛之書以模擬文句爲病矣。

冬十有二月丁未，天王崩。惠王也。【補曰】史記桓王子莊王佗，莊王子僖王胡齊，僖王子惠王閬，世本名毋涼，國語注或作「涼」。左傳崩在上年閏月無日，以爲至是來告。趙匡以來皆疑之，當是上冬有疾，至此崩也。

九年春王三月丁丑，宋公禦説卒。【補曰】宋桓公也。不葬者，疏曰：「蓋魯不會。」○【撰異曰】禦，本亦作「御」，左氏作「御」。

夏，公會宰周公、齊侯、宋子、衞侯、鄭伯、許男、曹伯于葵丘。宰，官。周，采地。天子三公不字。宋子，襄公。葵丘，地名。【補曰】周公，名孔。葵丘，杜預釋例「宋地也」。全祖望、洪亮吉據左傳云西爲此會，從水經注爲晉地。注自末句外皆本杜預。天子之宰通于四海。宰，天官冢宰兼爲三公者，三公論道之官，無事于會盟。冢宰掌建邦之六典，以佐王治邦國，故曰通于四海。【補曰】疏曰：「傳言通於四海者，解其與盟會之事也，若直爲三公論道之官，則無事於會盟。以兼爲冢宰通於四海，爲諸侯所尊，故得出會也。一解通於四海者，解其稱官之意，與注乖。」文烝案：一解得之，於注亦不相悖。孔穎達解此傳謂「宰者六官之長，官名通於海内，故書官名」是也。孔又以爲傳兼解宰咺、宰渠伯糾，蓋自宰夫以上皆通，其説未當。宰周公以公兼卿，以其兼冢宰，通於四海，而書官。渠伯糾爲宰夫，咺爲宰夫之屬，亦書官者，因冢宰連及之也。官有正有貳有考，冢宰卿爲正，小宰中大夫爲貳，宰夫下大夫爲考，其官名俱爲宰，故通得書宰。其士則謂之殷，而上士中士視旅下士爲尊，故統於考而亦書宰。不嫌無别者，或名或字或爵，足以别之也。宋司城官屬俱來，司馬華孫官屬亦俱來，直書司城、司馬，亦其比也。至於周公出奔晉，祭公來，不言所兼之卿官，其餘自卿至中士皆不言官，明非冢宰及其貳與考，則皆略之。王子虎卒，左傳謂之王叔文公，經不言官，而國語以爲大宰，似未足據也。公羊謂宰周公是天子之爲政者。案：周初，周公以大宰攝王事，明宰實爲政，爲政故通於四海，通四海故言官，此必魯史所受周禮舊法，而君子因之。春秋時，周之爲政者不必皆大宰矣。鄭君周禮注曰：「百官摠焉，謂之冢，列職於王則稱大。」何休曰：「宰，猶治也。」干寶、賈公彦解周禮謂取調和之名。爾雅曰：「九夷、八狄、七戎、六蠻謂之四海。」李巡本爾雅。下文又云「八蠻、六戎、五狄」，與風俗通同。又古書言「四海」或爲四方之通稱，是有二義也。時蓋百官聽於冢宰，王既葬而命之出會，諸侯會葬，先出以俟乎？宋其稱子何也？未葬之辭也。【補曰】内書子者，既葬稱子，未葬稱子某。此宋子及定四年陳子未葬不名，不如子般、子野者。既出會盟，與諸國君列序，不得獨出名也。禮，柩在堂上，孤無外事，今背殯而出會，以宋子爲無哀矣。欑木如椁，塗之曰殯。殷人殯于兩楹之閒，周人殯于西階之上。宋，殷後也。【補曰】注言殷後者，解傳「堂上」爲兩楹間也，其實傳亦通言之。曲禮曰：「在牀曰尸，在棺曰柩。」無外事者，猶云喪不貳事也。殯者，以大斂而徙棺也。依檀弓、喪大記，天子之殯，菆塗龍輴以椁，加斧椁上，畢塗屋；諸侯之殯用輴，欑至於上，畢塗屋；大夫之殯以幬，欑置於西序，塗不暨於棺；士之殯見衽，塗上，帷之。「菆」與「欑」同字。凡柩既殯將葬，乃啟之，其未啟，謂之在殯也。疏曰：「嫌稱子合正無譏，故傳責其背殯。」文烝案：傳明經意，見其無哀也。

秋七月乙酉，伯姬卒。內女也，【補曰】疏曰：「不嫌非內女而云內女也者，明內女有書卒之義。」未適人不卒，此何以卒也？【補曰】未適人，通言內諸未嫁女也。不卒者，經例因史例也。許嫁，笄而字之，吉笄以象爲之，刻鏤其首以爲飾，成人著之。【補曰】喪服傳曰：「吉笄者，象笄也。」何休曰：「笄者，簪也，所以繫持髮，象男子飾也。服此者，明繫屬於人，所以養貞一也。字者，尊而不泄，所以遠別也。」昏禮曰：「女子許嫁，笄而醴之，稱字。」文烝案：曲禮亦與傳同。又曰「女子許嫁，纓」，內則曰「女子十有五年而笄」，雜記曰「女雖未許嫁，年二十而笄也。」字，即伯仲叔季，猶男子冠而字。耿南仲說易「女子貞不字」，直訓「字」爲許嫁，誤。易之「字」當從虞、陸說。死則以成人之喪治之。女子許嫁不爲殤，死則以成人之喪治之，謂許嫁于諸侯，尊同，則服大功九月。【補曰】何休曰：「不以殤禮降也。」

九月戊辰，諸侯盟于葵丘。【補曰】閒有事，故復舉諸侯，雖王臣及諸侯之世子大夫在焉，皆以諸侯包之。薄、宋祝、柯、重丘、臯鼬五者皆同義也。左傳謂宰孔先歸，傳無此意，國語似與內傳同，何休亦謂宰周公不與盟，似皆非。桓盟不日，此何以日？美之也。爲見天子之禁，故備之也。何休以爲即日爲美，其不日皆爲惡也。桓公之盟不日，皆爲惡邪？莊十三年柯之盟不日，爲信，至此日，以爲美，義相反也。鄭君釋之曰：「柯之盟不日，固始信之，自其後盟，以不日爲平文。從陽穀已來至此葵丘之盟，皆令諸侯以天子之禁，桓德極而將衰，故備日以美之，自此不復盟矣。」【補曰】疏曰「毋雍泉」以下是四教之事，而論語「一匡天下」，鄭指陽穀者，據公羊之文，其實此會亦有四教，故云「從陽穀已來」云云也。十五年盟牡丘而云不復盟者，以衣裳之會不復盟，彼是兵車故也。文烝案：陽穀大朝，葵丘明禁，傳本截然明白。鄭必兼用公羊者，凡鄭君之學，主於貫通稽合，往往如此。劉蕡對策曰：「葵丘之盟特日者，美其能宣明天子之禁，率奉王官之法，故春秋備而書之。」汪克寬曰：「首戴定天下之大本，洮安天下之大勢，葵丘示天下之大法。」葵丘之盟，陳牲而不殺，所謂無歃血之盟。鄭君曰：「盟牲，諸侯用牛，大夫用豭。」【補曰】疏曰：「衣裳之會，皆不歃血，以此會極盛，故獨詳其事耳。洮會云『汭血』者，彼兵車之會故也。徐邈云『陳牲者，不殺埋之，陳示諸侯而已』。下文『加於牲上』者，亦謂活牲，非死牲。」讀書加于牲上，壹明天子之禁，壹，猶專也。【補曰】讀載書以明之，如下所云。曰：毋雍泉，專水利以障谷。【補曰】雍，遏也。說文曰：「泉，水原也。」管子書稱楚人攻宋，鄭要宋田，夾塞兩川，使水不得東流。雍泉亦謂此類。毋訖糴，訖，止也。謂貯粟。【補曰】二注皆公羊文。左傳晉盟曰「毋壅利，毋蘊年」。毋易樹子，樹子，嫡子。【補曰】何休曰：「樹立本正辭，無易本正當立之子。」毋以妾爲妻，【補曰】說文「妻」，古文「妻」，从肖女。肖，古文「貴」字，明妻者貴稱。文王之妃太姒，大雅稱「寡妻」，毛傳曰「適妻也」。孔穎達曰：「適妻唯一，故言寡。」寡者，特也。小雅之「豔妻」，魯詩作「閻妻」，或作「剡妻」，鄭據之指厲王后，以爲敵夫曰妻。鄭是也。荀子曰「天子無妻」，謂禮之正稱，其通稱則謂后爲妻。毋使婦人與國事。女正位於內。【補曰】此謂妻也，亦容母言之，如文姜之比。戰國、秦、漢以後，母后爲攝主，春秋之世，見其端矣。公羊載四教在陽穀，無末句。孟子述葵丘五禁亦無未句，而文尤詳，曰：「葵丘之會，諸侯束牲載書而不歃血。初命曰，誅不孝，無易樹子，無以妾爲妻。再命曰，尊賢育才，以彰有德。三命曰，敬老慈幼，無忘賓旅。四命曰，士無世官，官事無攝，取士必得，無專殺大夫。五命曰，無曲防，無遏糴，無有封而不告。」彼以五命爲五禁，此則句別爲禁也。左傳不言明天子之禁而載宰孔之言，以爲齊侯不務德而勤遠略。公羊既移四教事於陽穀，乃云「葵丘之會，桓公震而矜之，叛者九國」，遂以此盟書日爲危之。國語亦記宰周公語，戰國策蔡澤亦言震矜國叛，皆他國所録，末俗所傳，違於經義。

甲子，晉侯詭諸卒。獻公也。枉殺世子申生，失德不葬。○【撰異曰】甲子，公羊作「甲戌」，張洽曰：「甲子不應在戊辰後，合從公羊作『甲戌』。」詭，左氏作「佹」，陸淳纂例唯云公羊作「詭」。

冬，晉里克殺其君之子奚齊。【補曰】疏曰：「弑書時者，不正，且又未成君。」○【撰異曰】殺，公羊作「弑」。案：此字或作「弑」，或作「殺」，皆音申志反。後閽弑吳子、盜弑蔡侯皆同。淮南子、董仲舒、劉向並言春秋之中弑君三十六，段玉裁以爲當作「二十六」，謂衛弑完一也，宋弑與夷二也，齊弑諸兒三也，宋弑捷四也，晉弑奚齊五也，弑卓六也，楚弑髡七也，齊弑舍八也，宋弑杵臼九也，齊弑商人十也，莒弑庶其十一也，晉弑夷皋十二也，鄭弑夷十三也，陳弑平國十四也，晉弑州蒲十五也，齊弑光十六也，衛弑剽十七也，吳弑餘祭十八也，蔡弑固十九也，莒弑密州二十也，楚弑虔二十一也，許弑買二十二也，吳弑僚二十三也，薛弑比二十四也，蔡弑申二十五也，齊弑荼二十六也。其君之子云者，【補曰】據例當直稱子也。陳侯之弟招殺陳世子偃師，重舉陳，此當言弑晉子。國人不子也。諸侯在喪稱子，言國人不君之，故繫于其君。【補曰】言經爲國人不子之辭也。疏曰：「徐邈云不子者，謂不子愛之也。非范意。」高澍然曰：「以子繫國，公也；以子繫君，私也。」文烝案：加之者，緩辭，何休所謂起先君之子。孫覺曰：「惡奚齊而里克之罪不滅，此春秋所以斷疑似之邪正，盡人情之難言，穀梁義最精。」國人不子何也？不正其殺世子申生而立之也。【補曰】經不正之。

十年春王正月，公如齊。【補曰】言如者，朝也。桓偕夫人，莊以他事行，至此始專是朝大國。如京師、如晉、如楚，皆朝也。月者，疏以爲爲下滅温，疏非也。孔廣森說公羊曰：「公以正月如某、或正月至者，必月，重始月也，猶存君之意也。」案：孔說最爲得實。正月存君，本公羊文，穀梁亦言存公。不致者，亦從安之之例。

狄滅温，温子奔衛。【補曰】蘇子國於温，温子即蘇子。寰內諸侯，天子之上大夫也。滅奔皆蒙月，月非但施於滅。

晉里克弑其君卓【補曰】朱子曰：「里克自不當安於奚齊、卓之立，但不可殺之。」王樵曰：「不正既於奚齊見義，則於卓成其君臣之名，以正里克之罪。」文烝案：不日者，不正也。○【撰異曰】公羊作「卓子」。及其大夫荀息。以尊及卑也，荀息閑也。【補曰】荀息所以爲閑者，公羊所謂不食其言也。疏曰：「後君死。重發傳者，仇牧是卑者所殺，此爲尊卿殺之，嫌異也。」文烝案：傳曰「死君難，臣道也」，孔父、仇牧、荀息經並言及，傳並稱閑，明同義矣。柳宗元非國語曰：「息聞君之惑，排長嗣而擁非正，其於中正也遠矣。不食其言，又不可爲信，春秋類之。孔父、仇牧以激不能死者耳。」孔子曰：「與其進不保其往也。」

夏，齊侯、許男伐北戎。【補曰】有許男從伐，不危之，故不以憂辭稱人。張自超曰：「桓獨徵師於許者，前以諸侯之師伐鄭，未嘗用許師，又爲許解楚圍，故伐北戎獨致許男，不復煩諸侯也。以江、黄伐陳，以曹伐厲，以徐伐英氏，齊桓用師節制如此。」

晉殺其大夫里克。稱國以殺，罪累上也。【補曰】累者，延坐及之。上，謂君上，以罪延坐君上，明其有專殺之罪，罪君不罪臣也。申侯之殺已發殺無罪之例，此重發之者，里克弒逆，嫌例有異，故重明之也。弒逆不可云無罪，故不曰殺無罪，而曰罪累，上論其事，則有小異，要之經書其殺，專以罪君，其意一也。里克弒二君與一大夫，二君，奚齊、卓子。一大夫，荀息。【補曰】國語惠公曰「子殺二君與一大夫」，作「殺」者不誤。左傳此句及此傳作「弒」，皆誤，説具隱四年。其以累上之辭言之何也？據有罪。其殺之不以其罪也。【補曰】非討賊還，以凡殺論。其殺之不以其罪柰何？里克所爲弒者，爲重耳也。殺奚齊、卓子者，欲以重耳爲君。重耳，夷吾兄文公。夷吾曰「是又將殺我乎？」故殺之，不以其罪也。其爲重耳弒柰何？晉獻公伐虢，得麗姬，【補曰】左傳、國語、劉向列女傳謂伐驪戎所得，莊子以爲艾封人之子。獻公私之，有二子：長曰奚齊，稚曰卓子。【補曰】公羊、列女傳同。左傳、國語以爲姬娣生卓子。稚，少也。麗姬欲爲亂，亂，謂殺申生而立其子。故謂君曰：「吾夜者夢夫人趨而來曰『吾苦畏』」，夫人，申生母。【補曰】齊姜也。胡不使大夫將衞士而衞冢乎？」【補曰】胡，何通。衞士，宿衞之士，主守護者。冢，高墳。謂築宫宿衞之。公曰：「孰可使？」曰：「臣莫尊於世子，則世子可。」故君謂世子曰：「麗姬夢夫人趨而來曰『吾苦畏』」，女其將衞士而往衞冢乎？」世子曰：「敬諾。」築宫，宫成。麗姬又曰：「吾夜者夢夫人趨而來曰『吾苦飢』，世子之宫已成，則何爲不使祠也？」【補曰】祠者，祭之通稱。戰國策曰楚有祠者。故獻公謂世子曰：「其祠。」世子祠。已祠，致福於君，【補曰】福，胙肉。君田而不在，麗姬以酖爲酒，【補曰】「酖」之正字作「鴆」，運日鳥也，其羽有毒，以畫酒，飲之則死。藥脯以毒。【補曰】國語曰「寘堇于肉」，賈、韋並曰鳥頭也。獻公田來，麗姬曰：「世子已祠，故致福於君。」君將食。麗姬跪曰：「食自外來者，不可不試也。」【補曰】危坐曰跪，亦曰跽，曰啟。安坐曰坐，亦曰居，曰處。危者直其身，安者著於蹠。爾雅、毛詩傳皆曰：「啟，跪也。」聲類曰：「跪，跽也。」覆酒於地，而地賁；賁，沸起也。以脯與犬，犬死。麗姬下堂而啼，呼曰：「天乎！天乎！國，子之國也，子何遲於爲君？」【補曰】兩言「子」者，尊辭。君喟然歎曰：「吾與女未有過切，吾與女未有過差切急。是何與我之深也？」【補曰】王念孫曰：「方言曰：『予，讎也。』予、與古字通。與我，讎我也。」文烝案：言「吾」又言「我」者，語意「我」緩於「吾」也。使人謂世子曰：「爾其圖之。」【補曰】上兩言「女」，此言「爾」者，語音「爾」重於「女」也。世子之傅里克【補曰】傅，傅相也。何休公羊注曰：「禮諸侯之子，八歲受少傅，教之以小學，業小道焉，履小節焉。十五受大傅，教之以大學，業大道焉，履大節焉。」文烝案：此入學就傅之年，大戴禮保傅、白虎通並同，蓋自王大子、王子以至元士之嫡子皆如是。書大傳以爲十三入小學，二十入大學。又一說十五入小學，十八入大學。謂世子曰：「入自明【補曰】句絶。入自明則可以生，不入自明則不可以生。」世子曰：「吾君已老矣，已昏矣，吾若此而入自明，則麗姬必死，麗姬死則吾君不安，所以使吾君不安者，吾不若自死，吾寧自殺以安吾君以重耳爲寄矣。」慮麗姬，又譖重耳，故以託里克使保全之。刎脰而死。【補曰】刎，割斷也。脰，頸項也。吕氏春秋、劉向説苑以爲伏劍死。左傳、國語、列女傳以爲自經。故里克所爲弒者，爲重耳也。夷吾曰：「是又將殺我也。」【補曰】傳兩言夷吾，不言惠公者，因稱重耳，故順文稱之，觀此傳，重耳得正明矣。公羊載里克言「君殺正而立不正，廢長而立幼」，長亦謂重耳也。又以惠公、文公出奔還入皆爲篡，特發傳云。曷爲不言惠公之入、晉之不言出入者？踊爲文公諱也，謂惠公之入，懷公之出，文公之入，渾皆不書，爲文公諱故也。又云齊小白入于齊，曷爲不爲桓公諱？桓公享國長，美見乎天下，故不爲之諱本惡；文公享國短，美未見乎天下，故爲之諱本惡。謂桓之功足以除篡，文則未能，須爲諱惡也。案：公羊皆失之。文公得正當言歸，懷公見殺本非出，經不書惠公之入、懷公之弒、文公之歸者，皆因魯史之舊。左傳以爲不告故不書是也。

秋七月。

冬，大雨雪。【補曰】以大爲異也。不月者，蓋歷月。○【撰異曰】雪，公羊作「雹」，徐彦曰「左氏作『雪』」。

十有一年春，晉殺其大夫丕鄭父。○【撰異曰】陸淳纂例曰：「丕，公羊作『邳』。」案：今公羊不作「邳」。徐彦公羊疏、陸淳纂例並曰左氏經無「父」字，段玉裁曰：「左傳言丕鄭者，四不言父，則其經無『父』字明矣。」案：今左經皆有「父」。汪克寬曰：「傳但言鄭者，省文，如箕鄭父、胥甲父但言箕鄭、胥甲，樂祁犂但言樂祁。」汪説亦通。稱國以殺，罪累上也。【補曰】疏曰：「重發傳者，此里克同黨，恐異，故發之。」

夏，公及夫人姜氏會齊侯于陽穀。【補曰】姜氏，聲姜也。言及者，以夫及婦也。不致者，此亦離會，又會桓與柯。以下同。

秋八月，大雩。雩月，正也。【補曰】亦通九月言之。雩，得雨曰雩，不得雨曰旱。禮龍見而雩。常祀不書，書者，皆以旱也。故得雨則喜，以月爲正也；不得雨則書旱，明旱災成。何休曰：「公羊書雩者，善人君應變求索也，不雩則言旱，旱而不害物，言不雨也。就如穀梁，設本不雩，何以明之？如以不雨明之，設旱而不害物，何以別乎？」鄭君釋之曰：「雩者，夏祈穀實之禮也，旱亦用焉。得雨書雩，明雩有益，不得雨書旱，明旱災成，後得雨無及也。國君而遭旱，雖有不憂民事者，何乃廢禮本不雩禱哉？顧不能致精誠也。旱而不害物，固以久不雨別之。文二年、十年、十三年，自十有二月自正月不雨，至于秋七月是也。穀梁傳曰『歷時而言不雨，文不閔雨也』，以文不憂雨，故不如僖時書不雨。文所以不閔雨者，素無志於民，性退弱而不明，又見時久不雨而無災耳。」【補曰】爲災言旱，不爲災言不雨，左氏、公羊皆同。公羊以別災與異。

冬，楚人伐黃。

十有二年春王三月庚午，日有食之。○【撰異曰】三月，各本作「正月」，惟唐石經作「三月」，與左氏、公羊同。王引之曰：「據杜氏長曆正月辛丑朔，三月庚午朔，則作『三』者是，今據改正。」

夏，楚人滅黃。【補曰】不月者，黃與前之弦、後之夔、江、六、蓼、舒等皆夷狄也，故滅皆時，傳於弦、夔略言之，於宣十五年發例。貫之盟，管仲曰：「江、黃遠齊而近楚。楚，爲利之國也，【補曰】言便於伐。若伐而不能救，則無以宗諸侯矣。」宗諸侯，謂諸侯宗之。【補曰】注以宗爲尊，非其意。風俗通曰：「宗，長也。」字林曰：「主也。」言彼求與中國會盟，而中國受之，則當終庇之。我既主諸侯爲長，可因其遠而不能救乎？管仲恐桓霸盛極而衰，難以及遠，故勸使弗受。管子書以爲管仲垂死勸桓公歸江、黃於楚，蓋記者傳聞之誤。桓公不聽，遂與之盟。管仲死，楚伐江滅黃，桓公不能救，【補曰】伐江在文之篇，傳因黃事連言之耳。又疑上經伐黃，穀梁作伐江，先儒無說，莫能明焉。疏曰：「案史記管仲卒在桓公四十一年，當魯僖十五年，與傳不合。」文烝案：史記不足據。而左傳是年冬「管夷吾平戎于王」，亦與傳異。或平戎事在前年也。傳必記管仲死者，明管仲在猶能救。故君子閔之也。閔其貪慕伯者以致滅。【補曰】閔黃即以病桓也。黃與弦皆以近楚被滅，而黃列桓盟，爲春秋所閔，故滅弦非桓病，滅黃乃病也。桓德之衰，至城緣陵而辭始著，而其端見於不救黃，則當管仲之歿也。其機伏於盟貫，則以違管仲之言也。即此一事，前後貫通，足明桓公之盛，皆由仲父之功，雖管夷吾名氏不見於經，而經意可知矣。董仲舒曰：「弗能察，寂若無能，察之，無物不在，穀梁之於春秋，善察者也。」

秋七月。

冬十有二月丁丑，陳侯杵臼卒。○【撰異曰】杵，公羊作「處」。

十有三年春，狄侵衛。

夏四月，葬陳宣公。

公會齊侯、宋公、陳侯、衛侯、鄭伯、許男、曹伯于鹹。鹹，衛地。兵車之會也。

秋九月，大雩。

冬，公子友如齊。

十有四年春，諸侯城緣陵。緣陵，杞邑。【補曰】疏曰：「左氏以爲淮夷病杞，公羊以爲徐、莒脅杞。」案：此亦城而遷之，邑卽國也。何休曰：「外城不月者，文言諸侯，非內城明矣。」案：城虎牢、城成周皆時者，皆同義。城杞上有「五月」，亦不蒙之，左傳事在六月，知亦時矣。其曰諸侯，散辭也。直曰諸侯，無大小之序，是各自欲城，無摠一之者，非伯者所制，故曰散辭。【補曰】杞雖未滅而國已危，城緣陵以遷之，宜列序其人以見美，言諸侯而不序，是散辭也。散辭與二年專辭若相對，其實城邢不必列序而序，此當列序而不序，正與元年文相對也。文七年傳曰「略之」，散辭卽是略，互相備也。嘗論之，城楚丘及戍陳、戍虎牢、歸粟，皆伯者之大美事，故皆爲內辭。城邢、城緣陵、城杞、城成周，皆伯者之尋常美事，故其文皆以列序爲常。邢、緣陵之等所以異於楚丘者，一是興滅，一但持危也。戍與歸粟所以又異於城邢、緣陵等者，危而城之，城之而事已畢，有警而以師守之，有急而以粟賙之，其功大於城也。據左傳城成周本是罷戍而城之，昭二十七年晉致諸侯之戍于周；三十二年王請於晉，令脩城以罷戍，晉人之謀曰：「與其戍周，不如城之。」天子實云，雖有後事，晉勿與知可也。是城不及戍之驗也。若然，城成周書，戍成周不書者，彼時晉霸衰微，兵力不足，不欲與戍陳、戍虎牢同辭故也。左氏謂晉致諸侯之戍，魯人辭以難，是謂魯不在，故不書。若然，城楚丘魯若不與亦將不書乎？城邢無魯又何以書也？此左氏彌縫之失也。聚而曰散，何也？據言諸侯城則是聚。諸侯城，有散辭也。桓德衰矣。言諸侯城，則非伯者之爲可知也。齊桓德衰，所以散也。何休曰：「案先是盟亦言諸侯，非散也。又穀梁美九年諸侯盟于葵丘卽散，何以美之邪？」鄭君釋之曰：「九年，公會宰周公、齊侯、宋子、衞侯、鄭伯、許男、曹伯于葵丘，九月戊辰盟于葵丘，時諸侯初在會，未有歸者，故可以不序。今此十三年夏，公會齊侯、宋公、陳侯、衞侯、鄭伯、許男、曹伯于鹹，而冬公子友如齊，此聘也，書聘則會固前已歸矣。今云諸侯城緣陵而不序其人，明其散，桓德衰矣。葵丘之事，安得以難此？」【補曰】衰者，從大差小之謂。桓之末年，功成志怠，女子小人爲政，德日衰，以迄於亂。左氏引書所謂「欲敗度，縱敗禮」也。春秋明帝王之道，貴敬義之學，既以諸侯授桓，深以其縱欲不終爲惜，故傳特明之。不復言杞遷者，亦略之也，知非避封杞者。杞不言入，非封明也。○趙鵬飛曰：「脩內者王，脩外者霸。何謂內？根諸心之謂內。何謂外？徇於物之謂外。王霸之道，均依仁仗義也，均伐叛討逆也，均安中國攘夷狄也。而王以王，霸以霸，何哉？內外之異也。脩內者逸，脩外者勞，故王者之脩無勤怠，而霸者之脩有勤怠。」

夏六月，季姬及繒子遇于防。使繒子來朝。遇例時，此非所宜遇，故謹而月之。【補曰】季姬蓋莊公女。周法，字積於叔，僖女未應有稱季者，文之篇兩子叔姬，則僖女也。○【撰異曰】繒，左氏、公羊作「鄫」，終春秋皆然。左氏亦或作「繒」。周語、晉語、鄭語「繒」、「鄫」並出。戰國魏策、漢書地理志作「繒」。遇者，同謀也。魯女無故遠會諸侯，遂得淫通，此亦事之不然。左傳曰「繒季姬來寧，公怒之」，以繒子不朝，遇于防，而使來朝。此近合人情。【補曰】

疏曰：「傳例曰：『遇者，志相得也。』今云同謀者，以淫通與盟會異，故發傳。」文烝案：注、疏以「淫通」解「同謀」，非也。同謀時容有淫事，而不可以同謀爲淫，此謂男女同謀，即下「使繒子來朝」一句是所謀也。此遇亦是不期而會之辭，志相得之義，而云同謀者，非謂遇有二例，正以男女不應志相得爲其同謀。所以相得，猶下文云「請己」，亦非謂朝有二例，以此朝則有請己爲夫人之事，故使之也。季姬稱字者，呂大圭曰：「女子許嫁，笄而字，豈其許嫁於繒而未歸者乎？」程端學以爲雖未許嫁，既笄則字也。注以左氏駁傳，疑魯女不應遠遇諸侯。案：徐彥公羊疏曰：「何氏以爲鄫、魯相近，信使交通，男女之情，風流應合，末世無禮，容或有之。」此言足匡范失。下年經書歸繒，而此經季姬直字不繫繒，又以內及外，以女及男，異於齊高固以夫及婦，明左傳爲不然矣。後篇子叔姬、單伯之事，左氏亦不知而别爲說，皆不可據。來朝者，來請己也。使來朝請己爲妻。朝不言使，言使非正也，【補曰】疏曰：「重發傳者，婦人使夫，異於君使世子，故重發非正之例。」文烝案：此句謂季姬無禮。以病繒子也。【補曰】此句謂言使，又以病繒子，病其爲大國未嫁女，加以非正之事也。女既惑男，男亦悦女，則有苟合之事，故病之，與病齊襄同義。

秋八月辛卯，沙鹿崩。沙鹿，晉山。劉向曰：「鹿，在山下平地，臣象，陰位也。崩者，散落背叛，不事上之象。」【補曰】范以「鹿」字幷爲山名，誤依杜預，與傳顯戾。言晉亦未是，說在下。不繫國者，經辭尚簡，舉山名則國可知。趙匡以爲「山自有常處」是也。公羊沙鹿、梁山並爲天下記異。孫覺以爲書之如內辭者，王道大壞，天下之人，皆反皇極，則天見其變而日食星孛，地見其妖而川竭山崩。所以召之者，在於天下，所以應之者，偏於四海，雖在於國，不得著其國。孫氏之論甚美，傳無其意，聊記之耳。○【撰異曰】陸湻纂例曰：「鹿，公羊作『麓』。」上「鹿」字蓋「麓」之誤。陸所見穀梁、左氏皆作「麓」也。說文引春秋傳「沙麓崩」。林屬於山爲鹿。鹿，山足。【補曰】「鹿」之正字作「麓」，古文作「𣘦」。叢木生平土曰林，生山足曰麓，麓亦林也，別所生，異其名耳。周禮有大林麓、中林麓、小林麓。沙，山名也。【補曰】此「鹿」屬沙山，猶詩言「旱麓」。無崩道而崩，故志之也。【補曰】案：公羊曰：「沙鹿者何？河上之邑也。此邑也，其言崩何？襲邑也。」何休曰：「襲者，嘿陷入於地中。」此傳不言邑名，而以爲山足之林，無崩道而崩，即隱三年傳「厚曰崩」之例，是亦以崩爲襲陷，與公羊不異，不得但如劉向散落之解也。張洽曰：「詩所謂『高岸爲谷』謂是類。」孔廣森曰：「水經注言元城縣東有五鹿墟，墟之左右多陷城。」郡國志曰：「五鹿墟，故沙鹿是矣。」又曰「左氏稱晉卜偃云『期年將有大咎』，此時五鹿地猶屬衛，不屬晉也。」漢書又云：「晉史卜之，其繇陰爲陽雄，土火相乘，故有沙麓崩。後六百四十五年，宜有聖女興。」則因王氏徙居元城而附會說之，益非實矣。文烝案：沙鹿時屬衛，姜寶、王夫之、顧棟高、江永皆云。其日，重其變也。【補曰】趙汸曰：「地陷視山崩爲變尤重，故詳其月日以別之。」

狄侵鄭。

冬，蔡侯肸卒。【補曰】蔡穆侯。諸侯時卒，惡之也。【補曰】此發通例惡之，故略之甚也。疏引麋信曰：「肸父哀侯，爲楚所執，肸不附中國，常事父讎，故惡之。」文烝案：此即何休說也。不書葬者，疏謂或是失德，或是魯不會。言魯不會是也，言失德非也。凡時卒惡之與失德不葬，各爲一例。去葬之罪最重，時卒之譏較輕。時卒不可去葬，不葬者魯不會也。去葬亦不須時卒，則所謂一事不再譏也。

十有五年春王正月，公如齊。【補曰】孔廣森曰：「月者，正月也。」文烝案：再朝不致，猶安之。

楚人伐徐。

三月，公會齊侯、宋公、陳侯、衛侯、鄭伯、許男、曹伯盟于牡丘。牡丘，地名。【補曰】當云地闕。國語曰「築五鹿中牟」，蓋與牡丘以衛諸夏之地。管子「中牟」下有「鄴」。牡丘作「社丘」。○【撰異曰】陸淳纂例曰：「左氏『陳侯』下又有『衛侯』，公羊亦有『衛侯』，而在『陳侯』之上。」案：陸所見穀梁無「衛侯」，與今異，與今公羊亦異。程端學往往據之。兵車之會也。

遂次于匡。救徐也。時楚人伐徐。匡，衛地。【補曰】「時楚」五字贅甚。遂，繼事也。【補曰】重發傳者，時齊桓德衰，嫌義異也。次，止也，有畏也。畏楚。【補曰】疏曰：「復發傳者，前次于陘，欲綏楚以德，今而畏楚，故別發之。」

公孫敖帥師及諸侯之大夫救徐。諸侯既盟次匡，皆遣大夫將兵救徐，故不復具列諸國。【補曰】公孫敖，公子慶父子孟穆伯也。大夫不序者，何休曰：「起會上大夫君已目，故臣凡也。」范注本杜預，當依何氏爲明了。文以前征伐自諸侯出，外皆略不言其將，與内異文，但此處則本不當言將，如何氏説也。「大夫」下無「帥師」文者，文以前外不言某帥師，且帥師文在上，從内可知也。文以前外臣用兵，師衆稱師，此不言諸侯之師者，嫌若諸侯自將也。君目臣凡，不直言諸侯之大夫帥師，必別出公孫敖於上者，嫌與諸侯之前目後凡不別出公者同，所以變於君也。許、曹亦得言大夫者，因大國連言之也。言及者，由内及之上。言公會，不嫌於内爲志也。善救徐也。【補曰】重發傳者，疏曰：「徐叛楚，即齊旋爲楚所敗，嫌救非善，故發明之。」

夏五月，日有食之。夜食。

秋七月，齊師、曹師伐厲。徐邈曰：「案齊桓末年，用師及會皆危之而月也。于時霸業已衰，勤王之誠替于內，震矜之容見於外，禍釁既兆，動接危理，故月。衆國之君雖有失道，未足爲一世興衰，齊桓威攝羣后，政行天下，苟得失皆治亂所繫，故春秋重而詳之，録所善而著所危云爾。」【補曰】此伐楚與國以緩徐寇也。曹稱師者，蓋與次聶北同義，齊師當亦同。疏曰：「録所善者，葵丘著日以謹美，著所危者，此年書月以見衰。」文烝案：「震矜之容」，用公羊語。

八月，螽。螽，蟲災也。甚則月，不甚則時。【補曰】疏曰：「重發傳者，嫌僖公憂民之重，災不至甚，故明之。」唐石經初刻亦無「螽」字。

九月，公至自會。莊二十七年傳曰：「桓會不致，安之也。」而此致者，齊桓德衰，故危而致之。【補曰】致之已變常例，足以見危，不須復加月。月者，已滿二時，從伐楚例。公羊以爲久，故致，當是以久加月也。下有季姬歸，又當月。

季姬歸于繒。【補曰】孫復曰：「不書逆者，微也。」

己卯晦，震夷伯之廟。【補曰】加之者，與仲子同。左傳曰：「罪之也，於是展氏有隱慝焉。」罪之謂書以罪之。杜預曰：「聖人因天地之變，自然之妖，以感動之。神道助教，唯此爲深也。」案論語曰：「迅雷風烈必變。」晦，冥也。【補曰】爾雅同訓。毛詩傳曰：「晦，昏也，昧也。」義亦相近。冥者，爾雅、毛詩傳「窈也」，說文「幽也」。公羊訓「晦」

字亦同，而意與傳異。傳云「晦，冥也」，與成十六年傳互相備，此但釋「晦」義，故曰「晦，冥也」。彼具釋書晦義，故曰「日事遇晦曰晦」與書朔同例。彼疏云：「舊解以爲僖十五年傳曰『晦，冥也』者，謂月光盡而夜闇，不謂非晦日也。」舊解是也。公羊曰春秋朔有事則書，晦雖有事不書，其釋二「晦」皆曰：「晦者何？冥也。何以書？記異也。」何休以爲晝日而冥，證之他書，如史記秦本紀、六國表「日食晝晦」，如呂氏春秋云「日有鬬蝕，有晝盲」，如爾雅云「霧謂之晦」，〔一〕此等皆合公羊之意，與穀梁截然不同矣。漢書五行志劉向說穀梁二「晦」皆用公羊，楊疏則謂二「晦」一同公羊，一同左氏，不從舊解之義。孔穎達亦謂此年穀梁與公羊同，其說皆誤。孔廣森又彌縫之，據史記日食晝晦謂春秋兩見晝晦，皆適當月晦，由食既之甚乃然，其言尤鑿。竊以晦爲月盡，朔爲月一日始蘇，觀文明矣。成十六年六月丙寅朔，甲午晦，此年下有正月戊申朔，推算易矣。至於日食晝晦，春秋書食既而已，呂氏之「日鬬晝盲」，爾雅之「霧」，則春秋未有書者，公羊之說，何可通乎？汪曰楨語予此疏誤解，其實自前漢公羊盛行已失其旨。**震，雷也。**【補曰】公羊謂雷電擊之。**夷伯，魯大夫也。**夷，謚，伯，字。【補曰】據左傳是展氏之祖父也，注本杜預。杜又曰「大夫既卒書字」。劉敞、葉夢得以爲夷是氏，非展氏也。**因此以見天子至于士皆有廟。**明夷伯之廟過制，故因此以言禮。【補曰】疏曰：「傳歷言天子以下廟數，以爲過制，故震之。」文烝案：注疏非傳意，傳因大夫有廟，備言之耳。公羊桓二年何休注曰：「所以必有廟者，緣生時有宮室也。孝子三年喪畢，思念其親，故爲之立宗廟，以鬼享之。廟之爲言貌也，思想儀貌而事之。」鄭君詩箋曰：「以生時之居立宮室象貌爲之。」祭法注曰：「宗廟者，先祖之尊貌也。」**天子七廟，**祭法曰：「王立七廟，曰考廟、王考廟、皇考

〔一〕「霧」原作「霿」，據爾雅釋天改。段玉裁說文解字注云：「霚，今之霧字。一本作霿，非也。」

廟、顯考廟、祖考廟，有二祧。」遠廟稱祧。【補曰】尹更始說天子七廟據周也，見聖證論馬昭難王肅語。案逸周書作雒曰：「乃位五宮：大廟、宗宮、考宮、路寢、明堂。」大廟者，后稷廟；宗宮，文王廟；考宮，武王廟；蓋成王時止立此三廟。至其後有親廟四，乃合爲七。鎬京、雒邑當皆同制，故喪服小記曰「王者立四廟」，而韋玄成等議及石渠論及白虎通之文，周以后稷、文、武特七廟，其言正相符同。公羊成六年何休注曰：「禮天子諸侯立五廟，受命始封之君立一廟，至於子孫過高祖不得復立廟。周家祖有功，尊有德，立后稷、文、武廟，至於子孫自高祖已下而七廟。」如何氏之說，受命王立一廟者通禮也，成王立三廟者周禮也，然則武王始受命立二廟歟？二廟三廟以外，不必盡不祭，廟則止此矣。鄭君、盧植說二祧並以爲文、武，今案文穆也，武昭也；四親廟父昭則子穆，父穆則子昭，孫如祖班，通爲三昭三穆。周禮守祧奄八人，據七廟及姜嫄廟言之，蓋周公制禮，豫爲立法如此。諸侯五，曰考廟、王考廟、皇考廟、顯考廟、祖考廟。【補曰】如魯祭文王，鄭祖厲王，則皆謂之周廟，卽始封君所立一廟也，不入五廟數。凡始封君不必皆祭一世，廟則一而已。大夫三，曰考廟、王考廟、皇考廟。【補曰】盧植以爲天子之大夫。何休亦曰天子卿大夫三廟，鄭義則通列國也。天子諸侯大夫廟數，王制、禮器皆同，王制說三廟亦有大祖之廟，與祭法異者，蓋據諸侯之支子其繼爲大宗者得立始祖廟，小記、大傳所謂別子爲祖，繼別爲宗，重大宗也。異姓大夫容有爲他國公子之後者，韓詩外傳：「受命者必以其祖命之。孔子爲魯司寇，命之曰：「宋公之子弗甫何孫，魯孔丘，命爾爲司寇。」」意孔氏以弗甫爲大祖廟歟？弗甫者，宋湣公之適長子既讓國，亦別子也。鄭君解「別子」兼謂始來在此國者，解「大祖」又兼非別子而始爵者，其義益備，亦容或然耳。凡別子當身皆一廟，其後有三廟，此廟不入數，若魯三家之桓公廟是也。士二，曰考廟、王考廟。【補曰】何休曰：「天子元士二廟，諸侯之卿大夫比元士二廟，諸侯之士一廟。」文烝案：王制禮器説士一廟，鄭君以爲祖禰共廟，卽祭法云「官師一廟，曰考廟，王考無廟而祭之」是也。士亦容有大宗，而無大祖廟者，公子之重視大夫，唯大夫乃得祖之也。大夫士有廟，當必有主，從通典、徐邈説。魏書清河王懌議爲得也。又案：祭法天子、諸侯一壇一墠，大夫二壇，適士一壇，有禱則祭。大傳大夫士有大事，省於其君，干祫及其高祖。是皆不立廟而得祭，猶官師之王考無廟而祭。至於天子諸侯去墠爲鬼，大夫適士去壇爲鬼，官師去王考爲鬼，庶士庶人無廟死曰鬼，鄭君以爲凡鬼者薦而不祭，比而觀之，可見古人追養繼孝之道矣。後人泥程子、張子之言，但知高曾祖禰當通祭，遂疑古之道不卽乎人心，是惡識禮意。**故德厚者流光，德薄者流卑，**雍曰：「德厚者位尊，道隆者爵重，故天子遠及七世，士祭祖而已。」【補曰】疏曰：「光，猶遠也。卑，猶近也。」文烝案：「光」與「廣」同，二字古通用，荀子作「流澤廣」、「流澤狹」也。德厚者流澤於後遠，故百世不毁，祖考廟及二祧是也。德薄者流澤於後近，故親過高祖則毁，四親廟是也。又諸侯無二祧，大夫無顯考、祖考，士無皇考，亦是以德之厚薄爲差也。雍注不解「德」字、「流」字之義而飾以浮辭，則下文三語不相承接。三「德」字有二解矣。**是以貴始，**【補曰】謂貴始封者。**德之本也，**【補曰】疏曰：「所以貴受封之君者，由是德之本也。」文烝案：薄德以厚德爲本，本在始封，言始封之德厚。自天子七廟以下，大戴禮禮三本、荀子書皆略同，皆不言一廟。**始封必爲祖。**若契爲殷祖，棄爲周祖。【補曰】案：周公爲魯祖，大公爲齊祖亦是也。疏曰：「祖，謂廟不毁。」文烝案：卽祭法之祖考廟也。必爲祖，是貴之，此所謂流光。又左傳晉史趙曰「盛德必百世祀」，如魯語、祭法論黄帝、顓頊以下，文王世子有先聖先師之奠，亦準斯義。

冬，宋人伐曹。【補曰】許翰曰：「同盟始自相攻，桓不能一矣。」

楚人敗徐于婁林。婁林，徐地。【補曰】敗人而稱人者，楚無師也。言敗不言戰，例在昭十七年傳。前後文稱徐人，此從其常稱者。徐之稱人，實以齊故，今爲楚敗，齊救無功，不得援齊以自重，故亦不得人之。何休曰：「不月者，略兩夷狄也。」夷狄相敗，志也。【補曰】相敗雖是夷狄，亦重其事而志之。志者，經例因史例也。二句與宣十六年傳直云「周災志也」同意。

十有一月壬戌，晉侯及秦伯戰于韓，獲晉侯。韓，晉地。獲者，不與之辭，諸侯非可相獲。【補曰】疏曰：「不與之辭，宣二年傳有明例，注言之者，嫌晉侯失衆與秦得獲，故注顯之，欲明亦不與秦獲也。范別例云，凡書獲有七：謂莒挐一，晉侯二，宋華元三，蔡公子濕四，陳夏齧五，齊國書六，麟七。於晉侯著失民之咎，於公子濕彰公子之病，於華元表得衆之辭，於挐顯公子之紿。餘不發者，從可知也。」文烝案：獲爲不與之辭，惟施於兵獲，獲麟不入例，范非也。此言獲不言以歸者，傳例曰：「以歸猶愈乎執也。」秦非夷，又非人滅，晉君雖見獲，可不諱也。不言獲晉侯夷吾者，名以表獲，既言獲，不須名也。」公羊曰：「君生得曰獲。」韓之戰，晉侯失民矣，【補曰】於此戰見其失民。以其民未敗而君獲也。【補曰】民未敗而君獲，謂不言晉師敗績，但言獲晉侯，是著晉侯之失民也。言獲則師敗可知，不沒其事之實，特其立文不言敗。若未敗然，所以與宋華元盡衆相救之文相對，又以別於蔡侯有釋文。

十有六年春王正月戊申朔，隕石于宋，五。劉向曰：「石，陰類也。五，陽數也。象陰而陽行，將致隊落。」【補曰】疏引異義載穀梁説云：「隕石于宋，五，象宋公德劣國小，陰類也。而欲行霸道，是陰而欲陽行也。其隕將拘執之象也。」左傳曰：「隕星也。」〇【撰異曰】隕，說文石部引作「磒」。先隕而後石何也？據莊七年星隕如雨，先言星，後言隕。隕而後石也。既隕後乃知是石。于宋四竟之內曰宋，【補曰】對下宋都言。後數，散辭也，耳治也。隕石，記聞也，聞其磌然，視之則石，察之則五。【補曰】疏曰：「范取公羊爲說。」「磌」字，說文、玉篇、字林等無其字，學士多讀爲「砰」，據公羊古本並爲「磌」字，張揖讀爲「磌」，是石聲之類。劉知幾曰：「聞之隕，視之石，數之五。加以一字太詳，減其一字太略，求諸折中，簡要合理。」臧琳曰：「今本玉篇有『磌』字，蓋孫强等增加。」

是月，六鶂退飛，過宋都。是月，隕石之月。劉向曰：「鶂，陽也。六，陰數也。象陽而陰行，必衰退。」【補曰】疏引鄭君云：「六鶂俱飛，得諸侯之象也，其退，示其德行不進，以致敗也。得諸侯是陽行也，被執敗是陰行也。」董仲舒、劉向、賈逵皆曰：「鶂，水鳥。」孔穎達引考異郵云：「鶂者，毛羽之蟲，生陰而屬於陽。」又引洪範五行傳曰：「鶂者，陽禽。」文烝案：莊子曰：「白鶂之相視，眸子不運而風化。」司馬彪曰：「相待風氣而化生也。」左傳說此曰「風也」。五行傳曰：「思心之不容，是謂不聖，厥咎霧，厥罰恆風。」〇【撰異曰】公羊音義：「是月，如字，或一音徒兮反。」陸淳纂例曰：「是，公羊作『提』，誤也。」孔廣森讀从「提」。鶂，依唐石經作，說文此字左鳥右皃，引春秋傳「六鶂退飛」，或作「鷊」、「䳄」，今字多作「鷁」，穀梁、公羊皆然。左氏音義：「鷁，本或作『鶂』。」陸淳纂例：「鶂，左氏、公羊作『鷁』。」是月者，決不日而月也。欲著石日鶂月，故言是月，若不言是月，則嫌與戊申同。【補曰】此猶丙戌決日義之意，蓋魯史本亦書曰，君子改言是月。公羊曰：「是月者何？僅逮是月也。」孔廣森據初學記、鶡冠子注讀爲「提月」，與傳異。六鶂退飛過宋都，先數，聚辭也，目治也。六鶂退飛，記見也，視之則六，察之則鶂，徐而察之則退飛。【補曰】先後耳目之義，與公羊同，故注全用公羊語。大戴禮夏小正傳曰：「先言鴈而後言鄉者何也？見鴈而後數其鄉也。先鳴而後鳩何也？鳩者鳴而後知其鳩也。」小正文多如此，則春秋此等之文因乎古歟？子曰：「石，無知之物；鶂，微有知之物；【補曰】微，小也。夫知者，施於人之稱也。自人言石鶂，則一無知，一小有知矣。若謂石已非星，其本是星，鶂以風化，還以風退，則皆非耳目所及，亦不可言有知無知也。是故天高地下，萬物散殊，君子論而議之，流而不息，合同而化，君子存而不論。石無知故日之，石無知而隕，必天使之然，故詳而日之。【補曰】二十二年傳曰：「日事遇朔曰朔。」鶂微有知之物故月之。鶂或時自欲退飛耳，是以略而月之。【補曰】猶沙鹿無崩道而崩則日，梁山有崩道而崩則不日也。此夫子自述之言，足明日月之例有所加損，此爲損則彼爲加矣。君子之於物，無所苟而已。【補曰】此「君子」是夫子況論也。論語曰：「君子名之必可言也，言之必可行也。君子於其言，無所苟而已矣。」此所謂正名。董仲舒說聖人正名於言無所苟，卽引此經。石鶂且猶盡其辭，而況於人乎？【補曰】盡，謂或先或後，或日或月，皆不苟也。石無知，鶂微有知，人則自孩提之良知以至於知者之無不知，皆靈於物者也。物有差別，猶必不苟記錄，人事更當何如？此通明春秋脩辭之意。故五石六鶂之辭不設則王道不亢矣。」不遺微細，故王道可舉。【補曰】亢爲人頸，引申之爲高也，舉也。舉王道者，劉軻所謂三代聖王死而其道盡留於春秋也。魯，王禮也；春秋，王法也。因王禮之舊作王法之書，此素王之說所自起，而公羊家黜周王、魯之謬言亦萌牙於是焉。韓子詩云「春秋書王法，不誅其人身」。爾雅注蟲魚，定非磊落人」。此云「五石六鶂之辭不設」，則王道不舉者，務大而緩小，學者之事也。卽小以見大，聖人之心也。耳治目治之異，無知有知之分，其稱名也小，其取類也大，故春秋王法不越乎此，亦猶關雎興於鳥，鹿鳴興於獸，乃冠風雅之首，皆孔門之教也。羅願駁穀梁以爲遺辭適宜，安取王道，不考甚矣。此六句亦夫子之言，與十九年梁亡傳皆見一經大指。在左氏則曰非聖人誰能脩之，在公羊則曰君子制春秋之義以俟後聖，在傳則直述聖言也，學者詳焉。民所聚曰都。【補曰】國所治處，衆之所歸也。都、聚雙聲爲訓，廣雅曰：「都，聚也。」又曰：「都，大也。」文九年傳曰：「京，大也。」聚、大義近，都、京意同，故左傳萇弘曰「毛得以濟侈於王都」，王子朝曰「惠、襄辟難，越去王都」，是京師稱都，猶諸侯之國都，故風俗通曰：「天子治居之城曰都，舊都曰邑。」廣雅又曰：「都，國也。」引伸之，下邑民居衆者皆曰都，亦取聚義，以明大於他邑，故古稱二年成邑，三年成都。而周禮四井爲邑，以至四縣爲都，其等差猶是也。傳不言爲王者，後記異；又不言故宋者，略之從可知。

三月壬申，公子季友卒。季友，桓公之子。大夫日卒，正也。【補曰】疏曰：「重發之者，益師明其有罪，此則顯其得正，故兩明之。」稱公弟叔仲，賢也。【補曰】叔也，仲也，舉中言之。弟者貴稱，字以表德，故足明賢，此文及公弟叔肸是也。此不如叔肸稱弟者，疏曰：「季子雖賢兄，己卒也。」公羊於此亦曰「賢也」。陸淳聞於師曰季友之殺叔牙、慶父，義也；佐閔立僖，權也。夫以義滅親，以權正國，中人之所惑，故於其卒褒之，明其得反經合道之義也。大夫不言公子公孫，疏之也。【補曰】公子公孫，繫君爲號，至親者也。奪其親辭，是爲疏之，仲遂、仲嬰齊是也。疏曰：「傳因季友之賢發起其例。」

夏四月丙申，鄫季姬卒。

秋七月甲子，公孫茲卒。大夫日卒，正也。【補曰】疏曰：「又發之者，以其名而不字，又非罪非賢，故重發之。」文烝案：魯比三喪，於禮皆爲父族，周內史對宋襄公，謂今茲魯多大喪者也。

冬十有二月，公會齊侯、宋公、陳侯、衛侯、鄭伯、許男、邢侯、曹伯于淮。【補曰】杜預曰：「臨淮郡左右。」董仲舒曰：「邢未嘗會齊桓也，附晉又微，晉侯獲于韓而背之。」董義未知何據。貫、陽穀爲諸侯皆至，公羊所同也，邢是齊所存，不應不與。兵車之會也。

十有七年春，齊人、徐人伐英氏。【補曰】英氏，猶潞氏也。陸淳曰：「古者一字不成文辭，皆以氏字配之。姜氏、子氏，以氏配姓也；季氏、臧氏以氏配族也；哭於賜氏，以氏配名也；仲氏吹篪及不念伯氏之言，以氏配字也；滅赤狄、潞氏，以氏配國也；母氏聖善，以氏配親也。」

夏，滅項。【補曰】不月者，既爲齊諱，文從略，異於譚、遂，或亦夷國歟？孰滅之？桓公也。【補曰】何休曰：「以言滅，知非內也。」文烝案：文與伐英氏相接，明是齊人矣。左傳非也。何以不言桓公也？據莊十年齊師滅譚稱齊師。爲賢者諱也。【補曰】承上齊人言滅，則是桓公可知，故可爲諱。凡諱皆不沒其實也。蕭楚曰：「滅傳陽言遂，今不言遂，知是諱文。」項，國也。不可滅而滅之乎？桓公知項之可滅也，知政昏亂易可滅。而不知己之不可以滅也。霸者存恤鄰國，抑彊輔弱，義不可滅人之國。【補曰】注解「不可滅」宜在上「滅之乎」下，時桓霸功已成，故言霸者有不可滅之義，而何爲滅之乎？桓但見項有可滅之勢，遂忘此義耳。既滅人之國矣何賢乎？【補曰】滅是惡事，何猶以爲賢？君子惡惡疾其始，絶其始則得不終於惡。邵曰：「謂疾其初爲惡之事，不終身疾之。」

善善樂其終，樂賢者終其行也。邵曰：「謂始有善事則終身善之。」【補曰】兩注各前説，皆本何休。邵兩説則又公羊惡惡短、善善長之説也。古之教者，長善而後救失，古之學者，克己所以復禮，聖賢論善惡之際往往如此。桓嘗有存亡繼絶之功，故君子爲之諱也。邵曰：「存亡謂存邢、衛，繼絶謂立僖公，所以終其善。」【補曰】存亡謂城邢、城楚丘、城緣陵也。衛已亡，邢、杞將亡，皆桓所存。左傳、國語並言齊桓存三亡國，韋、杜並指魯、衛、邢，韋不誤，杜未必然，當依公羊何休説指邢、衛、杞也。孔廣森曰：「明既有此功，乃得覆惡，併解滅譚，遂不諱意也。」文烝案：此所謂春秋之義，以功覆過除罪。傳「桓」字下各本皆有「公」字，蓋涉公羊文而衍，今依唐石經删正。

秋，夫人姜氏會齊侯于卞。卞，魯地。○【撰異曰】卞，俗「弁」字。陸湻纂例曰：「公羊、左氏或作『弁』。」國語曰「魯有弁費」，檀弓有弁人。

九月，公至自會。桓會不致，而今致會，桓公德衰，威信不著，陳列兵車，又以滅項往會，既非踰年乃反，故往還皆月以危之。【補曰】月者，與上十五年同，此較上尤久。彼盟而月，此會而亦月，是從往月致月有懼之例。

冬十有二月乙亥，齊侯小白卒。此不正，其日之何也？據二十四年晉侯夷吾卒不書日。【補曰】不得獨據夷吾，又在時卒例，當云據例不日。其不正前見矣。【補曰】既有所見，還依常例，與子般卒傳同。彼言其見於後者，此則言其見於前者，兩處發傳，餘從可推。公羊哀三年傳曰「春秋見者不復見」，意正相類，又以明君子大居正，非以齊桓功德之盛，遂不論其正不正也。其不正之前見何也？以不正入虚國，故稱嫌焉爾。莊九年，齊小白入于齊，貶不稱公子。虚國，謂齊無人。傳例曰：「以國氏者嫌也。」

春秋僖公經傳第四補注第十一

穀梁　范氏集解　鍾文烝詳補

十有八年春王正月，宋公、曹伯、衛人、邾人伐齊。○【撰異曰】公羊「宋公」下有「會」字，孔廣森曰：「衍字也。」非伐喪也。伐喪無道，故謹而月之。【補曰】非責也。疏曰：「侵伐書月，惟施於內，今亦施之於外者，齊桓以安危所繫，故書月以表之。宋襄欲繼齊桓之業，故亦謹而月之。」

夏，師救齊。魯師。善救齊也。【補曰】疏曰：「以魯昔與齊仇讎，恐救之非善，故發例。」文烝案：重發傳者，嫌內兵獨救義異也，疏非也。

五月戊寅，宋師及齊師戰于甗。齊師敗績。甗，齊地。【補曰】上稱宋公，此稱宋師，宋公與伐而不與戰也。公羊以此解「戰」上言「伐」之義。戰不言伐，【補曰】疏曰：「春秋之例，戰伐不並舉，此上有伐文，今又言戰，是違常例。」案：公羊曰戰不言伐，圍不言戰，入不言圍，滅不言入，書其重者也。客不言及，言及，惡宋也。何休曰：「戰言及者，所以別客主直不直也，故文十二年晉人、秦人戰于河曲，兩不直，故不云及。今宋言及，明直在宋，非所以惡宋也。」即言及爲惡，是河曲之戰爲兩善乎？又穀梁以河曲不言及，略之也，則自相反矣。鄭君釋之曰：「及者，別異客主耳，不施於直與不直也。直不直自在事而已，義兵則客直，宣十二年夏，晉荀林父帥師及楚子戰于邲，晉師敗績是也。兵不義則主人直，莊二十八年春，衛人及齊人戰，衛人敗績是也。今齊桓卒未葬，宋襄欲興霸事而伐喪，於禮尤反，故反其文。以宋及齊，即實以宋及齊，明直在宋。邲之戰直在楚，不以楚及晉何邪？秦、晉戰于河曲，不言及，疾其亟戰爭舉兵，故略其先後。」【補曰】疏曰：「鄭云邲戰直在楚者，公羊意如此，故據之難何休。」文烝案：言戰先言伐，亦是惡宋可知，傳省文也。據左傳桓無適子，嘗與管仲屬孝公於宋襄公，以爲大子。而雍巫因寺人貂薦羞，爲無虧請，又許之。無虧者，長庶也。上伐是齊立無虧而宋納孝公，此戰是齊人既殺無虧將立孝公，不勝，四公子之徒遂與宋戰。當時一伐一戰，同役異情，但君子承史脩經，專舉大義，事之細曲，多在所略。史書伐齊戰甗，伐喪之罪，無所可逃，經因存月以非之，反其及文以惡之。伐戰並舉，又寓其意，使後人讀此卒後葬前之文，而宋襄伐喪之罪益著，則其事之細曲固不必論。有欲詳考之者，而孝公之不宜納亦足明矣。聖人之經，簡易正大，而曲折微妙之恉在其中。家鉉翁説晉荀吴伐鮮虞曰「存大節而略細故，春秋法也」，此言最是，學者當一以穀梁斷之。

狄救齊。善救齊也。【補曰】疏曰：「善狄能憂中國。」文烝案：重發傳者，嫌與諸夏異也。

秋八月丁亥，葬齊桓公。豎刁、易牙争權，五公子争立，故危之。【補曰】注上句公羊，下句左傳。

冬，邢人、狄人伐衛。狄其稱人何也？【補曰】據當言邢人及狄，如晉人及姜戎。春秋亦有不稱人而不言及者，伐秦伐晉之白狄，伐吴之淮夷是也。但姜戎、白狄、淮夷皆複字，或言及或不言及，皆可成文。若狄則單字，不稱人則必言及，既言及，可不稱人矣。陸淳、杜諤、趙鵬飛、黄仲炎、吴澂、程端學等以爲狄稱人者便文，猶書吴人、鄫人，不知便文可言及也。凡單字所以有不成文者，荀子曰「累而成文，名之麗也。」麗，即「儷」字，謂配偶也。吳言人，粱言山，瀕言水，皆其類。善累而後進之，累，積。【補曰】善積而後進，故不於救稱人，而於伐稱人。救是善事，但不若書聘爲舉道，故與荆人不同也。聘稱人，爲進夷狄之文，救稱人則與中國文同，非其救前已有善事，不得遽進。伐衛所以救齊也，何休曰：「即伐衛救齊，當兩舉，如伐楚救江矣。又傳以爲江遠楚近，故伐楚救江，今狄亦近衛而遠齊，其事一也。義異何也？」鄭君釋之曰：「文三年冬，晉陽處父帥師伐楚救江，兩舉之者，以晉未有救江文，故明言之。今此春，宋公、曹伯、衛人、邾人伐齊；夏，狄救齊；冬，邢人、狄人伐衛；其爲救齊可知，故省文耳，事同義又何異？」【補曰】傳以是春衛伐齊，是夏狄救齊，今狄又伐衛，故言所以救齊，申釋伐之所以爲善也，此經自不得有救文。功近而德遠矣。伐衛，功近耳，夷狄而憂中國，其德遠也。【補曰】狄有何功德可言近遠？指衛、齊尤曲，注非也。此句謂齊桓也，桓之功近在中國，而桓之德遠及夷狄，故狄與邢共救之也。君子於齊桓之歿，未忍遽忘之。此及下二十年兩稱狄人，傳於此曰「伐衛所以救齊，功近而德遠」，於二十年曰「邢小，其爲主何也？爲主乎救齊」，明夫救齊一事，深當聖意。文施於進狄，而義起乎崇齊，木瓜之思，下泉之志，固若是其章章也。夫宋輔桓以霸者也，邢、衛則皆桓所存也，宋與衛伐齊而邢、狄能救之，齊與狄盟于邢而衛卒滅之，故春秋自伐齊至於滅邢，惡宋、衛而善邢、狄。屢書不一書，其意皆相貫也。何休、孫復以爲狄稱人者，善救齊。孫覺曰：「傷中國而罪諸侯也。中國無道則孔子欲居九夷，諸侯伐齊，狄能救之，則進之曰人，皆所以傷中國也。」

十有九年春王三月，宋人執滕子嬰齊。【補曰】滕宣公也。宋公稱人者，滕有罪也。執諸侯，自戎蠻子赤以外皆不名，滕獨名。滕自昭篇以前卒皆不名，獨名於其執，蓋狄道正長嫡不以名通，史於此書名，見非正也。趙與權曰：「齊桓之伯，執不及君，已爲薄矣，宋襄效之而執虞人之君，其能免乎？」程端學曰：「出乎爾者反乎爾，故楚執宋公矣。」文烝案：執諸侯大夫，常例皆時，當如何休說。此月者，惡宋襄無道。又前此執虞公爲執之變文，此乃執君之始也，故謹之。

夏六月，宋公、曹人、邾人盟于曹南。曹南，曹之南鄙。【補曰】蓋國之南近都城。○【撰異曰】宋公，公羊作「宋人」，陸湻從公羊。

繒子會盟于邾。己酉，邾人執繒子，用之。○【撰異曰】上繒子，汲古閣公羊作「鄫人」，誤。唐石經亦作「鄫子」。微國之君，因邾以求與之盟。與，厠豫也。【補曰】之盟，是盟也。謂上曹南盟即解此經「盟」字。孔廣森曰：「不言如會者，未至曹南也。邾在曹東繒西，將如曹南，道出其國。」人因己以求與之盟，己迎而執之。惡之，故謹而日之也。【補曰】惡邾子，故執，特謹日，尚不論及用也。稱人者，從衆辭例。凡執諸侯爲衆辭者，皆是與其執有罪。此執言用，邾惡易見，雖爲衆辭，無嫌於罪繒而與邾。用之者，叩其鼻以衈社也。衈者，釁也，取鼻血以釁祭社器。【補曰】疏曰：「論語云『以杖叩其脛』，則叩謂擊也。」文烝案：范言釁器，非也。衈社者，以血釁社，謂祭社也。周禮小子：「掌珥于社稷，祈于五祀。」鄭衆曰：「珥社稷，以牲頭祭也。」鄭君曰：「珥，讀爲『衈』，祈，或爲『刉』。刉衈者，釁禮之事也。」山海經「祈聛用魚」，郭璞曰：「以血塗祭爲聛。」聛，亦「衈」字也。公羊曰「叩其鼻以血社」，左傳曰「宋公使邾文公用鄫子于次睢之社，欲以屬東夷」。何休曰：「不言社者，本無用人之道。言用之，已重矣，故絶其所用處也。」又案：用人甚無道，亦蒙日也。繒子不名，異於蔡世子友者。繒子例不記卒，此以被用記耳。雖爲魯壻，不得名。趙汸曰：

「小國之君不卒則亦不名，故邾戕繒子亦不名。」其説是也。

秋，宋人圍曹。【補曰】沈棐曰：「伐齊盟曹南，從宋者惟曹、邾，善曹以親諸侯可也。而專事威强，欲以力爭，不亦難乎？」

衞人伐邢。

冬，會陳人、蔡人、楚人、鄭人盟于齊。會無主名，内卑者也。四國稱人，外卑者也。杜預曰：「地於齊，齊亦與盟。」【補曰】案：左傳陳穆公請脩好於諸侯，以無忘齊桓之德。冬盟于齊，脩桓公之好也。楚人、鄭人，時之班次，與襄五年吴人、繒人亦同。但吴班多在末，以不稱人殊會爲常文，故其稱人序繒上者可别見義。楚班本不定，稱人而序，或在末，或不在末，皆爲常文，無他義也。卑者盟，不日宿月，此不月者，以楚初與盟，故略之甚。〇【撰異曰】公羊作「公會」，唐石經、左氏同。趙汸曰：「魯有救四公子之嫌，終孝公世，僖公未嘗如齊，卒爲仇敵，此盟決非公往。」

梁亡。自亡也。【補曰】實是秦滅，而以「亡」爲文，明其自亡也。疏據下「力役」之文，謂梁之土地必爲人所取，似同公羊「魚爛而亡」，亦同左氏「秦得之也」。湎於酒，【補曰】飲酒齊色曰湎。淫於色，【補曰】荒放於妻妾。心昏耳目塞，【補曰】言君以湎淫致昏塞。上無正長之治，【補曰】正長，通言卿大夫，正亦長也，謂官之長也。周禮曰「建其長，立其兩，建其正，立其貳」，對文析言之耳。疊言以圓文則不别。此言長官不事其事。大臣背叛，【補曰】言無忠臣。民爲寇盜。【補曰】言有亂民也，兼此數者，必亡之道。梁亡，自亡也。【補曰】言以其如上所云，故爲自亡。如加力役焉，湎不足道也。如使伐之而滅亡，則淫湎不足記也，使其自亡，然後其惡明。【補曰】言湎，該淫色以下五句，此二句承上自亡反言之。春秋亡國多矣，而此與紀侯大去皆不加力役，紀賢而滅天也。所謂君如彼何哉？彊爲善而已，故書曰紀侯大去其國，閔之而全之也。梁湎而亡，人也，所謂家必自毁而後人毁之，國必自伐而後人伐之，故書曰「梁亡」，罪之而著之也。舉此二義則餘皆可推，春秋其至矣乎？傳其備矣乎？張洽曰：「春秋變法以書諸侯自取滅亡者有二：晉人執虞公，猶言兵已加頸而不自知也；梁亡，言國自亡而不之覺也。此胡氏所謂如化工之賦形異於畫筆之肖像。」張略本蘇轍說。**梁亡，鄭棄其師，我無加損焉，正名而已矣。**【補曰】此下皆夫子自述之言也，不言子曰者，傳省文。疏曰：「不葬有三，爲齊桓諱滅項之類，是改舊也；梁亡、鄭棄其師之屬，是因史之文也。」文烝案：加損者，猶史記云筆削也；正名者，卽論語答子路爲政必先正名，名不正則言不順，言不順則事不成。朱子或問用馬融說，以爲「使事物之名各得其正而不紊」是也。君子於魯史之文有所加損，以其名不正，故加損以正之。孟子引夫子之言曰「其義則丘竊取之」，而莊子以爲「春秋道名分」，卽此謂也。其或在史舊文，已足見義，其名既正，不須加損，則此梁亡、鄭棄其師之屬是也。劉知幾引汲冢瑣語、晉春秋獻公十七年鄭棄其師，其文正同，足與魯史相證，故知穀梁子無虛語也。二事所以爲正名者，具如下文所論。**梁亡，出惡正也。**正，謂政教。【補曰】正，卽「政」字。呂氏春秋曰「斑馬正」，以「正」爲「政」，荀子書尤多。出，猶發也，行也。惡，依今音讀入聲，與下異。劉蕡對策引用此傳曰「上出惡政」，胡安國傳亦曰「心昏而出惡政」，皆是也。始於耽酒色，中於失官守，終於釀釁盜，皆緣君之無道，積漸使然，故總言出惡政，爲君人者之明監大誡。左傳言梁伯亟城罷民，公羊家言梁君隆刑峻法，亦足兼之矣。以出惡政而亡，故正其名，直云梁不言秦滅之。**鄭棄其師，惡其長也。**長，謂高克。【補曰】鄭伯以惡其長而棄師，故正其名，直云鄭，不罪主將高克，此二事適合聖意，故無可加損也。加損正名者，脩春秋之大宗指，左氏、公羊皆言「脩」，穀梁言「加損」，言脩、言加損皆在文辭之閒。而一經之事迹，皆史氏之本書，從可見焉。故曰「蓋有不知而作之者，我無是也。多聞擇其善者而從之，多見而識之，知之次也。」又曰「吾猶及史之闕文也」，故春秋作也，猶述也。

二十年春，新作南門。作，爲也。【補曰】爾雅同。**有加其度也。**更加使大。【補曰】杜預曰：「魯城南門也，本名稷門。僖公更高大之，今猶不與諸門同，改名高門也。」案：史記孔子世家記齊人歸女樂事曰「陳於魯城南高門外」。**言新，有故也，非作也。**責其改舊制。【補曰】新可耳，不宜作，作，故志之。論語：「魯人爲長府。閔子騫曰：『仍舊貫，如之何？何必改作？』子曰：『夫人不言，言必有中。』」汪克寬曰：「僖公之篇無城築土功之事，庶幾其能愛民矣，而猶有南門之過制。」**南門者，法門也。**法門，謂天子諸侯皆南面而治，法令之所出入，故謂之法門。【補曰】法門與法廄同意，禮法所得有也。諸侯之城，四面皆有門，皆是法門。此新作者，則魯城南門。注牽合南面爲義，以法令解「法」字，皆非也。南門固嚮明，非以此專法門之稱也。何休說公羊以爲諸侯軒城，缺南面以受過。說文：「䡅，缺也。古者城缺其南方，謂之䡅。」

夏，郜子來朝。【補曰】公羊曰：「失地之君也。何以不名？兄弟辭也。」何休曰：「明當尊遇之，異於鄧、穀。」案：左傳：「郜，文之昭也。」郜爲宋滅，蓋滅而復封歟？○【撰異曰】陸淳纂例曰：「郜，穀梁作『邾』。」案：陸氏蓋據誤本。

五月乙巳，西宮災。謂之新宮，則近爲禰宮，言閔公非僖公之父，故不言新宮也。【補曰】父爲考，考廟稱禰，禰之言邇也。成三年傳曰：「新宮者，禰宮也。」近，猶似也。爲，於也。僖之頌稱閔廟曰「新廟奕奕」，自據時人恆稱，非春秋文例矣。觀於閔、僖之閒，可知受國爲人後之禮。據文二年傳，知其相爲昭穆，據此傳，知其不稱考禰。祭法所謂考廟、王考廟者，言其常法耳，非以爲稱，其稱之，則直言謚也。昭穆之次，人定也；祖禰之名，天定也；此制禮之精意也。以謚言之，則如疏之然，故不言閔宮而云西宮。【補曰】成三年傳曰：「迫近不敢稱謚，恭也。」莊二十四年傳曰：「斥言桓宮，以惡莊也。」若論禮之正稱，則以宮配謚。以是爲閔宮也。【補曰】宮言西，見爲閔宮也。凡寢與廟必南鄉，而賈公彥周禮守祧疏曰：「立廟之法，后稷廟在中央，當昭者處東，當穆者處西，皆別爲宮院。」又聘禮疏曰：「諸侯有五廟，大祖廟居中，二昭居東，二穆居西。廟皆別門，門外兩邊皆有南北隔牆，隔牆中夾通門，又謂之閤門。」此賈據冢人葬法以推廟制，知其相並排列，與阮諶禮圖同。閔爲穆，廟居於最西，故言西宮，足明其爲閔宮也。史記魯世家魯公伯禽，子考公酋；弟煬公熙，子幽公宰，弟魏公潰弒幽公而立；子厲公擢，弟獻公具，子真公濞，弟武公敖，子懿公戲，兄括之子伯御弒懿公而立；周宣王殺伯御，立懿公之弟孝公稱；子惠公弗湟以後入春秋。計自伯禽至閔十七君，而伯御誅死，既無謚，必無廟。伯禽廟爲世室，不毁，其初實爲昭廟。伯禽以下，考穆煬昭，幽穆魏昭，厲穆獻昭，真穆武昭，懿穆孝昭，惠穆隱昭，桓穆莊昭，故閔爲穆也。公羊以此爲小寢内之西宫，甚誤。宫寢之宫，經皆言寢，不言宫，自楚宫外，言宫皆爲廟。

鄭人入滑。

秋，齊人、狄人盟于邢。【補曰】案：左傳「爲邢謀衛難也。」狄稱人，與衛人及狄盟異，明亦特文。外盟不日，此又不月者，以與狄共盟，故略之甚。邢爲主焉爾。【補曰】爲主，即所謂外爲主也。凡會盟以國地者，其國則左傳所謂「地主」，地主必皆與於會盟，故亦謂之爲主矣。疏以公會鄭伯于曹，曹必不爲主，但邢能救齊，今盟于邢，故知歸功於邢，以爲主，不謂盟國都者例能爲主。案：疏合下三句爲解，非此句之意。此句正爲會盟國都者見例，特大概言之，原不必皆主會主盟。上年盟于齊，脩桓公之好，惟彼一事當是地主主盟耳。邢小，其爲主何也？其爲主乎救齊。十八年，邢人、狄人伐衛以救齊是也。【補曰】此申足上意。言邢是小國，而有爲主之文何也？以前曾與狄人共救齊，故盟則爲主，救齊既善，盟善可知。狄進稱人，亦同前義可知。傳但論其事，不復釋義者，從前傳悉包之也。王引之曰：「下『其』字衍文，蓋涉上句而衍。」

冬，楚人伐隨。隨，國也。

二十有一年春，狄侵衛。【補曰】已見義，仍從恆稱。

宋人、齊人、楚人盟于鹿上。宋爲盟主，故序齊上。鹿上，宋地。【補曰】此本杜預。外盟不日，此又不月者，與十九年盟齊同義。

夏，大旱。傳例曰：「得雨曰雩，不得雨曰旱。」【補曰】注引傳例固是，但此時得雨亦不言雩，龍見常祀，不志也。旱時，正也。【補曰】疏曰：「凡非八月、九月而雩者，皆書時以見非正，書秋、書冬是也。其旱則例皆時何者？旱必歷月，非一月之事，故書時爲正也。宣七年秋大旱，亦蒙例可知。」文烝案：六月乃常雩之時，竟六月無雨，故得謂之旱。宣七年則竟九月，雩不得雨，謂之旱也。若非盡夏秋一時之久，不得爲旱矣。不言不雨者，爲災也。左傳曰：「是歲也，饑而不害。」張大亨曰：「志大旱而不日饑者，荒政行也。」趙汸曰：「歲猶有入也。」陸佃爾雅新義曰：「春秋於僖初書雨，已而書雩，已而書旱，公德衰矣。」

秋，宋公、楚子、陳侯、蔡侯、鄭伯、許男、曹伯會于雩。雩，宋地。雩或爲「宇」。【補曰】楚於此始書「子」，而後文獻捷、戰泓、圍宋、還書「楚人」，從其常文，則此書「子」者，乃特筆以見義。下年傳曰「不顧其力之不足而致楚成王」，明宋公強致楚君，自取執辱，故書「楚子」以顯之。○【撰異曰】雩，范見或本作「宇」，左氏作「盂」，公羊作「霍」。徐彥曰：「左氏作『盂』，穀梁作『雩』，蓋誤，或所見異。」錢大昕曰：「『盂』，有『吁』音，『雩』亦有『吁嗟』之義，故字又轉爲『霍』，猶左傳蔡公孫盱即公孫霍也。」執宋公以伐宋。【補曰】不言楚執者，公羊曰「不與夷狄之執中國也。」文烝案：此不言楚，不疑其非楚，與昭四年會申、執徐子異文者，此一時彼一時。徐又夷也，彼從盟戚、執曹伯之正例，此爲變例。以，重辭也。傳例曰：「以者，不以者也。」此傳及定七年齊人執衞行人北宮結以侵衞傳皆曰「以重辭也」，然則以有二義矣。國之所重，故曰重辭。【補曰】尚有內爲志一義，范失之。

冬，公伐邾。【補曰】不致者，惡事也。

楚人使宜申來獻捷。楚稱人者，爲執宋公貶。【補曰】注用公羊，非也。焦袁熹曰：「會雩書『楚子』者，欲見宋致其君，乃招執辱，自餘即復以書人爲平文。」高澍然曰：「萩聘之前書爵，惟會雩特文，餘皆恆辭書人。」焦、高說是。文承伐宋而言使，亦不疑其非楚君也。書宜申者，以其來我，故得録名，與萩同義，傳於彼發之。捷，軍得也。【補曰】重發傳者，此所得非萩，嫌異故也。其不曰宋捷何也？據莊三十一年齊侯來獻戎捷。不與楚捷於宋也。不與夷狄捷中國。

十有二月癸丑，公會諸侯盟于薄。會雩之諸侯。【補曰】薄，宋地，史記宋世家作「亳」，二字古通用。左氏哀十四年傳宋景公曰：「薄，宗邑也。」明「薄」即「亳」矣。會者，外爲主焉爾。【補曰】疏曰：「重發之者，以釋者是公，嫌會非是外爲主，故發例以明之。」文烝案：疏言釋者是公，非也。傳重發外爲主之例，正明是楚子主之。

釋宋公。【補曰】此經各本誤跳在傳「會者」上，今依唐石經、十行本移正。外釋不志，此其志何也？【補曰】內獲言歸之，霸國執有言歸復歸者，自餘悉不志，經例因史例也。以公之與之盟目之也。【補曰】以公在，故目言楚之釋。齊履謙曰：「雩、薄皆宋地，諸侯見執，竟外曰歸，竟內曰釋。」不言楚，不與楚專釋也。何休曰：「春秋以執之爲罪，不以釋之爲罪，責楚子專釋，非其理也。公羊以爲公會諸侯釋之，故不復出楚耳。」鄭君釋之曰：「不與楚專釋者，非以責之也。傳云外釋不志，此其志何也？以公之與之盟目之也。言公與諸侯盟而釋宋公，公有功焉，與公羊義無違錯。」【補曰】何既失之，鄭又非也。不與楚專釋，與上以公盟目之文意不相屬。公羊所云不可通於傳，胡安國引傳文以公羊爲誤，胡氏是也。傳言不與專釋者，明非楚所得專執，故亦非楚所得專釋也。傳但解經釋不言楚，則上執不言楚亦包其義。上執無傳，故於此特明之。焦袁熹曰：「楚執之，楚釋之，不言可見，其事著也。無楚執、楚釋之文，不使夷狄得加於中國，其文隱也。」李光地曰：「立文如此，真可謂婉而成章。」文烝案：盟不致者，會夷狄也，宋、蜀皆同。

二十有二年春，公伐邾取須句。【補曰】不致者，言伐、言取，事尤惡。左傳以須句爲國，邾滅之，而公反其君。劉敞、胡瑗、孫覺、葉夢得、趙鵬飛、吕大圭、黄震、李廉皆以爲無此事。○【撰異曰】「有」字各本脱，今依唐石經補正。「句」，公羊作「朐」，後同。

夏，宋公、衛侯、許男、滕子伐鄭。

秋八月丁未，及邾人戰于升陘。升陘，魯地。【補曰】戰則是師也，不言邾師者，從小國無師例。○【撰異曰】升，左氏或作「登」。案：左傳凡「升」下字皆用「登」。陘，玉篇邑部引左氏傳作「𨛭」。內諱敗，舉其可道者也。不言其人，以吾敗也。不言及之者，爲內諱也。【補曰】案：左傳戰者公也。重發傳者，齊大國稱師，邾小國稱人，嫌有異也。

冬十有一月己巳朔，宋公及楚人戰于泓，宋師敗績。【補曰】案：左傳楚人亦楚子也。宋主楚客，故以宋及。以晉、楚之戰例之，又當內宋。泓，宋水名。日事遇朔曰朔。【補曰】日事，事在日例者。春秋三十有四戰，【補曰】案：春秋書戰者二十三，直書敗者十七，凡四十。而云三十有四戰者，蓋去婁林、箕、貿戎、交剛、長岸、檇李不數，六者皆略書時故也。鹹書日，大原蒙上月，故亦併數。未有以尊敗乎卑，以師敗乎人者也。【補曰】言自此泓戰外，無如此立文者。三十三年，秦稱師而爲晉人所敗，亦是以師敗乎人。彼晉人是晉君，亦與此楚人相似，但以彼文直從敗狄之例，故不據爲義也。以尊敗乎卑，以師敗乎人，則驕其敵。【補曰】王逸楚辭注「倨簡曰驕」，謂若齊頃公敗於鞌也。頃公與四國大夫戰，不如此以楚君稱人，傳亦大概言之耳。文子曰「義兵王，應兵勝，忿兵敗，貪兵死，驕兵滅。」襄公以師敗乎人而不驕其敵何也？【補曰】傳倒句以便文。言師敗不言尊敗，省文。責之也。【補曰】若不責之則當書楚子，或書楚師，或可稱宋人敗績，如衞之於齊。泓之戰，以爲復雩之恥也。前年宋公爲楚所執。【補曰】楚伐宋而宋與戰，欲復前恥。雩之恥，宋襄公有以自取之，伐齊之喪，執滕子，圍曹，爲雩之會，不顧其力之不足而致楚成王，成王怒而執之，【補曰】明上四事皆譏文。淮南子曰：「侯而求霸者必失其侯，霸而求王者必喪其霸也。」不説伐鄭者，在會雩後略之。家鉉翁以穀梁抑宋與楚爲陋。穀梁但言成王怒而執之，何嘗與楚哉？故曰：禮人而不答則反其敬，愛人而不親則反其仁，治人而不治則反其知。【補曰】反者，反求諸己，改行飭躬也。此引古語，與孟子文同。自取之則宜自反之也，春秋以忠恕爲教，正己而不求於人，因人而益求諸己。徐幹中論曰：「怨人之謂壅，怨己之謂通。」又曰：「孔子制春秋，詳內而略外，急己而寬人，皆此理也。傳中多以人己爲説，唯是尤深。」過而不改，又之，是謂之過，又，復。【補曰】此用論語文，論語無「又之」二字。襄公之謂也。【補曰】張洽引孟子以爲疾疢雖甚，而德慧術智未有以增益其所不能者也。古者被甲嬰冑，【補曰】甲，鎧。嬰，加也。冑，兜鍪。非以興國也，則以征無道也，豈曰以報其恥哉？【補曰】興國，若齊桓伐楚也。征無道，若湯伐葛、文王伐崇密也。夫湯、文之事，義兵也；齊桓伐楚，近乎義兵者也。宋襄報其恥則始於貪兵，卒於忿兵，雖曰應兵，實類驕兵也。二十八年下胡安國曰：「春秋時用兵者，非懷私復怨，則利人土地。詩云『不忮不求，何用不臧』，不忮則能懲忿，不求則能窒欲，然後貪憒之兵亡矣。」成二年下亦云然。程子説詩及朱子説詩初解皆同，論語引之則又學者之事也。傳言自取之恥不宜報，明泓戰有敗道。宋公與楚人戰于泓水之上，【補曰】公羊曰：「期戰于泓之陽。」司馬子反曰：【補曰】疏曰：「麋信云子反當爲子夷。」文烝案：麋説可從。「夷」之爲「反」，形近而誤也。左傳公子目夷，字子魚，傳固不必全同。楚衆我少，鼓險而擊之，勝無幸焉。」若要而擊之，必可破，非僥倖也。【補曰】言鼓者，何休謂軍法以鼓戰，以金止。險者，左氏、公羊謂楚人未盡濟、泓也。疏曰：「以小敵大，克之不名徼幸。」王念孫曰：「注疏皆非也。宋非楚敵，但可僥幸以取勝耳。無，猶莫也。乘其在險，鼓而擊之以取勝，莫有幸於此者。」襄公曰：「君子不推人危，不攻人厄，【補曰】推，排也。須其出，須其出險。【補曰】出險者，盡濟、泓也。既出，旌亂於上，陳亂於下。」【補曰】公羊宣十二年何休注曰：「縿廣充幅，長尋曰旐，繼旐如燕尾曰旆，加文章曰旂，錯革鳥曰旟。」注：「旄首曰旌。」兩言亂者，時楚人未成列，儳巖不整。子反曰：「楚衆我少，擊之，勝無幸焉。」【補曰】謂乘其未成列，鼓而擊之以取勝，則亦莫有幸於此者。左傳曰：「勍敵之人，隘而不列，天贊我也。」是兩「幸」字之義。襄公曰：「不鼓不成列，列，陳。【補曰】何休曰：「不戰未成陳之師。」須其成列，【補曰】疑當更疊「成列」字，屬下句。而後擊之。」則衆敗而身傷焉，七月而死。何休曰：「卽宋公身傷，當言公，不當言師。成十六年楚子敗績是也。又成十六年傳曰「不言師，君重于師也」，卽成十六年是二十二年虛言也，卽二十二年是十六年非也。」鄭君釋之曰：「傳說楚子敗績曰四體偏斷，此則目也；此言君之目與手足有破斷者，乃爲敗矣。今宋襄公身傷耳，當持鼓軍事，無所害，而師猶敗，故不言宋公敗績也。傳所以言『則衆敗身傷焉』者，疾其信而不道，以取大辱。」【補曰】傳承上詳述戰事，以起下文。倍則攻，敵則戰，少則守。【補曰】孫子曰：「用兵之法，十則圍之，五則攻之，倍則分之。敵則能戰，少則能守，不若則能避之。」王念孫曰：「能，猶乃也。言宋少於楚，宜堅守不戰，戰已可責。」人之所以爲人者，言也，人而不能言，何以爲人？【補曰】墨子經曰：「言，口之利也。」莊子曰：「言者，所以在意。」言之所以爲言者，信也，言而不信，何以爲言？【補曰】於文「信」从人言，説文以爲會意字。墨子經曰：「信，言合於意也。」鬼谷子曰：「信者，明也。」説文「誠也」，釋名「申也」。信之所以爲信者，道也，信而不道，何以爲信？【補曰】呂氏春秋曰：「所貴信者，爲其遵所理也。」各本誤作「何以爲道」，今依鈔本、北堂書鈔引改正。道之貴者時，其行勢也。凱曰：「道有時，事有勢。何貴於道？貴合於時。何貴於時？貴順於勢。宋公守匹夫之狷介，徒蒙恥於夷狄，焉識大通之方至道之術哉？」【補曰】勢者，時之所趨，孟子所謂待時乘勢。戰國策亦曰：「時勢者，百事之長也。」老子曰：「以正治國，以奇用兵。」孫子曰：「水因地而制流，兵因敵而制勝，兵無常勢，水無常形。」是其義也。又言宋欲以少敵衆，當用子夷之謀，合於時勢，今又違之，重自取辱，明春秋責之者深。程子易傳曰：「知時識勢，學易之大方也。」又曰：「時之盛衰，勢之强弱，學易者所宜深識也。」愚謂春秋之書亦如是。○左傳但言宋襄求霸，而公羊言襄之戰得正道，君子大之，比之文王，於是有宋襄列五霸之説，於是有商頌美襄公之説。紛紛之論，甚不足據，若以敗績爲正，夫子何以言我戰則克乎？陸賈新語以爲宋襄輕用師而尚威力，至死於泓水之戰，春秋傷之。與穀梁合，最得經旨。

二十有三年春，齊侯伐宋，圍閔。【補曰】閔，宋邑。○【撰異曰】閔，左氏、公羊作「緡」。伐國不言圍邑，此其言圍何也？不正其以惡報惡也。前十八年，宋伐齊之喪是惡也。今齊乘勝而報，是以惡報惡也。【補曰】胡銓、趙鵬飛、家鉉翁並謂齊孝公以怨報德，此似是而非也。宋伐齊喪，立孝公，自一人言之則以立我爲德，自一國言之則以伐喪爲惡，春秋貴義而不貴惠，故當以惡論。

夏五月庚寅，宋公茲父卒。桓公之子襄公。【補曰】左傳曰：「傷於泓故也。」與上傳合。公羊於上圍緡曰「疾重故」，亦謂重故創。何休則以爲喻。○【撰異曰】茲，公羊作「慈」。茲父之不葬何也？失民也。【補曰】失民則失德明矣。蔡景不忍使失民則葬。其失民何也？【補曰】據上言「宋師敗績」，不如晉侯戰韓有失民文，今亦以失民爲義何也？以其不教民戰，則是棄其師也。爲人君而棄其師，其民孰以爲君哉？何休曰：「所謂教民戰者，習之也。春秋貴偏戰而惡詐戰，宋襄公所以敗于泓者，守禮偏戰也，非不教其民也。孔子曰：『君子去仁，惡乎成名？造次必於是，顛沛必於是』，未有守正以敗而惡之也。公羊以爲不書葬爲襄公諱背殯出會，所以美其有承齊桓、尊周室之美志。」鄭君釋之曰：「教民習戰而不用，是亦不教也。詐戰謂不期也，既期矣，當覯敵爲策，倍則攻，敵則戰，少則守。今宋襄公于泓之戰違之，又不用其臣之謀而敗，故徒善不用賢良不足以興霸主之功，徒信不知權譎之謀不足以交鄰國會遠疆，故易譏鼎折足，詩刺不用良，此說善也。」【補曰】傳用論語文，言以不教之民戰者謂之棄師，今宋襄昧於衆寡，暗於時勢，率爾一戰，是亦不教而棄師之類也。君自棄師，民孰君之？故曰失民也。春秋於韓著失民之文，於泓則爲責文，無失民文，要其所以責之者，卽爲其有失民之道。失民在於棄師，與鄭棄其師亦不同而同也。注「故徒善」以下鄭引考異郵文也，見詩大明正義引箴膏肓，正義但有「徒信」三語，文略耳，「會遠疆」作「定遠疆」。李琪曰：「春秋於襄公之終不以伯錄，茲父卒略不書葬，與秦、楚之君無別矣。」

秋，楚人伐陳。

冬十有一月，杞子卒。莊二十七年稱伯，今稱子，蓋爲時王所黜。【補曰】杞，成公也，不名，從宿男例。杞於魯非壻即外孫，當時猶以宿、薛待之，繒子、鄫子亦魯壻，皆不記卒矣。不日者，或不正，或史略之。不葬者，或不會，或亦略之。自此入襄篇，與大國同例。

二十有四年春王正月。

夏，狄伐鄭。

秋七月。

冬，天王出居于鄭。襄王也。天子以天下爲家，故所在稱居。【補曰】避弟子帶之難也。注本杜預。傳所謂居其所不月者，王奔異於諸侯，不嫌與小國同例。天子無出，王者無外，言出則有外之辭。【補曰】無出者文，無出也。凡言出者，皆施於奔。言出奔，爲有出之文，直言奔則爲無出之文，王子瑕、王子朝是也。瑕、朝皆天子之臣，天子之臣有奔道，無出道，故文無出。天子之身無奔道，故文無所謂奔，亦無出也。左氏與傳同。公羊曰「王者無外」，曲禮曰「天子不言出」，亦皆同也。易言「王用出征」，書言「王出郊」，王出在應門之內。王制言「天子將出，類乎上帝」，彼皆道其實之辭。春秋之文，別自有例，斯蓋周禮之舊，典策所守，君子因而用之，以爲一經之恆辭正例也。周不言出，猶內不言來，或臨天下，或臨一國，王臣因乎王，內臣因乎君。出，失天下也。江熙曰：「天子必巡守然後行，故河陽之守，全天王之行也。平王東遷，其詩不能復雅而列爲國風，襄王奔鄭，不得全天王之行則與諸侯不異，故書出也。夫子祖述堯、舜，憲章文、武，斯文是作，不以道假人。」傳言失天下，闕然如有未備。【補曰】江注多不明白。失天下者，即謂奔也，天子無所謂奔，故無出。既言出，則奔可知。出文卽爲奔文，奔則失天下，是出者失天下之辭也。諸侯言出奔爲失國，天子言出爲失天下，事正相類也。是時王實出奔，在鄭氾地，既非會諸侯之比，又與居狄泉不同，經爲失天下之辭，自是直文。但春秋爲尊者諱，爲親者諱，內諱出奔，言孫不欲直爲失國辭。王不諱出，則明以直文，爲特文矣。春秋之辭，婉直文質，唯變所適。傳順經意作解，前後皆相貫通。此傳曰「失天下」，而成十二年傳曰「一見之」，謂一見其文，以明其義，從魯莊「一疑之」例，寓王風閔周之心也。又春秋聖者之作，或一言兼衆義，或有義而無文。傳言「失天下」凡二，莊、僖不志崩爲失天下，蓋以起齊桓之存周也，義之無文者也。襄言出爲失天下，蓋以起晉文之存周也，義之兼見者也。自後頃王亦不志崩，周公又言出，殆皆承前爲義。**居者，居其所也。**【補曰】此釋書「居」義，兼爲凡書「居」者發例也。**雖失天下，莫敢有也。**邵曰：「雖實出奔而王者無外，王之所居則成王畿，鄭不敢有之以爲國。」【補曰】邵注未喻傳旨。莫，無也。有，有天下也。二句說所以言出又言居之義。言天子失天下猶加居所之文者，以爲君臣之義，無所逃於天地之閒，天下雖失，無敢有之者，則居其所者固自若。書出，不沒其實；書居，深正其名也。陸淳、趙汸以爲禮天子適諸侯，諸侯避正寢，納管鑰而館於廟，故曰天子無客禮，莫敢爲主焉。文烝案：明年四月，晉侯納王，不告，故不志。高澍然以爲春秋卽其事其文取義，非備記載之書，不必具首尾，舊史所無，不增益也。○嘗以春秋之義推諸他事，測其異同，如厲王三十七年流於彘。彘者，晉地，猶鄭之氾也。流亦出奔也，苟非特文，不可言出，當依狄泉之例，書曰王居于晉矣。厲流之後，不別立王，諸侯釋位，以閒王政，凡十四年，又當依公在乾侯之例，每歲書曰王在晉矣。若後世房州之事則又不同，具說於公在乾侯下。

晉侯夷吾卒。傳曰：「諸侯時卒，惡之也。不葬，簒文公而立，失德。」【補曰】晉惠公也。簒立及韓戰失民，固是失德，但此從蔡侯肸時卒之例，非從宋公茲父不葬之例，以魯不會葬不書葬耳。左傳惠公卒在上年九月，是年正月秦納公子重耳入桑泉，二月入于曲沃，殺懷公。國語云，十月惠公卒，十二月秦伯納公子。疑晉語得之。其月蓋此年之月歟？

二十有五年春王正月丙午，衞侯燬滅邢。【補曰】日例在宣十五年傳。○【撰異曰】「有」字各本脫，今依唐石經補正。燬之名何也？據宣十二年楚子滅蕭不名。不正其伐本而滅同姓也。絶先祖支體尤重，故名以甚之。【補曰】注用何休也。本，謂先祖。大戴禮禮三本、荀子書皆曰：「天地者，性之本；先祖者，類之本；君師者，治之本。」周公、康叔皆文之昭也，邢，周公之胤也。此傳、左氏、公羊並同。曲禮亦曰「諸侯滅同姓名」。孔廣森曰：「滅同姓名，唯謂滅周之同姓，若齊之於萊，楚之於夔，彼雖自爲同姓，而於王家則爲庶姓，罪猶差輕。」文烝案：十八年後春秋惡衞，至是名燬，爲燬之終事，意足而文備矣。○此經「燬」字，從無異辭，黎錞、杜諤、朱子乃以爲因下衞侯燬卒傳寫之誤。苟不深考，不知其似而非。

夏四月癸酉，衞侯燬卒。

宋蕩伯姬來逆婦。伯姬，魯女，爲宋大夫蕩氏妻也，自爲其子來迎婦。【補曰】此本杜預。婦人既嫁不踰竟，宋蕩伯姬來逆婦，非正也。【補曰】疏曰：「復發傳者，嫌爲求婦爲禮，故發之。」文烝案：大夫妻有歸宗之禮，據此傳則嫁他國者不得矣。或傳幷欲爲大夫妻明義，故又發之。姑逆婦亦非正也。**其曰婦何也？緣姑言之之辭也。**【補曰】其姑逆之，故於逆稱婦，不嫌與逆婦姜同。公羊亦同也。後求婦亦從此例，故不發。案：白虎通曰：「外屬小功已上不得娶，故春秋傳曰譏娶母黨也。」穀梁及公羊漢時皆有外傳、有章句，白虎所引蓋出其中，是說逆婦及求婦二經歟？

宋殺其大夫。**其不稱名姓，以其在祖之位，尊之也。**何休曰：「曹殺其大夫亦不稱名姓，豈可復以爲祖乎？」鄭君釋之曰：「宋之大夫盡名姓，禮公族有罪，刑于甸師氏，不與國人慮兄弟也，所以尊異之。孔子之祖孔父累於宋殤公而死，今骨肉在其位而見殺，故尊之，隱而不忍稱名氏。若罪大者，名之而已，使若異姓然，此乃祖之疏也。曹殺其大夫，自以無大夫不稱名氏耳。春秋辭同事異者甚多，隱去卽位以見讓，莊去卽位爲繼弒，是復可以比例非之乎？」【補曰】何說固無理，鄭亦失之。祖謂孔父也，左傳稱大司馬孔父，又稱孔父爲司馬，在祖之位，在司馬之位也。宋自此殺大夫者四，春秋皆不稱名姓。此經、左氏無傳。文七年書「宋人殺其大夫」，左傳謂殺公孫固、公孫鄭，而樂豫舍司馬；史記謂殺大司馬公孫固。然則固、鄭二子，當依孔穎達說爲孤卿之官，而固則以大司馬爲孤，其下又有樂豫爲司馬，屬於固也。成十五年書「宋殺其大夫山」，左傳云蕩澤爲司馬，謂之子山。文八年則明書「宋人殺其大夫司馬」。以彼諸文推此年所殺，明亦是司馬可知，穀梁之說未可輕議，而左傳事迹抑亦十得七八矣。此傳二句，通四經言之，孔父不稱名，曰爲祖諱，四經不稱名姓，曰以其在祖之位尊之，明四經亦爲諱也。孔父諱而四經皆諱者，盈乎諱之意。古者官有世功則有官族，故宋魚氏世左師之位，魯三卿司徒司馬司空、三桓亦各世其位，故宋司馬之位，孔氏所不忍言也。孝經首章引大雅云

「無念爾祖，聿脩厥德」，匡衡以爲孔子特著之。春秋與孝經同義，而公羊以始隱爲祖所逮聞，亦習聞尊祖之說而誤也。但四經雖皆諱名姓，而或直云大夫，或稱官，或稱字，或稱國，或稱人，傳或言或不言，則又同中之異，後當文各論之。鄭云「罪大者名之而已」者，謂山也。山稱國以殺，不得爲罪大。山是字，亦非名也。疏曰「祖之疏」，古本或作「禮之疏」，言同姓與異姓不別則於禮法爲疏也。○四殺大夫，其文微乎微矣，公羊經師失其義，乃於此年、文七年、八年造爲宋三世內娶之說，甚不可通。宋襄夫人王姬，襄王之姊也，謂之內娶，不亦謬乎？

秋，楚人圍陳，納頓子于頓。納者，内弗受也。【補曰】此發通例。圍一事也，納一事也。【補曰】圍陳事在陳，納頓子于頓事在頓。而遂言之，怪其異事而辭相連，有似遂事之辭。【補曰】謂經文不再出楚人也。蓋納頓子者陳也。圍陳使納頓子。【補曰】注語最圓足，楚人納頓子，是楚人又非楚人，公子比弑其君，是公子比又非公子比，事正相類。傳以文例特異，故言「蓋」，爲疑辭。疏引鄭釋廢疾謂有似晉陽處父伐楚救江之文，其說不了。

葬衛文公。【補曰】屬上生名之，失德甚明，故不如茲父去葬。時者，從正例。

冬十有二月癸亥，公會衛子、莒慶，盟于洮。衛稱子，在喪。洮，魯地。【補曰】衛已葬稱子者，未踰年故也。三十三年傳曰晉人者，晉子也。彼是踰年而未葬，傳以子稱之，明必已葬且踰年乃得稱本爵矣。杜預以莊二十七年之洮爲魯地，僖八年之洮爲曹地。曹地之洮，三十一年始屬魯，左傳所謂「分曹地自洮以南，東傅于濟」也。此年杜又云魯地，孔穎達以爲誤。莒無大夫，其曰莒慶何也？以公之會目之也。小國無大夫，以公與會，故進之。時有衛子，則無敵公之嫌。【補曰】此傳宜善讀之，若此盟無衛子，直是公會之則本可不目言其人，當從包來之例稱莒人，不當從書郲、書來逆、書來奔之例稱莒慶。今得目言者，以公之與衛子會之，故目之。傳不言以公之與衛子會之，但言以公之會者，傳意特大概言之，亦以下傳於衛甯速特發其義，故此不具説。注末二語卽本下傳，其説是也。莒慶與衛甯速無異義，但莒無大夫，因事目之，則直以國氏，此其異也。何休曰：「莒無大夫，書莒慶者，尊敬壻之義。杞伯、繒子皆無尊敬之文。」何説非也。不致者，會惟兩君，從離會例。

二十有六年春王正月己未，公會莒子、衛甯速盟于向。向，莒地。【補曰】卽隱二年莒所入者，後屬魯，故桓十六年城向，後又屬莒，故宣四年取向。○【撰異曰】速，公羊作「遬」。案：「遬」者籀文。公不會大夫，【補曰】謂不書氏名也。隱八年傳曰「不可言公及大夫」，莊九年傳曰「公不及大夫」，皆同義。其曰甯速何也？【補曰】據翟泉、蜀、澶淵大夫皆稱人也。內君外臣，特相盟會，其文皆沒公，自參以上不沒公，則宜稱人。以其隨莒子，可以言會也。【補曰】外亦有君，不以伉爲嫌，故可稱氏名以會也。不致，與洮同。

齊人侵我西鄙，公追齊師，至巂，弗及。【補曰】巂，齊地。○【撰異曰】巂，左氏作「酅」，亦或作「巂」。陸淳纂例曰：「公羊、左氏或作『酅』。」左氏音義：「户圭反，一音似轉反。」公穀音義皆又「似兖反」。段玉裁曰：「似轉、似兖字當作『儁』，非也。」弗，十行本、左氏誤作「不」，葉夢得、呂本中所見已然。人，微者也。【補曰】謂將卑師少。自陽處父以前有將尊師少而稱人者，傳但大概言之。侵，淺事也。【補曰】輕於伐也。重舉例以起下。公之追之，非正也。【補曰】不煩君自追。至巂，急辭也。以急辭言之，明不至巂。【補曰】疏曰：「文承追齊師之下，卽云至巂，是急辭也。據文與公追戎于濟西異。」弗及者，弗與也，弗與戰也。【補曰】說文：「及，逮也。」爾雅：「逮，與也。」注非。可以及而不敢及也。畏齊師。【補曰】明亦在不例。其侵也曰人，其追也曰師，以公之弗及，大之也。大之，謂變人言師。【補曰】師者，通稱不別之辭，故爲大。追而弗及者，公也，不得仍言齊人也。凡大夫將，師少稱人，衆稱師，專稱也。敗稱師，追稱師，乞師，棄師，取師，如師，會師，卒于師之類，通稱也。齊履謹、高澍然得之。弗及，內辭也。弗及者，若曰我自不及耳，非齊不可及。【補曰】注非也。此承上「可以及而不敢及」句申言之，凡可以然而不然者，經皆言不，今變文言弗，是爲內辭。若曰齊師已去，追之弗及，非可以及而不敢及也。其實至巂下加言弗及，則其不敢及亦足見矣。此所以爲內辭者，追既非正，又不敢及，不可言也。凡言弗，皆內辭。非竟內兵不致者，既弗及，若猶未出竟。

夏，齊人伐我北鄙。【補曰】許翰曰：「齊孝圍宋邑，又侵伐魯不已，與桓公下宋桓、魯莊之意正相反，霸業所以隳矣。」文烝案：齊侵伐魯，不西則北，齊魯之西皆濟水也，魯之北岱也，岱陰齊也。國語說齊桓公地南至于䱋陰，西至于濟，北至于河，東至于紀酅。管子「䱋」作「岱」，「河」作「海」。江永約計魯竟以爲北與齊分泰山，西與曹分濟水，南近邾滕，西南至金鄉、魚臺、單縣，鄰於宋，東跨蒙陰，抵諸城，濱海，東南鄰於莒。案：此皆非齊、魯初封之竟也。晏子春秋云「吾先君太公受之營丘，爲地五百里」，管子說桓公云「地方三百六十里」，明堂位云「成王封周公於曲阜，地方七百里」，史記云「封伯禽、康叔於魯、衞地，各四百里」，孟子諸書則謂公侯地皆方百里。孟子又云「今魯方百里者五」，周公封魯、大公封齊，皆方百里。

衞人伐齊。

公子遂如楚乞師。【補曰】公子遂，莊公子東門襄仲。何休曰：「稱師者，正所乞名也。乞師例時。」乞，重辭也。雍曰：「人道施而不有，讓而不取，故以乞爲重。」【補曰】重發傳者，前盟例，此師例也。注亦以定元年重請爲說。求、乞二文所同，非乞文所獨也。重者，重師，傳於成十三年明言之。公羊曰：「乞者何？卑辭也。曷爲以外内同若辭？重師也。」杜預注曰：「乞，不保得之辭。」釋例曰：「凡乞者，深求過理之辭。」何重焉？重人之死也。【補曰】申上句。非所乞也。【補曰】非所乞而乞也。上言師所以稱乞，此言乞莫重於師，顧前乞盟文。師出不必反，戰不必勝，故重之也。【補曰】言有死道，又申重人之死也。公羊兩「不必」作「不正」。論語曰：「子之所慎，齊、戰、疾。」史記趙奢謂其妻曰：「兵，死地也，而括易言之，破趙軍者必括也。」亦得此意。董仲舒曰：「僖公親任季子，國家安寧，季子卒之後，魯不支鄰國之患，直乞師楚耳。」趙鵬飛曰：「僖自公子友卒而用公子遂，善惡判矣。」張洽曰：「僖公初年，頗有意於治國，務農閔雨，國以殷富。中年以來，民事既荒，國備不立。齊人再伐，已不能支，而遠乞師以刷其恥。孔子罪臧文仲竊位，蓋爲其從公子遂如楚，爲國無謀也。使其立展禽以爲政。所以輔僖公者，必有道矣。」文烝案：書曰「知人則哲，安民則惠」，所謂皋陶謨可以觀治也。僖以能安民得之，以不能知人失之，左傳此行有臧文仲。

秋，楚人滅夔，以夔子歸。【補曰】夔子不名者，略夷狄微國，猶誘戎蠻子殺之不名。○【撰異曰】兩「夔」字，公羊並作「隗」。唐石經穀梁「夔子」作「夔人」，誤也。夔，國也。不日，微國也。【補曰】重發傳者，此有以歸文，又在時例明也。疏曰：「此是夷狄之微國，故從時例。」以歸，猶愈乎執也。【補曰】重發傳者，前敗中國書月書名，此滅夷狄微國不月不名，有異故也。此執亦卽獲也，凡諱獲言以歸者，其義多端。中國獲王臣則諱，爲王臣諱也；夷狄獲中國則諱，爲中國諱也；皆不專施於入滅者也。中國獲中國、中國獲夷狄則亦諱，諱中國之暴也，此專施於入滅者也。夷狄獲夷狄則亦諱，諱夷狄之盛也，亦專施於入滅者也。王臣非士不可名，其餘諸侯既諱其獲，則生名以顯之，不名者，略也。傳欲因同以見異，故於此重發例。

冬，楚人伐宋，圍閔。○【撰異曰】閔，左氏、公羊作「緡」。伐國不言圍邑，此其言圍何也？以吾用其師目其事也，【補曰】吾將用之，故并目彼事。非道用師也。楚人出師，爲魯伐齊，而中道以伐宋，故伐、圍兼書，所以責楚。【補曰】此句公羊同。何休曰：「時以師與魯未至，又道用之，於是惡其視百姓之命若草木，不仁之甚也。稱人者，楚未有大夫，未得稱師，楚自道用之，故從楚文。

公以楚師伐齊，取穀。【補曰】楚稱師，以公之以之，舉其重者也。何休曰：「稱師者，順上文。」以者，不以者也。民者，君之本也。使民以其死，非其正也。雍曰：「兵，不祥之器，不得已而用之，安有驅民于死地，以共假借之役乎？」【補曰】疏曰：「重發傳者，彼據外，此據內，故重詳之。」文烝案：首句乃明惡內之義，注未能了，說在桓十四年。

公至自伐齊。惡事不致，此其致之何也？危之也。以蠻夷之師伐鄰近大國，招禍深怨，危亡之道。【補曰】以夷伐鄰，伐而又取，皆惡也。疏曰：「莊六年，公至自伐衞，傳曰『見公惡事之成也』，與此不同者，互文起義。其實此亦見惡，彼亦危之。」文烝案：傳固互文，而此則危之之意爲多，故言危之，與彼略異。

二十有七年春，杞子來朝。

夏六月庚寅，齊侯昭卒。【補曰】無虧既死，則昭爲正，故書曰。○【撰異曰】昭，或作「照」。

秋八月乙未，葬齊孝公。【補曰】危之者，潘繼兄而立，雖得正，危道也。

乙巳，公子遂帥師入杞。

冬，楚人、陳侯、蔡侯、鄭伯、許男圍宋。楚人者，楚子也。【補曰】序諸國君上，足明其爲楚君。」其曰人何也？人楚子，所以人諸侯也。【補曰】從其書人之常文，乃所以人諸侯，非謂此之書人不爲常文。其人諸侯何也？不正其信夷狄而伐中國也。何休曰：「哀元年，楚子、陳侯、隨侯、許男圍蔡不稱人，明不以此故也。」鄭君釋之曰：「時晉文爲賢伯，故譏諸侯不從而信夷狄也。哀元年，時無賢伯，又何據而當貶之邪？甯謂定、哀之世，楚彊盛，故諸侯不得不從耳。」江熙曰：「夫屈信理對，言信必有屈也。宋、楚戰于泓，宋以信義而敗，未有闕也。楚復圍之，我三人行，必有我師，諸侯不能以義相帥，反信楚之曲，屈宋之直，是義所不取。信曲屈直猶不可，況乃華夷乎？楚以亡義見貶則諸侯之不從，不待貶而見也。然則四國信楚而屈宋，春秋屈其信而信其屈，貶楚子于兵首，則彼碌碌者以類見矣，故曰人楚子所以人諸侯。」【補曰】疏曰：「鄭云無賢伯，范言楚彊盛者，二者相接也。爲當時無賢伯，楚又彊盛，故諸侯不得不從泓之戰。傳譏宋公，而江熙云『宋以信義而敗，未有闕』者，據宋不能量敵强弱，致師敗身傷，故譏之。其於信義，實未有所闕，而楚復圍之，故貶楚子也。」文烝案：江注以義相帥。「帥」當作「師」，轉寫誤也。江用公羊爲說，不可通於傳。疏曲通之，非也。傳但論華夷，豈論曲直哉？諸侯信夷狄而伐中國，故人之以貶之，人楚正所以人諸侯，義甚明白。楚自萩聘次厥貉以前，君臣稱人，其常文也，非以稱人特爲貶楚辭也。

十有二月甲戌，公會諸侯，盟于宋。地以宋者則宋得與盟，宋圍解可知。【補曰】杜預曰：「宋方見圍，無嫌於與盟，故直以宋地。」杜說是也。范注本何休，何氏以此盟歸功於僖，因有是說，不可依用。葉夢得曰：「盟于宋之國外，是亦宋矣。」文烝案：此與曹南不同。不致，與薄同。

春秋僖公經傳第四補注第十二

穀梁　范氏集解　鍾文烝詳補

二十有八年春，晉侯侵曹，晉侯伐衛。再稱晉侯，忌也。鄭嗣曰：「曹、衛並有宿怨于晉，君子不念舊惡，故再稱晉侯以刺之。」【補曰】詩曰「維予胥忌」，毛傳曰：「忌，怨也。」說文曰：「忌，憎惡也。」再稱晉侯，各爲一事，明其既怨憎於曹，又怨憎於衛，凡有舊惡，無不念也。常例當言遂伐衛，爲繼事辭。張洽曰：「報施救患，取威定伯，文公君臣之規模也，故先侵曹伐衛。若以大義興師，則當先於乞師伐齊之魯，從楚圍宋之陳、蔡。」呂大圭曰：「從楚圍宋者，陳、蔡、鄭、許也。晉乃舍而攻曹、衛者，陳、蔡、鄭、許邇楚者也，曹、衛邇宋者也。楚始得曹而新昏於衛，時方圍宋，晉欲釋宋之國，致楚而與之戰也。」文烝案：二說深合事情，而晉文初念，實主脩怨，故經以忌爲義。張洽又據左傳事迹以爲文公終始徇私報怨，得之矣。

公子買戍衛，不卒戍，刺之。刺，殺也。內諱殺大夫，故謂之刺，蓋取周禮三刺之法。【補曰】公子買，子叢也。爾雅曰：「戍，遏也。」韓嬰詩傳曰：「戍，舍也。」毛曰「守也。」莊十七年何休注曰：「以兵守之曰戍。」說文人部「伐」、「戈部「戍」並从人持戈。廣韻：「戍，從人荷戈。」王筠曰：「廣韻所據是也。詩「何戈與祋」，又「役」之古文作「伇」，從殳從人，皆同意。」李巡爾雅注曰：「卒，事之已也。」范注「刺，殺」，爾雅文。孟子言「刺人而殺之」，則二字亦微異。內諱殺大夫謂之刺，本公羊。諱者，經例因史例也。明堂位説魯君臣未嘗相弑，「弑」本是「殺」字，君爲臣殺則書「薨」書「卒」，臣爲君殺則書「刺」，是所謂未嘗相殺，皆魯史舊法也。晉語曰「刺三郤」、「刺欒盈」亦本晉史辭歟？刺取，三刺之法，本杜預。案：周禮小司寇司刺：「壹刺曰訊羣臣，再刺曰訊羣吏，三刺曰訊萬民。」先名後刺，殺有罪也。【補曰】此猶外之稱人以殺也。有罪故不日，從不日卒見惡之例。不發傳者，刺偃重，舉正例，此亦從例可知。何休曰：「內殺大夫例，有罪不日，無罪日，外殺大夫皆時。」公子啟曰：公子啟，魯大夫。【補曰】疏曰：「舊解云公子啟即公子偃。啟書日者，啟無罪。今觀上下文勢，理恐不然。」猶襄二十三年傳引蘧伯玉曰耳。「不卒戍者，可以卒也。可以卒而不卒，譏在公子也，刺之可也。」【補曰】「不卒戍」一句，蓋時既聽察其辭，而斷獄弊訟，麗法議罪者也。「不」之一字，律之定論，經之通例也。至於公之附楚以敵晉，經所不論。既戍矣，則以不卒戍爲罪也，公子啟解其義而其事可知。左氏、公羊徒滋曲説，而後世史書但云某官某有罪棄市，或云有罪自殺，則以實事爲虛辭矣。○史記、漢書以來，以天子爲本紀，編年記事取法春秋，雖視古經爲繁，不若古經之密。至於言罕褒諱，事無黜陟，史通所論，更不必言也。

楚人救衛。【補曰】鄭玉曰：「見晉伐所必救，能致城濮之戰也。」

三月丙午，晉侯入曹，執曹伯，畀宋人。入者，内弗受也。日入，惡入者也。【補曰】疏曰：「重發之者，以晉文初霸，嫌得入中國，故發傳以明之。」以晉侯而斥執曹伯，惡晉侯也。惡其忌怨深。【補曰】凡諸侯執諸侯稱爵。斥執者，皆是惡之之辭，傳并明通例也。晉文執曹伯、執衛侯，兩文相對甚明，解此以見彼。畀，與也。【補曰】公羊同。爾雅作「予」。祭統曰：「畀之爲言，與也。」其曰人何也？不以晉侯畀宋公也。畀，上與下之辭，故不以侯畀公。哀四年夏，晉人執戎蠻子赤歸于楚，使楚子治其罪，今執曹伯不言歸于宋而言與宋人者，是使宋公拘執之。【補曰】此猶桓三年不以齊侯命衛侯也。人者，衆辭，故不嫌也。注首二語連上「畀與也」句作解。左傳曰：「執曹伯，分曹、衛之田以畀宋人。」葉夢得以爲此經當曰「畀宋人田」，不言田者，經成而亡之。又謂穀梁不見其事，左氏見之而不能辨。汰哉斯言，且安見左傳必不誤乎？傳上文「乘軒者三百人」，明是因曹風「三百赤芾」之文，誤以爲實。程子曰：「詩但言其多耳，曹國小，豈容有三百？知左氏誤者多也。」

夏四月己巳，晉侯、齊師、宋師、秦師及楚人戰于城濮，楚師敗績。【補曰】左傳謂晉侯一戰而霸也。時楚使得臣將師，楚無師無大夫，故戰稱人也，敗稱師，與燕同義。傳例中國敗夷狄，言敗不言戰，舉其大者也。又不論其疑戰不疑戰，皆不書日。中國雖與之結日列陳，既能敗之，則不欲詳之也。楚較他夷狄爲進，故不直言敗楚師，而結日之戰得書日。○【撰異曰】齊師，唐石經作「齊侯」，誤也。

楚殺其大夫得臣。【補曰】宜申以其來我書至，此與有大夫者同文，但仍未得氏也。楚殺得臣、公子側，皆責軍之將也，經自以殺大夫見義耳。文不蒙上，不論此等情事。

衛侯出奔楚。

五月癸丑，公會晉侯、齊侯、宋公、蔡侯、鄭伯、衛子、莒子，盟于踐土。衛稱子者，時衛侯出奔，國更立君，非王命所加，未成君，故曰子。踐土，鄭地。【補曰】衛子，衛侯之母弟夷叔武也。杜預曰：「叔武攝位受盟，非王命所加，從未成君之禮，故稱子而序鄭伯之下。」諱會天王也。實會天王而文不言天王，若諸侯自共盟然，是諱之也，所謂譎而不正。【補曰】下有「王所」文，會天王可知，故可爲諱也。不如齊桓外內有疑文者，從桓已足見義。又據左傳，是月己酉「王命尹氏及王子虎、內史叔興父策命晉侯爲侯伯」，在癸丑前五日，是則晉文既受命，無所可疑，故與齊桓異文。傳前言桓非受命之伯，則晉文既受命亦足以明也。不致者，會天王譎而不正，是惡事。〇說左傳者謂王官之宰臨盟，先同姓，後異姓。又先衞後蔡，春秋所書會之次，非盟之次也。案：此說欲以左傳合經，殆非也。竊意周之宗盟，異姓爲後，此是盟詛初行時舊制則然，自齊桓以異姓主盟，其制變矣。衞或舊在蔡上，後來亦變矣。公羊曰「其序則齊桓、晉文，其會則主會者爲之」，最得其實。言其序、其會，則盟在其中矣。左傳衞祝佗稱周府之載書云：「王若曰，晉重、魯申、衞武、蔡甲午、鄭捷、齊潘、宋王臣、莒期。」此周人自據舊制記而藏之也。至謂臯鼬之盟，長衞於蔡，則左氏求合踐土載書，虛增之也，所以知周府載書非鑿空。而臯鼬、長衞不可信者，彼上文分魯公、分康叔、分唐叔云云，其數典必皆有據，而謂君以軍行則祝出竟，若嘉好之事，祝無事焉，則與經侵楚之文亦顯相乖剌，明彼傳須分别觀之。而釋例、正義皆曲說也。又此踐土盟，左傳謂王子虎盟諸侯于王庭，與傳言會天王似亦不合。

陳侯如會。如會，外乎會也，於會受命也。外乎會，不及序也。受命于會，故書如會。

公朝于王所。朝不言所，言所者，非其所也。非京師朝。【補曰】此發書所例也。詩小雅云「自天子所」，天子之所，覲禮云「女順命于王所」，考工記云「不屬于王所」，鄭風又有「公所」之文，彼皆當時恆稱。春秋脩辭則别有義例也。胡安國曰：「周制：十有二年，王乃時巡，諸侯各朝於方嶽。亦何必於京師於廟然後爲禮乎？古者天子巡守於四方有常時，諸侯朝於方嶽有常所。其宮室道塗，可以豫脩，故民不勞；其供給調度，可以豫備，故國不費。今天王下勞晉侯，公朝于王所，則非其時與地矣。然則天子在是，其可以不朝乎？天子在是而諸侯就朝，禮之變也。春秋不以諸侯就朝爲非，而以王所非其所爲譏，正其本之意也。」文烝案：胡云「天王下勞」者，依杜預說。公羊以爲致天子，傳及公羊皆以河陽爲再致，杜說非也。此傳與下朝傳互相備。

六月，衞侯鄭自楚復歸于衞。【補曰】何休曰：「復歸，例皆時，此月者，爲下卒出也。」公羊以復歸與歸爲二，故何氏有此例，不可通於傳。復歸與歸同，奔歸與執歸則異。奔歸月，執歸時，下三十年，徐邈說得之。自楚，楚有奉焉爾。【補曰】疏曰：「重發傳者，自楚，嫌與中國異也。」復者，復中國也。歸者，歸其所也。中國，猶國中也。【補曰】注凡訓中國爲國中者，隨文爲義。詩「中谷」爲谷中，戰國策「東山之君」爲山東，古人語多如此。君實有國，舊爲君，故言復也，此發復歸通例。鄭之名，失國也。【補曰】疏曰：「重起失國之例者，以鄭非大罪，故出奔不名，惡其藉楚之力，故入名以表失國，嫌出入異，故傳發之。」文烝案：出不名則入名，明失國也。出既不名，故傳重舉例耳，不必言惡其藉楚之力。

衞元咺出奔晉。【補曰】訟殺叔武也。不書衞侯殺其弟武者，時不以告，史本無之。

陳侯款卒。【補曰】陳穆公也。前稱世子非不正，蓋不蒙上月，在惡之之例。何休曰：「賤其歧意於楚。」何氏本解不日義，合諸傳例，則宜時也。不葬者，魯不會。

秋，杞伯姬來。莊公女。來歸寧。

公子遂如齊。聘也。【補曰】不應注於此，宜刪。

冬，公會晉侯、宋公、蔡侯、鄭伯、陳子、莒子、邾子、秦人于温。陳稱子，在喪也。【補曰】温，晉地，本温國，狄滅之，襄王以賜晉文。杜預曰：「陳共公稱子，先君未葬也。」宋襄公稱子，自在本班。陳共公稱子，降在鄭下，陳懷公稱子而在鄭上，蓋主會所次。」〇【撰異曰】陸淳纂例曰：「左氏『晉侯』下有『齊侯』。」案：今公羊亦有之。邾子，板本，左氏作「邾人」，誤。唐石經亦作「邾子」。諱會天王也。復致天子。【補曰】此下言王守，其爲會天王尤明。

天王守于河陽。河陽，晉地。【補曰】守，巡守也。孟子引晏子對齊景公曰：「天子適諸侯曰巡守。巡守者，巡所守也。」所守爲守，巡之亦爲守。白虎通曰：「巡者，循也。守者，牧也。爲天循行守牧民也。」文選注引禮記逸禮亦曰「天子巡行守牧也。」「巡守」字經典古書多通用「狩」。〇【撰異曰】守，左氏、公羊作「狩」，左亦一作「守」。全天王之行也。時實晉文公召王，以臣召君，不可以訓，因天子有巡守之禮，故以自行爲文。【補曰】全者，深正其義，下句是也。踐土言朝，直承會下，此再致天子，失禮尤重，故須特爲全文。注前三語本左傳。爲若將守，而遇諸侯之朝也。【補曰】此所謂全也。杜預左傳後序引汲冢紀年「周襄王會諸侯于河陽」，知此守即是上會，河陽即是温，非別有巡守之事。但論其事，則會即是守，論其文，則既言會又言守，若別有守事然，故曰爲若將守而遇朝也。李琪引紀年之文云：「睹此則尊王之辭，信爲仲尼特筆。」李氏以爲春秋有述有作，小事則述舊而紀録，大事始作以制義也。左氏、公羊以此守为狩郎、狩部之狩，左傳又謂晉侯使王狩，皆失之。李廉曰「此非講武之狩，蓋假巡狩之禮以爲辭」是矣。爲天王諱也。【補曰】晉下陵而王上替，諱之以全之。水北爲陽，山南爲陽。日之所照曰陽。【補曰】北爲陽則南爲陰，南爲陽則北爲陰。温，河陽也。【補曰】晉之河北，土田衆多，温亦其一邑耳。下文云「温，河北地」是也。黄仲炎、趙與權得之。

壬申，公朝于王所。朝於廟禮也，於外非禮也。諸侯朝王，王必於宗廟受之者，蓋欲尊祖禰，共其榮。【補曰】言朝于王所，不得言如京師，是足明其非禮。重發傳者，嫌朝王與諸侯相朝異也。獨公朝與？諸侯盡朝也。【補曰】起下「主善以内」句。左傳曰：「晉侯召王，以諸侯見。」其日，以其再致天子，故謹而日之。【補曰】起下「目惡以外」句。時史本以其一歲再朝，特書日以見非常，君子從而取義焉。公羊曰：「其日何？録乎内也。非公獨朝，何録之有？」主善以内，目惡以外。主善以内，謂公朝于王所。目惡以外，言再致天子。【補曰】主善，謂言朝。目惡，謂謹日。此猶桓十三年傳言「由内及之，由外言之」。言曰公朝，逆辭也，而尊天子。鄭嗣曰：「若公朝于廟則當言公如京師，而今言公朝，是逆常之辭。雖逆常而曰公朝王所，是尊天子。」【補曰】申上善意也。辭有逆之而順者，名之正，辭之盡。會于温，言小諸侯。温，河北地，以河陽言之，大天子也。温、河陽同耳。小諸侯，故以一邑言之，尊天子，故以廣大言之。【補曰】猶言東巡守，西南北巡守，因上言尊天子，覆解上經。日繫於月，月繫於時，【補曰】杜預左傳序曰：「記事者，以事繫日，以日繫月，以月繫時，以時繫年。」孔穎達曰：「繫者，以下綴上，以末連本之辭。」壬申公朝于王所，其不月，失其所繫也，【補曰】杜預曰：「壬申，十月十日。」以爲晉文公之行事，爲已顛矣。以臣召君，顛倒上下，日不繫于月，猶諸侯不宗于天子。【補曰】此與「目惡」意相足。夫天子作民父母，以爲天下王，禮樂征伐出焉，朝覲訟獄謳歌歸焉，天下之人皆繫於天子，百世不可易。故於功盛事顛者，既謹其日，又去所繫，辭微而義切矣。左氏不得其説，又無從益其月，故其傳亦遂於冬下直述經文，而繼以丁丑云云。疏漏之迹顯然，闕疑之意則善。

晉人執衛侯，歸之于京師。【補曰】稱人以執，執有罪，在晉文爲伯討也，與上及成十五年二文皆相對。一年之中，一人之身，六稱晉侯而一稱晉人，同文異義，異文異義，於此爲信。案：左傳衛侯先期入，叔武喜而走出，前驅射而殺之。胡銓以爲此康誥所謂兄大不友于弟，與父不慈，子不祗，弟不共，皆民彝之不可泯亂，當速由文王作罰者也。此入而執，【補曰】亦晉侯入衛而執，謂自温渡河入衛也。温在河北，京師及衛在河南。案：左傳曰：「衛侯與元咺訟，甯武子爲輔，鍼莊子爲坐，士榮爲大士。」此晉侯入衛之後聽其訟於衛也。又曰：「衛侯不勝，殺士榮，刖鍼莊子，謂甯俞忠而免之。執衛侯，歸之于京師，寘諸深室。」此正説經文也。又曰：「元咺歸于衛，立公子瑕。」此説下經文。言咺訟既直，乃得書其歸也。夫咺在晉而衛侯得與訟，則咺從晉侯在温，即隨入衛可知也。王在温而歸衛侯于京師，則是時王將反京師可知也。左傳並載於會温後，又其後舉王守公朝二經，乃是補序前事，故以「是會也」一句爲更端也。又以壬申公朝、丁丑圍許二句相接，壬申至丁丑六日，明入衛等事皆中閒四日事也。杜預並以爲十月，釋例又疑是十二月也。其不言入何也？【補曰】據曹言入。不外王命於衛也。入者，自外來，伯者以王命討衛，衛王之土，故曰不外王命。歸之于京師，緩辭也，辭閒容之，故言緩。【補曰】與成十五年歸于京師相對爲緩急。斷在京師也。【補曰】申上緩辭意，明得正。天子爲天下朝覲訟獄所歸，此年備見。

衛元咺自晉復歸于衛。【補曰】此公羊所謂「君入則己出，君出則己入」。自晉，晉有奉焉爾。【補曰】疏曰：「又發傳者，嫌霸者與凡諸侯異。」復者，復中國也。歸者，歸其所也。【補曰】大夫爲國體，與君共國，復還居位則皆言復。重發傳者，嫌大夫與君異，故發以同之。

諸侯遂圍許。會温諸侯。許比再會不至，故共圍之。【補曰】此本杜預。遂，繼事也。繼事，會于温而圍許。【補曰】重發傳者，齊桓是伐與救與次，晉文是圍，並霸者之事，故詳之也。疏曰：「會温已訖，中閒有事，或恐不相繼，故發傳以明之。」謝湜曰：「諸侯朝王，許獨違命，書『遂圍許』，得討叛之義。」俞皐引項氏說以爲晉文公經略中外，自今年春自北而南，夏自南而北，冬復自北而南，明年春復自南而北，始歸於晉。文烝案：冬會乃再出也。

曹伯襄復歸于曹。三月爲晉侯所執，今方歸。復者，復中國也。【補曰】重發復例者，此未復而言復，將陳其義，故重舉以同之。曹伯本宜言復，以其言復於圍許前，獨爲變例。天子免之，因與之會。其曰復，通王命也。免之于宋，身未反國，因會于許，卽從反國之辭，通王命。

遂會諸侯圍許。【補曰】段玉裁曰：「左經亦作『圍許』，傳作『于許』者，謂會諸侯於圍許之師也，彼時曹無師。」遂，繼事也。【補曰】疏曰：「恐被釋而遂與常例異，故重發之。」文烝案：曹伯會事之成。重言諸侯者，順繼事之文也。經通王命言復，使若身既反曹，自曹來會，不可直言會圍許。

二十有九年春，介葛盧來。介，國也。葛盧，微國之君，未爵者也。【補曰】重發傳者，此朝而不言朝，嫌又異也。公羊曰「夷狄之君」。其曰來，卑也。【補曰】疏曰：「郳黎來亦未得爵命而稱朝，此謂卑賤之，故直言來矣。」公羊曰：「何以不言朝？不能乎朝也。」卽襄十八年注云「不能行朝禮」是也。文烝案：公不在亦得言來者，葛盧未見公輒反，至冬復來見公，其事甚明，故無嫌也。

公至自圍許。【補曰】此二事偶，則以後事致之例，若無圍許事，則會温再致天王亦不致。

夏六月，公會王人、晉人、宋人、齊人、陳人、蔡人、秦人，盟于翟泉。翟泉，某地。【補曰】當云周地，卽昭二十三年之狄泉也。案：左傳晉狐偃、宋公孫固、齊國歸父、陳轅濤塗、秦小子憖皆大夫也，惟蔡無名氏，或是闕，或卑者也。宋序齊上，孔穎達謂公孫固爲大司馬，尊也。自晉以下皆稱人者，傳例曰：「可言公及人，不可言公及大夫，故不稱氏名也。」左傳以王人爲王子虎，是否未可知。不日者，晉文不至，諸國皆大夫，旣序其人則去其日，亦所以略之。不致，順略文。○【撰異曰】左氏無「公」字，左傳有之。陸淳纂例唯云「公羊作『公會』。」翟，公羊作「狄」，二字通用。

秋，大雨雹。雹者，陰脅陽，臣侵君之象。陽氣之在水雨則温熱，陰氣薄而脅之不相入，轉而成雹。【補曰】此本劉向也。漢書五行志劉以爲「盛陽雨水，温煖而湯熱，陰氣脅之不相入，則轉而爲雹；盛陰雨雪，凝滯而冰寒，陽氣薄之不相入，則散而爲霰。故沸湯之在閉器，而湛於寒泉，則爲冰，及雪之銷，亦冰解而散，此其驗也。故雹者陰脅陽也，霰者陽薄陰也，春秋不書霰者，猶月食也。」僖公末年信用公子遂，遂專權自恣，將至於殺君，故陰脅陽之象見。」臧琳曰：「范注當以此補正之。」文烝案：不月者，蓋歷月。

冬，介葛盧來。

三十年春王正月。

夏，狄侵齊。

秋，衞殺其大夫元咺。稱國以殺，罪累上也，以是爲訟君也。元咺訟君之罪于伯者，君忌之，使人殺之而後入。案：宣九年陳殺其大夫泄冶，傳曰：「稱國以殺其大夫，殺無罪也。」此傳曰：「稱國以殺罪，累上也。」凡稱國以殺大夫，或殺無罪，或罪累上，參互不同，略當近半。然則稱國以殺有二義：泄冶忠賢而君殺之，是君無道也；衞侯雖有不德，臣無訟君之道，元咺之罪亦已重矣。然君子之道，譬之于射，失諸正鵠，反求諸身，衞侯不思致訟之愆，躬自厚之義，過而不改，而又怨忌，上下皆失，故曰罪累上。【補曰】疏曰：「言有二義者，殺無罪，罪全在君；罪累上，上下俱失。」文烝案：注説甚正，然非有二義也。傳意里克、丕鄭父、元咺、甯喜之屬罪惡固不可掩，而春秋書之，專以罪君。大夫之罪，經所不論，罪累上與殺無罪，其例無異，特以里丕之等，究不可云殺無罪，故謂之罪累上，非謂君子有所分別其閒，同一稱國之文，而有二義也。此重發傳者，里、丕弑逆，嫌與異也。又言以是爲訟君者，言經著累上之辭者，以是爲訟君故也。訟君者致殺之由，君臣無獄，是不待言，但君而爲臣所訟，君之失道甚矣。於此而專殺大夫，則其罪自在君上。春秋之義，主於責己，不主於責人，注言「譬之於射」者是也，故爲「累上」之文也。傳明言訟君，而陸淳論上執衞侯之傳以爲不知有與元咺訟事，何謬之甚？衞侯在外，其以累上之辭言之何也？待其殺而後入也。【補曰】胡安國曰：「此春秋誅意之效也。」赦事誅意，漢人語。公羊言稱國以殺者，君殺大夫之辭，以此傳及殺陽處父傳觀之，較然明矣。

及公子瑕。公子瑕累也，【補曰】孔父已言累，重發傳者，非以君及臣，又非必先死，嫌非延及坐及也。以尊及卑也。【補曰】重發傳者，非以君及臣，公子又是貴稱，嫌兩臣無尊卑，專是延坐，非訓與之及也。據左傳元咺立瑕爲君，瑕實不成君，經不以爲君，與王子朝奔楚同。

衞侯鄭歸于衞。徐邈曰：「凡出奔歸月、執歸不月者，奔則國更立主，若故君還入，必有戰爭禍害，所以謹其文。執者，罪名未定，其國猶追奉之，歸無犯害，故例不月。」【補曰】舊爲君不言復歸者，高澍然曰：「拘於京師而歸，不書復內京師也。」高說最是。國內皆王土，言歸又言復則嫌若有外，故曹成公亦同也。曹共公特奉王命耳，本不在京師，故未復言復以見義。

晉人、秦人圍鄭。

介人侵蕭。【補曰】近上介兩來魯，新結親好。今此用師，特來告魯，故得書於策。君子仍之，明春秋事悉如舊也。○嘗論魯之史記，書內事皆有體，書外事皆承告，不漏不蕪，最爲嚴重。至君子脩春秋，殺史見極，平易正直，既約其文辭矣。有并削去其事者，觀於所書，皆可互見。如公卽位不書，公至不書，納幣、來納幣不書，來媵、媵他國不書，子生不書，天王不葬，內弒君不葬，內女不葬，夷狄不卒，變之三不葬，內不言戰，外不言圍邑、取邑之屬是也。若其不可以書、不書互見者則固悉書不削，用還魯史舊章。史所書亦書，雖細必載，內事如公子慭出奔齊，外事如介人侵蕭之屬是也。史所不書亦不書，雖大弗紀，內事如公子友以僖公適邾不書，外事如齊隰朋帥師會秦師納晉惠公、秦師伐晉納晉文公不書之屬是也。諸王崩皆書，而莊、僖、頃不書，襄王之出居鄭書而入王城不書，敬王之居狄泉入成周書，而處姑蕕入王城又不書，惠王之處鄭入王城則悉不書，皆因舊也。下三十二年徐邈注所謂事仍本史而辭有損益者，最爲平允得實。而陳傅良、趙汸每以左傳事之不見經者臆求聖人書不書互見之旨，則介人用師，孤文細事，左傳所無，經亦何所互見而存諸？雖有發明，適滋繳繞，學者未可以其專門鉅製而輕信之矣。

冬，天王使宰周公來聘。【補曰】周公名閲。天子之宰通於四海。【補曰】疏曰：「復發傳者，前是會，此是聘，嫌異，故重發之。」

公子遂如京師，遂如晉。以尊遂乎卑，【補曰】疏曰：「傳言此者，『遂』是繼事之辭，以辭有善惡，故傳分別明之。」文烝案：公子結以輕遂重，今公子遂以尊遂卑，明其事各異。此言不敢叛京師也。何休曰：「大夫無遂事。」案：襄十二年季孫宿救台，遂入鄆，惡季孫不受命而入也。如公子遂受命如晉，不當言遂。」鄭君釋之曰：「遂固受命如京師、如晉，不專受命如周，經近上言天王使宰周公來聘，故公子遂報焉，因聘于晉，尊周，不敢使並命。使若公子遂自往然，即云公子遂如京師、如晉，是同周于諸侯，叛而不尊天子也。公羊傳有美惡不嫌同辭，何獨不廣之於此乎？」甯謂經同而傳異者甚衆，此吾徒所以不及古人也。【補曰】葉夢得說此經合於傳義，與鄭說相發。鄭云「受命如京師如晉」者，謂本當言公子遂如京師、公子遂如晉，各爲一事，即葉云「大夫以二事行」，引盟衡雍、盟暴之文是也。鄭云「同周於諸侯，叛而不尊天子」者，謂再出公子遂，連文並書，見其並出命而並受命，則似叛京師，即葉云「疾不專於王」是也。鄭云「尊周，使若公子遂自往然」者，謂以繼事之文，別其尊卑，其義明其不敢叛，其辭則從入鄆之例，即葉云「諱爲之辭，若大夫之專事然」是也。然則此爲不敢叛，入鄆爲不受命，辭同而義異，所以不嫌者。葉氏曰「大夫之遂有曰盟、曰城、曰入者矣，聽於人則可盟，兵在己則可城可入，此遂而可得爲者也。內大夫如，皆聘也，必有禮焉，非遂之所能爲也。」案：葉氏此論最明確。公羊兩傳皆曰「公不得爲政」，蓋未達乎此。○許翰曰「若意其遣使京師，必以有故於晉，非是則未往，說經者不當如是。」

三十有一年春，取濟西田。曹田。【補曰】公羊曰「晉侯執曹伯班其所取侵地於諸侯」，左傳以爲晉分曹地予魯也。書取者，魯使人取之，據左傳、國語臧孫辰實往，是與盟宿、入杞之屬異，亦直書之者，志其事而略其人，故從卑者之文，蓋凡直書其事者有此二例矣。若祭祀蒐閲之屬，則是國之大事，其例又殊，城築浚直以其事志，則卑者尸之。

公子遂如晉。

夏四月，四卜郊，謂之郊者，天人相與交接之意也。不言郊天者，不敢斥尊也。昔武王既崩，成王幼少，周公居攝，行天子事，制禮作樂，終致大平。周公薨，成王以王禮葬之，命魯使郊，以彰周公之德，祭蒼帝靈威仰，昊天上帝，魯不祭。【補曰】疏曰：「范惟言天人相與交接，故謂之郊，或當亦以在南郊就陽位而祭也。」文烝案：周公薨云云者，今文尚書金縢説也。此注全本何休。又明堂位、祭統並言成王賜魯郊禘，而禮運載孔子曰：「魯之郊禘，非禮也，周公其衰矣。」公羊亦曰「魯郊非禮也。」劉敞引吕氏春秋「魯惠公使宰讓請郊廟之禮於天子，天子使史角往，惠公止之」，以爲魯有天子禮樂，殆周之末王所賜，非成王也。今以穀梁、左氏都不論及，姑依明堂位、祭統、金縢説可耳。又鄭君謂魯有郊無圜丘，注末三句本之。郊、丘爲二，其説可從。靈威仰之説出於緯書，不可用也。傳曰郊享道也。貴其時，大其禮。郊特牲論郊曰：「郊之祭也，迎長日之至也，大報天而主日也，兆於南郊，就陽位也。」於郊，故謂之郊，萬物本乎天，人本乎祖，此所以配上帝也。郊之祭也，大報本反始也。孝經曰：「周公郊祀，后稷以配天。」凡卜郊皆謂卜郊日。龜曰卜，蓍曰筮。不從，【補曰】不從，不吉也。書曰：「龜從筮從。」乃免牲。【補曰】牲，特牲也，用騂犢。郊特牲曰：「牲用騂，尚赤也，用犢，貴誠也。」王制曰：「祭天地之牛，角繭栗。」猶三望。鄭君曰：「望者，祭山川之名也。」謂海也，岱也，淮也。非其疆界則不祭。禹貢曰：「海、岱及淮惟徐州。」徐，魯地。【補曰】此鄭駁五經異義文，見詩閟宮正義。公羊以爲祭大山、河、海，鄭以淮易河。左傳所謂三代命祀祭不越望也。公羊高，齊人，蓋據齊法。齊地在岱陰，又東至于海，西至于河也。魯因郊而望，列國則無郊有望矣。賈、服、杜説左氏曰：「三望，分野之星、國中山川。」何休曰：「禮祭天牲角繭栗，社稷宗廟角握，六宗五嶽四瀆角尺，其餘山川視卿大夫，天燎地瘞，日月星辰布，山縣水沈，風磔雨升。燎者，取俎上七體，與其珪寶在辨中，置於柴上燒之。」夏四月，不時也。郊，春事也。【補曰】明堂位曰：「魯君孟春祀帝于郊，配以后稷。」鄭君曰：「孟春建子之月，傳以子、丑、寅三月皆爲郊時，在哀元年。然則明堂位言其最先所卜月耳。」雜記孟獻子曰：「正月日至，可以有事於上帝。」是魯以正月爲常也。左傳例稱啟蟄而郊，又載孟獻子曰：「郊祀后稷，以祈農事也。是故啟蟄而郊。郊而後耕。」啟蟄在建寅月，是魯又以三月爲常也。竊意子月之郊，義專報本，寅月之郊，禮兼祈穀，蓋周以冬日至圜丘祭天爲報祭，夏正郊祭天爲祈祭。魯無圜丘之祭，故但於子、丑、寅月郊祭，通祈、報爲一歟？四卜，非禮也。郊，春事，四卜則入夏。【補曰】卜法亦在哀元年。四卜者：前月下辛，第四卜也；十二月下辛卜正月上辛，初卜也；不從則正月下辛卜二月上辛，二卜也；不從則二月下辛卜三月上辛，三卜也；又不從則當於三月上辛免牲而不郊。今此三月下辛又卜四月上辛，四卜矣，而又不從，乃於四月免牲而不郊，故曰「夏四月，不時也。四卜，非禮也。」不時，非禮，經所以書，若使卜從而以上辛郊則亦書也。免牲亦當在上辛。不日者，何休所謂不郊則不日也。免牲者，爲之緇衣熏裳，有司玄端，奉送至于南郊。免牛亦然。玄端黑衣，接神之道。玄纁者，天地之色也。南郊天位，歸之于陽也。全曰牲，傷曰牛，牛有變而不郊，故卜免牛。【補曰】七入爲緇，玄六入，相似也。熏卽纁，赤黄色也。杜預曰：「免，猶縱也。」孔穎達曰：「縱放不殺之也。」何休曰：「禮卜郊不吉則爲牲作玄衣纁裳，使有司玄端，放之於南郊。明本爲天，不敢留天牲。」范注後四句皆哀元年傳文。免牲、免牛皆先卜。乃者，亡乎人之辭也。亡乎人，若曰無賢人也。凱曰：「其猶易稱『闃其户，闃其無人』，詩云『巷無居人』，譏僖公不共致天變。」【補曰】注以「亡」爲無，以「人」爲賢人，凡傳言「亡乎人」者，注皆如此解之，皆非也。王引之曰：「亡，讀存亡之亡。亡者，不在也。凡言亡乎人者，皆謂不在乎人。荀子曰『制與在我，亡乎人』，與，讀爲擧。擧，皆也。言制皆在我而不在人，是亡乎人爲不在乎人之證也。管子曰『邪行亡乎體，違言不存口』，莊子曰『其在彼邪亡乎我，在我邪亡乎彼』，淮南子曰『物物者亡乎萬物之中』，是『亡乎』爲『不在乎』之證也。禮檀弓曰『亡於禮者之禮也，其動也中』，荀子曰『禮以順人心爲本，故亡於禮經而順人心者皆禮也』，又曰『然則鬭與不鬭邪，亡於辱之與不辱也，乃在於惡之與不惡也』，又曰『故治亂在於心之所可，亡於情之所欲』，又曰『吾所以得三士者，亡於十人與三十人中，乃在百人與千人之中』，淮南子曰『聖亡乎治人而在於得道，樂亡於富貴而在於得和』，是又『亡於』爲『不在於』之證也。詩唐風曰『予美亡此』，禮祭法曰『有天下者祭百神，諸侯在其地則祭之，亡其地則不祭』，公羊傳曰『季子使而亡焉』，是又亡此爲不在此、亡其爲不在其、亡焉爲不在焉之證也。」文烝案：王說是也。李光地以爲「亡乎人」猶俗言「不由人」，意亦是也。王氏又以此年及宣三年、成七年、十年、襄七年「亡乎人」之「人」爲指有司，宣八年「亡乎人」之「人」爲指公子遂，則皆失之。成七年傳云：「其，緩辭也。曰亡乎人矣，非人之所能也。」然則人者對天之稱，不在乎人者在乎天也。李光地以爲「無可柰何之意」是也。乃免牲，乃不郊，乃免牛，皆以凶變言乃，此無可如何之事也。至黃乃復，至河公有疾乃復，皆以疾言乃。至河乃復，亦以著有疾言乃，此又無可如何之事也。至穀聞齊侯卒乃還，既爲善之之文，雖責專命，猶從疾例，則亦無可如何之事也。趙汸以爲不得已曰乃，即傳意也。至於定、哀不敬之文，但言其備災無道，絕非國無賢君之謂，其於「乃」字之義本不相涉，彼二經固無「乃」字也。凡「乃」皆亡乎人之辭，惟定十五年「乃克葬」爲急辭，彼與宣八年以「乃」與「而」二文相對爲緩急也。猶者，可以已之辭也。望，郊之細也，不郊無望可也。已，止也。【補曰】公羊同。注二語本左傳。何休曰：「譏尊者不食而卑者獨食。」

秋七月。

冬，杞伯姬來求婦。婦人既嫁不踰竟。杞伯姬來求婦，非正也。【補曰】疏曰：「重發傳者，嫌國君之妻異，故明之。」

狄圍衞。

十有二月，衞遷于帝丘。帝丘，衞地。【補曰】杜預曰：「故帝顓頊之虛，故曰帝丘。」

三十有二年春王正月。

夏四月己丑，鄭伯捷卒。【補曰】鄭文公也。不葬者，棄師失民，與宋襄同例。○【撰異曰】捷，公羊作「接」。

衞人侵狄。

秋，衛人及狄盟。【補曰】何休曰：「不地者，起因上侵就狄盟也。」杜預曰：「就狄廬帳盟。」趙鵬飛曰：「再舉衛人，侵一事也，盟一事也。」文烝案：外盟不日，此又不月者，與二十年盟邢同義。

冬十有二月己卯，晉侯重耳卒。晉自莊、閔已前不書于春秋，又不言文公之入及鄭忽之殺，何乎？徐邈通之曰：「案詩序及紀年、史記晉昭公之後大亂五世，又鄭忽之後有子亹、子儀，且事出記傳而經所無殊多。誠當有不告故不書者，諸侯有朝聘之禮、赴告之命，所以敦其交好，通其憂虞，若鄰國相望而情志否隔，存亡禍福，不以相關，則它國之史無由得書，故告命之事絕則記注之文闕，此蓋內外相與之常也。魯政雖陵遲而典刑猶存，史策所録，不失常法，其文獻之實足徵，故孔子因而脩之，事仍本史而辭有損益，所以成詳略之例，起褒貶之意。若夫可以寄微旨而通王道者，存乎精義窮理，不在記事少多，此蓋脩春秋之本旨。師資辯說日用之常義，故穀梁子可不復發文而體例自舉矣。」【補曰】書曰者，正也。注因文公論晉事，因晉事廣說春秋，今更裨而足之。不告故不書，左傳例如此。劉知幾史通曰：「汲冢瑣語有晉春秋，記獻公十七年事。」又曰：「瑣語、〔晉〕春秋載魯國閔公時事，〔一〕言之甚詳。斯則聞事必書，無假相赴。」子玄所說，未知何如。而魯史皆承赴告，其理實無可疑，君子脩春秋，辭有損益，事無損益，主於因辭明義，不以記事爲重。公羊所云「其辭則丘有罪焉」，孟子所云「其義則丘竊取之」，而歐陽脩以爲聖人著書，足以法世而已，故據其所得而脩之。意亦近是。至注謂魯之史策，不失常法。其說亦確，但未詳盡耳。案：明堂位曰：「魯王禮也，天下傳之久矣。」左傳昭二年晉韓起見魯春秋曰：「周禮盡在魯矣，吾乃今知周公之德。」賈逵注曰：「史法最備。」定四年衛祝佗言封魯公時有「備物典

〔一〕「瑣語晉春秋」，原脱「晉」字，據四部叢刊影印張鼎思本史通補。

策」，杜預注曰：「春秋之制」。由此觀之，知魯史記事之法實有王者之禮，周公之典迴與他國不同。傳稱石尚欲書春秋，是周人亦重其記載也。

三十有三年春王二月，秦人入滑。滑，國也。【補曰】滑，近鄭之國。將言秦人虛國，故先言滑國也。莊元年言郱、鄑、郚邑也，亦先言紀國也，文例正同耳。左傳秦欲襲鄭及滑，鄭商人弦高犒其師，乃入滑而還于殽，稱師以敗也，于彭衙稱師以戰也。此稱人則師少之文，其將爲百里之子孟明視，即敗于殽之秦師也。

齊侯使國歸父來聘。

夏四月辛巳，晉人及姜戎敗秦師于殽。【補曰】殽，晉山名。公羊曰：「其言及姜戎何？姜戎微也。」案：十八年伐衞、狄不言「及」而稱人，傳曰「進之」；又宣八年伐秦、成九年伐晉、白狄不言「及」；昭四年伐吳淮夷不言「及」；昭五年伐吳、徐人、越人不言「及」而稱人；蓋彼從列數之文，此取以尊及卑之義也。此役晉君實親在，故不得列數。伐吳則楚子主之，故與伐衞、伐秦、伐晉同文也。疑戰不日，敗夷狄亦不日，此日者，公羊曰「盡也」，蓋惡晉不仁而謹之，與得臣敗狄皆爲變例。○【撰異曰】公羊無「師」字。殽，公羊本又作「肴」。不言戰而言敗何也？【補曰】據例，兩夷狄曰敗，中國敗夷狄亦曰敗，餘言戰言敗，前韓後彭衙，皆同例。狄秦也。【補曰】明在敗夷狄例，非是成敗之。其狄之何也？【補曰】據秦稱師，非徐、狄、吳比。秦越千里之險，【補曰】謂襲鄭。入虛國，滑無備，故言虛國。進不能守，退敗其師，【補曰】疏曰：「舊解進不能守謂入滑而去，退敗其師謂敗于殽。」王引之曰：「疏又云『本或別進字』

者，疏文「別」字下脱一「有」字，蓋疏所據本無「進」字，其舉傳句亦無「進」字。又記別本有「進」字者，於後也，當從疏所據正本無「進」字爲是。」徒亂人子女之教，無男女之別，【補曰】史記趙世家扁鵲云「秦穆公曰帝告我，霸者之子且令而國男女無別」，又云「襄公敗秦師於殽而歸縱淫」，扁鵲傳亦同，傳所云即其事也。疏以亂人子女爲入滑之時縱暴亂，非也。秦之爲狄，自殽之戰始也。明秦本非夷狄。【補曰】如上所云，皆狄道也，故自殽戰狄秦則遂以秦爲狄。秦爲狄者，穆公不卒，康公始卒，至惠公而後日，是準諸滕、楚、莒、吳諸國爲狄文也。孫覺曰：「春秋書敗秦師則甚秦之惡而狄秦，尚書載穆公自誓則許其改過而新之，蓋聖人之意惟其事之善否所在耳。」趙鵬飛、鄭玉、汪克寬皆各有説。文烝案：荀子曰「春秋賢繆公，以爲能變」，即公羊文十二年「秦伯使遂」傳語。而公羊又曰：「其爲能變柰何？惟諓諓善竫言，俾君子易怠。而況乎我多有之，惟一介斷斷焉無他技，其心休休，能有容，是難也。」數語皆用秦誓文。然則賢繆公能變者，乃推尚書録秦誓之意以説春秋，而春秋實無是義，書記言，春秋記事，各不相同。公羊亂其家法，而左氏則美穆公用孟明，尤流俗之論也。秦伯將襲鄭，【補曰】何休曰：「輕行疾至，不戒以入。曰襲，此下追敍上年事。」百里子與蹇叔子諫曰：【補曰】百里子，百里奚也。左傳無百里奚諫，下哭師送子亦獨蹇叔耳。音義曰：「百，或作『伯』。」「千里而襲人，未有不亡者也。」秦伯曰：「子之冢木已拱矣。何知？子之輩皆已老死矣。拱，合抱也。言其老無知。師行。【補曰】公羊曰「師出」，此亦當爲「出」，涉下「師行」而誤。或云上謂始行，下謂遂行。百里子與蹇叔子送其子而戒之曰：【補曰】百里奚之子孟明視也。同時爲帥者又有西乞術、白乙丙，俱見左傳。左傳又曰「蹇叔之子與師」，史記以爲西乞、白乙皆即蹇叔之子。呂氏春秋又謂蹇叔子曰申與視，高誘以申爲白乙丙也。女死必於殽之巖唫之下，其處險隘，一人可以要百人。我將尸女於是。」尸女者，收女尸。【補曰】二句相屬爲義。唫者，「崟」之借字。音義曰：「本或作『崟』。」說文曰：「巖，厓也。」崟，山之岑崟也。厓者，山邊。岑者，山小而高。廣雅曰：「岑崟，高也。」公羊作「嶔巖」，楚辭招隱士「嶔」、「崯」二字並出。左傳曰：「晉人禦師必於殽，殽有二陵焉。其南陵夏后皋之墓也，其北陵文王之所辟風雨也，必死是閒，余收爾骨焉。」「二陵」即傳巖崟之下也。「必死是閒，余收爾骨」即傳之死必於巖崟之下，尸女於是也。何休說公羊，杜預說左氏皆以爲其處深阻險隘，故料其必死於此。范注本之。王引之曰：「皆非也。言女必在此閒戰死，不可在他處，吾將於此收女尸。死有定所，乃可收也。呂氏春秋蹇叔謂其子曰『女死不於南方之岸，必於北方之岸，爲吾尸女之易』是其證也。」師行，百里子與蹇子叔隨其子而哭之，秦伯怒曰：「何爲哭吾師也？」二子曰：「非敢哭師也，哭吾子也。我老矣，【補曰】依孟子書百里奚去虞入秦，年已七十，時虞未滅也，至此蓋年百歲餘。彼不死則我死矣。」畏秦伯怒，故云彼我要有死者。晉人與姜戎要而擊之殽，【補曰】要，遮也，明在疑戰例，又非是成敗之。匹馬倚輪無反者。倚輪，一隻之輪。【補曰】倚，唐石經初刻作「奇」。嚴可均曰：「漢書五行志引此作『觭』。」服虔曰：「觭，音奇偶之奇。」師古曰：「觭，隻也。」則漢世穀梁本是「觭」字，後省「角」旁直作「奇」。音義：「奇，居宜反，或於綺反。」是陸所據范本作「奇」或作「倚」也。文烝案：方言曰：「倚、踦，奇也。自關而西，秦、晉之閒，凡全物而體不具謂之倚，梁、楚之閒謂之踦。」公羊作「隻輪」，何休曰：「隻，踦也。」明諸字俱通。何又曰：「皆喻盡。」晉人者，晉子也。【補曰】別姜戎言及，又下危文公葬，足明襄公親之。傳言「晉子」，爲踰年未葬稱子之明文，亦侵伐稱子之著例。其曰人何也？【補曰】晉是霸國，言戰言敗雖非君，猶宜稱師。微之也。何爲微之？不正其釋殯而主乎戰也。【補曰】劉向說苑曰：「好戰之臣不可不察也，羞小恥以搆大怨，貪小利以亡大衆，春秋有其戒，晉先軫是也。先軫欲要功獲名，則以秦不假道之故請要秦師，襄公聽先軫興兵，要之殽擊之，匹馬隻輪無脱者，大結怨搆禍於秦，接刃流血，伏尸暴骸，糜爛國家，十有餘年，卒喪其師衆，禍及大夫，憂累後世。」漢書五行志劉向以爲晉不惟舊而聽虐謀，結怨彊國，四被秦寇，禍流數世。惠士奇曰：「秦、晉自殽之後，兵連不息，秦遂合於楚，卒爲晉患，故春秋於殽戰狄秦而微晉，交譏之。晉不敗秦，何害於霸而汲汲焉背殯要秦哉？」孔廣森曰：「下經曰『癸巳葬晉文公』，諸侯之禮，遞朝五廟，先葬五日而啟，自辛巳以迨癸巳十二日耳，則是時已當戒啟期矣，乃釋哀廢禮。佳兵遺釁，不臣不子，孰此爲甚？」

癸巳，葬晉文公。日葬，危不得葬也。【補曰】危者，危晉襄背殯用兵。文爲霸主，又異於齊桓緩葬，故特發傳，以明同義。

狄侵齊。

公伐邾，取訾樓。【補曰】不致者，伐而取惡事也。○【撰異曰】樓，左氏作「婁」。公羊作「取叢」，亦作「取菆」。徐彥疏曰：「有作『鄒』字者。」孔廣森曰：「『鄒』，卽『訾婁』之合聲，猶壽夢爲『乘』，『句瀆』爲『穀』是也就作『叢』、『菆』字亦當讀如『鄒』，叢與諏、陬等字並从取，古諧聲本同。」

秋，公子遂帥師伐邾。

晉人敗狄于箕。箕，晉地。【補曰】晉不稱師以敗之者，以敗夷狄，故略之也。言敗不言戰，例在成十二年傳。

何休曰："不月者，略微者與夷狄也。"案：當專是略夷狄。

冬十月，公如齊。【補曰】孔廣森曰："月者，蓋公有疾而行，故危之。"

十有二月，公至自齊。【補曰】月者，爲下薨日。

乙巳，公薨于小寢。小寢，非正也。小寢，內寢，非路寢。【補曰】范以小寢爲內寢，本杜預經注。左傳曰："卽安也。"服虔曰："小寢，夫人寢也，譏其近女室。"杜亦曰："夫人寢也，譏公就所安，不終於路寢。"疏曰："傳發此例者，以隱、閔不地，桓公非正，今僖公雖好卒而没於婦人之手，故發傳以惡之。"楊亦謂是夫人之正寢也。左傳八年"夫人不薨于寢則不殯于廟"，服虔曰："寢，謂小寢也。"案：周禮："宮人掌王之六寢之脩。"鄭君注曰："路寢一，小寢五。"又引玉藻"路寢聽政，小寢釋服"之文，斷之云"是路寢以治事，小寢以時燕息焉"。又引春秋"薨于路寢"、"薨于小寢"之文，斷之云"是則人君非一寢明矣"。然則鄭意以僖所薨之小寢爲君之燕寢，不以爲夫人正寢。

隕霜不殺草。京房易傳曰："君假與臣權，隕霜不殺草。"【補曰】劉向以爲今十月，周十二月。於易五爲天位，爲君位，九月陰氣至五，通於天位，其卦爲剥，剥落萬物，始大殺矣。明陰從陽命，臣受君令而後殺也。今十月，隕霜而不能殺草，此君誅不行，舒緩之應也。未可殺而殺，舉重也。可殺而不殺，舉輕也。重，謂菽也。輕，謂草也。輕者不死，則重者不死可知。【補曰】傳合定元年爲說。韓非子曰："魯哀公問於仲尼曰：'春秋之記曰："冬十二月霣霜不殺草。"何爲記此？'仲尼對曰：'此言可以殺而不殺也。夫宜殺而不殺，桃李冬實，天失道，草木猶犯干之，而況於人君乎？'"王應麟曰："以論語'焉用殺之'言觀之，乃法家者流託聖言耳。"文烝案：胡安國疑其與宰我戰栗之對相似，王氏

草，今本誤「菽」。

因有此論，但韓非後五句或非夫子之言，而前數語問答當實有之，正穀梁所本見「不」字之通例。

李梅實。京房易傳曰：「從叛者茲謂不明，厥妖木冬實。」【補曰】劉向以爲周十二月，今十月也，李梅當剥落，今反華實，近草妖也。先華而後實，不書華，舉重者也。陰成陽事，象臣顓君作威福。董仲舒引記曰：「不當華而華，易大夫，不當實而實，易相室。」孔廣森曰：「此於洪範五行屬木不曲直。」五行傳曰田獵不宿，飲食不享，出入不節，奪民農時及有姦謀則木不曲直。」實之爲言，猶實也。實，子。【補曰】注解上「實」字也。李梅子中有核人，於植物中屬覈物「覈」即「核」字。也。下「實」字是名實、虛實之實，與孫字同意。

晉人、陳人、鄭人伐許。